《海南自由贸易港法》框架下贸易投资领域配套法律制度研究

海南省马克思主义理论研究和建设工程专项课题组　著

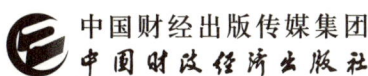

中国财经出版传媒集团
中国财政经济出版社

图书在版编目（CIP）数据

《海南自由贸易港法》框架下贸易投资领域配套法律制度研究 / 海南省马克思主义理论研究和建设工程专项课题组著. -- 北京：中国财政经济出版社，2023.5（2023.8重印）

ISBN 978-7-5223-2031-1

Ⅰ.①海… Ⅱ.①海… Ⅲ.①投资—金融法—研究—海南 Ⅳ.①D927.660.228.04

中国国家版本馆CIP数据核字（2023）第034624号

责任编辑：尉　敏　　　　　　　责任印制：史大鹏
封面设计：卜建辰　　　　　　　责任校对：胡永立

《海南自由贸易港法》框架下贸易投资领域配套法律制度研究
《HAINAN ZIYOU MAOYI GANGFA》KUANGJIA XIA MAOYI TOUZI LINGYU PEITAO FALü ZHIDU YANJIU

中国财政经济出版社 出版

URL：http://www.cfeph.cn
E-mail：cfeph@cfeph.cn

（版权所有　翻印必究）

社址：北京市海淀区阜成路甲28号　邮政编码：100142
营销中心电话：010-88191522
天猫网店：中国财政经济出版社旗舰店
网址：https://zgczjjcbs.tmall.com
中煤（北京）印务有限公司印刷　各地新华书店经销
成品尺寸：175mm×250mm　16开　23.25印张　368 000字
2023年5月第1版　2023年8月北京第2次印刷
定价：78.00元
ISBN 978-7-5223-2031-1
（图书出现印装问题，本社负责调换，电话：010-88190548）
本社图书质量投诉电话：010-88190744
打击盗版举报热线：010-88191661　QQ：2242791300

《〈海南自由贸易港法〉框架下贸易投资领域配套法律制度研究》课题组

（以下排名按笔画顺序）

组　　长：胡光辉

副组长：王惠平　邓云秀　熊安静

成　　员：王　昕　王　琦　王　犟　王岚岚
　　　　　王崇敏　朱绵茂　许　博　李世杰
　　　　　邱坤凤　汪梦晗　杨　双　张一智
　　　　　张云华　郑　勇　郑志涛　夏君丽
　　　　　郭　达　郭文芹　梅振中　常　健
　　　　　蒋文玉　童光政　薛　妮

课题组组长简介

胡光辉，男，1959年8月生，汉族，湖南宁乡人，大学学历，在职经济学硕士学位，讲师，1976年9月参加工作，1986年6月加入中国共产党。海南省人民代表大会常务委员会原副主任，海南省第六届人民代表大会常务委员会法制工作委员会主任委员。

在任省委常委、秘书长期间，牵头起草相关材料，其中相当多的成果被吸收进《中共中央 国务院关于支持海南全面深化改革开放的指导意见》《海南自由贸易港建设总体方案》；在任省人大常委会党组副书记、副主任期间，牵头起草相关材料，其中相当多的成果被吸收进全国人大常委会审议通过的《中华人民共和国海南自由贸易港法》；在2021年9月29日省人大常委会审议通过的地方性法规中，一直承担着组织者、推动者的任务。

CONTENTS | 目录

导 言 / 1

第一章　海南自由贸易港贸易自由便利法律制度研究 / 1

　　一、海南自由贸易港贸易自由便利法律制度研究的意义 / 2

　　二、国际自贸港在贸易自由便利法律制度建设方面的实践
　　　　经验 / 3

　　三、国际最高水平经贸规则对贸易自由便利法律制度建设的
　　　　重点要求 / 13

　　四、海南自由贸易港贸易自由便利法制建设现状 / 18

　　五、加快海南自由贸易港贸易自由便利法律制度建设的
　　　　建议 / 25

第二章　海南自由贸易港投资自由便利法律制度研究 / 38

　　一、海南自由贸易港投资自由便利法律制度建设的基本要求 / 39

　　二、投资自由便利法律制度建设的国际经验借鉴 / 47

三、海南自由贸易港投资自由便利法律制度建设进展与不足 / 55

　　四、对标最高水平开放完善投资自由便利法律制度的路径选择 / 63

第三章　海南自由贸易港跨境资金流动自由便利法律制度研究 / 73

　　一、海南自由贸易港跨境资金流动自由便利研究及现状 / 74

　　二、海南自由贸易港跨境资金流动的国际比较 / 79

　　三、跨境资金流动自由便利的国际实践及对海南自由贸易港金融创新的启示 / 84

　　四、海南自由贸易港的跨境资金流动自由便利立法展望 / 95

　　五、海南自由贸易港跨境资金流动自由便利监管对策 / 101

第四章　海南自由贸易港人员进出自由便利法律制度研究 / 109

　　一、海南自由贸易港人员进出自由便利制度概述 / 110

　　二、人员进出自由便利制度建设的国际先进经验 / 117

　　三、海南自由贸易港人员进出自由便利制度的法制建设现状 / 123

　　四、完善海南自由贸易港人员进出自由便利制度的立法建议 / 127

第五章　海南自由贸易港运输来往自由便利法律制度研究 / 143

　　一、海南自由贸易港运输来往自由便利制度的基本理论 / 144

　　二、境外运输来往自由便利制度的考察与启示 / 150

　　三、海南自由贸易港运输来往自由便利制度现状及问题 / 161

　　四、海南自由贸易港运输来往自由便利制度建设构想 / 169

第六章　海南自由贸易港数据安全有序流动法律制度研究 / 183

　　一、海南自由贸易港数据安全有序流动法律制度研究的意义 / 184

　　二、数据安全有序流动的国际经贸规则解读和经验借鉴 / 187

　　三、海南自由贸易港落实数据跨境流动政策进展和问题 / 194

　　四、海南自由贸易港数据安全有序流动的制度构想 / 198

第七章　海南自由贸易港税收法律制度研究 / 211

一、税收法律制度是推动海南自由贸易港建设的基础性法律制度 / 211

二、先进的自由贸易港税收法律制度和最高经贸规则（RCEP、CPTPP等）的经验借鉴 / 214

三、海南自由贸易港税收法律制度运行现状、成效、问题 / 221

四、构建与完善海南自由贸易港税收法律制度的建议 / 229

第八章　海南自由贸易港知识产权保护法律制度研究 / 246

一、海南自由贸易港知识产权保护法律制度研究的意义 / 247

二、典型自由贸易港知识产权保护法律制度考察与主要经济伙伴关系协定的启示 / 250

三、海南自由贸易港知识产权保护法律制度发展现状及面临的挑战 / 258

四、完善海南自由贸易港知识产权保护法律制度路径探索 / 262

第九章　海南自由贸易港涉外商事纠纷解决机制研究 / 273

一、海南自由贸易港涉外商事纠纷解决机制研究的意义 / 274

二、涉外商事纠纷解决机制的国际经验和国际背景解读 / 280

三、海南自由贸易港涉外商事纠纷解决机制的成效与差距 / 290

四、海南自由贸易港涉外商事纠纷解决机制的未来进路 / 299

第十章　海南自由贸易港营商环境法规制度研究 / 308

一、营商环境是海南自由贸易港建设的重要基石 / 309

二、世界成熟自由贸易港和先进经贸规则营商环境建设的特点与经验 / 313

三、海南自贸港营商环境建设的现状与不足 / 327

四、海南自由贸易港营商环境建设的具体路径 / 337

后　记 / 354

导 言

2018年4月13日，习近平总书记出席庆祝海南建省办经济特区30周年大会并发表重要讲话，向全世界郑重宣布支持海南全面深化改革开放，逐步探索、稳步推进中国特色自由贸易港建设。同时，《中共中央 国务院关于支持海南全面深化改革开放的指导意见》出台。2020年6月1日，为深入贯彻习近平总书记在庆祝海南建省办经济特区30周年大会上的重要讲话精神，落实《中共中央 国务院关于支持海南全面深化改革开放的指导意见》要求，加快建设高水平的中国特色自由贸易港，中共中央、国务院印发了《海南自由贸易港建设总体方案》。至此，在海南岛全岛、共计3.54万平方公里、九百余万人口的土地上，首个中国特色自由贸易港建设徐徐拉开帷幕，海南全面深化改革开放进入新篇章。

在中国特色社会主义进入新时代、世界面临百年未有之大变局的背景下，赋予海南改革开放新使命，在海南建设具有世界影响力的中国特色自由贸易港，是党中央着眼于国际国内发展大局，深入研究、统筹考虑、科学谋划作出的战略决策，是习近平总书记亲自谋划、亲自部署、亲自推动的改革开放重大举措。海南自由贸易港对标国际高水平经贸规则，是我国开放水平最高的区域，肩负着打造开放层次更高、营商环境更优、辐射作用更强的开放新高地的历史使命和政治使命，将带动形成更高层次改革开放新格局，这对法治建设提出了更高要求。为保障海南自由贸易港在法治轨道上有序运行，打造法治化、国际化、便利化的营商环境，海南方面积极主动向全国人大常委会和国家有关部门请示汇报，希望加快启动海南自由贸易港法的立法工作。全国人大常委会深入贯彻习近平总书记的重要指示和党中央决策精神，在全国人大常委会委员长栗战书的亲切关怀下，在副委员长王晨担任组长的立法调研小组的不懈努力下,推动《中华人民共和国海南自由贸易港法》(以下简称《海南自由贸易港法》)于2021年6月10日在十三届全国人大常委会第二十九次会议上全票通过。

《海南自由贸易港法》是在海南自由贸易港法规体系中起龙头作用、具有统领性质的"基本法"。《海南自由贸易港法》深入贯彻习近平新时代中国特色社会主义思想,深刻总结我国全面深化改革开放的实践探索成果,充分借鉴国际先进成熟自由贸易港的建设经验和国际高水平经贸规则,牢牢立足中国实际,以法律形式将党中央的决策部署精神通过法定程序转化为国家意志,明确了海南自由贸易港的功能定位、运行方式、管理模式和关键制度,从贸易自由便利、投资自由便利、财政税收制度、生态环境保护、产业发展与人才支撑、综合措施等方面作出一系列制度性安排,使海南自由贸易港建设有了重要遵循,为构建海南自由贸易港法规体系指明了改革创新方向、奠定了坚实基础。

《海南自由贸易港法》颁布实施一年来,省委、省人大、省政府全力推进《海南自由贸易港法》的学习宣传和贯彻实施工作,推动海南自由贸易港建设蹄疾步稳、有力有序。特别是在全国人大常委会的指导支持和中共海南省委领导下,省人大常委会紧紧把握创造性做好立法工作这个要义,坚持立法决策与改革决策精准有效衔接,高效有序推进以《海南自由贸易港法》为基础的自由贸易港法规体系建设,及时制定贯彻实施《海南自由贸易港法》配套法规专项规划,对自由贸易港封关前的立法任务作出系统安排。同时运用自由贸易港法规制定权,紧贴自由贸易港建设急需,先后制定17件自由贸易港法规。重点体现在三个方面:**一是**以立法促进改革创新,紧盯自由贸易港法明确的地方立法任务,制定了海南自由贸易港公平竞争条例、企业破产程序条例、市场主体注销条例、征收征用条例等法规,作出有利于市场主体投资经营、公平竞争的制度安排;紧盯优化营商环境,制定了海南自由贸易港优化营商环境条例、社会信用条例、免税购物失信惩戒若干规定、反消费欺诈规定、知识产权保护条例等法规,为打造法治化、国际化、便利化营商环境提供了有力的法律支持;紧盯省委重大改革,制定了海南自由贸易港洋浦经济开发区条例,对洋浦管理体制作出创新性制度安排,赋予洋浦更大发展自主权,确保了儋州市和洋浦经济开发区一体化改革于法有据。**二是**以立法促进产业发展,制定了海南自由贸易港科技开放创新若干规定、国际船舶条例、游艇产业促进条例等法规,作出关于契税具体适用税率和免征减征办法的决定,为海南四大主导产业健康快速发展发挥了立法的引领、推动和保障作用；支持重点产业园区改革发展，在2020年制定博鳌乐城国际医疗旅游先行区、三亚崖州湾科技城、海口江东新区三个重点园区单行条例的基础上，2021年先后两次作出了将部分省级管理权限调整由重点园区实施的决定，2022年又制定了海南自由贸易港海口国家高新技术产业开发区条例，赋予园区更大自主权。**三是**以立法促进生态环境保护。立足建设生态一流、绿色低碳的自由贸易港，修改海南省机动车排气污染防治规定，落实按期禁售燃油车，逐步减少化石燃料机动车并推广应用新能源机动车等政策，划定低排放和零排放区域，强化在用车监管，助力打赢蓝天保卫战；修改生态保护红线管理规定，对生态保护红线的划定程序、调整、分区管控等作出创新性安排，为建设国家生态文明试验区提供了法治保障。同时，根据自由贸易港建设急需，大力推动调法调规工作。全国人大常委会、国务院先后作出决定，在海南暂时调整实施《土地管理法》《种子法》《海商法》3部法律，以及《海关事务担保条例》《进出口关税条例》《国际海运条例》《船舶和海上设施检验条例》《国内水路运输管理条例》5部行政法规有关规定；《海南自由贸易港法》颁布后，又推动国务院作出批复，在海南暂时调整实施《中华人民共和国船舶登记条例》有关规定，对在海南自由贸易港登记，仅从事海南自由贸易港内航行、作业的船舶，取消船舶登记主体外资股比限制。这些工作，是对"构建以《海南自由贸易港法》为基础的自由贸易港法规体系"这一重大命题的初步探索。

2022年4月13日，在全岛封关运作准备工作加快推进的关键时刻，习近平总书记在海南考察期间再次发表重要讲话，要求海南加快建设具有世界影响力的中国特色自由贸易港，让海南成为新时代中国改革开放的示范，把海南自由贸易港打造成展示中国风范的靓丽名片。2022年4月26日，省委书记、省人大常委会主任沈晓明同志在海南省第八次党代会上所作的工作报告，围绕贯彻落实习近平总书记关于海南的重要讲话和批示精神，站在加快建设具有世界影响力的中国特色自由贸易港的高度，提出了"一本三基四梁八柱"战略框架和"八个自由贸易港"重点任务，明确了海南中长期发展愿景和全面深化改革开放的路径，是我们践行习近平总书记殷殷嘱托、加快建设具有世界影响力的中国特色自由贸易港的重要行动指南。

下一步，立法如何围绕贯彻落实习近平总书记关于海南的重要讲话和批示精神，主动适应海南全面深化改革开放的需要？在谋划和推进各项立法任务时，如何聚焦"建设中国特色自由贸易港"的目标，既要对标国际主要自由贸易港的先进经验和国际高水平经贸规则，搭建完善自由贸易港的基本要素，又要充分体现中国特色，把党的领导贯穿于海南自由贸易港建设的全过程，坚定不移走中国特色社会主义道路，在基本制度层面和意识形态领域不逾越"红线"？如何围绕贯彻实施《海南自由贸易港法》，全面落实省第八次党代会报告确立的"一本三基四梁八柱"战略框架和"八个自由贸易港"重点任务，以立法推进制度集成创新，加快构建以《海南自由贸易港法》为基础的自由贸易港法规体系？这是我们迫切需要研究和解决的重大现实与理论课题。

今天的全球竞争，很大程度上是制度环境的竞争。推进制度集成创新是海南自由贸易港建设的重要抓手，也是必要条件。海南自由贸易港建设，必须对标国际主要自由贸易港，实行全岛封关运作的海关监管特殊区域制度，以贸易投资自由化便利化为重点，实现资金、货物、人员和数据等生产要素的自由有序安全便捷流动，构建具有国际竞争力的税制体系，优化法治化、国际化、便利化的营商环境。贸易自由便利是经济全球化的关键点，也是海南自由贸易港制度体系的核心内容；投资自由便利，是自由贸易港的重要特征，建设高质量的自由贸易港有赖于高度自由便利的投资政策。跨境资金流动自由便利，是支持贸易投资自由便利的重要措施，有利于增强资金使用和汇兑便利性；人员进出自由便利是自由贸易港资金、货物自由流动的基础，是自由贸易港特征的基本体现；运输来往自由便利是实现货物、人员流动的基础条件之一，对于实现贸易投资自由便利具有重要作用；数据日益成为基础性战略资源和数字经济的关键要素，跨境数据安全有序流动在促进经济增长、加速创新、推动全球化等方面发挥了积极作用。同时，建立与高水平自由贸易港相适应的"简税制、零关税、低税率"税收制度，形成具有国际竞争力的财税优惠政策，有利于推动实现贸易投资自由化便利化。此外，海南自由贸易港作为开放形态最高的地区，自由贸易港知识产权保护的关注度和难度必然加大，涉外商事纠纷也必然多元化、复杂化，必须积极回应境内外投资者关切，推动建立立体化、多层级、便捷高效的知识产权公共服务体系和更加开放包容的多元纠纷解决机制。在以上各项制度设计的协调运作下，加快形成并持续优化法治化、国际化、便利化的营商环境和公平统一高效的市场环境，提高海南自由贸易港制度供给的核心竞争力，才能持续吸引集聚更高端的各类生产要素，海南经济社会发展也才能持续跃向更高层次。而法治是制度供给的关键，制度的核心竞争力首先体现为法治的核心竞争力。完成上述目标任务，很大程度上依赖于法治的有效推进，具体实现路径为在《海南自由贸易港法》框架下，以立法引领和推动制度集成创新，建立相关配套制度，加快构建以《海南自由贸易港法》为基础的自由贸易港法规体系。

《〈海南自由贸易港法〉框架下贸易投资领域配套法律制度研究》这一课题，正是着眼于构建以《海南自由贸易港法》为基础的自由贸易港法规体系，在借鉴国际高标准自由贸易港建设经验的基础上，结合海南自由贸易港建设的制度需求，突出"中国特色""国际化"和"系统性"，分别从海南自由贸易港贸易自由便利法律制度、投资自由便利法律制度、跨境资金流动自由便利法律制度、人员进出自由便利法律制度、运输来往自由便利法律制度、数据安全有序流动法律制度、税收法律制度、知识产权保护法律制度、涉外商事纠纷解决机制、营商环境法规制度等十个方面开展研究，提出构建以《海南自由贸易港法》为基础的自由贸易港法规体系的方案与路径，以及促进投资贸易便利化法律法规的"立、改、废"思路和建议，具有独到的理论价值和实践价值。

本课题由我担任课题组负责人，课题组成员有全国人大常委会法工委、海南省委深改办、海南省人大常委会法工委、海南省司法厅、海南自由贸易港知识产权法院、海南省社会科学院、海南大学、中国（海南）改革发展研究院等单位的有关同志。希望本课题研究成果所展示的新思路和新观点，能够为构建海南自由贸易港法规体系提供有益的借鉴与参考，为海南建设具有世界影响力的中国特色自由贸易港提供智力支持。不当之处，敬请批评指正。

胡光辉（海南省人民代表大会常务委员会原副主任）

第一章 海南自由贸易港贸易自由便利法律制度研究

王 翚 李世杰[*]

摘要：贸易自由便利是实行积极主动的开放战略、加快建立开放型经济新体制、推动形成全面开放新格局的重要内容，《海南自由贸易港建设总体方案》和《海南自由贸易港法》对贸易自由便利制度设计提出了要求。本章通过对新加坡、中国香港等国际经验的总结以及RCEP、CPTPP等国际高水平经贸规则要求的梳理，针对海南目前在贸易自由便利法制建设中取得的进展与存在的不足，提出了构建自由进出、安全便利的货物进出境管理法律制度和营造既准入又准营的服务贸易自由便利法制环境的构想，为更好地实施贸易自由便利制度设计，推动贸易自由便利制度落地提供可参考的法律保障建议。

关键词：进出口商品管制 国际贸易"单一窗口" 海关监管 口岸管理 跨境服务贸易清单 跨境服务贸易便利化

---

[*] 王翚，海南大学经济学院副教授，主要研究方向为贸易开放理论与实践；李世杰，海南大学经济学院教授，院长，主要研究方向为产业经济，自贸港产业发展。

一、海南自由贸易港贸易自由便利法律制度研究的意义

（一）研究自由贸易港贸易自由便利法律制度是贯彻落实党中央决策部署、国家重大战略的体现

2018年4月13日，习近平总书记在庆祝海南建省办经济特区30周年大会上的讲话中对建设海南自由贸易港作出重要部署，强调海南自贸港要大胆试、大胆闯、自主改，加快形成法治化、国际化、便利化的营商环境，实行高水平的贸易和投资自由化便利化政策[①]。《中共中央 国务院关于支持海南全面深化改革开放的指导意见》和《海南自由贸易港建设总体方案》对如何建设海南自由贸易港进行了专门的规划设计。研究海南自贸港贸易自由便利法律制度，全面贯彻习近平总书记"4·13"讲话精神，深入落实习近平总书记关于海南工作的系列重要讲话和党中央决策精神，有助于海南自贸港按照党中央的发展定位，充分借鉴国际先进自贸港管理经验和国际高标准经贸规则，以法律形式明确海南自贸港贸易自由便利制度设计。

（二）研究自由贸易港贸易自由便利法律制度是推动形成全面开放新格局的立法需要

经济全球化为世界经济增长提供了强劲动力，符合各国人民的共同利益。然而，当今国际上经济全球化遭遇逆风和回头浪。但中国始终坚持对外开放的基本国策，始终奉行互利共赢的开放战略。自由贸易港是世界上开放的最高形态，党中央部署建设海南自由贸易港充分展示出中国坚定不移全面扩大开放、构建对外开放新格局、推动建设开放型经济新体制的意志和决心。

海南自由贸易港全面开放新格局的形成需要聚焦贸易投资自由便利，对标国际高水平经贸规则，大胆创新，建设具有国际竞争力和影响力的海关监管特殊区域[②]。在这新一轮全面开放探路中，需要遵循国际惯例，更需要立法引领和

---

① 习近平.在庆祝海南建省办经济特区30周年大会上的讲话[N].人民日报，2018-4-14（2）.

② 中共中央 国务院印发海南自由贸易港建设总体方案[EB/OL].中国政府网，2020-6-1[2023-3-3]．http://www.gov.cn/zhengce/2020-06/01/content_5516608.htm.

保障。海南自贸港贸易自由便利法律制度的研究是将政策部署转化为法律规范的关键步骤，有利于加快推进海南自由贸易港贸易自由化便利化，逐渐推进全面开放新格局的形成。

（三）研究自由贸易港贸易自由便利法律制度是贯彻落实《海南自由贸易港法》的重要体现

法治是治国理政的基本方式，全面依法治国是实现国家治理体系和治理能力现代化的必然要求。《海南自由贸易港法》确定了自贸港法律体系的"四梁八柱"，为自贸港建设提供"基本法"和"框架法"。作为"框架法"，《海南自由贸易港法》要落地实施，必须完善与自贸港建设匹配的法治体系。

《海南自由贸易港法》提出，在依法有效监管基础上，建立自由进出、安全便利的货物贸易管理制度，优化服务贸易管理措施，实现贸易自由化便利化。研究海南自贸港贸易自由便利法律制度是海南自贸港建设法治先行的重要体现，贯彻落实了《海南自由贸易港法》重要内容——贸易自由便利。研究海南自贸港贸易自由便利法律制度有助于建立并完善"一线放开、二线管住、岛内自由"全岛封关运作的海关监管特殊区域制度，在境外与海南自贸港之间、海南自贸港与内地之间实现货物安全、自由、便利进出；有助于通过简化流程和手续，提升通关效率，减少国内规制，打造法治化营商环境，助力将海南打造成为国际贸易自由化、便利化的最佳实践岛。

二、国际自贸港在贸易自由便利法律制度建设方面的实践经验

（一）进出口商品管制方面

1. 进出口、转运管制物品种类不多

根据新加坡《进出口条例》《进出口（口香糖）条例》和《进出口（金伯利进程）条例》的规定，受控进口的物品只包括11种：防止攻击的服装；在军事战斗中用作保护的头盔；玩具枪或复制枪；手铐；玩具或复制炸药、手榴

弹、弹药或简易爆炸装置；毛坯钻石；投币式或圆盘式游艺机；水果机或大奖机；罂粟种子；CD、CD-ROM、VCD、DVD、DVD-ROM的母带设备和复制设备；口香糖。受控出口以及受控转运的物品为前6种。

根据香港《进出口（一般）规例》的规定，禁止输入的物品只包括7类：《除害剂条例》第2条界定的除害剂；《药剂业及毒药条例》第2条所界定的药剂产品及药物、《中医药条例》附表1所指明的中药材和附表2所指明的5种中药材（威灵仙、凌霄花、制川乌、制草乌、龙胆）以及第2条所界定的中成药；《进出口（一般）条例》第60A条所指的未经加工钻石；《有毒化学品管制条例》适用的化学品：附表1和附表2列明的第1类化学品和第2类化学品；冷藏或冷冻牛肉、羊肉、猪肉、牛仔肉、羔羊肉以及冷藏或冷冻的上述动物的内脏；冷藏或冷冻的饲养鸡肉、鸭肉、鹅肉、火鸡肉以及可食用或用作制备食物的部分；光碟母版及光碟复制品的制作设备。禁止输出的物品只包括前4类以及配方粉。

根据海湾合作委员会《共同海关法》的规定，迪拜禁止和限制物品只有10类：活的动物、植物、杀虫剂和化肥；武器装备弹药和烟花爆竹；药品和医疗设备；媒体产品、印刷材料和产品；核产品；新的车辆轮胎、电子烟和电子水烟；无线通信设备；酒精饮料；食品、化妆品和个人护理产品、化学品；毛坯钻石。

2. 对违反许可证管理擅自输入输出管制物品给予严格、具体的惩罚规定

新加坡《进出口管制法》、香港《进出口条例》和海湾合作委员会《共同海关法》均将违反禁运货物许可证管理的行为视为犯罪，同时还对量刑标准作出了明确的规定。在新加坡，未经许可进口、出口或转运货物，第一次定罪：罚款不超过10万新元或货物价值的3倍，以较高者为准，或监禁不超过2年，或两者兼施。第二次或随后的定罪：罚款不超过20万新元或货物价值的4倍，以较高者为准，或监禁不超过3年，或两者兼施。在香港，没有按照署长所发出的进口或出口许可证的规定输入或输出禁运物品，即属犯罪，经简易程序定罪，将处以罚款50万美元以及监禁2年的惩罚；经公诉程序定罪，将处以200万美元的罚款以及监禁7年的惩罚。在迪拜，如果走私货物是违禁物品，则应处以不低于货物价值、但不超过价值3倍的罚款和不少于6个月、但不超过3年的监禁，或两者兼施。

(二)国际贸易"单一窗口"建设方面

新加坡是在全球范围内较早建设国际贸易单一窗口的国家。目前,新加坡的国际贸易单一窗口有两个:一个是贸易网(TradeNet),另一个是全国贸易平台(National Trade Platform,NTP),目前两个平台并行存在。TradeNet是新加坡的国家单一贸易申报窗口,它为新加坡的贸易和物流界提供了一个单一的平台,使贸易和物流界能够履行其贸易手续①,也满足政府与进出口和转运相关的所有监管要求。NTP连接新加坡和国外整个贸易价值链的参与者,是一个一站式贸易和物流生态系统,分别于2016年和2017年获得智慧城市亚太奖和最佳电子商务数字倡议国际奖。新加坡国际贸易"单一窗口"的成功建设和运营得益于以下几个方面:

1. 跨部门的协作和商业化的运作

新加坡国际贸易单一窗口的建成和不断的完善是由跨部门的协作完成的,包括政府、协会和企业。在国际贸易单一窗口的建设初期,新加坡专门成立了一个多部门协助机构,命名为文件流程整合委员会,委员会通过向企业进行调研,再造了整个贸易流程,构造了TradeNet的基础。TradeNet建成后,新加坡贸易发展局组织成立了一个由公共部门负责人和贸易协会负责人协作的管理委员会,负责搜集政府和企业各界对TradeNet的意见和建议,解决了建设过程中的一些重难点问题。2006年由新加坡海关、经济发展局和资讯通信发展管理局协作实施TradeXchange商贸通计划②,将新加坡国际贸易单一窗口建成集企业对政府(B2G)和企业对企业(B2B)为一体的贸易平台。

新加坡国际贸易单一窗口公共平台的建设由新加坡政府投资,但其运营由第三方私营部门负责。1988年3月新加坡电信局、港务局和民航局共同组建新加坡网络服务私人有限公司,现在为劲升逻辑有限公司,负责运营TradeNet和NTP③。由于私营部门组织对市场需求更为敏感以及对市场竞争更有意识,确保

---

① 钟业昌,沈玉良,周丽,王玉山.中国(海南)自由贸易试验区发展报告(2019)[M].北京:社会科学文献出版社,2019:138.
②③ 刘恩专,王伟.浅析新加坡单一窗口建设对我国的启示[J].科技管理研究,2014,24.

了国际贸易单一窗口持续良好地运行。

2. 标准化的数据、便利的数据共享与交换

TradeNet的基础是标准化的报关文件。在国际贸易单一窗口建设初期，新加坡就对贸易文件进行了整合，将业务中所有表格集成为一份，进出口商只需填写这份标准化的电子报关表格上传TradeNet系统，系统就会将数据自动传给各个监管部门，避免了进出口商重复填写数据。

NTP是集进出口贸易流程、物流系统、海关等政府协同监管系统以及800多家批发、贸易、物流等产业的企业构成的贸易价值链参与者的数据大平台。通过采用世界海关数据模型，便于业务合作伙伴和政府通过数字交换获得跨行业数据并可以重复使用数据，也便于通过数字交换与国际社会进行合作。例如可以提前向美国、加拿大以及澳大利亚递交电子舱单数据，向马来西亚、韩国、中国台湾、中国澳门、泰国、中国香港、菲律宾、澳大利亚及加拿大等国家和地区海关发送电子清关数据[①]。此外，NTP为用户提供云的在线存储库，帮助其直接在NTP上或通过电子邮件链接无缝、快速、安全地将文档共享给业务合作伙伴或政府机构。

3. 广泛的服务和庞大的社交网络

NTP是连接企业、社区系统以及政府系统的贸易和物流IT生态系统，从功能上看，它不仅是传统的B2G服务的一站式贸易门户网站，更加显现出B2B服务的一站式贸易门户网站功能[②]。NTP与行业合作，引入增值服务，以满足贸易商的需求。从了解新市场的机会和风险，到准备贸易文件、获得贸易融资和保险、安排运输、跟踪货物流动、申报海关，最后到开具发票和付款，在每一个服务环节都可以由第三方提供解决方案。

NTP还具备社交功能，通过博客、社区和论坛吸引贸易和物流行业的成员聚集，创造大量新的业务机会。通过邀请或添加新的业务合作伙伴加入NTP，建立新的业务连接，不断壮大用户的商业网络。

---

① 刘恩专，王伟.浅析新加坡单一窗口建设对我国的启示[J].科技管理研究，2014，24.

② 钟业昌，沈玉良，周丽，王玉山.中国（海南）自由贸易试验区发展报告（2019）[M].北京：社会科学文献出版社，2019：140.

(三)海关监管方面

1. 实施风险分类管理制度

在风险分类管理方面,新加坡拥有较完善的企业风险管理制度。它通过建立 TradeFIRST 体系,设置风险评估框架,并将贸易便利化措施与风险评估结果相互对应①。TradeFIRST 评估体系包括6个部分:公司简介、程序和流程、安全、库存管理、合规性以及适用于特定海关计划的申请人要求。根据风险评估结果将企业风险划分为基本、标准、中级、增强和高级5个等级,等级不同,给予企业所享有的贸易便利计划也不同。风险评估结果等级越高,相应的贸易便利化程度越高。中级和高级等级自动加入安全的贸易伙伴关系计划,得到安全贸易伙伴关系资格的企业,进出口货物很少在当地接受检查。

在中国香港,以海关监管为目的的风险管理制度可以体现在认可经济营运商计划(AEO)上。从2010年起香港开始实行AEO认证制度,认证通过一系列的保安措施和标准来评估企业的风险,包括一般安全准则(海关规定的信用证明;备存良好的商业纪录管理系统;企业财务健全)和保安、安全准则(场所安全及进出管制;人员安全;货物安全;货运工具的安全;业务伙伴的安全;保安教育及培训;资料交换、存取及保密性;危机管理及事故复原;评鉴、分析及改善)。经香港认可的经济营运商可以享有在香港贸易通关的便利安排,如海关会减少对货物的查验,时间上可以优先接受清关服务,在申请自由贸易协定中转货物便利计划时可以获得优先处理以及优先审核,还有优先暂准进口许可证申请等。

2. 运用先进的自动化与信息技术

在鹿特丹广泛使用着名为"货运信息卡"的电子卡②。卡中包含了较完备的信息:关于货车司机的信息(姓名、性别、年龄、资历),货车装载的货物信息(货物品种、货物规格、货物数量;所属国家、所属公司、货物收货人;装运的船舶名称以及装运的具体舱位,目的地国家和地区,装卸的地点以及何时

---

① 钟业昌,沈玉良,周丽,王玉山.中国(海南)自由贸易试验区发展报告(2019)[M].北京:社会科学文献出版社,2019:140.

② 王胜,陈健娇,钟天祥,刘从勇,张东东,李剑菲.荷兰鹿特丹自由贸易港发展经验探析[J].今日海南,2018,7.

通关）。货物进出关境时使用电子卡，可以便利货物监管、提升通关效率。鹿特丹港口运用国际上先进的码头操作系统（TOS），该系统能够合理规划使用集装箱，并且实现整个装卸过程无人化[1]。自动化装置极大提升了进出境货物的物流效率，即使是世界上最大的干散货船舶，在鹿特丹港也能够实现在2—3天内完成装卸并离港。此外，鹿特丹港建有港口公共电子信息平台，通过平台可以链接报关报验电子系统、船舶和货物运输电子申报系统、内河运输货物信息系统以及船舶和车辆卫星定位系统、地理信息系统、无线电通信系统并能实现数据的共享[2]。平台还接入国际情报通信网络，可以与欧洲、亚洲以及大洋洲的企业进行物流信息的交换。

2010年11月中国香港推出"多模式联运转运货物便利计划"。该计划允许在香港进行空陆及海陆联运的转运货物利用电子平台道路货物资料系统预报货物资料，仅在入境或出境其中一个管制站接受海关检查，并通过应用跨境电子锁及全球定位系统技术，完成香港海关对转运货物的检查。先进的自动化与信息技术运用使空陆及海陆联运转运货物实现无缝清关，为其打造物流绿色通道，加快转运货物的流转。

3. 实施贸易便利化计划

特殊计划多数通过简化程序来提升贸易便利化程度。例如，中国香港海关专门为远洋货物设立了海运简易通关计划（海易通）。该计划为海运货运代理提供一个电子渠道，使其可以预先向海关提交副提单资料，以省去现有发出"禁止移离物品通知书"的程序。新加坡向持有多个新加坡海关牌照持有人推出APEX许可证计划，它允许获得批准的公司持有单一许可证并支付单一许可证费用。该计划避免了重复申请许可证的额外工作，同时节省了许可证费用。在航空快递领域，新加坡向符合条件的公司推出了综合申报计划，合并多个时间空运快递货物的进口、转运或出口，省去了多单逐一申报的麻烦。

特殊计划也会通过提前处理业务来加快货物通关速度。例如，新加坡的保税卡车计划（BTS）允许满足条件的公司根据简化的海关许可证在陆路检查站和自由贸易区（FTZ）之间处理时效性货物，以便随后再出口或放行到关税区。

---

[1] 王胜，陈健娇，钟天祥，刘从勇，张东东，李剑菲.荷兰鹿特丹自由贸易港发展经验探析[J].今日海南，2018，7.

[2] 徐滢，赵滨元.优化天津港口岸营商环境对策研究[J].中国流通经济，2019，5.

货运代理的进口授权（CAIA）计划允许合格的货运代理在从进口商或合作货运代理处获得所有相关海关许可之前，从地勤代理处提取其空运货物，之后可以在位于樟宜自由贸易区内的仓库中拆装卸货。2021年底，中国香港推出海空联运先导计划。实施该计划后，中国内地经中国香港通过航空运输转运到世界各地的货物通关流程发生了变化。中国香港机场管理局在东莞设立"香港国际机场物流园"，将原本由香港机场货运站负责的出口集拼、安检、打板、清关等业务前置至东莞，这样内地出口货物可在预先完成安检后无缝运达香港，再利用香港的国际航空网络，无须重复安检程序直接转运到世界各地。航空运输"前置打板、安检"模式极大提升了货物放行的速度。

4. 推动与贸易伙伴国的海关合作

新加坡作为东盟的成员国之一，可以使用东盟单一窗口（ASW）。该窗口连接了东盟成员国的国家单一窗口，允许以电子方式交换东盟海关申报文件（ACDD）。文件包含一套特定的TradeNet出口许可证数据，以补充进口国海关当局的风险管理数据。此外，在新加坡进行东盟跨境运输货物的运营商可以使用东盟海关过境系统（ACTS）。该系统允许参与的贸易商通过持有东盟货运车辆跨境许可证（AGVCBP）的车辆在东盟成员国自由运输货物。只需一次海关手续，卡车即可以从装货点行驶到不同东盟国家的目的地。

2016年7月15日，中国海关总署、中国香港海关、欧盟委员会税务与海关同盟总司及15个欧盟成员国的海关当局签署安智贸（中欧安全智能贸易航线）试点计划第三阶段联合行政安排。安智贸试点计划项目旨在通过海关之间、海关与企业的合作，在中欧间建立安全、便利、智能化国际贸易运输链（包括海运、空运及铁路运输）。该计划项目下，中国与欧盟海关在交换和共享议定数据、进出口货物的前置风险分析、统一监管标准、风险承担、监管结果互认方面进行合作，拥有资质的企业享有中欧海关给予的低查验率、优先通关、通关便利、监管互认的优惠。

（四）走私风险防控方面

1. 防控执行的可操作性强

无论是新加坡、中国香港还是迪拜，立法中将与走私相关联的活动具体化，然后再赋予不同的处罚标准，极大增加了风险防控的执行操作性。

根据新加坡《海关法》的规定，与走私相关活动涉及的罪行包括第15部分罪行与处罚的第128条以及128A–128K共计12种，分别为与作出和签署不真实、不正确或不完整的声明、证书和文件有关的罪行；与伪造文件有关的罪行；与没有作出申报有关的罪行；与未能出示贸易文件有关的罪行；与欺诈逃税有关的罪行；与在某人的行李中或身上发现货物有关的罪行；与进口违禁品有关的罪行；与出口违禁品有关的罪行；与违禁品的装卸有关的罪行；与管有、储存、运送和窝藏货物有关的罪行；与免税津贴有关的罪行；与非法将货物从海关监管处移走并无照进行某些活动有关的罪行。

依据中国香港《进出口条例》，与走私相关的活动具体分为输入和输出战略物品；输入某些禁运物品；输出某些禁运物品；在香港水域运载订明物品；承运人接载无许可证的禁运物品出口；为走私用途而更改船只、飞机或车辆；为走私用途而建造船只；输入或输出未列舱单货物；协助输出未列舱单货物9项。

海湾合作委员会《共同海关法》详细列出了12项被视为走私的活动：没有将货物运至入境口岸；不按照规定的路线进出境货物；违反海关条例装卸船只或在海洋关税区以外装卸船只；在官方机场外非法装卸飞机货物；不向海关申报没有舱单的进出货物；货物越过进出境海关而未申报；货物未向海关申报且隐藏在通常不是为装载此类货物而设计的地方；货物离开海关后增加、减少或者改变包装件数或者内容；未能提供管理局规定的证明暂停关税的证据；未办结海关手续，将货物带出免税区、免税商店、海关仓库；制作伪造的文件或清单，或粘贴虚假标记，以逃避全部或部分关税，或规避禁止和限制的规定；未提交合法进口的证明，运输或获取违禁或受限货物。

2. 对走私的处罚力度大且标准清晰

新加坡的《海关法》、中国香港的《进出口条例》以及海湾合作委员会的《共同海关法》中均对走私相关的每项罪行设定了具体的经济惩罚和监禁量刑，且强调数罪并罚。

根据新加坡《海关法》，任何人犯有与走私相关活动所涉及的12种指明罪行，一经定罪，罚款方面——不少于逃避的关税、消费税或税款金额的10倍或5000美元，以较低的金额为准，最低金额为1000美元；不超过逃避的关税、消费税或税款金额的20倍或5000美元，以金额较大者为准。若在先前的场合也被定罪，可处上述的罚款，或不超过2年的监禁，或两者兼施。因涉及全部或部分由相关烟草制品组成的商品而犯有与走私相关活动涉及的12种指明罪行，如果此类烟草制品的重量超过2公斤，一经定罪，罚款方面——不少于逃税的关税、消费税或税款金额的15倍，最低金额为1000美元；不超过逃税的关税、消费税或税款的20倍或1万美元，以金额较大者为准；或者处以不超过3年的监禁，或两者兼施。若在先前的场合也被定罪，罚款和量刑方面均翻倍。

中国香港《进出口条例》规定，除非获得进出口许可证，任何人输入《进出口（一般）规例》（第60章，附属法例A）附表1第1部所指明的任何物品，输出《进出口（一般）规例》（第60章，附属法例A）附表2第1部第2档所指明的任何物品，即属犯罪，一经定罪，可处罚款50万美元及监禁2年。承运人接载无许可证的禁运物品出口，即属犯罪，一经定罪，可处罚款50万美元及监禁1年。未获得进出口许可证，输入《进出口（一般）规例》（第60章，附属法例A）附表1第2部所指明的物品以及输出《进出口（一般）规例》（第60章，附属法例A）附表2第2部第2档所指明的物品，或从事其余与走私相关的活动，也属犯罪，一经循简易程序定罪，可处罚款50万美元及监禁2年；一经循公诉程序定罪，可处罚款200万美元及监禁7年。

海湾合作委员会《共同海关法》规定，如果对走私货物需要征收高额关税，则应处以应缴纳关税2倍以上、货物价值2倍以下的罚款；其他货物处以不少于应付关税2倍和不超过货物价值的罚款；如果走私货物免除关税，则应处以不低于货物价值百分之十但不超过其价值的罚款。在监禁量刑方面，均在1个月以上1年以下。如果走私货物是违禁物品，则应处以不低于货物价值、但不超过价值3倍的罚款和不低于6个月、但不超过3年或3年以上监禁。对所有走私活动的惩罚均可能罚款和监禁并处。《共同海关法》还强调任何人从事走私活动如果再犯，处罚加倍。

（五）跨境服务贸易便利化方面

1. 持续推动相互承认安排和多边互认安排落实

中国香港创新科技署辖下的认可处主要通过实施香港实验所认可计划

（HOKLAS）、香港认证机构认可计划（HKCAS）、香港检验机构认可计划（HKIAS）推动相互承认安排和多边互认安排的落实。

香港认可处在测试、校正、医务化验提供者（PTP）及标准物质生产者（RMP）等范围成为国际实验所认可合作组织相互承认安排（ILAC MRA）和亚太认可合作组织相互承认安排（APAC MRA）的签署成员，与全球100多所认可机构达成相互承认安排；在质量管理体系（QMS）认证、环境管理体系（EMS）认证、食物安全管理体系（FSMS）认证、能源管理体系（ENMS）认证、职业健康安全管理体系（OHSMS）认证、产品（PRODUCT）认证及温室气体（GHG）审定和核查等范围成为APAC MRA和国际认可论坛的多边互认安排（IAF MLA）的签署成员，与全球近80所认可机构达成相互承认安排；在检验范围也是ILAC MRA和APAC MRA的签署成员，与全球80多所认可机构达成相互承认安排。通过这些相互承认安排和多边互认安排，使得香港认可处与全球至少近80所认证机构签发或出具的测试数据与测试证书、认证证书、检验报告与检验证书得到相互承认与认可。

2. 积极开展职业资格和教育培训的国际化事业

中国香港经特区政府法规及相关特别条例批准注册成立了专业从事国际职业资格认证、国际人才教育及国际人才交流的职业训练与认证机构——香港专业人才中心（HKPTC）。HKPTC立足于香港，面向亚太区，辐射中国内地，进行各类职前及在职训练以及相应职业资格的国际认证。

HKPTC国际职业资格认证中心开发了自身独特的国际职业资格认证证书的注册体系，该体系在课程设置以及认证程序上参照了国际上先进的职业资格认证证书的管理模式。HKPTC的国际职业资格认证证书的有效期均为永久，中心学员可以依据自己的现有岗位以及职业发展规划选择合适的单项资格认证证书。与此同时，中心学员还可以通过继续学习，获得更高级别的职业资格认证证书。

目前，HKPTC的国际职业资格认证体系拥有了300多个不同专业领域的认证，既包括管理类资格证书，也包括技能类资格证书。同时，HKPTC国际职业资格认证中心抓住"9+2"和粤港澳大湾区国家战略实施的机遇，授权认证培训考试中心合作伙伴允许中国内地具有一定资质、有一定推广实力的机构加入到整个认证体系中来，将国际上成熟完备的职业认证体系带入中国内地，辅助并加快内地人力资源发展。

HKPTC国际职业资格认证已经与28个国家和地区的200多家教育机构和行业协会建立了互认互通合作，执HKPTC双语证书可直通签署互认合作协议的国家和地区。目前，HKPTC与亚洲经理人协会（AMA）达成全球战略合作，AMA会员体系和HKPTC国际认证体系的协同推广也在加紧进行中。

三、国际最高水平经贸规则对贸易自由便利法律制度建设的重点要求

（一）在货物市场准入方面

有关进出口商品管制主要涉及进出口许可的管理问题，在区域全面经济伙伴关系协定（以下简称RCEP）第二章"货物贸易"第二节"非关税措施"条款中提出了非关税措施的适用、普遍取消数量限制、进口许可程序等的要求，在全面与进步跨太平洋伙伴关系协定（以下简称CPTPP）第二章"货物的国民待遇和市场准入"B节条款中提出进口和出口限制、进口许可程序、出口许可程序的透明度等要求。

1. 非关税措施的适用

RCEP的缔约方对任何其他缔约方的货物进口或者向任何其他缔约方领土的货物出口，采取或维持非关税措施的适用条件有两个：①世界贸易组织（以下简称WTO）或者RCEP、CPTPP项下的权利和义务；②保证非关税措施的透明度，以及任何此类措施的制定、采取或实施不对缔约方之间的贸易造成不必要的障碍。

2. 进口和出口限制（普遍取消数量限制）

原则上缔约方不得对从其他缔约方进口的货物或者向其他缔约方领土出口的货物采取或维持禁止或限制措施，但WTO或者RCEP、CPTPP项下的权利和义务作出的禁止或限制除外。禁止或限制措施指除关税、国内税或其他费用外的措施，RCEP认为包括配额、进口或出口许可等，CPTPP认为还包括出口和进口价格要求，以满足实绩要求为条件的进口许可程序，与经由《补贴与反补

贴措施协定》第18条和《反倾销协定》第8条第1款所实施的GATT1994第6条不一致的自愿出口限制。对于再制造货物，CPTPP特别强调，进口和出口限制适用于对再制造货物进口的禁止和限制；然而一缔约方采取或维持措施禁止或限制旧货的进口，不得将这些措施适用于再制造货物。

3. 进口许可程序

①RCEP要求每一缔约方应当确保所有进口许可程序以透明和可预测的方式实施。RCEP和CPTPP指明要根据《进口许可程序协定》实施。②RCEP和CPTPP提出在实施任何新的或修改的进口许可程序前，一缔约方应当在官方政府网站上公布新程序或者对程序的修改。RCEP中特别提到在可能的情况下，该缔约方应当在新程序或对程序的修改生效前至少21天公布。同时，每一缔约方应当将其任何新的进口许可程序以及对现行进口许可程序所做的任何修改通报其他缔约方。在任何情况下，不得迟于公告之日后60天提供该通报。RCEP要求尽可能在生效前30天，CPTPP则要求如可能，在不迟于新程序或所作修改生效前60天。③RCEP和CPTPP均要求通报一项新的进口许可程序或对现行进口许可程序的修改，应当明确对该产品所允许的最终用户有无限制以及相应的许可资格条件。

4. 出口许可程序

①CPTPP要求每一缔约方应在可行时尽快且不迟于其采用任何新的出口许可程序或对一出口许可程序所作修改生效后30天，在所通知的出版物和网站上公布其采取的新程序或所作修改。②通知的出版物中包括出口许可程序的文本，许可程序所管辖的货物，申请许可证的过程，申请人为获得许可证申请资格而必须满足的任何标准，一个或多个联络点，许可证申请或其他相关文件所必须提交的一个或多个管理机关，许可程序的实施期限，配额总量、配额的金额及配额的开放和截止日期。

（二）在贸易便利化方面

有关海关管理与贸易便利化问题，WTO从信息的公布与可获性评论机会、生效前信息及磋商、预裁定、进出口规费和手续、货物的放行与清关、进出口和转运手续、受海关监管的货物移动、过境自由、边境机构合作、海关合作方面提出了40条贸易便利化要求，为货物贸易便利化构建了框架。

本章重点对WTO、RCEP、CPTPP在风险管理、自动化或信息技术应用、货物放行和海关合作4个方面提出的要求进行梳理。

1. 在风险管理方面

WTO、RCEP和CPTPP提出缔约方（成员国）应尽可能采用或设立为海关监管目的的风险管理制度，在可能的范围内将其他相关边境监管集中于高风险货物，加快放行低风险货物。关于风险管理制度如何设立，WTO和RCEP提出风险管理的依据是通过选择标准进行风险评估，可选择的标准包括货物HS编码、原产国、货物价值、贸易商信用记录、运输工具类型等。同时，WTO和RCEP还特别强调进行评估标准设定以及风险管理时应避免不合理的歧视以及对国际贸易的变相限制。

2. 在自动化或信息技术应用方面

①WTO提出了单一窗口的要求。各成员应努力建设单一窗口，使进出口贸易商能够一点接入，向主管机构一次性提交货物进出口或货物过境的电子单证以及资料。主管机构通过单一窗口进行及时审查并将审查结果告知申请人。RCEP提出努力提供相关设施，使进口商和出口商在一单一接入点通过电子方式完成标准化的进口和出口要求。CPTPP也强调使海关用户可使用电子系统。②RCEP提出每一缔约方应当努力使公众可获得其贸易管理文件的电子版，并且努力将以电子方式提交贸易管理文件。WTO、RCEP和CPTPP均提出了在货物抵达前提交海关需要的电子信息的要求，以便在货物抵达后可以加快海关放行速度。③RCEP和CPTPP要求缔约方使用电子化或自动化系统进行风险分析和定向。④RCEP提出在制定规定使用无纸化贸易管理的倡议时，鼓励每一缔约方考虑由国际组织主持制定的国际标准或方法；在国际层面与其他缔约方合作时，提升对以电子方式提交的贸易管理文件的接受度。CPTPP要求依照世界海关组织（WCO）标准数据模型努力对进口和出口数据实行共同标准和数据项，努力开发一套以WCO标准数据模型、相关WCO建议书和指南为基础的共同数据项，以便利为分析贸易流量所开展的政府间电子数据共享。

3. 在加快货物放行方面

WTO、RCEP和CPTPP均要求为高效放行货物而采用或设立简化海关程序，RCEP和CPTPP均认为不超过保证其海关法律得到遵守所需的时间内放行货物，在可能的限度内,在货物抵达48小时内。RCEP和CPTPP强调对于快运货物和易腐货物,合理的放行时间为货物抵达并且提交放行要求信息6小时内。至于在加快货物放行程序方面,WTO、RCEP和CPTPP要求:①在货物抵达前开始办理业务,以期在货物抵达后加快放行;②设立风险管理制度,加快低风险货物放行速度;③规定如关税等费用在货物抵达后不能尽可能快地作出时,如果其他管理要求符合,可以考虑先放行货物。此外,WTO和RCEP还提出要向满足条件的经营者提供额外的贸易便利化措施的要求,措施包括:减少单证和数据、降低实地查验比例、加快放行速度、延迟支付税费、允许使用担保等。

4. 在海关合作方面

①CPTPP要求缔约方应努力建立或设立海关合作的联系渠道,包括建立联络点,从而便利信息交流的快速和安全并提高重要问题的协调。②RCEP和CPTPP要求对海关合作可能产生实质影响的法律或法规或与其管辖进口或出口的法律或法规相关的类似措施作出任何重要行政变更和修改时,努力向每一缔约方作出预先通知。③RCEP提出每一缔约方应当主动向其他缔约方提供谈判的机会,使其加入相互承认的经认证的经营者计划,为计划参与者提供贸易便利化措施。④WTO、RCEP和CPTPP认为在适当的情况下,每一缔约方的海关可以给予其他缔约方海关技术性建议和协助,RCEP和CPTPP提出包括制定和实施海关最佳实践和风险管理技术,简化和协调海关程序,提高技术技能和技术的使用。⑤WTO提出每一成员国内部涉及边境管制或者货物进出口以及过境的主管机关要相互合作并协调行动。此外,如果与其他缔约方拥有共同边界,政府间应积极谋划共同协议进行合作,协调跨境程序以及便利跨境贸易。

(三)在跨境服务贸易方面

RCEP和CPTPP除了对跨境服务贸易提出了国民待遇、市场准入、最惠国待遇三大基本原则外,为促进跨境服务贸易的自由与便利,消除跨境服务贸易的国内壁垒,重点在以下三个方面提出了相应的要求:

1. 在国内法规(国内规制)方面

RCEP和CPTPP要求每一缔约方所实施的影响服务贸易的措施应保证以合理、客观、公正的方式实施。①除为实施相关国际组织的国际标准外,与资格要求和程序、技术标准和许可要求相关的措施基于客观和透明的标准，如为许可程序，程序不成为对服务提供的限制。②如一缔约方要求对提供服务进行批准，则应保证其主管机关在合理期限内通知该申请人与申请相关的决定，就申请的处理进度制定时间表，不得无故迟延地提供与申请状态相关的信息，并且提供在合理的时间表内对申请信息遗漏进行补全的机会以及接受根据其法律和法规认证的文件副本，代替文件正本。③每一缔约方应保证其主管机关收取的批准费用合理和透明，且其本身不限制相关服务的提供。④每一缔约方应当规定适当的程序，以核实另一缔约方专业人员的资格。如许可或资格要求包括完成考试，则每一缔约方应保证考试安排间隔合理且提供合理期限，使利害关系人能够提交申请。

2. 在承认方面

RCEP和CPTPP要求为全部或部分满足服务提供者获得授权、许可或证明的标准或准则，一缔约方可以承认在一特定国家获得的教育或从事的经历或者给予的许可或出具的证明。①可以用三种方式的任何一种或多种进行承认：与对方国家有相关协定或安排，自动给予对方承认，通过与对方协调实现。②如通过协议或安排承认，应当应请求为其他缔约方提供充分的机会为加入此类协定或安排进行谈判，或与其谈判类似的协定或安排。③如自主给予承认，则应向其他缔约方提供充分机会，以承认在其领土内获得的教育或经历、获得的许可或证明。④在适用服务提供者获得授权、许可或证明的标准或准则时，一缔约方不得以可能构成其他缔约方之间的歧视的手段或者构成对服务贸易变相限制的方式给予承认。RCEP还提出在适当的情况下，应该基于多边同意的准则进行承认。缔约方应当积极与相关政府间组织以及非政府间组织合作，以制定并承认与服务贸易各专业领域相关的国际标准。

3. 在透明度方面

RCEP和CPTPP要求设立联络点或建立适当机制以答复利害关系人关于跨境服务贸易法规的询问或就跨境服务贸易事项进行沟通。RCEP强调每一缔约方应当迅速（最迟应当在措施生效之时）公布影响服务贸易的普遍适用的所有相关措施以及签订的有关国际协定。在可能的范围内，应当通过互联网公开。CPTPP则强调在可能的限度内，应允许在最终法规的公布和生效日期之间给予一合理时间，以便就跨境服务贸易相关法规提供事先通知和评论的机会。

四、海南自由贸易港贸易自由便利法制建设现状

（一）海南自由贸易港国际贸易发展现状

1. 货物贸易发展情况

从货物贸易进出口额来看，据海口海关数据统计，2020年6—12月，海南货物进出口增速高达15.2%，增速快于同期全国8.9个百分点。2021年海南国际货物贸易总值为1476.8亿元，较2020年增长近58个百分点，增速相较全国水平多36.3%，居全国第三位。其中，出口332.6亿元，增长20.1%；进口1144.2亿元，增长73.6%。与2019年相比，全省外贸进出口增长了63%。2022年1—5月，海南货物贸易进出口总额是745.7亿元，较2021年1—5月增长了61.4%，增长速度较全国水平多53%，国际货物贸易增速在全国排名第二。其中，出口194.8亿元，增长85.1%，增速较全国水平多73.7%，排名全国第四；进口550.9亿元，增长54.5%，增速较全国水平多49.8%，排名全国第一。

2. 服务贸易发展情况

国际服务贸易总额方面，2020年6—12月，在新冠肺炎疫情影响的背景下，海南全省服务贸易进出口总额为109.56亿元。2021年全年海南国际服务贸易总额为287.79亿元，较2020年增长了55.54%，远远超过全国16%的整体水平，国际服务贸易总额在全国排名第18位[①]。

从国际服务贸易结构来看，据海南省商务厅数据统计，2021年海南国际服务贸易呈现出多个行业齐头并进态势，多个行业国际服务贸易总额实现倍增，其中海洋运输国际服务贸易较2018年增长了1.21倍，专业咨询国际服务贸易增长了1.19倍，计算机国际服务贸易增长了2.64倍。同时，国际服务贸易结构呈现优化态势，2021年全年海南知识密集型国际服务贸易额为172.32亿元，较2018年增长81.66%，其中电信、计算机和信息、金融和保险国际服务贸易均实现贸易金额的倍增。数字国际服务贸易也增长迅速，2020年较2019年增

---

① 刘阳阳，席秀琴. 海南：2021年货物、服务进出口增速远超全国［OL］（2022-5-17）［2023-3-3］. http://hi.people.com.cn/n2/2022/0517/c231190-35273135.html.

长1.28倍，2021年同比再次增长1.18倍；2021年海南数字国际服务贸易额为146.9亿元，占国际服务贸易总额的51.05%，为全省国际服务贸易增长作出了77.45%的贡献。

（二）海南自由贸易港贸易自由便利法制建设的主要进展

1. 在海关监管特殊区域试点洋浦保税港区实施进出口商品管制负面清单管理制度

2020年6月3日，海关总署颁布了《中华人民共和国海关对洋浦保税港区监管办法》（海关总署公告2020年第73号）。在洋浦保税港区与境外之间进出货物的监管方面，实施进出口商品负面清单管制，除属于安全准入管理的货物（禁限进出口货物以及法定检验检疫货物）外，境外进出洋浦保税港区的货物不实施许可证管理，进出关境时，海关径予放行，实现货物贸易更加便利化。在进出口商品负面清单方面，商务部等20部门联合印发《关于推进海南自由贸易港贸易自由化便利化若干措施的通知》（商自贸发〔2021〕58号）赋予洋浦保税港区几项取消管制政策——原油和成品油进出口贸易不实施进出口企业资格和数量管制，食糖进口没有关税配额总量限制，取消机电进口许可管理措施，实现货物贸易更加自由化。

2. 完成海南国际贸易单一窗口启动、完善与推广运用

海南已完成单一窗口国家标准版的推广应用，实现国家标准版全部18项功能在海南的应用。这18项应用功能包括企业资质、许可证件、原产地证、进口配额、运输工具、舱单申报、货物申报、加工贸易、税费办理、跨境电商、物品通关、出口退税、公共查询、检验检疫、口岸物流、服务贸易、收费公示和金融服务模块。此外，9项海南特色应用功能上线。这9项应用功能包括智慧关务、物码溯源、公服平台、零关税区、离岛免税、通关物流、智能舱单、物流协同和跨境电商。

目前，"单一窗口"在海南已经覆盖海港、空港口岸的通关业务，同时还覆盖特殊监管区以及保税物流。到2019年1月30日，海南已实现海港、空港口岸的货物申报业务以及运输工具申报业务完全上线；货物申报的企业达110家，总单量62988单；运输工具申报使用企业24家，总单数2539单；跨境电商企业七家，总单量7189单；加工贸易保税总单量1520单①。"单一窗口"的应用极大地简化了进出境通关手续，压缩了货物通关时间。单一窗口启动后，海南进口整体通关时间已由2017年的126.94小时，减少到2019年2月的46.13小时（低于全国平均水平的50.70小时），减少63.66%；出口整体通关时间由2017年的108.41小时，减少到2019年2月的4.76小时（低于全国平均水平的5.26小时），减少95.6%②。

3. 出台实施洋浦保税港区监管办法，实施"一线放开，二线管住"海关特殊监管试点

海南自由贸易港的目标是在实现有效监管的前提下，建成"一线放开、二线管住、岛内自由"的全岛封关运作的海关监管特殊区域。在封关运作前，需要以现有海关特殊监管区域为试点先行探索形成经验。为此，海关总署于2020年6月3日发布了《中华人民共和国海关对洋浦保税港区监管办法》（海关总署公告2020年第73号），对境外进出洋浦保税港区的货物、境内区外进出洋浦保税港区的货物、洋浦保税港区内的货物、国际中转货物以及进出洋浦保税港区的运输工具和个人携带物品等的海关监管进行了规定，为2025年封关后，建立全岛海关特殊监管区域提供试点测试并积累经验。

4. 在贸易风险防控方面，反走私立法和相关机制建设成果显著

2020年1月6日，海南省第六届人民代表大会常务委员会第十七次会议通过了《海南省反走私暂行条例》。《海南省反走私暂行条例》对走私活动的预防、查缉、处理以及法律责任做出了明确的法律规定，尤其强调对减免税进口货物、物品走私出岛的查缉和法律责任。为了更好地防控离岛免税"套代购"走私活动，海关总署出台了《关于依法严厉打击海南离岛免税"套代购"走私违规行为的指导意见》（署法发2021年56号）文件，海南省第六届人民代表大会常务委员会第三十一次会议通过了《海南自由贸易港免税购物失信惩戒若干规定》。截至2022年5月30日，全省打击离岛免税"套代购"走私违规行为成果显著。自2020年7月离岛免税新政实施以来，全省各级公安机关会同海关缉

---

① 钟业昌，沈玉良，周丽，王玉山，中国（海南）自由贸易试验区发展报告（2019）[M]. 北京：社会科学文献出版社，2019：123-124.

② 海南特色单一窗口初步建成一批应用功能上线[OL].（2019-4-15）[2023-3-3]. http://tradeinservices.mofcom.gov.cn/article/shidian/gzjz/201904/81256.html.

私部门共打掉"套代购"走私团伙126个，刑事立案135起，抓获犯罪嫌疑人291名[①]。

海南反走私综合治理体系构建成型。《琼粤桂反走私联防联控机制》与《海南自由贸易港缉私司法协作机制》已经出台；2021年10月28日，新海反走私综合执法站揭牌成立，64个反走私综合执法站开始陆续正式运行；海南社会信息管理平台反走私实战功能落地。海南自由贸易港建设4年来，海关缉私成果显著。仅海口海关侦办各类案件1411宗，案值28.2亿元，涉税达5.7亿元[②]。

5. 发布跨境服务贸易负面清单，出台跨境服务贸易负面清单管理办法（试行）

2021年7月23日，商务部公开发布了《海南自由贸易港跨境服务贸易特别管理措施（负面清单）（2021年版）》（商务部令2021年第3号），文件立足于海南自由贸易港服务业发展基础，通过11个服务大类70条特别管理措施，对境外服务提供者跨境提供服务的范围和要求进行明确。具体来说，《海南自由贸易港跨境服务贸易特别管理措施（负面清单）（2021版）》围绕专业服务业对外开放、金融业对外开放、教育服务业对外开放、运输自由便利化和人才政策方面有了明显突破。①在专业服务业方面，境外律师事务所驻海南代表机构可以从事部分涉海南的商事非诉讼法律事务，海南律师事务所可以聘请外籍律师担任外国法律顾问以及港澳律师担任法律顾问；境外服务提供者经过资格认定取得涉外调查许可证之后，可以进行市场调查；境外的报关企业可以直接在海南开展报关业务，而不要求必须注册法人实体。②在金融业方面，在海南自由贸易港居住的境外个人可以申请开立证券账户和期货账户，申请证券投资咨询从业资格和期货投资咨询从业资格等。③在教育服务业方面，取消了个人教育服务提供者需要有两年专业工作经验的限制。④在运输服务业方面，外国船舶检验机构可以直接派员工或者派雇员在海南开展船舶检验业务，而不要求必须在

---

① 海南健全治理体系 严打离岛免税"套代购"［OL］（2022-5-31）［2023-3-3］. http://www.legaldaily.com.cn/index/content/2022-05/31/content_8726551.htm.

② 海口海关缉私局全力支持海南自贸港建设海南健全治理体系 严打离岛免税"套代购"［OL］.（2022-4-12）［2023-3-3］. http://www.hi.chinanews.com.cn/hnnew/2022-04-12/633962.html.

海南设立具有独立法人资格的验船公司；放开外籍游艇进出海南自由贸易港申请引航限制；取消了境外服务提供者不得从事航空气象服务的限制。⑤取消了境外个人参加注册城乡规划师、勘察设计注册工程师、注册消防工程师、注册计量师、兽医、资产评估师等10多项职业资格考试方面的限制。负面清单的出台不仅提升了海南自由贸易港跨境服务的对外开放度，而且增强了政策透明度和可预见性，可以为RCEP生效后的6年内在国家层面实现跨境服务贸易负面清单管理工作积累试点经验。

《海南自由贸易港跨境服务贸易负面清单管理办法（试行）》（琼府办〔2021〕43号，以下简称《管理办法》）于2021年8月26日起施行。《管理办法》明确了清单的管理、管理职责等多方面内容。具体涉及清单内外的管理、管理措施的规范与促进、统计监测、实施情况评估与风险防范等方面。在清单内管理方面，《管理办法》要求境外服务提供者不得以跨境方式提供《海南跨境服务贸易负面清单》中禁止的服务，各有关部门严格禁止准入；以跨境方式提供《海南跨境服务贸易负面清单》之内的非禁止性领域服务，由各有关部门按照相应规定实施管理。在清单外管理方面，《管理办法》要求，在自贸港内按照境内外服务及服务提供者待遇一致原则实施管理。《海南跨境服务贸易负面清单》中未列出的与国家安全、公共秩序、金融审慎、社会服务、人类遗传资源、人文社科研发、文化新业态、航空业务权、移民和就业措施以及政府行使职能等相关措施，按照现行规定执行。

（三）海南自由贸易港贸易自由便利法制建设存在的不足与差距

1. 洋浦保税港区沿用国家禁限进出境货物清单，贸易开放度不够

除了在货物贸易领域取消三项管制措施外，洋浦保税港区仍沿用国家禁限进出境货物清单。国家第一批到第七批禁止进口货物目录包括13大类22章的产品，第一批到第六批禁止出口货物目录包括8大类13章的产品；实施出口许可证管理的货物43种，实施进口许可证管理的货物14种；对20种货物实行出口配额管理，对4种货物实行出口配额招标管理，对羊毛、毛条、食糖、化肥4种货物实施进口关税配额管理。禁限进出境货物数量比中国香港、新加坡、迪拜等国际先进自由贸易港多（香港限制输入输出的物品8种；新加坡受控出口、进口、转运物品11种；迪拜禁止和限制物品10种）。因此，为了服务海南自由贸易港内生产和消费的需要，促进当地产业发展，实现货物贸易更加自由化，需要考虑制定总体更加宽松的禁限进出境货物清单。

2. 现行口岸管理条例滞后，不能满足"一线放开，二线管住"的海关监管特殊区域的要求

海南现行的口岸管理条例是2002年7月26日修正的《海南经济特区口岸管理条例》。该口岸管理条例落后于口岸管理实践，同时不能满足2025年封关运作后"一线放开、二线管住"的海关监管模式。矛盾突出表现在：①管理的口岸只区分了一类口岸和二类口岸，没有区别一线对外开放口岸和二线口岸，且不同类型的口岸管理模式是相同的。②只对出口货物进行了分类管理，加强前期监管，简化口岸查验环节。封关运作后，"一线放开"要求对进出口货物进行分类管理，不属于准入安全管理货物，径予放行。此外，二线口岸也需要进行分类管理，简化查验环节，提高通关效率。③口岸管理没有突出电子化、信息化、智能化。如今依托海南国际贸易单一窗口，海空港货物申报和运输工具业务上线申报覆盖率达100%。通过自动化、信息技术的应用以及电子数据的标准化建设，全国海关逐渐形成"监管互认、执法互助、信息互换"的管理模式，且未来这种管理势必推广到国家间。

3. 在国家发布国际贸易"单一窗口"管理办法的背景下，海南省级层面的法律法规欠缺

国家已出台《国际贸易"单一窗口"门户网站管理办法（暂行）》，从总则、栏目设置、职责分工、内容管理、网络和信息安全、附则方面作出了规定，第三章"职责分工"第十条要求各地方"单一窗口"主管部门为落实本办法有关要求，制定必要实施细则。目前，海南的国际贸易"单一窗口"门户网站根据海南自由贸易港建设规划，开设了9项海南特色应用功能。此外，2025年海南自由贸易港成为海关监管特殊区域，实施"一线放开、二线管住"的监管制度，将区分一线和二线货物的进出管理，海南的国际贸易"单一窗口"门户网站功能板块、货物进出流程、监管机构协作模式等势必进行调整。因此，海南省级层面的国际贸易"单一窗口"管理办法亟须出台。

4.《海南省反走私暂行条例》中走私活动有待细化，处罚力度有待强化

相比新加坡的《海关法》、中国香港的《进出口条例》以及海湾合作委员会的《共同海关法》的有关规定,《海南省反走私暂行条例》中的走私相关活动仅涉及第十八条"逃避海关监管,偷逃应纳税款,逃避国家有关进出境的禁止性或者限制性管理的行为";第十九条"使用船舶、车辆、航空器等运输工具运输、收购、贩卖国家禁止或者未经许可的限制进出境的货物、物品或者没有合法证明的减免税进口货物";第二十一条"从事无合法来源证明进口货物经营行为";第二十二条"单位和个人为走私违法犯罪行为和无合法来源证明进口货物经营行为提供贷款、资金、账号、发票、证明、海关单证,或者提供运输、保管、邮寄以及其他便利",共4条,少且不够具体。

《海南省反走私暂行条例》中有关走私相关活动的处罚说明了罚款标准。第十八条、第十九条第一款、第二十一条第一款、第二十二条依照《中华人民共和国海关法》等法律、行政法规的规定处罚。根据《中华人民共和国海关法》,对以上走私活动的处罚(未犯罪的),海关没收走私货物、物品及违法所得,可以并处罚款,但并未规定罚款的具体标准。第十九条涉及的运输、收购、贩卖没有合法证明的减免税进口货物活动,没收非法运输、收购、贩卖的减免税进口货物,并处货值金额等额以下罚款。罚款标准低于新加坡的《海关法》、中国香港的《进出口条例》以及海湾合作委员会的《共同海关法》的罚款标准。《海南省反走私暂行条例》中有关走私相关活动的处罚没有说明量刑标准,《中华人民共和国海关法》也只规定:构成犯罪的,依法追究刑事责任。

5. 在资格要求、技术标准、透明度等方面存在影响跨境服务贸易准入后准营的国内规制

2021年7月23日,商务部发布《海南自由贸易港跨境服务贸易特别管理措施(负面清单)(2021年版)》(商务部令2021年第3号,以下称《负面清单》),仅对11个服务大类实施70条特别管理措施。《负面清单》之外的领域,在自由贸易港内按照境内和境外的服务提供者享有一致待遇的原则进行管理。

跨境服务贸易的开放必然受到国内规制的限制。首先,《负面清单》中未列出的与国家安全、公共秩序、金融审慎、社会服务、人类遗传资源、人文社科研发、文化新业态、航空业务权、移民和就业措施以及政府行使职能等相关措施,按照现行规定执行,属于《负面清单》的例外条款。其次,服务业有经营准入门槛,涉及国内服务提供者执业的资格要求、技术标准、许可程序等国内法律法规的规定,多数未包括对境外服务提供者在国外获得的教育或经历、满足的要求、或授予的许可或证明的认定,成为境外服务提供者进入国内服务市场的障碍。《海南自由贸易港跨境服务贸易负面清单管理办法(试行)》提出在政府资金安排、税费减免、资质许可、标准制定、项目申报等方面,应当依法平等对待境内外服务提供者。因此,需要对照《负面清单》,涉及调整现行法律法规或出台配套法律法规的,按照相关规定程序要求,及时调整或颁布实施。

五、加快海南自由贸易港贸易自由便利法律制度建设的建议

(一)海南自由贸易港贸易自由便利法律制度建设的主要目标

1. 构建自由进出、安全便利的货物进出境管理法律制度

制定或修订法律法规以保证:①除禁限进出口货物和物品清单外的货物和物品在境外与海南自由贸易港之间保证自由进出。②货物由海南自由贸易港进入内地,依照进口规定办理相关手续;货物和物品由内地进入海南自由贸易港,按国内流通规定管理。③实行通关便利化政策,简化货物流转流程和手续,为市场主体提供通关便利服务。④建设高标准国际贸易"单一窗口"。⑤健全反走私贸易防控法制体系。

2. 营造既准入又准营的服务贸易自由便利法制环境

制定或修订法律法规以保证:①推动跨境服务贸易负面清单落地。②在告知、资格要求、技术标准、透明度、监管一致性方面规范影响服务贸易自由便利的国内规制。

(二)推动海南自由贸易港贸易自由便利法律制度建设的举措

1. 出台《海南进出口商品管制负面清单目录及管理办法》

根据《中华人民共和国货物进出口管理条例》《中华人民共和国海南自由贸易港法》以及《海南自由贸易港建设总体方案》等制定《海南进出口商品管制负面清单目录及管理办法》。

(1)在禁止进出口清单目录方面,禁止出口货物与国家一致,禁止进口货

物适当减少。

根据《海南自由贸易港建设总体方案》规划，货物、物品及运输工具由内地进入海南自由贸易港，按国内流通规定管理。如果海南自由贸易港禁止出口货物清单目录比国家更宽松，国家禁止出口的货物可以从国内运至海南自由贸易港出口，国家出口管制无效[①]。因此，海南自由贸易港的禁止类货物出口目录应与国家层面的目录完全一致。根据《海南自由贸易港建设总体方案》规划，货物从海南自由贸易港进入内地，原则上按进口规定办理相关手续，照章征收关税和进口环节税。因此，海南自由贸易港禁止进口货物清单目录比国家更宽松不存在管控风险漏洞。可以根据海南三大类产业发展的定位，在现有国家层面发布的《禁止进口货物目录》（第一批至第七批）的基础上，适当减少禁止进口货物。例如，可以考虑依据CPTPP第2.12.2条对再制造货物的规定，围绕海南集聚高端维修和绿色再制造产业所需的料件进口，以《关于支持综合保税区内企业开展维修业务的公告》（商务部 生态环境部 海关总署公告2020年第16号）中制定的维修产品目录为基础，准许某些高端绿色的旧机电产品进口。根据《海南自由贸易港鼓励类产业目录》中对娱乐业的支持，准许电子游戏机和游戏产品的进口。

（2）在限制进出口管理方面，设计更加自由便利的制度。

在涉及货物进出口许可管理方面，可以适当下放审批权限，缩短审批流程。根据《海南自由贸易港鼓励类产业目录》中对热带农业、进口食品深加工业、有机化工原料深加工业、水上客货运输行业以及海洋工程建筑业的支持，可以考虑下放农业机械、食品加工及包装设备、化工设备、起重运输设备、船舶这些旧机电的进口许可审批权限给海南，甚至取消对这些旧机电的进口许可管理。同时，《海南自由贸易港鼓励类产业目录》也提出对热带农林及加工业、新能源汽车制造、摩托车整车及重要零部件制造进行支持，因此，亦可以考虑将海南本地产的农畜产品，包括玉米、大米、玉米粉、大米粉、活猪、活鸡、活牛的出口许可审批权限下放至地方（电动汽车、摩托车整车及零件发证已下放至地方）。

在涉及货物进出口配额管理方面，可以考虑适当放宽配额。例如围绕海南

---

① 王惠平.海南自由贸易港发展报告（2021）[M].北京：社会科学文献出版社，2021（57）.

当地产业国际竞争力的发展需要，根据《海南自由贸易港鼓励类产业目录》中对热带农林牧渔及加工业的支持，可以考虑放松海南本地种植的玉米和大米及其制品玉米粉和大米粉以及海南本地养殖的活猪（对港澳）、活鸡（对香港）、活牛（对港澳）的出口配额管理；为服务海南自由贸易港内生产和消费的需要，放松原油、成品油、食糖、化肥的进口配额管理，如果对国内相关企业生产与销售不造成重大影响，或者可以考虑取消配额管理。

（3）健全违规的惩罚措施及标准。

在违反国家有关法律和行政法规，擅自进出境禁止性或者限制性物品方面，依据《海南省反走私暂行条例》规定，依照《中华人民共和国海关法》等法律、行政法规的规定处罚，即尚不构成犯罪的，由海关没收走私货物、物品及违法所得，可以并处罚款；构成犯罪的，依法追究刑事责任。可见，《暂行条例》并未直接规定各走私行为的罚款和量刑的具体标准。因此，可以考虑借鉴国际自由贸易港的经验，在管理办法中，对每一项违反法律法规的规定给予具体的量刑及罚款标准。

（4）完善相应的配套管理法律法规。

按照国家《货物进口许可证管理办法》和《货物出口许可证管理办法》，限制进出口货物采用许可证管理，包括进出口配额许可证管理和进出口许可证管理。可考虑将部分限制进出口货物的许可管理的审批权限下放给海南地方或者取消某些商品的进出口许可管理，因此，需要制定《出口许可证管理货物分级发证海南目录》《进口许可证管理货物分级发证海南目录》或《海南出口许可货物管理目录》《海南进口许可货物管理目录》。

（5）许可或配额管理程序方面，要符合公平、透明和可预测的要求。

为向最高水平经贸标准看齐，建议《进口许可证管理货物分级发证海南目录》《海南进口许可货物管理目录》生效前60天通报WTO进口许可程序委员会以及RCEP各缔约方，生效前21天在海关总署官网、商务部官网、海南各海关官网、海南省商务厅官网公布。现行的《中华人民共和国货物进出口管理条例》规定，限制出口的货物目录，应当至少在实施前21天公布。因此，建议《出口许可证管理货物分级发证海南目录》《海南出口许可货物管理目录》生效前21天在海关总署官网、商务部官网、海南各海关官网、海南省商务厅官网公布。

2. 发布《海南国际贸易"单一窗口"管理办法》

根据《国际贸易"单一窗口"门户网站管理办法（暂行）》以及《关于国际贸易"单一窗口"建设的框架意见》等制定《海南国际贸易"单一窗口"管理办法》。

（1）在机制保障方面，形成跨部门协作组织。

由省人民政府组织成立国际贸易"单一窗口"建设工作组，工作组成员由各相关政府部门、行业协会、企业负责人以及科研院校专家组成。工作组形成联席会议机制，研究决策重要事项，协调解决重大问题，高标准地推进海南国际贸易"单一窗口"的建设与完善。相关政府部门成员主要负责按照国家对口部委有关要求，做好本单位与"单一窗口"对接系统的运行管理工作；相关行业协会主要承担国际贸易"单一窗口"宣传、培训工作以及收集、反馈企业意见与建议的职责。借鉴新加坡的经验，可以考虑组建私营企业海南自由贸易港电子口岸公司作为国际贸易"单一窗口"技术支撑单位，从技术上保障"单一窗口"的运行，及时接收与处理用户反映的问题，收集用户的意见与建议，与中国电子口岸数据中心保持通畅的联系。

（2）在功能设置方面，灵活调整国家与地方板块。

封关前，除海关特殊监管区试点或者给予海南自由贸易港的特殊政策必须设置并使用海南特色版功能外，各对外开放口岸进出口业务使用国家标准版功能。根据《海南自由贸易港建设总体方案》的规划，未来在海南特色版功能板块至少需要在零关税区增加岛内居民消费品以及增加离岸贸易板块。

封关后，海南特色功能板块作为"一线"对外开放口岸境外与海南自由贸易港货物进出的管理，建议增加许可证件、货物申报、检验检疫专门为需要进行安全准入管理的货物设置，还需要增加税费办理功能，删去零关税区功能，同时公服平台不再只管理洋浦和海口综保，而是海南全岛，提供一线进出境径予放行、加工增值企业备案管理、加工增值产品备案管理、海南原产地证书打印（海南原产地证书给予鼓励类产业企业生产的不含进口料件或者含进口料件在海南自由贸易港加工增值为30%或超过30%的货物）、企业ERP数据管理、账册管理等功能。封关后，国家标准功能板块作为"二线"口岸内地与海南自由贸易港货物进出的管理。在办理税费业务时，实现持有海南原产地证书货物可自动免交进口关税。货物申报板块增加内地进入海南自由贸易港货物，按国内流通要求办理手续，且申报后可办理出口退税。

（3）在技术升级方面，应用推广数据元国际标准。

在使用无纸化贸易管理时，RCEP和CPTPP对缔约国数据的国际标准化提出了要求。RCEP鼓励每一缔约方考虑由国际组织主持制定的国际标准或方法，CPTPP则提出依照世界海关组织（WCO）标准数据模型努力对进口和出口数据实行共同标准和数据项，以便利国内外政府间电子数据共享。因此，海南自由贸易港可以考虑按照国际标准对国际贸易手续、程序、操作及单证等数据进行协调与简化，然后反馈给"单一窗口"数据协调与简化工作委员会，推动数据元目录制定与调整工作顺利开展。

（4）在业务拓展方面，实现参与主体多元化。

目前我国的国际贸易"单一窗口"是以B2G为基础架构的一站式贸易门户网站，主要目标是使贸易商和物流界能够一站式履行贸易手续，同时满足政府间的协同监管。为将海南自由贸易港建设成为全球领先的贸易供应链甚至是贸易融资中心，可以考虑借鉴新加坡的做法，将国际贸易"单一窗口"同时打造成为B2B的贸易平台。贸易供应链各利益方进入平台，创造各种增值服务，不断拓展国际贸易上下游相关业务的发展。

目前，我国的国际贸易"单一窗口"国家标准版里增添了金融服务和物流服务的功能，国际贸易"单一窗口"用户可以链接主要的金融服务机构和物流企业网页，但离B2B的贸易平台功能相距甚远。未来海南自由贸易港可以考虑借鉴新加坡做法，搭建合作伙伴与网络平台，在海南特色功能板块增加合作伙伴与网络平台的链接，在与海南公共服务平台甚至是海南国际贸易"单一窗口"互联互通、信息共享的基础上，实现海南国际贸易"单一窗口"B2B的贸易平台功能。同时，通过在合作伙伴与网络平台上构建同业社区系统（博客、社区和论坛），不断壮大贸易供应链的参与主体。

3. 修正《海南口岸管理条例》

根据《海南自由贸易港法》以及《海南自由贸易港建设总体方案》修正《海南经济特区口岸管理条例》。

（1）开设对外开放口岸的"二线"功能，新增仅具"二线"功能的口岸。

从口岸发展规划来看，口岸应分为兼具"一线"对外开放功能和"二线"连通内地功能的口岸以及仅具备"二线"连通内地功能的口岸。洋浦港口岸

（包括洋浦港区和神头港区）、海口港口岸（包括秀英港区和马村港区）、三亚港口岸（包括三亚港区、南山港区、莺歌海港区和清水湾港区）、清澜港口岸、八所港口岸以及海口美兰机场口岸、三亚凤凰机场口岸、琼海博鳌机场口岸在完善"一线"对外开放功能的基础上，增设"二线"连通内地功能，在海口新海港和南港2个内贸港口设立"二线"连通内地功能。兼具"一线"和"二线"功能的港口、机场的"二线"设施建设主要依托现有口岸查验基础设施和改造后的国内厅、内贸场地；单设"二线"功能口岸的设施建设主要依托改造后的国内厅、内贸场地。

（2）分类实施口岸查验管理，改革检验检疫监管模式。

首先，区分"一线"和"二线"查验。其次，"一线"主要通过舱单申报、货物申报、许可证件等预先信息的传递，将货物识别为"准入安全管理货物"和"径予放行货物"不同风险等级，分别实施不同的查验流程。"准入安全管理货物"实施口岸查验，或者在确保安全风险可控的前提下，对符合条件的企业进口特定货物可实施先放后验（动植物产品、大宗商品等）、抽样放行（化妆品等）以及"检查放行+风险监测"（巴氏杀菌乳等）等便利化监管模式；"径予放行货物"不实施查验。针对海关总署确定的"采信商品"，高速推进采用第三方检验成果，将检验检疫关口前移至出口地。"二线"主要基于互联互通的大数据平台，建立评价体系与标准，评估企业信用等级与风险等级，不同等级企业的货物实施不同的查验流程。为更好地实现跨境通关监管合作，建议普及世界海关组织推荐的AEO认证制度，将海关AEO认证标准作为主要的企业风险评价体系。

（3）加强软硬件建设，提高口岸通关作业效率。

口岸设施智能化、口岸平台信息化有利于提高作业效率，实现信息交互，完成高效协同作业。分阶段推进建设全自动化集装箱码头，突出智能、安全、环保以及装卸效率高、经济效益好的特点。可以考虑普及鹿特丹的"货运信息卡"，提升货物进出关境的效率。借鉴鹿特丹的经验，在现有的空港口岸作业电子化平台、码头无纸化系统等的基础上搭建港口物流公共信息平台，并与国际贸易"单一窗口"的航空物流公共信息平台互联互通，逐渐完善成为综合物流公共信息平台，纳入海南国际贸易"单一窗口"。充分利用国家层面已对接的他国贸易与物流信息平台（如中国与新加坡国际贸易"单一窗口"互联互通联盟链、集装箱通关物流全流程信息共享），推进与主要贸易伙伴国的贸易与物流信息平台互联互通。

口岸作业模式创新，有利于合理安排通关各环节，简化作业流程，提高口岸通关效率。在口岸设施智能化以及口岸平台信息化的支持下，将通关手续办理由"串联"改为"并联"，并提前进行业务处理。海洋运输方面，普及进口货物"船边直提"和出口货物"抵港直装"作业模式，尤其是鲜活、易腐货物以及类如生产设备、原材料等急需商品；航空运输方面，推广"安检、打板前置"模式，实现物流的无缝链接。大力推进粤港澳大湾区经湛江港至海南自由贸易港的海铁联运以及洋浦经北部湾链接内陆的多式联运，借鉴新加坡和香港等国家和地区的经验，实行多式联运一次查验，探索实行"车船直取"模式。

（4）创造公开透明的口岸服务环境。

《WTO贸易便利化协定》鼓励成员国确定和定期公布口岸平均放行时间，海南自由贸易港可以考虑使用《世界海关组织放行时间研究》工具，测算并公布货物平均放行时间。为便利贸易商、物流商统筹安排通关流程，全面公开港口、机场、陆港、铁路场站集装箱流程及物流作业时间。为保障进出口货物装卸作业效率以及通关效率，规定集装箱场站调货、移位、装卸作业时限标准以及货物放行时限标准。依据RCEP和CPTPP的标准，正常情况下，货物放行时间为货物抵达后或提交放行所要求的信息后48小时内，快运货物和易腐货物为6小时。

（5）加大跨境通关合作力度。

大力培育AEO认证企业。目前，中国海关已经与22个经济体签署AEO互认协议，覆盖48个国家（地区），包括32个共建"一带一路"国家，5个RCEP成员国和13个中东欧国家[①]。中国AEO企业对互认国家（地区）进出口值占其进出口总值的60%以上。海南自由贸易港需要充分利用国家搭建的平台，让更多的企业参与并受惠于AEO互认协议。建议高速推进企业协调员制度，为企业普及AEO认证制度知识。同时，基于海南公共服务平台大数据划出重点行业企业，优先帮助这些企业申请并获得AEO认证；进一步制定培育企业名录，为企

---

① 中国-泰国海关签署AEO互认行动计划［OL］.（2022-3-29）［2023-3-3］. http://www.gov.cn/xinwen/2022-03/29/content_5682251.htm.

业申请并获得AEO认证提供规划方案。

积极申请加入"安智贸"项目。中欧"安智贸"项目已发展到第三阶段，中国内地参与的口岸有14个，中国香港有2个，航线数量达176条[①]。由于"安智贸"项目的参与企业必须是AEO认证企业且具有稳定的对欧进出口业务，因此，海南自由贸易港政府相应部门需要制作一份企业名录，支持它们参与"安智贸"试点计划项目，让海南自由贸易港的口岸也加入到"安智贸"项目中来，在该项目下逐渐开辟更多的航线。

4. 调整《海南省反走私暂行条例》

借鉴新加坡、中国香港以及迪拜的经验，在打击走私活动的类别、处罚力度以及处罚标准公开性方面调整《海南省反走私暂行条例》。

在打击走私活动的类别调整方面，可以综合新加坡、中国香港以及迪拜的分类，将走私相关活动及罪行细化。例如，目前新贸易业态跨境电商发展较快，迫切需要防控跨境电商走私犯罪活动。跨境电商走私的主要类型是刷单[②]。通过伪造物流、信息流、资金流三单信息，盗用消费者个人信息进行限额内刷单，利用税收和通关的优惠政策，将货物进口化整为零。因此，可以考虑将新加坡《海关法》中与走私相关活动的罪行中"与作出和签署不真实、不正确或不完整的声明、证书和文件有关的罪行以及与伪造文件有关的罪行"添加进来。

在打击走私活动的处罚力度方面，可以考虑比全国的标准更加严格。由于中国香港对走私活动的惩罚力度非常大，可以考虑比中国香港的标准低。在逃避关税、消费税或税款方面的罚款标准可以参考新加坡的做法；在处罚分类方面，可以考虑借鉴迪拜的做法，将走私货物分成违禁物品、免除关税货物、高关税货物、其他货物等，设定不同的惩罚标准。

在打击走私活动的处罚标准公开性方面，借鉴新加坡、中国香港以及迪拜的经验，直接在法律文件中公开且要求标准具体化。如果是按照《中华人民共和国海关法》等法律、行政法规的规定，可以考虑将依据的具体处罚标准写入《海南省反走私暂行条例》。

---

① "安智贸"你了解多少？[OL].（2020-5-28）[2023-3-3]. http://www.sohu.com/a/398410932_368679.

② 史东海，龚卓，池金女.跨境电商走私犯罪特点及防范[J].中国海关，2020（6）.

5. 对照《海南自由贸易港跨境服务贸易特别管理措施（负面清单）（2021年版）》调整现行法律法规或者出台配套法律法规

（1）依据《中华人民共和国海关报关单位备案管理规定》（海关总署第253号令），制定《海南境外报关单位备案管理实施办法》。

《海南自由贸易港跨境服务贸易特别管理措施（负面清单）（2021年版）》在报关服务方面，对外开放程度有所突破。根据负面清单，境外的报关企业无须在海南注册法人实体，就可以直接开展报关业务。根据《海关报关单位备案管理规定》，我国海关对报关单位进行备案管理。所以，需要出台法律法规对海南从事报关业务的境外报关企业进行备案登记管理。

《海关报关单位备案管理规定》第四条"进出口货物收发货人、报关企业申请备案的，应当取得市场主体资格"。所以，境外企业在海南进行报关备案申请需要证明主体资格。我国暂不是海牙成员国，境外主体资格证明需经其本国公证后，再送至我国驻该国使（领）馆认证。为使境外报关企业从事报关业务便利化，可以考虑只要求境外企业出具证明主体资格文件和对主体资格文件真实性、有效性的承诺，而不用进行公证和领事认证。业务便利化的基础是建立境外企业主体资格查询验证服务平台，平台对接境外企业所在国驻中国的使（领）馆，相互形成联动机制。

《海关报关单位备案管理规定》第五条"报关单位申请备案时，应当向海关提交《报关单位备案信息表》"；第七条"备案信息应当通过'中国海关企业进出口信用信息公示平台'进行公布"；在《报关单位备案信息表》中需要填写统一社会信用代码。那么，《海南境外报关单位备案管理实施办法》可规定，境外企业不填写统一社会信用代码，申请备案时赋予一个代码作为境外报关企业信用代码。在"中国海关企业进出口信用信息公示平台"上增添一个板块为"境外报关企业名录（海南）"，使企业可以进行网上备案申请。板块相当于构建了境外报关企业的电子信用档案，包括境外报关企业的主体资格情况、备案信息情况、报关业务记录等内容，违规行为、被投诉举报和行政处罚等情况也作为境外报关企业及报关员的不良行为记入其电子信用档案。

《海关报关单位备案管理规定》第十三条"海关可以对报关单位备案情况进行监督和实地检查，依法查阅或者要求报关单位报送有关材料"。因境外企业实地检查存在困难，可通过境外报关企业的电子信用档案信息进行监督和处理，同时基于境外企业主体资格查询验证服务平台通过年检的方式进行监督和处理。

今后中国海关与其他国家海关AEO互认普及，并且有更多的企业加入AEO认证计划，而国际贸易"单一窗口"也将逐渐成为贸易价值链管理信息平台。境外AEO企业主体资格可以直接认证，企业的信用代码和信用评级能实现共享，互联互通的信息平台也可以直接帮助海关获取事后监督的信息。

（2）制定《外国船舶检验机构在海南开展船舶检验业务管理办法》。

根据《船舶检验管理规定》第四条"交通运输部和省、自治区、直辖市人民政府依法审批国内船舶检验机构或者外国验船公司时，应当依据《海事行政许可条件规定》规定的验船机构审批条件作出是否予以审批的决定"。但为便利海南自由贸易港船舶运输企业获得更多更好的国际服务，可以考虑对海南开展船舶检验业务的外国船舶检验机构试行备案管理。根据《中华人民共和国船舶检验机构资质认可与管理规则》第三条"中华人民共和国海事局是对船舶检验机构实施资质认可和管理的主管机关"，那么备案管理工作可由海南海事局进行管理。

根据《船舶检验管理规定》第六条"外国验船公司的业务范围包括：①依据船旗国政府授权，对悬挂该国国旗及拟悬挂该国国旗的船舶、海上设施实施法定检验和入级检验；②对本款第一项规定的船舶、海上设施所使用的有关重要设备、部件和材料等船用产品实施检验；③对外国企业所拥有的船运货物集装箱实施检验；④经交通运输部海事局认可，在逐步开放的范围内对自由贸易区登记的中国籍国际航行船舶实施入级检验"，因此，基于外国船舶机构的业务范围，综合《中华人民共和国海事行政许可条件规定》第十八条、《外国船舶检验机构在中国设立验船公司管理办法》第七条以及《外国船舶检验机构在中国设立常驻代表机构管理办法》第三条，基于最少化单证原则，外国船舶检验机构在海南自由贸易港备案提交资料包括：外国船舶检验机构备案信息表、外国机构主体资格证明，有效实施质量管理体系的证明文件，船旗国政府法定检验的授权文件，验船师名册、资格证书、任职证明和身份证明等。为便利外国船舶检验机构在海南开展船舶检验业务，只需出具文件真实性、有效性的承诺，不需进行公证。建立境外企业主体资格查询验证服务平台、境外职业资格证书查询验证服务平台等进行真实性查询。以外国船舶检验机构备案信息为基础，通过年检的方式进行事后监督，同时建立起外国船舶检验机构的电子信用档案。

（3）扩展《海南自由贸易港对境外人员开放职业资格考试目录清单（2020版）》。

《海南自由贸易港对境外人员开放职业资格考试目录清单（2020版）》中开放境外人员参加职业资格考试38项，其中33项专业技术人员职业资格考试，5项技术人员职业资格考试。《海南自由贸易港跨境服务贸易特别管理措施（负面清单）（2021年版）》在人才开放度方面有明显突破，负面清单仅包括境外个人不得参加国家统一法律职业资格考试以及境外个人不得报考全国导游资格考试。因此，建议根据《负面清单》、海南自由贸易港鼓励类产业目录（2020年版）以及2020海南自贸港行业紧缺人才需求目录，扩展考试目录清单。可以考虑增加专利代理师、认证人员职业资格、注册测绘师、房地产经纪专业人员职业资格、精算师、金融风险管理师、资产评估师、卫生专业技术资格、护士执业资格、医师、康复治疗师、船员资格（含船员、渔业船员）、民用航空气象人员、拍卖师、文物保护工程从业资格考试。

（4）扩展《海南自由贸易港认可境外职业资格目录清单（2020版）》。

《海南自由贸易港认可境外职业资格目录清单（2020版）》中认可的境外职业资格涉及20多个国家和港澳台地区，包括卫生、农业、旅游和文化、生态环境、建筑、拍卖、交通、水利、消防、专利、金融11个行业共200多项职业资格。《海南自由贸易港跨境服务贸易特别管理措施（负面清单）（2021年版）》在金融领域、教育领域、运输领域、人才政策等方面开放度增加；《海南自由贸易港鼓励类产业目录（2020年版）》将制造业，建筑业，信息传播软件和信息技术服务业，金融业，租赁和商务服务业，教育，卫生和社会工作，文化、体育和娱乐业等14个行业类下143个细分行业作为政府积极鼓励和支持发展的行业；2020年海南自贸港行业紧缺人才需求目录中将高新技术产业、医疗领域、互联网领域、金融领域、教育领域、体育领域和物流领域等15个行业的部分人才确定为急需人才。因此，认可目录清单可以考虑在这些方面进行扩展。

首先，增加需要认可资格的行业。补充教育领域、体育领域、互联网领域、商务服务领域等行业职业资格的认可。①在教育领域，可以考虑增加美国、加拿大、澳大利亚、新西兰等国家的教师资格证书，英国的英语语言教师证书以及美国、新加坡的学前教育教师资格证书等。②在体育领域，可以考虑补充足球教练员等级证书、篮球教练员证书、速度滑冰教练员证书等。③在互联网领域，考虑增加对谷歌、国际商业机器公司、甲骨文、微软、亚马逊、云原生计算基金会、IEEE计算机协会的系统开发师、构架师、数据工程师、网络安全工程师的认可。④在商务服务领域供应链管理方面，补充对美国供应链管理专业协会的CPPM注册职业采购经理和注册供应链管理师的认可；在商务服务领域项目管理方面，增加美国项目管理协会商业分析师、项目集管理师、项目风险管理师、项目进度管理师的认定。

其次，补充行业内的职业资格种类。增加认可金融领域、医疗健康领域、建设工程领域等行业职业资格。①在金融领域，增加英国、美国、澳大利亚、香港等国家或地区的注册会计师资格证书，美国特许金融分析师协会的特许金融分析师资格（CFA），全球风险管理专业人士协会的金融风险管理师（FRM），伦敦银行与金融学院的跟单信用证专家证书、保函与备用证专家证书、供应链金融专家证书、贸易金融合规专家证书等的认定。②在医疗健康领域，可以考虑补充对澳大利亚、英国、美国、中国台湾等国家或地区的心理治疗师，美国、澳大利亚的职业治疗师，英国的国际职业健康与安全证书、执业药师资格，新加坡的紧急护理国家高级技术资格证书等的认可。③在建设工程领域，考虑增加对美国绿色建筑委员会的美国绿色建筑认证专家和认证资深专家，英国皇家特许建造协会的特许会员和资深会员，德国工程师协会的工程师卡，日本都道府县知事的木结构建筑师、二级建筑师、一级建筑师的认可。

（5）出台《海南自由贸易港跨境服务贸易便利化条例》。

对接RCEP、CPTPP跨境服务贸易对国内法规（国内规制）、承认、透明度的高水平经贸规则，借鉴国际自由贸易港的经验，结合《海南自由贸易港跨境服务贸易负面清单管理办法》清单内和清单外的管理原则和规范要求，制定《海南自由贸易港跨境服务贸易便利化条例》。

第一，在国内规制方面，基于客观和透明的原则，需要出台每一行业境外人员职业资格认定规定，对认定的具体条件、提交的材料以及认定的程序作出规定。以上规定在确保服务质量为限的基础上，不能对境外人员实施更严格的要求。可以考虑为便利境外人员在海南自由贸易港执业，统一窗口申报，缩短认定程序环节；减少提交材料数量，接受电子格式的提交申请以及副本；取消材料的公证，由境外职业资格证书查询验证服务平台审核真实性；如需考核，由单位自行组织。同时，需要明确规定境外人员职业资格认定的时间，保证授权费用的合理，且对外公布。

第二，在承认方面，对外公布认可境外职业资格目录清单。给予其他国家充分机会，不断扩大自主给予承认的境外职业资格的目录清单的范围。持续推动政府间相互承认安排和多边互认安排落实，借鉴香港的做法，实施特殊计划使认可的实验室、认证机构、检验机构等能够享受互认带来的好处，也能充分利用境外实验室、认证机构和检验机构等的资源。此外，积极开展国际标准建设事业。学习香港的经验，根据业界或国际客户不同的需要进行标准的分级化、国际化建设与推广，调整本地标准，以便与以上不同等级的国际标准接轨。

第三，在透明度方面，提高获取信息的便利化。对外公布的每一项认可境外职业资格目录清单，需要说明认可实施依据的法律法规或者国际协定，并附上获得法律法规或国际协定的网络链接，同时公布主管机构的名称、联络方式以及官网网址等。此外，起草与境外服务提供者有关的地方性法规、规范性文件，应采取多种形式听取境外服务提供者和有关商会、协会等方面的意见和建议。同时，允许在最终法规的公布和生效日期之间给予一合理时间，以便就跨境服务贸易相关法规给予相关利益方提供事先通知和评论的机会。

参考文献：

[1] 裴长洪.中国上海自由贸易试验区贸易便利化评估及提升路径[R].皮书数据库，2015.

[2] 前海管理局创新处课题组.前海贸易便利化的制度创新与法制保障[R].皮书数据库，2018.

[3] 沈良玉，彭羽.海南自由贸易试验区国际贸易单一窗口与贸易便利化[R].皮书数据库，2019.

[4] 自贸区事务处课题组.2021年前海深化与港澳服务贸易自由化成绩问题及建议[R].皮书数据库，2021.

[5] 王惠平.海南自由贸易港发展报告（2021）[M].北京：社会科学文献出版社，2021：1-65.

第二章　海南自由贸易港投资自由便利法律制度研究

郭文芹　郭　达*

摘要：投资自由便利是自由贸易港建设的基本要求。2018年以来，海南自由贸易港着眼打造世界最高水平开放形态，在不断完善投资自由便利制度安排的同时，积极开展投资领域立法，与投资自由便利相适应的法律制度建设取得积极进展。但与国际成熟自由贸易港及国际高水平经贸规则相比，无论是投资自由便利制度还是相关的法律法规体系建设，仍有较大提升空间。需要按照最高水平开放的目标要求，充分借鉴国际经验，以《海南自由贸易港法》为基础，不断健全外商投资市场准入、市场公平竞争、外商投资审查等制度，并形成相应的法律法规安排。

关键词：市场准入　准入即准营　负面清单　公平竞争

投资自由便利是自由贸易港建设的基本要求。旨在打造当今世界最高水平开放形态的海南自由贸易港，需要按照《海南自由贸易港建设总体方案》《海

---

* 郭文芹，中国（海南）改革发展研究院海南自由贸易港研究所所长，副研究员，主要研究方向为海南自由贸易港研究；郭达，中国（海南）改革发展研究院副院长，研究员，主要研究方向为海南自由贸易港，服务贸易。

南自由贸易港法》的要求，以形成具有国际竞争力的投资自由便利政策与制度安排为目标，完善投资自由便利法律法规体系，为"加快建设具有世界影响力的中国特色自由贸易港"提供重要法治保障。

一、海南自由贸易港投资自由便利法律制度建设的基本要求

（一）突出党中央的总体要求

1. 突出"中国特色"

（1）明确"中国特色"的基本前提。

建设海南自由贸易港，是中国特色社会主义制度框架下的探索实践与开拓创新。在海南自由贸易港建设中突出"中国特色"，主要表现为三个方面：一是加强党的领导，二是坚持社会主义基本制度，三是坚守政治体制的基本框架。谋划海南自由贸易港投资自由便利法律制度，要按照习近平总书记关于海南自由贸易港建设的重要讲话精神和《中共中央 国务院关于支持海南全面深化改革开放的指导意见》的重要战略部署，以对标世界最高水平开放形态为基本要求，在重要领域和关键环节率先实现制度集成创新的重要突破，为推动海南建设成为新时代全面深化改革开放的新标杆提供强有力的法治保障。

（2）打造人类命运共同体理念先行示范区。

海南自由贸易港旨在最大限度吸引"全世界投资者到海南投资兴业""共享中国发展机遇、共享中国改革成果"，[1]旨在推进最高水平开放的同时创新社会治理体制，形成社会治理新格局，实现社会充满活力又和谐有序目标；旨在实现最高水平开放的同时使人民获得感、幸福感、安全感更加充实、更有保障、更可持续。[2]由此打造党领导下的人类命运共同体理念先行示范区。在海

---

[1] 习近平.在庆祝海南建省办经济特区30周年大会上的讲话［OL］.（2018-4-13）［2023-3-3］.http://www.xinhuanet.com//politics/2018-04/13/c_1122680495.htm.

[2] 中共中央关于党的百年奋斗重大成就和历史经验的决议［OL］.（2021-11-16）［2023-3-3］.http://www.gov.cn/zhengce/2021-11/16/content_5651269.htm.

南自由贸易港立法中,不仅要考虑经济领域的相关制度安排,还要考虑行政、司法、社会等领域的制度安排。

(3)采取一切有效办法,加快推进海南自由贸易港建设。

在突出中国特色的基本前提下,推进各方面体制机制改革先行先试、大胆探索,①利用15年左右的时间,把海南打造成为"高度自由、高度便利、高度法治"的特别经济区,由此明显增强人们对中国特色社会主义的信心。因此,与国际通行的"先立法、后设区"不同,海南自由贸易港建设要采取探索建设与立法准备同步的推进方式,把先行先试与立法保障有机结合起来,实现"双轮驱动"。

2. 对标世界最高水平开放形态

自由贸易港是当今世界最高水平开放形态,对标世界最高水平开放形态是海南自由贸易港投资制度建设及投资相关法律制度建设的应有之义。

(1)对标国际自由贸易港的一般规则。

对标中国香港、新加坡、迪拜等国际公认的成熟自由贸易港,按照"境内关外"的基本要求,在海南实行高水平的贸易自由化便利化和投资自由化便利化政策,保障货物、服务、资金、人员、信息等要素流动自由化和便利化。②海南自由贸易港投资自由便利法律制度建设,要以对标国际自由贸易港的一般规则及其投资法律制度建设的一般特征为基本要求。

(2)对标世界最新及未来最高水平的经贸规则。

把握全球经贸规则变化升级的大趋势,率先在海南自由贸易港探索实施"零关税、零壁垒、零补贴"(三零)规则,提升全球资源配置能力和全球服务能力;大胆借鉴并率先实施国际最新投资贸易协定的相关条款,尽快在海南自由贸易港开展电信、环保、劳工、政府采购、透明度等敏感领域的先行先试;全面引入欧美日等国家的先进服务业管理标准与人才互认标准,在服务贸易、数字贸易等重点领域探索形成"中国版"经贸规则。海南自由贸易港投资自由便利法律制度建设,要为对标未来全球最高开放水平预留制度空间。

---

① 习近平.在庆祝海南建省办经济特区30周年大会上的讲话[OL].(2018-4-13)[2023-3-3]. http://www.xinhuanet.com//politics/2018-04/13/c_1122680495.htm.
② 迟福林.加快建立海南自由贸易港开放型经济新体制[J].行政管理改革,2020(8):4-9.

（3）对标具有国际竞争力的营商环境。

适应国际经贸规则由边境上向边境内深化的大趋势，在海南尽快推动竞争中性的落地，以竞争政策全面取代产业政策，保障市场主体的"四个自主"，即自主注册、自主经营、自主变更、自主注销；①形成具有国际竞争力的税务环境，确立"简税制、低税率、零关税"的税制体系；构建"最大自由"与"最严格法治"相结合的治理模式，为全世界投资者、创业者打造一个开放层次更高、营商环境更优、辐射作用更强的开放新高地。②海南自由贸易港投资自由便利法律制度建设，要把推动法治化、国际化、便利化的营商环境和公平开放统一高效的市场环境作为重要内容。③

3. 形成"非禁即入"的投资自由便利制度

（1）完善以"非禁即入"为特征的市场准入管理模式。

市场准入制度是自由贸易港的基础性制度。"非禁即入"既是高标准市场经济体制的基本特征，也是自由贸易港的基本要求。"非禁即入"意味着负面清单之外的市场领域，各类市场主体均可依法平等进入。从实践看，"非禁即入"管理模式仍有待进一步完善，特定领域和关键环节的"准入不准营"等隐性壁垒依然较多。为此，需要聚焦市场主体进入意愿强、准入限制多的焦点行业、领域和业务，在严格落实"非禁即入"基础上，支持海南自由贸易港探索并逐步建立与世界最高开放水平相适应的市场准入管理模式。

（2）建立以"开放、透明"为特征的市场准入环境。

2018年以来，我国将负面清单管理模式由外商投资管理领域引入市场准入环节，探索"非禁即入"管理模式。从实践看，部分行业、领域、业务的准入限制依然过多、过严。《市场准入负面清单（2020年版）》列有禁止准入事项5项，许可准入事项118项；其中，禁止准入事项包含152项限制措施，且部分限制措施在可操作性等方面仍有待进一步提升。

（3）建立以信用为核心的市场准入事中事后监管制度。

适应海南自由贸易港实施市场准入承诺即入制的要求，针对当前把备案变

---

① 迟福林.加快海南自由贸易港建设进程［N］.经济参考报，2020-6-2（A08）.
② 加速打造营商环境"金饭碗"［N］.海南日报，2021-12-27（003）.
③ 习近平.在庆祝海南建省办经济特区30周年大会上的讲话［OL］.（2018-4-13）［2023-3-3］.http://www.xinhuanet.com/politics/2018-04/13/c_1122680495.htm.

成变相审批，告知承诺流于形式、名不副实的倾向，在免除市场管理部门事前对市场主体的预判和行政审批基础上，梳理特定产业市场准入及准入后经营环节面临的体制机制障碍，通过取消审批、审批改告知承诺、明确经营范围、创新监管方式等，在明显降低企业制度性交易成本的同时，推动政府建立并完善与之相适应的过程监管的规则和标准。

4. 明确开放底线实现开放与安全相统一

（1）严格管制影响国家安全与生态安全的投资。

除严格禁止破坏生态环境的投资外，对影响国家安全和生态安全的投资实行严格管制。例如，武器、爆炸物、放射性物质等的生产与销售等威胁公共安全类的投资；野生动植物和微生物资源采集与收购及影响海南生物平衡的生态安全类的投资；广播、新闻、宣传、出版与宗教、政治等涉及意识形态安全的投资。

（2）限制涉及重大公共利益和公共事业领域的投资。

例如，矿产、石油、核能等战略性资源能源开发、战略物资储备、信息安全设备制造、公共卫生、义务教育、供电供气、公共交通等涉及重大公共利益和公共事业的领域，可以考虑采用牌照管理、特许经营、保留优先股权利、明确高级管理人员和董事会任职资格等方式，实现开放与安全的有效平衡。

（3）审慎弱化涉及经济安全领域的投资限制。

例如，下一代信息技术研发、人工智能系统服务、战略性新材料研发制造、战略性产品出口以及离岸金融、法律服务等特殊专业服务业领域，在明确标准的前提下，通过强化审批、限定内外资持股比例、设立单一股份份额、强化安全审查、加强事中事后监管、列入未来可能变动的例外条款等方式，在保证经济安全的同时强化压力测试。

（二）突出海南自由贸易港投资制度的基本特点

1. 突出海南自由贸易港最高水平开放制度安排优势

（1）在现有投资制度基础上突破创新。

海南自由贸易港投资自由便利制度，是依托海南自由贸易港的政策与制度安排优势，在《海南自由贸易港外商投资准入特别管理措施（负面清单）（2020年版）》《市场准入负面清单（2022年版）》的基础上，以最高水平开放为目标，在进一步缩减负面清单限制措施数量、弱化限制强度、丰富限制措施种类等方面先行先试。

（2）加大敏感领域的压力测试。

目前正在实施的《海南自由贸易港外商投资准入特别管理措施（负面清单）(2020年版)》中，服务业限制措施有22项，远超新加坡在CPTPP附件Ⅰ中的限制措施数量（9项）。海南自由贸易港投资自由便利的法治安排，是依托自由贸易港的开放政策优势，大胆借鉴国际高标准贸易协定的相关规则，加大对电信、文化体育娱乐、金融、信息等敏感领域的压力测试。

（3）除特殊领域外实现内外资一视同仁。

内外资一视同仁、平等对待是《中华人民共和国外商投资法》确立的基本原则。"海南版"投资负面清单在明确内外资不一致的相关行业，细化对外资的额外限制措施、权限部门、违背的正面义务等前提下，全面实现"准入前国民待遇+极简负面清单+准入后国民待遇"，除例外条款外，内外资按统一清单实行一致管理。

2. 体现高度透明与可操作性

现有投资管理制度与政策内容描述模糊、法律依据缺乏、措施限制强度大等是各方诟病我国负面清单透明度不高、可操作性不强的突出因素。例如，海南自由贸易港外商投资准入负面清单仍然沿用"说明+列表"模式，主要包括以行业大类标注出的部门以及不符措施描述三项内容。而从CPTPP、USMCA等投资负面清单看，其主要内容包括：行业及分部门、正面义务、政府层级、现行措施的法律依据及具体不符措施描述。海南自由贸易港投资制度与投资相关法律安排，应力求在提升清单透明度与可操作性方面实现重要探索。

3. 最大程度与国际接轨

（1）形成与国际接轨的投资负面清单基本框架。

除当前实施的特别管理措施外，适应未来新业态新模式的出现，增加未来可能予以限制的措施条款。

（2）形成与国际接轨的投资限制措施类别。

从现有自贸试验区外商投资准入负面清单限制措施分类看，我国更多采用禁止进入等刚性限制措施，难以体现开放的广度与深度。海南自由贸易港投资限制措施应大幅缩减完全禁止类事项，更多采用限制类措施，由此实现更大程度的开放。

（3）形成与国际接轨的负面清单限制方式。

从目前我国负面清单的实践看，业绩要求、高管与董事会要求、资格约束性质的国民待遇等国际通常采用的柔性限制措施运用不足，制约了负面清单的实际开放效果。海南自由贸易港投资管理制度与法律安排的具体内容应既包含原有行业大类、不符措施描述等内容，也应参照CPTPP、USMCA的基本做法，新增牌照管理、高管与董事会要求等多元化限制措施，[①]并对具体限制措施描述进行规范性、准确性校正，最大限度与国际接轨。

4. 突出海南产业特色

（1）突出服务贸易主导的产业特色。

按照中央提出的以旅游业、现代服务业、高新技术产业为主导的要求，大幅减少旅游业、教育、文化体育娱乐、医疗健康、数字经济等领域的限制措施，进一步弱化准入条件、股比要求与经营范围等限制强度，大幅降低上述领域的边境内壁垒。

（2）突出陆海统筹的地理区位特色。

进一步放宽海洋渔业、海洋旅游、海洋能源开发、海洋生物、海水淡化与综合利用、海洋工程装备研发与应用、海洋基础设施建设等产业的投资限制，推动建立现代海洋经济体系，为海南打造21世纪海上丝绸之路战略支点、推动泛南海经济合作提供产业支撑。

（3）突出绿色发展的生态特色。

增加或加强涉及生态破坏或环境污染产业的投资限制，严格禁止落后工业与不符合主体功能区建设要求的各类投资行为；放宽新能源汽车、绿色热带高效农业、绿色金融等生态产业投资限制，推动海南率先形成生态型产业体系。

---

① 迟福林.建设更高水平开放型经济新体制[J].当代经济科学，2020（10）：19-21.

(三)大幅降低"边境后"投资壁垒

1. 打造制度性交易成本洼地

国际知名自由贸易港成功的首要因素是通过制度创新打造制度性交易成本的"洼地",在最大限度吸引全球优质要素与资源集聚中形成具有竞争力的产业体系。例如,新加坡只要在合法的前提下,公司可自由经营任何业务,并可以根据自身状况和市场行情自行变更经营范围,无须审批。[①]从海南情况看,企业在设立、经营、项目建设等方面仍面临制度性交易成本过高的掣肘。在加快推进海南自由贸易港建设背景下,在内外营商环境竞争压力不断增大的情况下,需要着力破除实体经济尤其是服务业企业发展面临的体制机制性障碍,大幅降低企业制度性交易成本,推动构建国际化、法治化、便利化的营商环境。

表1　　　　　　　我国企业办事成本与世界一流水平对比

比较	中国	世界最佳
开办企业所需天数(天)	8.55	0.5
开办企业费用占人均收入比重(%)	1.1	0
办理建筑许可证所需天数(天)	110.875天	27.5天
纳税时间(小时)	138小时	23小时

数据来源:世界银行.2020年营商环境报告[R].2019-10-24.

2. 明确投资的全过程管理

借鉴国际一般做法,将"海南版"投资负面清单所指的"投资"扩大为在海南行政区域内发生的投资者直接或间接拥有或控制各种资产的行为,包含投资的设立、取得、扩大、管理、运营、出售或其他处置等环节。具体形式包括:设立市场主体,包括设立企业、个体工商户;购买企业股份、股票和其他形式的参股行为;购买企业债券、无担保债券、其他债务工具、提供贷款;购买企业期货、期权和其他衍生权利;签订建设、管理、生产、特许、收入分享合同及其他类似合同;向市场主体购买或投入知识产权;根据行政部门授予的

[①] 商务部国际贸易经济合作研究院课题组.自由贸易试验区与中国香港、新加坡自由港政策比较及借鉴研究[J].科学发展,2014(9):5-16.

执照、授权、许可和其他类似权利进行开办企业与经营的行为；其他有形或无形资产、动产或不动产及相关财产权利，如租赁、抵押、留置、质押等。

3. 形成海南自由贸易港更大改革开放自主权的法治保障

（1）将开放政策上升为法律，突破政策落实的体制机制掣肘。

从海南建省办经济特区的历史实践看，在体制未能破题的情况下，即使赋予海南特殊的开放政策，其实施效果也极为有限，与政策预期目标有较大差距。例如，受现行财税体制限制，自2011年起实施离岛免税政策以来，直到2018年才首次实现免税购物年度销售额超100亿元。目前，开放、金融、税收、海关等事项均属于中央事权，开放政策落实与制度集成创新往往会触碰到法律与政策红线。为此，需要通过暂停实施、特别授权等方式，尽快把相关权限下放给海南，实现"真放、真改、真支持"。

（2）以立法提升海南自由贸易港投资政策与制度的稳定性、可预期性。

习近平总书记"4·13"讲话以来，各部委分别赋予海南扩大开放等相关政策及重大任务，但均为政策性文件，而不是效力位阶较高的法律文件，由此导致海南自由贸易港建设中存在的宏观与微观管理体制协同性不高、现行法律法规适用问题突出、系列支持政策落实难度大等问题。这就需要采取立法形式，提升海南自由贸易港投资政策与制度的稳定性与可预期性，由此为全世界投资者、创业者打造一个自由、稳定、平等、透明的法治化营商环境，以稳定预期、形成合力。例如，在立法中确立开放政策与财税、司法、金融等制度的"棘轮机制"，增强各方对海南自由贸易港坚定扩大开放的信心，形成海南自由贸易港建设的良好预期。

（3）保障海南自由贸易港更大的经济体制改革自主权。

随着自由贸易港建设的逐步深入，涉及的开放事项及制度创新远远多于自由贸易试验区。现行一些暂停实施、地方立法等措施难以有效保障自由贸易港高水平开放进程。这需要通过中央、地方立法修法等多种形式，理顺中央与地方关系，赋予海南更大的经济体制改革自主权。比如，立法明确规定，在海南加快落实竞争中性原则，推动经济政策由产业政策为导向向竞争政策为基础转变；①深化土地、人才、资本、技术等要素市场化改革，使市场在资源配置

---

① 迟福林.建设更高水平开放型经济新体制［J］.当代经济科学，2020（10）：19-21.

中充分发挥决定性作用；实行高水平的贸易自由化便利化与投资自由化便利化政策，允许海南自行制定内外资一致的、高度精简的投资准入负面清单及跨境服务贸易负面清单；与高水平开放相适应，赋予海南建立相对独立的财税、金融、海关、司法、监管等制度安排权限。

4. 强化投资行为的事中事后监管

弱化事前行政审批，强化企业投资经营事后监管，将监管资源更多配置在市场主体设立后的经营、管理、投资等行为的动态监测与风险识别领域，[①]实现"双随机、一公开"监管全覆盖。突出对公平竞争的市场监管，保证市场公平竞争；突出信用监管与行业自律，避免资源错配；突出标准化监管，在事中事后监管领域，实现与国际最高标准接轨；强调信用监管，逐步建立与国际衔接的信用标准规范体系；突出监管方式变革，适应促进产业开放和贸易投资自由化的现实需求，形成与自由贸易港相适应的专业、高效、现代的监管方式，实现"放得开、管得好"。

二、投资自由便利法律制度建设的国际经验借鉴

（一）国际成熟自由贸易港的基本实践

1. 新加坡

（1）高度开放的投资准入。

第一，新加坡对于外资持开放态度，鼓励外国投资。新加坡市场主体可充分享受外资利益，且成立新加坡公司不受最低投资金额的限制；本地和外国投资者均适用相同的法律和法规；新加坡给予个人投资者以外资国民待遇，对外资进入新加坡的方式无限制，外国自然人依照法律可申请设立独资企业或合伙企业。

第二，限制外商投资的领域少。目前公用事业如公共交通、电力、供水等，以及新闻传播、国防、武器制造、金融等领域限制外商投资，其他经济领

[①] 曹晓路，王崇敏.中国特色自由贸易港事中事后监管创新研究[J].行政管理改革，2019（5）：37-43.

域基本放开（见表2）。

表2　　　　　　　　　　新加坡对外资禁止或限制的部分行业

行业	禁止或限制措施
广播	外资持股比例不得超过49%； 对公司或其控股公司进行督导、控制或管理的所有或多数人不得由外方任命或习惯于按照任何外方的指示行事
新闻	外资持股比例不得超过30%
银行	禁止新增外资银行进入本地零售业务市场； 限制外资银行对本地银行持股比例
公共事业	外资持股比例不得超过49%； 有关港口和机场运营的公司外资股权比例不得超过5%
印刷媒体	本地报刊业外资私有股权不得超过5%； 报业公司所有董事必须为新加坡人； 报业公司的管理股仅可向由媒体局授予书面批准的新加坡公民或公司发行或转让
住宅房地产	未经新加坡土地管理局土地交易审批部门批准，外国人不能购买某些受限制的住宅房地产，如空置住宅用地、有地住宅房地产、不是规划法令下经批准的公寓开发的分层有地住宅、店屋（非商业用途）、协会场所、礼拜场所及未在酒店业法令规定下登记的工人宿舍或服务公寓或寄宿公寓
法律服务	外国律师事务所不允许雇用有新加坡执业资格的律师或通过某些类别的注册律师提供与新加坡法律相关、超出国际商业仲裁范围或有关新加坡国际商业法庭的法律服务

资料来源：对外投资合作国别（地区）指南新加坡（2019年版）。

（2）通过部门法对某些行业和战略性产业的外商投资予以限制。

新加坡一般不限制外国投资范围，也没有针对外国投资的单独立法或负面清单，但外商投资在某些行业和战略性产业上可能受到部门法的限制。

第一，对于受管制行业，部门法要求相关领域投资须取得政府批准。这些行业主要包括银行和金融服务、保险、电信、广播、报纸、印刷、房地产、游戏等。如金融须经金融管理局（MAS）许可，部分制造业（爆竹、钢材、啤酒、光盘、香烟等）须经经济发展局（EDB）的许可。

表3　　　　　　　　　新加坡对部分受管制行业的执照要求

行业	主管单位及执照要求
银行与金融服务业	须取得新加坡金融管理局的营业许可执照、交易执照、投资顾问执照或经纪执照
旅行社	须取得新加坡旅游促进局发放的旅行社执照
录像带摄制与出租业	须取得新闻通讯及艺术部电影检查局发放的执照

资料来源：课题组整理。

第二，对于受管制行业，部门法对其设置外国股权限制、特殊许可或其他要求作出规定。对限制进入行业除实施资格、股比限制外，还包括岗位限制、企业注册地限制等措施（见表4）。例如，新加坡《法律职业规章》规定，"获得合格外国律师事务所（QFLP）执照的才能够在新加坡执业；外国律师事务所在家庭法、刑法、争议解决等领域的执业受到限制。"

表4　　　　　　　　　部分受限制行业的法律规定

限制行业	法律依据	相关规定
法律服务	法律职业规章	获得合格外国律师事务所（QFLP）执照的才能够在新加坡执业；外国律师事务所在家庭法、刑法、争议解决等领域的执业受到限制
广播	广播法令	未经IMDA授予广播执照，任何人不得在或向新加坡提供任何受许可的广播服务 如果公司中任何外方持有或控制不少于公司或其控股公司49%的股权或表决权；或对公司或其控股公司进行督导、控制或管理的所有或多数人由任何外方任命或习惯于按照任何外方的指示行事，则不予授予该等执照
印刷媒体	报业和印刷法令	在每个报业公司中，所有董事均为新加坡人； 股份分为管理股和普通股。管理股仅可向由媒体局授予书面批准的新加坡公民或公司发行或转让，外资持有上市印刷公司管理股的上限为3%

资料来源：课题组整理。

（3）以《竞争法》确保企业在运营、经营中公平竞争。

新加坡《竞争法》对反竞争活动主体作出了三种限制。第一，《竞争法》严格限制在新加坡境内可能以阻挠、影响或破坏市场公平竞争为目的或造成此类影响的协定;第二,《竞争法》限制一切经营户滥用市场支配地位的经济;第三,《竞争法》有对存在实质控制竞争关系的公司合并的限制。

2. 中国香港

(1)高度自由便利的投资制度安排。

第一,高度开放的投资准入。作为全球最开放的外向型经济体系之一,除赌博业外,中国香港特别行政区政府鼓励外来投资者参与任何行业的投资。在中国香港所有现行法律允许经营的商业活动中,极少行业是完全禁止私人和外来投资者参与的。

第二,主要采取牌照管理与经营者资格限制方式。中国香港特别行政区政府没有通过统一立法对各行业市场准入条件作出规定;但电讯、广播、交通、能源、酒制品销售、餐厅、医药和金融等行业,除商业登记外,需要向有关政府部门申请牌照(见表5)。②

表5　中国香港部分行业执业资格限制

1. 医生

根据《香港法例》第161章《医生注册条例》:任何人在由医务委员会主办的执业资格试中考取合格,并已完成评核期,可获接受注册为医生。任何人获香港大学或香港中文大学颁授内科及外科学位,并获得相应的经验证明书,可获接受注册为医生。如果无法满足以上条件,只有当香港卫生署、医院管理局、香港大学及香港中文大学拟聘用这类人才以专门为该机构执行临床教学或研究工作,可获暂时注册,暂时注册期不超过14天,且不发出证明书或执照。(此外,还有临时注册、有限度注册)任何注册医生除非持有当时有效的执业证明书,否则不得在香港从事内科、外科或助产科执业或在香港从事内科或外科的任何分科的执业。

2. 牙医

根据《香港法例》第156章《牙医注册条例》:任何人在许可考试中达到合格,或者获香港大学颁授牙医学士学位,可提出注册申请。

3. 律师

根据《香港法例》第159章《法律执业者条例》:香港仅允许在英国及适用普通法的英联邦国家和地区取得法律专业资格的人士,获认许以香港执业律师的资格从事执业,其中英国律师可自动获得香港律师的执业资格。而其他国家和地区的律师,则既无无条件获授香港律师资格,也不能以外国律师的资格在港执业。

---

① 一切经营户,即一切私人、企业组织,包括私人或一些企业成立的能够进行商事和经济的组织,不论他们是外国人拥有或是本国人拥有。

② 商务部国际贸易经济合作研究院课题组.自由贸易试验区与中国香港、新加坡自由港政策比较及借鉴研究[J].科学发展,2014(9):5-16.

续表

根据《香港法例》第159章《法律执业者条例》：外国律师除了被允许就其本国法律事务提供咨询以外，不得从事有关香港法律业务，不得雇用香港事务律师。如果涉及香港法律事务，只能转由香港律师行办理，或与香港事务律师组建合伙律师行或联营组织。

4.会计师

要成为香港注册会计师，必须得到香港会计师公会的认可。无论是会计专业学位持有者还是非会计专业学位持有者，都必须通过公会的会计师资格考试。非会计专业学位持有者在参加会计师资格考试前还要参加指定的文凭课程。

在其他国家和地区注册的会计师也可以取得香港会计师的资格，但必须通过公会专为此类申请人设立的专门考试。通过资格考试的申请人在取得3-5年经验后就可以成为注册会计师。

第三，内外资一致原则。对于外来及本地投资者的经营活动，香港一视同仁，既不干预，也不给予任何补贴。只要遵守香港的法律法规，外来或本地投资者都可以从事任何行业。

（2）以"香港法例"为核心的法律法规体系。

中国香港既没有关于外国投资的基本法，也没有外资领域的专门法，对于外国投资关系和活动的调整，都是通过一般国内法律、法规开展，主要由公司法、税法和其他相关法律（如银行法、证券法）等调整（见表6）。

（3）以签署双边多边投资公约方式强化对投资的国际保护。

中国香港特别行政区政府高度重视投资的国际保护制度，加入了《解决国家和他国国民之间投资争端公约》《关于建立多边投资担保机构的公约》，并同荷兰、澳大利亚、丹麦、瑞典、瑞士、新西兰、法国、日本、韩国、奥地利、意大利、德国、英国、卢森堡等22个经济体签署了双边投资保护协定。

3.迪拜

（1）投资高度自由便利。

在迪拜，投资手续可7天内办妥；进出口手续、签证等可24小时内办妥。外资可设立独资企业，可100%控股，无须当地保人，企业雇工无国籍限制，公司注册方便快捷。阿联酋联邦法律规定，外国合资、独资企业与当地企业享受平等待遇。

（2）以英国普通法为基础的独立的国际法律体系，以及完全独立的普通法体系。

阿联酋的法律体系中，法国法、伊斯兰法与习惯法并存，主要分为宪法、

表6　中国香港部分与投资相关法律

1. 商业组织相关法律

1865年，香港立法会通过了《企业条例》，并于1984年完成修改。《企业条例》重点对商业组织的基本形态（即私人企业、合伙企业及公司企业）、企业的类型、企业的成立程序、企业内部的社会组织机构与运营管理制度，以及企业的撤销与清算等作了规范。

2. 商业管理有关法规

目前主要由《工厂暨工业经营管理条例》《商品说明条例》《商业管理条例》《商业登记条例》等构成，重点对工业生产和企业经营活动的监督管理、货物与产品的经营管理和商务登记注册的监督管理等方面加以规定。

3. 金融相关法律

香港地区立法局颁布了《银行业条例》《证券条例》《保障投资者条例》《保险公司条例》《外汇基金条例》等多个关于金融市场管理制度的法规，并重点对香港地区金融机构管理制度、货币制度、数字金融市场的监管和保险制度等加以规定。

4. 知识产权保护相关法规体系

专利法、商标法和版权法，均由成文法、判例法和国际知识产权公约等三个方面所组成。在成文法层面，著作权法中对获得知识产权的基本要件、发明专利的办理手续、知识产权保护的效力、对发明专利的侵权和担保等都有具体规定。香港于1873年颁布《商标注册条例》，对商标的要求与程序、注册商标专用权、注册商标的转换与授权使用、企业注册登记的延期和注销以及对著作权的维护管理等进行了规范。香港的《版权条例》就获得著作权的前提、版权保护的时间和方式、版权所有人和著作权活动的内容，以及对使用著作权的限制等进行了规定。在不成文法领域，香港地区司法机构借助自身的判例积淀产生了香港地区本国的一般法与衡平法，如《香港判例汇编》《香港法律议事录》《非汇编上诉庭判例》《非汇编上诉庭刑事判例》等，当中有许多关乎于专利诉讼的判决原则，也成为了香港地区专利立法的主要组成部分。

联邦法律、国际协定及条约以及酋长国地方法律。迪拜没有将其法律系统完全并入联邦法律体系，拥有独立于联邦法律的法庭与法官，在审判案件时，联邦法（诸如公司法与民法典）会被首先适用，只有在联邦法无明确指向的情况下，适用地方法规。阿联酋现行有效的与外商投资相关的法律主要包括《联邦公司法》《商业公司法》《商业注册规定》《商业代理法》《联邦工业法》《政府招标法》《商业交易法》《商标法》《版权法》《专利法》《商法》《保险法》等。

（二）国际经贸协定投资规则的基本要求与特点

1. RCEP

（1）投资保护。

首先，明确了投资的保护范围。RCEP第十章第一条第三款明确指出投资所具有的特征包括承诺资本或其他资源的投入、对收益或利润的期待、风险承担等。其次，进一步完善了投资保护措施。例如，第十章附件二对间接征收做出了明确的规定，与国际投资法对间接征收的规制趋势紧密衔接。

（2）投资自由化。

一方面，对于非服务业领域投资，15个成员国采用负面清单方式对制造业、农业、林业、渔业、采矿业作出较高水平的开放承诺；另一方面，对于服务业领域投资，成员国通过立即采用负面清单或承诺在协议六年内采用负面清单的方式，扩大服务业开放。

（3）投资促进。

根据RCEP文本，投资促进的主要方式包括：在缔约方之间组织联合投资促进活动；促进商业配对活动；组织和支持举办与投资机会以及投资法律法规和政策相关的各种介绍会和研讨会；① 就与投资促进有关的其他共同关心的问题进行信息交流等。

（4）投资便利化。

根据RCEP文本，投资便利化的主要方式包括：简化投资申请、批准程序；设立或维持联络点、一站式投资中心、联络中心或其他实体，向投资者提供帮助和咨询服务；② 接受并适当考虑外商提出的与政府行为有关的投诉，以及在可能的范围内帮助解决外商和外资企业的困难。

2. CPTPP

（1）广覆盖。

在CPTPP投资章节中，不仅包括传统自贸协定投资规则的全部领域，还在投资者—国家争端解决等新议题上取得较大进展；投资覆盖范围不仅包括传统的企业、股权、建设项目，还包括金融资产、特许权、租赁、抵押、知识产权等，③ 较我国《外商投资法》中列明的投资行为有很大的拓展（见表7、表8）。

---

① 彭德雷，阎海峰.以RCEP为杠杆 助推国际国内双循环［N］.第一财经日报，2020-11-25（A11）.

② 张礼卿，孙瑾.RCEP投资便利化条款及其影响［J］.长安大学学报（社会科学版），2021（1）：25-28.

③ 王晓红.加入CPTPP：战略意义、现实差距与政策建议［J］.开放导报，2022（1）：7-20.

表7　　　　　　　　　CPTPP与我国的投资内涵对比

	CPTPP	我国《外商投资法》
1	一企业	外国投资者单独或者与其他投资者共同在中国境内设立外商投资企业
2	一企业中的股份、股票和其他形式的参股	外国投资者取得中国境内企业的股份、股权、财产份额或者其他类似权益
3	债券、无担保债券、其他债务工具和贷款	不含
4	期货、期权和其他衍生品	不含
5	交钥匙、建设、管理、生产、特许权、收入分成及其他类似合同	外国投资者单独或者与其他投资者共同在中国境内投资新建项目
6	知识产权	不含
7	根据该缔约方法律授予的批准、授权、许可和其他类似权利	不含
8	其他有形或无形财产、动产或不动产及相关财产权利,例如租赁、抵押、留置和质押	法律、行政法规或者国务院规定的其他方式的投资

资料来源：根据CPTPP文本与《外商投资法》整理。

表8　　　　　　　　　CPTPP投资规则重点核心条款简介

条款名称	条款内容简介
国民待遇	在设立、获得、扩大、管理、经营、运营、出售或以其他方式处置投资时,另一缔约方投资者和涵盖投资所得待遇不低于本国
最惠国待遇	在设立、获得、扩大、管理、经营、运营、出售或以其他方式处置投资时,另一缔约方投资者和涵盖投资所得待遇不低于其他缔约方或任何非缔约方
业绩要求	一缔约方对投资的设立、获得、扩大、管理、经营、运营、出售或其他处置,不得在出口、生产资料获取、技术等业绩方面,强制投资者要求作出承诺
高级管理人员和董事会	一缔约方不得要求企业任命具有特定国籍的自然人担任高级管理职务,在不实质损害投资者控制其投资的能力条件下,可以要求企业董事会的半数以上成员具有特定国籍或在该缔约方领土内居住
不符措施	减让表中所列内容不适用于国民待遇、最惠国待遇、业绩要求、高级管理人员和董事会条款
征收和补偿	对投资直接征收或国有化,应当为公共目的、根据正当法律程序、以非歧视的方式、进行充分有效补偿外
转移	一缔约方应允许与涵盖投资相关的所有转移可自由进出其领土且无迟延

（2）高水平。

CPTPP不仅通过投资与跨境服务贸易的一体化负面清单管理，实现了投资准入的高度自由，并且大量涵盖投资准入后的相关规定。例如，投资章节"禁止业绩要求"条款，除了包括传统的出口比例、当地含量、外汇收入、特定市场销售等领域外，还增加了不得要求出口一定水平服务、限制服务的领土内销售、要求服务仅通过本地出口、要求本地购买技术、组织本地购买技术等内容。

（3）强保护。

CPTPP成功将投资者—国家争端解决程序引入多国协议，推行争端解决程序标准化，确保投资者利益。一是CPTPP支持投资者可以先在本国发起起诉，不满意后再申请国际仲裁。值得注意的是，这一规则在提升对投资者保护的同时，也对东道国司法权威构成严重挑战，使外资获得了超国民待遇。二是仲裁机构和仲裁规则有更多选择。除了ICSID（国际投资争端解决中心）公约、ICSID仲裁程序规则、ICSID附加便利规则、联合国国际贸易法委员会仲裁规则之外，CPTPP规定还可以利用任何其他仲裁机构和仲裁规则。三是将投资者国家争端解决与国家间争端解决挂钩。CPTPP规定，如果被申请人没有履行国际投资仲裁裁决，申请人所属缔约方可以根据CPTPP第28章"争端解决"寻求设立专家组和起草初步报告。此外，与WTO相比，CPTPP不仅大幅缩减了争端解决机制的时限，还通过严格裁决者资质等方式确保了争端解决的权威性。

三、海南自由贸易港投资自由便利法律制度建设进展与不足

（一）初步形成了投资自由便利制度体系

1. 全面实行外商投资准入前国民待遇加负面清单管理制度

《海南自由贸易港建设总体方案》与《海南自由贸易港法》明确提出，"海南自由贸易港对外商投资实行准入前国民待遇加负面清单管理制度。"2020年

12月31日,《海南自由贸易港外商投资准入特别管理措施(负面清单)(2020年版)》正式发布,并于2021年2月1日起施行。与2021年的全国版外商投资准入负面清单31条特别管理措施相比,海南自由贸易港外商投资负面清单仅有27条特别管理措施,且在农业、渔业、制造业、商业服务等领域的特别管理措施有较大程度的放松;与2021年版的全国自贸试验区外资准入负面清单相比,尽管两张负面清单的特别管理措施数量相同,但两者在制造业、采矿业领域的特别管理措施有所区别。海南自由贸易港外商投资准入负面清单管理制度的实施,是提高海南自由贸易港投资自由化便利化水平,加快形成具有国际竞争力的开放政策和制度的重要举措。

2. 投资自由便利政策体系更加完善

(1)市场准入进一步放宽。

2021年4月,国家发展改革委、商务部出台《关于支持海南自由贸易港建设放宽市场准入若干特别措施的意见》(发改体改〔2021〕479号),围绕医疗、金融、文化、教育等领域推出22条具体举措。这22条特别措施,针对《市场准入负面清单(2020版)》,在30个准入事项中进行了放宽,以支持海南先行先试、率先破局(见表9)。

表9　　海南自由贸易港建设放宽市场准入22条措施涉及放宽事项

	市场准入特别措施	涉及放宽的事项
医疗领域	1. 开展互联网处方药销售 2. 支持海南国产化高端医疗装备创新发展 3. 加大对药品市场准入支持 4. 全面放宽合同研究组织(CRO)准入限制 5. 支持海南高端医美产业发展 6. 优化移植科学全领域准入和发展环境 7. 设立海南医疗健康产业发展混改基金	1. 未获得许可或履行法定程序,不得从事药品、医疗器械等特定产品的批发零售、经营和进出口(项目号44,事项编码206006); 2. 未获得许可或资质条件,不得设置医疗机构或从事特定医疗业务(项目号94,事项编码217001); 3. 未经许可或检验,不得从事药品的生产、销售或进出口(项目号25,事项编码203008); 4. 未获得许可,不得从事医疗器械或化妆品的生产与进口(项目号24,事项编码203007); 5. 未获得许可,不得发行股票或进行特定上市公司并购重组(项目号66,事项编码210008)

续表

市场准入特别措施	涉及放宽的事项
金融领域 1. 支持金融业在海南发展 2. 开展支持农业全产业链发展试点	1. 未获得许可，不得设立银行、证券、保险、基金等金融机构或变更其股权结构（项目号59，事项编码210001）； 2. 未获得许可，不得从事特定金融业务（项目号62，事项编码210004）； 3. 未获得许可，不得从事特定渔业养殖、捕捞及相关生产经营活动（项目号11，事项编码201006）； 4. 未获得许可或检疫，不得从事动物饲养、屠宰和经营（项目号14，事项编码201009）； 5. 未获得许可或资质，不得超规模流转土地经营权（项目号16，事项编码201011）
文化领域 1. 支持建设海南国际文物艺术品交易中心 2. 鼓励文化演艺产业发展 3. 鼓励网络游戏产业发展 4. 放宽文物行业领域准入	1. 未获得许可或资质条件，不得从事拍卖、直销业务（项目号43，事项编码206005）； 2. 未获得许可，不得从事特定金融业务（项目号62，事项编码210004）； 3. 未获得许可或资质条件，不得从事考古发掘、文物保护和经营等业务（项目号98，事项编码218001）； 4. 未获得许可或资质条件，不得从事特定文化产品的进出口业务（项目号100，事项编码218003）； 5. 未获得许可、资质条件或通过内容审核，不得从事特定文体演艺活动、业务或社会艺术水平考级活动，不得设立娱乐场所、销售游戏游艺设备或经营文体业务（项目号104，事项编码218007）； 6. 未获得许可或资质条件，不得设立出版传媒机构或从事特定出版传媒相关业务（项目号99，事项编码218002）
教育领域 1. 鼓励高校科研成果市场化落地海南 2. 支持国内知名高校在海南建立国际学院 3. 鼓励海南大力发展职业教育	未获得许可，不得设立、分立、合并、变更、终止学校、幼儿园（项目号92，事项编码216001）
其他领域 1. 优化海南商业航天领域市场准入环境 2. 放宽民用航空业准入 3. 放宽体育市场准入 4. 放宽海南种业市场准入	1. 未获得许可，不得从事武器装备、枪支及其他关系公共安全相关产品设备的研发、生产制造、配售、配置、配购和运输（项目号27，事项编码203010）； 2. 未获得许可，不得从事航空、航天器及相关设备制造及使用（发射）相关业务（项目号29，事项编码203012）；

续表

市场准入特别措施	涉及放宽的事项
其他领域	3. 未获得许可，不得从事民用机场建设、民航运输业务或其辅助活动（项目号50，事项编码207005）； 4. 未获得许可或资质，不得从事特定植物种植或种子、种苗的生产、经营、检测和进出口（项目号6，事项编码201001）； 5. 未获得许可，不得调运农林植物及其产品，不得从国外引进动物、动物产品、农业、林木种子、苗木及其他繁殖材料（项目号7，事项编码201002）； 6. 未获得许可，不得从事农林转基因生物的研究、生产、加工和进口（项目号8，事项编码201003）； 7. 未获得许可，不得从事动物诊疗、进出境检疫及引种试种等业务（项目号12，事项编码201007）； 8. 未取得许可或履行法定程序，不得从事建筑业及房屋、土木工程、海洋工程等相关项目建设（项目号38，事项编码205001）； 9. 未获得许可或资质条件等，不得从事食品生产经营和进出口（项目号18，事项编码203001）； 10. 未取得许可或履行法定程序，不得从事建筑业及房屋、土木工程、海洋工程等相关项目建设（项目号38，事项编码205001）； 11. 未获得许可，不得经营旅馆住宿业务（项目号53，事项编码208001）

（说明栏）5. 支持海南统一布局新能源汽车充换电基础设施建设和运营
6. 开展乡村旅游和休闲农业创新发展试点

（2）持续深化"放管服"改革，投资更加便利。

推广深化"极简审批"改革，便利外商投资程序；深化"证照分离"改革，将实行告知承诺的涉企经营许可事项拓展至111项，并将5项非涉企经营许可事项在全省范围按"证照分离"改革方式实施，涉企经营许可事项由"优化审批服务"改为"实行告知承诺"后，审批环节平均压减60%以上，时间平均压减95%以上；推进全省政务服务事项标准化、政务服务事项优化再造、完善线上线下"一窗受理"运行机制等，推动政务服务"零跑动"改革，政务服务事项可网办率超90%，"零跑动"率达55.6%；通过整合审批职权、调整组织机构、优化资源配置，全省15个市县（县级）、8个市辖区和洋浦全部实施"一枚印章管审批"改革；① 上线海南国际投资"单一窗口"，为投资者提供"一站式"全流程服务。

---

① 加速打造营商环境"金饭碗"[N].海南日报，2021-12-27（003）.

3. 公平竞争和产权保护制度体系不断完善

（1）建立健全公平竞争制度。

按照《海南自由贸易港建设总体方案》"建立健全公平竞争制度"的要求，以"强化竞争政策"试点为核心，夯实公平竞争政策制度基础，全面落实公平竞争审查制度，持续加强反垄断反不正当竞争执法，推动打造公平竞争的市场环境。一是出台全国首部公平竞争条例。借鉴CPTPP规则以及中国香港、新加坡等地区、国家的先进经验，结合海南自由贸易港实际，《公平竞争条例》重点突出公平竞争监督管理体制、加强公平竞争国际合作、强化竞争政策的基础性地位、优化公平竞争审查制度、完善私人救济机制和消费者权益保护等内容。二是以《公平竞争条例》为中心，制定出台《公平竞争审查第三方评估办法（试行）》、公平竞争审查抽查工作暂行办法、公平竞争审查会审工作暂行办法、公平竞争审查征求意见工作规范等工作制度，不断完善公平竞争制度体系。三是成立全国首个省级反垄断委员会，由分管副省长担任主任，制定海南反垄断委员会工作制度，组建专家咨询组并制定管理办法，建立海南反垄断委员会成员单位联络员和全省公平竞争审查联络员制度，形成全省横向协同、纵向联动的工作机制。①

（2）完善产权保护制度体系。

按照《海南自由贸易港建设总体方案》关于"完善产权保护制度"以及《海南自由贸易港法》关于"国家依法保护自然人、法人和非法人组织在海南自由贸易港内的投资、收益和其他合法权益，加强对中小投资者的保护"的要求，在中央相关部委的支持下，海南自由贸易港产权保护体系日益完善。

第一，海南省印发实施《关于完善产权保护制度依法保护产权的实施意见》，提出了加强各种所有制经济产权保护、健全完善平等保护产权的制度机制、妥善处理历史形成的产权案件、审慎把握处理产权和经济纠纷的司法政策、完善财产征收征用制度、强化知识产权保护、健全增加城乡居民财产性收入的各项制度、营造全社会重视和支持产权保护的良好环境等十一项措施。

第二，强化产权司法保护力度。《最高人民法院关于人民法院为海南自由贸易港建设提供司法服务和保障的意见》要求"加大产权司法保护力度"，并

---

① 海南推动"强化竞争政策"试点见成效[N]. 中国市场监管报，2021-10-12（A4）.

提出了包含依法审理产权纠纷案件和跨境投资、融资担保、不正当竞争和垄断等民商事、知产案件，在行政审判和刑事审判中，切实保护投资者人身权、财产权及其他各项合法权益等具体措施和要求。

（二）与投资自由便利相适应的法律法规体系正在构建

1. 国家层面

（1）逐步构建外资法体系。

一是出台实施《外商投资法》《外商投资法实施条例》。《外商投资法》是我国法律史上第一部专门的外资法典，重构了我国外资基础性法律，进一步加强了对外商投资的促进和保护以及对外商投资行为的规范。二是实施《自由贸易试验区外商投资准入特别管理措施（负面清单）》《外商投资准入特别管理措施（负面清单）》。三是印发实施《外商投资信息报告办法》《关于进一步完善外商投资信息报告制度加强和完善事中事后监管工作的通知》，强化外商投资管理。四是出台《外商投资企业投诉工作办法》，为外商企业提供完善的法律救济途径。五是出台实施《外商投资安全审查办法》，规定了适用外商投资审查类型、审查机构、审查范围、审查程序、审查决定监督执行和违规处理等事项。

（2）实行全国统一的市场准入负面清单管理制度。

2015年，国务院印发《关于实行市场准入负面清单制度的意见》（国发〔2015〕55号），率先在天津、上海、福建、广东四个省、直辖市进行试点。2018年，国家发展改革委、商务部发布了《市场准入负面清单（2018年版）》，中国市场准入进入了全国统一的负面清单时代。

2. 海南层面

为增强海南自由贸易港投资自由便利政策与制度实施的法治保障，2018年以来，按照《中共中央 国务院关于支持海南全面深化改革开放的指导意见》《海南自由贸易港建设总体方案》《海南自由贸易港法》的要求，海南出台了系列法规。例如，在市场准入环节，在实施《海南自由贸易港外商投资准入特别管理措施（负面清单）（2020年版）》《海南自由贸易港跨境服务贸易负面清单（2020年版）》的同时，出台《海南省农作物种子管理条例》《海南热带雨林国家公园特许经营管理办法》等；在准入后环节，出台《海南经济特区外国企业从事服务贸易经营活动登记管理暂行规定》《海南自由贸易港游艇产业促进条例》《海南自由贸易港企业破产程序条例》《海南自由贸易港市场主体注销条例》《海南自由贸易港公平竞争条例》《海南省多元化解纠纷条例》。

（三）与最高水平开放要求仍有差距

1. 外商投资准入有待进一步放宽

（1）投资准入限制措施数量多。

虽然海南已全面实施外商投资准入前国民待遇加负面清单管理制度，但与CPTPP这一高水平经贸规则相比，限制措施数量相对较多。例如，CPTPP附件1中新加坡涉及投资的限制措施14项、澳大利亚10项、日本22项、越南35项，而《海南自由贸易港外商投资准入特别管理措施（负面清单）(2020年版)》限制措施总数为27项。

（2）外资准入限制措施强度高。

从《海南自由贸易港外商投资准入特别管理措施（负面清单）(2020年版)》看，主要采取股比限制、禁止投资等高强度限制方式，其中股比限制10项、禁止投资16项，分别占全部措施的37%、59%。而CPTPP中发达国家对于外资准入的限制则采用外资特别筛选程序、行政许可、对等开放、特定企业组织形式等其他方式。[1]

（3）业绩要求仍然广泛存在。

CPTPP要求对投资行为"不得施加或强制执行任何要求，或强制要求做出任何承诺或保证"。从海南实践看，在部分政策中依然出现"对赌协议"、投资规模要求、"一事一议"等。

（4）特别管理措施描述较为模糊。

与国际通行的外商投资准入负面清单相比，我国现行的负面清单对于部分特别管理措施的定义及适用范围存在较为模糊与宽泛的情况。例如，存在"按照现行规定执行""等"等较为模糊的表述；又如，明确"禁止投资中国稀有

---

[1] 王晓红. 加入CPTPP：战略意义、现实差距与政策建议 [J]. 开放导报，2022（1）：7–20.

和特有的珍贵优良品种的研发、养殖、种植以及相关繁殖材料的生产",但对于"珍贵优良"缺乏明确解释。

2. 公平竞争的市场环境有待进一步完善

(1) 竞争政策法律体系有待进一步完善。

2021年9月30日,《海南自由贸易港公平竞争条例》正式颁布实施,明确了县级以上人民政府市场监督管理部门的公平竞争监督管理职责。但与最高水平开放要求相比,仍有较大完善空间。例如,该条例未对国有企业提出豁免,缺乏国有企业反垄断、公平竞争的审查机制;在透明度方面仍属于空白;对产业政策仅有原则性表述,对专项性补贴缺乏可操作机制,等等。

(2) 指定垄断(行政垄断)依然广泛存在。

特别是在服务业领域,存在体制内外待遇、要素获取等方面的不平等待遇;在负面清单的部分规定中,存在着明确要求优先考虑国内企业或本国居民等相关规定。此外,《海南自由贸易港公平竞争条例》提出"强化对技术创新和结构升级的支持",意味着各级政府仍然有产业补贴的相关权限。例如,《海南省促进经济高质量发展若干财政措施》提出,2022年将投入省级财政50亿元并按照每年80亿—100亿元的规模支持重点园区建设,并将针对现代生物医药、旅游、热带特色高效农业、物流等企业给予专项补贴。

(3) 信息披露和透明度有待进一步提升。

例如,对国有企业的相关纰漏信息不完全,选择性披露问题依然存在;出台的大量产业政策等缺乏必要的解读及适用指导服务,造成部分企业"找不到、看不懂、不会用"等;缺乏相关违反竞争政策行为的判例及适用,未能形成良好的市场引导。

3. 征收、补偿、转移等仍然受到较大限制

例如,从海南情况看,《海南自由贸易港征收征用条例》仍要求"土地补偿费、安置补助费的分配标准和分配方式由省人民政府制定"。再例如,CPTPP要求"每一缔约方应允许与涵盖投资相关的所有转移可自由进出其领土且无迟延",①我国由于安全管控而导致资金向外转移程序复杂。

---

① 王晓红. 加入CPTPP:战略意义、现实差距与政策建议[J]. 开放导报,2022(1):7-20.

4. 外资安全审查能力有待进一步提升

《海南自由贸易港建设总体方案》要求,"实施好外商投资安全审查"。《海南自由贸易港法》同样规定,"在海南自由贸易港依法实施外商投资安全审查制度,对影响或者可能影响国家安全的外商投资进行安全审查。"目前,海南实行与全国一致的外资安全审查制度,与高水平开放相适应的投资风险防控体系,尤其是海南自由贸易港外商投资安全审查制度体系尚未建立。

四、对标最高水平开放完善投资自由便利法律制度的路径选择

(一)形成更加开放、透明、安全的投资自由便利政策与制度

1. 对标最高水平开放,完善外商投资负面清单管理制度

(1)进一步精简外商投资准入负面清单。

在全面落实准入前国民待遇的基础上,按照打造最高水平开放形态的目标要求,在现行的《海南自由贸易港外商投资准入特别管理措施(负面清单)(2020年版)》基础上,进一步缩减负面清单限制措施数量,扩大投资准入,特别是适应我国服务贸易开放大趋势及海南自由贸易港以服务贸易为主导的要求,进一步放宽服务业领域外商投资准入。CPTPP附件1中,新加坡涉及服务业投资的限制措施仅9项,而《海南自由贸易港外商投资准入特别管理措施(负面清单)(2020年版)》中涉及服务业的限制措施数量达22项。为此,建议逐步放开互联网信息服务、法律、医疗、文化等CPTPP成员国限制较少而海南限制较多的领域。

(2)弱化部分行业负面清单限制强度。

改变目前外商投资准入负面清单过多采用禁止准入、股比限制等方式的现状,更多采用牌照管理、保留优先股权利、明确高级管理人员和董事会任职资格等柔性、多元化限制措施,探索外商投资特定条件下准入模式,在通过渐进方式推动行业进一步开放的同时实现开放与安全的有效平衡,并推进限制措施最大程度与国际接轨。

（3）推进外商投资准入负面清单与跨境服务贸易负面清单合并。

从《海南自由贸易港外商投资准入特别管理措施（负面清单）(2020年版)》和《海南自由贸易港跨境服务贸易特别管理措施（负面清单）(2021年版)》文本看，两者在金融、租赁商务服务业、文化体育娱乐业等领域的限制措施大多相关或重叠。建议将其合并，并在法律、会计、专利、咨询、调查、测绘、统计、建筑设计、教育、医疗、公证、出版、广播、电视、互联网信息服务等领域率先实现商业存在模式下的开放，并逐步向跨境服务开放过渡。

（4）逐步形成与国际接轨的外商投资准入负面清单基本框架。

第一，借鉴国际经贸规则将负面清单分成现有不符措施、未来不符措施、金融部门不符措施三张清单的一般做法，将海南自由贸易港外商投资准入负面清单调整为由"内外资一致的限制性措施+附件1+附件2"三部分构成。其中，附件1为外商投资的额外规定，是单独为外商投资设立的限制措施；附件2为未来保留措施，是未来可能变动的领域。

第二，借鉴CPTPP等的通行做法，针对每条限制措施补充违背义务（国民待遇、市场准入、最惠国待遇、本地存在、高管与董事会）、政府层级（中央、地区、地方）、措施来源等要件。

第三，进一步细化描述措施。特别是尽可能将"等""符合我国相关法律法规"等话语以举例方式详细列明，以减少投资者对负面清单的理解偏差。

2. 大幅降低投资准入后的市场准入门槛，实现"市场准入承诺即入"

（1）按照内外资一致的原则及高水平开放的目标持续放宽市场准入。

内外资一视同仁、平等对待是《外商投资法》确立的基本原则。为此，建议：

第一，全面清理对外资单独设置的市场准入限制，确保市场准入阶段内外资标准一致。

第二，大幅减少准入前认证。将准入前认证限定在满足最低标准要求的范围以内，除涉及人身生命健康、国家安全、公民财产安全、系统性风险和生态环境保护等特定事项保留前置审批外，放宽对市场准入前置条件的限制，并最大程度在市场准入后管理过程中保持中性，保障任何市场主体都不受歧视地获得认证许可。

第三，明确准入后国民待遇标准。在准入前国民待遇的基础上，进一步明确对投资保护的具体标准事项，包括准入阶段的管理权力、要素供给、融资方式、进出口权、税收政策、法律保护、司法救济等一系列细化的待遇标准，确保国内外投资者在政府采购、标准制定、产业政策、科技政策、资质许可、注册登记、上市融资等方面享有一致待遇。

（2）对市场准入负面清单外投资实行"准入即准营"。

市场准入清单外其他领域对内外资全面开放，市场主体在持有营业执照前提下可自由经营清单外的任何业务，并且可以根据自身状况和市场行情自行变更经营范围。如变更后的经营范围仍属清单外的，无须审批；变更后的经营范围涉及清单内投资领域的，实行企业法人承诺制依法取得许可。同时，及时将相关企业变更信息通过政务信息共享交换平台推送至有关主管部门，有关主管部门及时将其纳入监管范围，依法实施事中事后监管。

（3）对清单内非禁止事项涉及的准入后审批实行"标准制+承诺制"，实现"承诺即入"。

第一，系统梳理准入后行政审批事项，形成行政审批事项清单，并推进其与负面清单的有效衔接。依托证照分离改革形成的《事项清单》，结合产业结构调整指导目录、市场准入负面清单、外商投资准入负面清单等，加快制定综合版、内外资统一的涉企经营许可事项极简清单，率先取消目前实行备案制与告知承诺制的涉企经营许可审批事项。

第二，对行政审批事项清单内的涉企经营许可事项实行企业法人承诺制，实现"承诺即入"。将直接涉及公共安全、生态环境保护和直接关系人身健康、生命财产安全的行政审批事项由相关职能部门进行审批，其余确需保留的涉企行政许可事项，一律实行企业法人承诺制。市场主体在提交申请书与证明材料时，一并提交承诺书，并对提交的申请文件、材料的真实性、合法性、有效性、完整性和一致性负责。行政审批部门收到经申请人签章的承诺书，以及关键性证明材料后，经形式审查，即时颁发相关许可证。待投资完成或实际经营后，组织相关部门对企业实施协同监管。

第三，对具有强制性标准领域建立"标准制+承诺制"的投资制度。其一，有强制性标准的领域，原则上取消许可和审批，建立健全备案制度。其二，对于直接涉及公共安全、生态环境保护和直接关系人身健康、生命财产安全的具有强制标准领域，实行承诺制。市场主体承诺符合相关要求并提交相关材料进行备案，即可开展投资经营活动。

（4）在全面推行"极简审批"的基础上，进一步创新清单内行政审批方式。

第一，全面实行"容缺审批"。申请人在办理许可事项时，若提交的主要材料齐全且符合法定条件，次要材料或者非关键材料存在缺陷或缺项，一次性告知需补正的材料、时限和超期处理办法，若申请人作出在规定时限内将材料补齐补正的书面承诺情况，则先行核发相关证照。如申请人未能在规定期限内补齐补正有关材料，则撤销相关许可。

第二，全面实行"联合审批"。依托政府服务平台，打通部门间信息壁垒，实现部门间对申请材料的标准化与互认互通；建立部门间联合审批工作机制，对投资事项需办理不同行政许可的，在同级审批权限范围内，按照"一企一证"原则，实行联合审批，填写一张承诺书，颁发一张许可证，加载全部行业准入许可信息。

第三，全面实现全程网办与一次不用跑。引入企业代表完善电子政务服务平台相关功能，实现投资业务全覆盖；建立基于AR、VR等的现代政务办理体系；通过组建跨部门联合工作小组等多种方式，推进政务服务网的跨部门信息共享与协作机制建设；全面取消纸质单据或材料，实现在线投资服务全覆盖。

（5）完善以过程监管为重点的事中事后监管制度以有效防范投资风险。

第一，建立分类监管制度。针对不同行业、部门和企业特征及风险制定分类监管制度，实施动态、灵活、科学的监管措施。同时，建立政府监管部门与工商企业界对话沟通机制，就投资风险防控及相关监管措施制定进行定期、不定期交流。

第二，建立跨部门联合审查、监管、执法机制。对需要多个部门进行现场核查的，由主管责任单位牵头制定联合审查制度，由主管部门向企业发出联合审查通知书，在约定时间开展集体现场核查，当场出具审查意见，实现"进一次门、查多项事"；全面推进跨部门的投资信息共享、互认。

第三，建立投资事中事后智能监管系统。建设以大数据理念为支撑、与全国企业信用信息平台对接的投资全过程智能监管系统，加大数据采集、开发、分析应用，充分利用互联网、人工智能、区块链等新技术，通过线上线下一体化监管，及时发现违法违规线索，提高风险预判能力，提高市场监管的精准度和适配性，实现"事前锁定对象、事中下达指令、事后反馈统计"。

3. 强化对投资者各类产权的保护

（1）参照CPTPP标准进一步拓展投资保护范围。

例如，除《外商投资法》规定的投资外，将债券、无担保债券、其他债务工具和贷款，期货、期权和其他衍生品，知识产权，授权、许可和其他类似权利等纳入投资保护范围。

（2）按照《外商投资法实施条例》第21条第2款的要求，明确"各类要素按照被征收投资的市场价值及时给予补偿"。

（3）参照国际相关投资协定，为符合国际惯例的投资提供"最低待遇"标准，包括"公正与公平待遇"与"充分保护与保障"，并系统研究并形成境外投资者与投资相关的资产、收益等可自由转移办法。

（4）加强对中小企业的投资保护与支持，促进关于中小企业的信息共享与合作。

4. 对外商投资负面清单外领域全面清理业绩要求相关规定

在明确不得以业绩要求作为投资准入前置条件这一基本原则的情况下，聚焦负面清单外的领域，就目前省市（县）出台的招商引资政策及产业发展政策中，关于投资规模、当地含量、购买要素等领域的业绩要求进行全面清理。

5. 组建海南自由贸易港外商投资安全审查委员会

借鉴其他国家的成熟做法，在省政府组建常设性的外资安全审查机构——外国投资安全审查委员会，在国家安全委员会指导下开展工作，对涉及国家安全的外国投资（包括绿地投资和并购投资）进行审查，强化国家安全审查的部门协调，进一步提升安全审查主体的层次与权威性。

（二）用好《海南自由贸易港法》构建与高水平开放相适应的投资自由便利地方性法规体系

1. 以《海南自由贸易港法》为基础对现行投资领域法律法规进行梳理

（1）争取支持，对上位法中与投资自由便利不相适应的条款在海南自由贸易港暂停适用。

《立法法》第十三条规定，"全国人民代表大会及其常务委员会可以根据改革发展的需要，决定就行政管理等领域的特定事项授权在一定期限内在部分地方暂时调整或者暂时停止适用法律的部分规定"。在相关法律法规尚未有重大突破的情况下，提请全国人大对投资、税收、金融、入出境、仲裁等现行有关法律、行政法规进行暂停适用。

（2）全面清理与海南自由贸易港投资自由便利不相适应的地方性法规。

建议海南省组织相关部门，对照《海南自由贸易港法》，对现行的法律、行政法规、部门规章甚至部门的内部文件，分门别类地提出具体处理意见，主动和中央有关部门协调，尽快取得实效。

2. 以《海南自由贸易港法》为基础形成投资自由便利相关地方性法规体系

第一，服务最高水平开放，以及《海南自由贸易港法》对"投资自由便利"的要求，着眼促进外商投资，保护外商投资合法权益，规范外商投资管理，持续优化外商投资环境，对标国际高水平外商投资管理制度，尽快制定出台《海南自由贸易港外商投资条例》，对海南自由贸易港外商投资促进、投资保护、投资管理等内容作出明确规定。

第二，聚焦投资准入、市场准入、准入后全过程，对标国际成功自由贸易港的基本做法，尽快形成全面放开投资准入、放宽市场准入等方面的具体法规。例如，尽快出台《海南自由贸易港外商投资准入特别管理措施（2023年版）》；结合《关于支持海南自由贸易港建设放宽市场准入若干特别措施的意见》《市场准入负面清单（2022年版）》，制定出台内外资一致的《海南自由贸易港市场准入负面清单》；落实《海南自由贸易港建设总体方案》关于"标准制+承诺制"的要求，尽快出台《海南自由贸易港"标准制+承诺制"实施办法》；围绕海南自由贸易港四大主导产业，形成有利于产业发展的法规体系。

第三，落实《海南自由贸易港法》提出的"国家支持海南自由贸易港主动适应国际经济贸易规则发展和全球经济治理体系改革新趋势"的要求，率先围绕服务贸易、数字贸易、知识产权保护、竞争政策等领域，运用自由贸易港法规制定权开展变通性立法，率先对接CPTPP等高标准自贸协定先行先试，开展压力测试。

3. 以完善竞争政策法规体系为重点推动形成公平竞争的市场环境

（1）对标CPTPP完善竞争政策法规体系。

第一，增加对国有企业的相关条款。对承担国家安全或重大战略的国有企业以清单形式进行豁免；对其他国有企业，明确其信息披露标准与格式，形成定期披露机制,市场监管部门根据其披露信息对其是否符合市场行为进行评估。

第二,增加对反行政垄断的相关条款。明确除涉及国家安全的领域外,各级政府不得制定差异化的准入程序,确保内外资企业在准入许可、经营运营、要素获取、标准制定、优惠政策、政府采购中的平等对待,并确保对民企与外企不低于国企的相关待遇。

第三,增加透明度的相关条款。例如,定期就竞争执法的相关政策与实践案例进行公开,并明确相关案例的适用条件。

第四,增加补贴政策的适用条款。制定适用产业扶持政策的正面清单,停止专向性补贴,减少选择性补贴、投资补助等举措,将产业政策严格限定在具有重大外溢效应或关键核心技术的领域。[①]更多采用普惠性减税、消费者补贴等手段,维护市场公平竞争。[②]同时,对于竞争类国企、功能类国企、公益类国企三种不同类型的国企,明晰其经营目标与可补贴范畴。

第五,增加新经济领域反垄断条款。2021年2月7日,《国务院反垄断委员会关于平台经济领域的反垄断指南》正式出台并实施,标志着我国平台经济领域反垄断监管的重要突破,对营造公平竞争的市场环境是一个重大利好。未来,需要在进一步细化相关标准规范的同时,强化新经济领域的反垄断立法与执法。

第六,增加政府采购中的公平竞争条款。确保在政府采购中无条件对内外供应商(含国企)国民待遇与非歧视。

(2)提升公平竞争审查的专业性。

第一,组建专门的公平竞争委员会。将其确定为法定机构,在市场监管部门指导下相对独立地开展竞争审查工作。依托其更加灵活的优势,吸引国内外竞争政策领域的专家、执法人员、企业、裁决人员及国际组织等参与,确保竞争审查的专业性。

第二,以信息公开为重点确保竞争审查与执法程序公正。形成竞争审查与执法的定期披露机制,就审查主体、内容、详细程序、环节及最终结果向社会公布。

---

① 迟福林.优化营商环境重在实现"三大转变"[N].中国经济时报,2019-5-18.
② 迟福林.建设更高水平开放型经济新体制[J].当代经济科学,2020(10):35.

第三,设立公平竞争法庭(院)。建议在省高院设立公平竞争法庭,专司公平竞争案件;对因违反竞争法而被处罚或救济的个人、企业提供寻求对处罚或救济进行审查的机会,特别是对公平竞争执法部门的审查程序予以审查。待条件成熟时,建立海南自由贸易港公平竞争法院。

(3)建立财政补贴退出机制。

在政府发放财政补贴之前,必须履行告知义务,即何种条件下启动财政补贴退出机制。政府在收到发起补贴退出机制的申请后,应当先判断该项"补贴"是否属于行政补贴,是否扭曲了市场竞争。除此之外,在调查中,还应听取被调查企业的申辩,根据财政补贴对于市场扭曲的程度,判断财政补贴的返还比例,以保证实质公平。

(4)率先探索国有企业改革新路径。

在省国资委将国企分为竞争类国企、功能类国企、公益类国企三种类型的基础上,进一步探索国企改革新路径。例如,对商业一类国企,通过股权多元化方式使得政府持股比例降低到50%以下,以满足CPTPP要求,并按照国际通行规则选聘董事会与高管,政府的干预和介入主要通过派驻股东行使表决权方式进行;对商业二类的国有企业,参考马来西亚、新加坡等国家的做法,通过股权基金进行持股,降低政府直接持股比例。

(5)进一步完善私人诉权。

明确在竞争法律框架下,受处罚或救济的任何人或实体可以获得对该处罚或该救济的独立审查或上诉的权利。

4. 形成海南自由贸易港外商投资安全审查法规体系

按照《外商投资法》"建立外商投资安全审查制度,对影响或者可能影响国家安全的外商投资进行安全审查"的要求,制定海南自由贸易港外商投资安全审查实施细则,明确安全审查主管部门、审查内容、标准及程序,重点加强网络与信息、金融、意识形态与文化、国防等领域的安全审查。

(三)形成投资法律法规体系建设的时间表、路线图

1. 争取出台《海南自由贸易港投资管理条例》

在《外商投资法》与《国务院关于实行市场准入负面清单制度的意见》

（国发〔2015〕55号）的相关规定框架内，争取出台实施《海南自由贸易港投资管理条例》，明确与投资负面清单相适应的相关管理权限。包括：投资负面清单发布权、动态调整权、暂停适用相关法律政策权限与适用某些国际公约、经贸协议等方面的特别权限，为全面落实海南版投资负面清单管理制度创造重要条件。

2. 开展投资领域高水平开放压力测试的立法研究

总的来看，我国加入CPTPP、DEPA等的时间窗口期有限。一方面，美国已启动印度—太平洋经济框架，以通过一种超越传统贸易协定的方式加强同印太地区盟友的关系。一方面，未来相关规则和条款仍有可能进一步升级。因此，建议以2025年全面对标CPTPP为目标，在全面评估基础上形成《海南自由贸易港开展高水平开放压力测试行动方案》，在《海南自由贸易港法》及《海南自由贸易港建设总体方案》等框架下，率先在全国明确以对标CPTPP为重点开展高水平开放压力测试的路线图，在此基础上形成相关立法安排。例如，对数字经济、土地征收、国有企业、政府采购、产业补贴、劳工标准等开展立法研究。

3. 同步制定《海南自由贸易港投资促进条例》

（1）明确投资促进的具体范围。

在海南自由贸易港"3+1"主导产业基础上，结合海南产业发展基础、产业优势及未来产业发展方向，研究制定《海南自由贸易港鼓励投资产业、行业目录》，对目录内的投资给予便利服务。根据产业发展趋势对目录进行动态调整。

（2）明确公平竞争前提下的重点产业鼓励发展政策。

借鉴新加坡经验，对互联网、医疗健康、医药、旅游、金融业等重点产业制定专项鼓励发展政策，如制定重点产业总部奖励、服务贸易专项发展基金、重点产业投资奖励、海外企业奖励计划等政策，加大对重点领域重大投资项目金融服务与税收优惠支持。

4. 强化自由贸易港投资法治体系基础设施建设

第一，明确《海南自由贸易港法》投资领域立法权限。《海南自由贸易港法》第十条赋予了海南自由贸易港法规制定权，并明确备案、审批等推进机制。从实际看，需要以《海南自由贸易港法》为依据，一是明确海南自由贸港法规制定权的属性及范围,重点是在法律上界定贸易、投资及其管理活动的范围;二是明确通过海南自由贸易港法规制定权制定的地方性法规,其在自由贸易港建设中的法律效力,尤其要明确与国内现行法律法规冲突时的适用问题;三是明确行使海南自由贸易港法规制定权的具体工作流程和方案方法及相关合法性审查机制,重点是明确备案类、审批类的范围,形成具体清单;四是明确《海南自由贸易港法》及依据本法制定的相关法规的解释权。

第二,按照《海南自由贸易港法》第六条规定,争取在中央层面设立立法、司法和行政三大部门的跨部门领导协调机制。

第三,适应自由贸易港立法、调法调规、法律法规清理的现实需求,整合人民法院版"法信"平台、全国人大版"国家法律法规大数据库"和行政部门相关数据库资源,建立超大规模的一体化法治大数据中心体系。

第四,强化省级层面的协调,推进立法、司法、行政部门联合制定数据资源目录和责任清单,注重数据的分级分类共享和开放,探索"数据特区"先行先试。

第三章 海南自由贸易港跨境资金流动自由便利法律制度研究

朱绵茂 薛 妮[*]

摘要：海南自由贸易港跨境资金流动自由便利，需要高水平开放的资金项目配套支持。本文对比中国香港、新加坡、迪拜等自由贸易港跨境资金流动的制度安排，结合海南自由贸易港跨境资金流动安排的"中国特色"，梳理海南自由贸易港跨境资金流动自由便利制度创新中需要形成共识的若干问题，并对加快海南自由贸易港跨境资金流动自由便利开放提出政策、立法及监管等一系列法律建议。

关键词：跨境资金流动 人民币国际化 国际离岸交易所 资本市场对外开放 自由便利 监管沙盒 立法建议

---

[*] 朱绵茂，海南政法职业学院副院长，教授、博导，系中国法学会国际经济法研究会副会长，主要研究国际金融法、自由贸易港法、电子商务法、国际经济法、国家安全学等；薛妮，海南政法职业学院副教授、博士，主要研究国际金融法、自由贸易港法等。

一、海南自由贸易港跨境资金流动自由便利研究及现状

就海南自由贸易港金融制度而言，高度国际化的金融制度、货币自由汇兑的外汇管理制度、高效透明的金融监管制度是其基本特征。

（一）研究港跨境资金流动自由便利的必要性

目前全世界有130多个自由贸易港和2000多个与自由贸易港内涵和功能相似的自由经济区域。其中中国香港、新加坡、迪拜等，是比较典型和成功的自由贸易港。这些自由港跨境的货币都可以被自由兑换，资金可以自由进出，且这些地区本就没有或基本没有金融外汇管制。海南自贸港建设是在当前货币管制下人民币不能够自由进出国境、资本市场没有完全对外开放的前提下开始的，与其他成功的自由贸易港金融开放有很大的不同。目前海南自由贸易港金融政策法律的总体框架主要包括四个方面：一是高水平的经常项目和跨境资金流动自由便利的开放，便利跨境贸易和投融资的资金流动。二是金融服务业的开放。三是金融改革创新，支持实体经济的发展。四是金融风险防控体系的建设。其中，跨境资金流动管理政策是海南自由贸易港建设中最重要，也是最核心的金融政策。在跨境贸易方面，重点关注在海南自由贸易港货物贸易、服务贸易的资金汇兑要实现高度的便利化，商业银行所进行的真实性审核，全面从事前的审查转向事中、事后的核查；完善新的跨境贸易形态，比如离岸贸易、跨境电商、转口贸易的跨境收支的管理政策；建设便利跨国公司全球结算中心运行的政策环境，研究这一问题对海南自由贸易港建设具有重大意义。

在跨境直接投资交易环节，按照准入前国民待遇加负面清单模式简化管理，提高兑换环节登记和兑换的便利性，探索适应市场需求新形态的跨境投资管理模式。在跨境融资领域，探索建立新的外债管理体制，试点合并交易环节外债管理框架，完善企业发行外债备案登记制管理，全面实施全口径跨境融资宏观审慎管理，稳步扩大跨境资产转让范围，提升外债资金汇兑便利化水平。在跨境证券投融资领域，重点服务实体经济投融资需求，扶持海南具有特色和比较优势的产业发展，并在境外上市、发债等金融业务方面给予优先支持，简化汇兑管理，建立离岸金融法务区对海南自由贸易港金融开放创新具有重大作用。

(二)跨境资金流动自由便利法律制度研究现状

1. 海南自由贸易港建设总体方案

《海南自由贸易港建设总体方案》(以下简称《总体方案》)提出了七方面跨境资金流动自由便利的具体政策措施,主要包括:一是以国内现有本外币账户和自由贸易账户为基础,通过金融账户隔离,建立资金"电子围网",为海南自由贸易港与境外实现跨境资金自由便利流动提供基础条件。二是进一步推动跨境货物和服务贸易及新型国际贸易结算便利化,实现银行真实性审核从事前审查转为事后核查。三是在跨境直接投资交易环节,提高兑换环节登记和兑换的便利性,探索适应市场需求新形态的跨境投资管理。四是探索建立新的外债管理体制,全面实施全口径跨境融资宏观审慎管理,稳步扩大跨境资产转让范围。五是在跨境证券投融资领域,扶持海南具有特色和比较优势的产业发展,并在境外上市、发债等方面给予优先支持,简化汇兑管理。六是率先在海南自由贸易港落实金融业扩大开放政策,支持建设国际能源、航运、产权、股权、国际数据交易等交易场所,加快发展结算中心。七是支持住房租赁金融业务创新和规范发展,稳步拓宽多种形式的产业融资渠道,放宽外资企业资金使用范围,创新科技金融政策、产品和工具。《总体方案》坚持"放得开"与"管得住"相结合,一方面,提出跨境资金流动自由便利,"有序推进海南自由贸易港与境外资金自由便利流动。"另一方面,注重金融风险防控,要求"建立健全资金流动监测和风险防控体系。""建立自由贸易港跨境资金流动宏观审慎管理体系,加强对重大风险的识别和系统性金融风险的防范。""构建适应海南自由贸易港建设的金融监管协调机制。"本研究对服务海南自由贸易港建设,保障自贸港资金自由便利流动的体制机制,通过良好的法律制度进行有效的监管,强化金融风险防范具有重要意义。

2020年6月1日,《总体方案》正式印发。海南省金融业态不断丰富,金融开放能力不断加强,加快金融创新、服务自由贸易港建设的能力也不断增强。一是金融业运行平稳,金融机构不断增加。二是金融服务创新推动离岸新型国际贸易、跨境双向投融资便利化。三是金融业态不断丰富,出台多项创新产品。四是金融风险防范能力持续提升。从国际经验来看,跨境资金流动自由便利需要更开放的市场,要求金融机构的产品和服务要更开放、组织架构要更灵活、发展模式和路径要更多样，这样才能满足开放市场体系下的需求。据国际金融协会（IIF）最新发布人民币国际化报告称，人民币的全球使用进步明显，当前，在全球支付、全球官方储备、外汇交易和贸易融资方面，人民币已分别位列全球第五、第五、第八和第三。IIF尤为强调了人民币在跨境支付方面的进展，报告称，2021年中国跨境人民币结算量同比增长29%，2020年，中国跨境人民币结算量增势更明显，同比增速达44%。IIF表示，沙特、俄罗斯等采用人民币进行原油结算，有助于促进人民币的全球使用。

自《总体方案》发布以来，在金融支持政策方面，制定出台金融支持海南全面深化改革开放33条等政策文件，推动建立与自由贸易港相适应的金融政策和制度框架，推动跨境货物贸易、服务贸易以及新型国际贸易结算便利化。海南省将以打造区域性金融创新中心为目标，围绕多功能自由贸易账户体系构建为重点，但是海南自由贸易港跨境资金流动自由便利中极其关键的国际性的国际能源、航运、产权、股权、期货交易、离岸金融等交易场所和金融业务，仍然没有建立起来。应该通过海南自贸港建设，抓住和利用好国际经贸规则调整、重塑的契机，深度对接高标准国际经贸规则，加快建设统一开放、竞争有序的现代市场体系，稳步扩大规则、规制、管理、标准等制度型开放，推动形成金融全方位、多层次、宽领域的全面开放新格局。

2.《中华人民共和国海南自由贸易港法》

在监管法律方面，除了《中华人民共和国海南自由贸易港法》第五十[①]、第五十一[②]、第五十二[③]条规定外，目前没有明确详细的法律规定，依据《海南自由贸易港法》制定《海南自由贸易港跨境资金流动监管条例》海南自由贸易港

---

① 卜晓明.多国央行将测试数字货币跨境结算［OL］.（2021-9-2）［2022-7-16］. https://baijiahao.baidu.com/s?id=17097870360698579l7&wfr=spider&for=pc.

② 合计近30亿美元！"双向高速"畅通！海南跨境资金流动更加自由便利［N］.国际旅游岛商报，2021-10-19.

③ 2021《关于贯彻落实金融支持海南全面深化改革开放意见的实施方案》涉及投资者保护的重要政策包括：1.探索实施证券纠纷代表人诉讼制度，进一步优化"默示加入、明示退出"的诉讼机制、程序，协调投资者保护机构代表投资者提起诉讼。2.推进投资者教育基地建设，广泛开展资本市场知识宣传普及。3.完善证券期货纠纷诉调对接机制。为推动政策落地见效，省政府成立"金融支持海南全面深化改革开放工作专班"，成员单位包括海南金融管理部门以及发改、商务、财政等部门，工作专班办公室设在人民银行海口中心支行。

跨境资金流动自由便利法律制度已成当务之急。

我国的经济发展将更加深入地融入全球经济，资金的跨境流动将更加频繁，资本项目的逐步开放是大势所趋，人民币国际化的脚步也越走越快。在这样的大背景下，海南自由贸易港金融业的改革与发展要服务于贸易的自由化与便利化、投资的自由化与便利化、跨境资金流动的自由化与便利化、人员进出的自由便利、运输往来的自由便利和数据安全有序流动，并在以上方面建立全新的金融服务方式、金融业务模式和宏观审慎的金融监管体系。资金流动的自由便利有助于提升人民币在贸易、结算、支付、储备等方面的适用范围，为人民币的国际化做出贡献。

央行数字货币和电子支付工具，其功能属性与纸钞完全一样，只不过是数字化形态。央行数字货币不需要账户就能够实现价值转移。DC/EP（数字货币电子支付）采用发行运营双层体系，注重对M0的替代，不改变现有货币投放体系和二元账户结构，主要作为电子支付手段。央行数字货币的信用等级高于现有的数字钱包。央行数字货币是直接的国家信用背书，具有无限法偿性。中国在CBDC（中央银行数字货币）领域的探索处于世界领先地位。随着数字人民币（e-CNY）的研发和试点工作的不断推进，社会各界对于数字人民币表现出越来越大的兴趣，其中一个重要的议题便是数字人民币的发行能否促进人民币国际化程度的提升。2021年2月，香港金融管理局、泰国中央银行、阿拉伯联合酋长国中央银行及中国人民银行数字货币研究所宣布联合发起多边央行数字货币桥研究项目（m-CBDC Bridge），其目的是探索CBDC在跨境支付中的应用。在海南自由贸易港实施央行数字人民币国际化大有用武之地。

另外，在跨境资金流动自由便利制度方面的创新，国家外汇管理局印发在上海自贸试验区临港新片区等部分区域开展跨境贸易投资高水平开放试点的通知后，海南省分局及时发布试点实施细则，推动了试点落地生效；出台开展合格境外有限合伙人境内股权投资、合格境内有限合伙人境外投资试点工作暂行办法；在洋浦经济开发区开展跨国公司本外币一体化资金池业务试点。

3. 关于贯彻落实金融支持海南全面深化改革开放意见的实施方案

2020年6月，国家外汇管理局海南省分局印发了《关于开展贸易外汇收支便利化试点工作的通知》，支持符合条件的银行推荐经营稳健、业务合规、内控完善的企业，开展货物和服务贸易外汇收支便利化试点，实现银行审核从事前向事后转变，从而进一步推动贸易结算便利化，促进跨境资金流动自由便利。人民银行、银保监会、证监会、外汇局会同相关部委，于2021年3月31日印发《关于金融支持海南全面深化改革开放的意见》（银发〔2021〕84号）（以下简称《意见》）。《意见》共37项内容，除4项原则外，主要从提升人民币可兑换水平支持跨境贸易投资自由化便利化、完善海南金融市场体系等六个方面提出33项政策。《意见》的出台基本确立了金融支持海南全面深化改革开放的"四梁八柱"。

根据省委省政府工作部署，人民银行海口中心支行、省地方金融监管局、海南银保监局、海南证监局、外汇局海南省分局研究制定《关于贯彻落实金融支持海南全面深化改革开放意见的实施方案》（琼府办函〔2021〕319号，以下简称《实施方案》）。一是《实施方案》将《意见》的政策细化成89条具体政策措施，有利于各类市场主体更好地理解、运用政策，畅通政策传导，加快集聚各类资源要素，提升海南自由贸易港吸引力。二是《实施方案》明确了每条政策措施的落实责任单位，确保实施过程中形成合力，推动中央重大利好政策逐项抓好落实。三是《实施方案》明确了《意见》实施路线图，有利于金融机构增强业务创新的主动性和针对性，提高政策对接市场效率，提升金融服务水平。四是《实施方案》系统完整，注重金融政策与财政政策、产业政策、信用政策、法治环境建设等协调配合，形成合力。

《实施方案》提出89条具体措施，包括支持跨境贸易投资自由化便利化、完善海南金融市场体系、扩大海南金融业对外开放等七个方面。其中涉及银行业保险业的重要政策[1]，跨境投融资改革创新的政策[2]，金融创新的重要政策[3]以

---

[1] 2021《关于贯彻落实金融支持海南全面深化改革开放意见的实施方案》涉及金融创新的重要政策：1.争取国务院金融管理部门支持，推动全国性金融科技基础设施运营机构、金融科技子公司等落地；2.支持住房租赁领域REITs创新发展；3.支持专业化、机构化租赁住房企业发展。

[2] 2021《关于贯彻落实金融支持海南全面深化改革开放意见的实施方案》涉及跨境投融资改革创新的政策：1. QFLP（合格境外有限合伙人）按照余额管理模式自由汇出汇入资金；2. QDLP（合格境内有限合伙人）试点每年可按一定规则增发额度；3.非金融企业可适当提高跨境融资额度；4.探索开展跨境资产管理业务试点；5.探索放宽个人跨境交易政策。

[3] 《中华人民共和国海南自由贸易港法》第五十二条　海南自由贸易港内经批准的金融机构可以通过指定账户或者在特定区域经营离岸金融业务。

及投资者保护的重要政策[①]。这些政策落地以来，海南已累计办理贸易外汇收支便利化试点业务204笔，金额合计3533万美元，试点企业办理业务更加便利。一次性外债登记改革政策已为31家企业登记外债154.02亿美元，企业借用境外低成本资金更加便利。海南的境内信贷资产对外转让业务金额6.20亿美元，境内不良资产得到了有效处置。同时，境内境外资金加快集聚，自QFLP和QDLP试点至2021年9月末，共办理QFLP业务42笔、累计跨境流入4.63亿美元，引入QFLP基金管理企业12家，注册资本共计4.33亿美元。设立QFLP基金30支，注册资本共计24.54亿美元，首批落地QDLP试点企业24家，共办理QDLP业务2笔，登记金额4.3亿美元，累计跨境流出0.84亿美元。

二、海南自由贸易港跨境资金流动的国际比较

我们必须持续深化对自由贸易港金融内涵和特征的认识，海南自由贸易港金融开放创新与中国香港、新加坡、迪拜不同，与国内发达自由贸易区也不同：首先，从国家战略高度把握自贸港金融服务的内涵，海南自贸港的金融发展定位与上海、粤港澳大湾区有明显不同，是服务于实体经济发展、服务于贸易投资自由化便利化。其次，坚持金融事权在中央的原则，把握好中央和地方金融管理事权的边界，使自贸港区域金融开放创新与国家总体金融发展战略保持协调一致。第三，从经济社会实际需求出发找准金融发展定位。海南金融业发展要遵循经济金融发展客观规律，避免简单复制或照搬其他自贸港的金融模式或监管制度，导致金融发展定位与服务目标出现偏离。第四，以支持实体经济为出发点，巩固深化园区金融、普惠金融、跨境金融、绿色金融、科创金融多维创新的金融发展新格局，推动金融业高质量发展。

[①] 《中华人民共和国海南自由贸易港法》第五十一条　海南自由贸易港建立适应高水平贸易投资自由化便利化需要的跨境资金流动管理制度，分阶段开放跨境资金流动自由便利，逐步推进非金融企业外债项下完全可兑换，推动跨境贸易结算便利化，有序推进海南自由贸易港与境外资金自由便利流动。

（一）中国香港的模式

中国香港是全球第七大、亚洲第三大证券市场，香港证券市场使之成为全国最大的IPO市场和融资中心。2021年香港还是亚洲第二大、全球第四大的外汇市场，香港的保险业、基金、黄金市场、私募投资等在全球都有重要的地位。香港的资金自由流动和港币自由兑换将一如既往受到《中华人民共和国香港特别行政区基本法》（以下简称《基本法》）第112条保障。香港作为全球领先的金融中心，已经实现了跨境资金流动自由便利下的完全开放。香港实行自由汇兑制度，是亚洲地区唯一的没有离岸业务和本地业务之分的"一体化中心"，其货币市场是全球最开放的市场之一。具体表现为：投融资汇兑较为自由、资金跨境自由流动有保障。在香港开立银行户口，资金进出自由，对于国际资金流动无限制。而且也便于买卖香港交易所的各种金融产品或其他理财产品，例如购买一些内地买不到的优质股票，即便现在沪港通，香港的股票选择也更加全面。《基本法》规定香港不能实行任何资金管制，香港应该是资金流动最自由的地方，这是很明确、正确的选择，金融市场资产负债表健康程度是最高的，监管水平也是全世界最好的，只有这样配套才能保证资金的自由进出，并且也不惧怕资金波动对香港体系带来的冲击。除了让金融机构有充足的资产保证金之外，金融基建也非常稳健，香港的实时支付系统甚至是全世界最好的，花大量的工夫做这些是应对风险的重要措施。

香港特区对金融业运作的监管主要通过专门法律条例和监管机构来进行，一般采取国际监管标准，把事前风险防范作为银行监管的核心。香港鼓励银行体系的竞争和产品创新，但须与维持银行体系稳定性的目标一致。香港监管部门的监管自由度较高，一般不会受到政府的干预。同时，香港金融行业协会的作用非常突出，投资者保障机制比较完善。资金跨境自由流动有保障。香港特区对货币买卖和国际资金流动，包括外来投资者将股息或资金调回本国，都无限制。香港在1973年和1974年先后取消了外汇和黄金管制，完全开放了外汇及黄金市场。无论实行何种汇率制度，香港本地资金和境外资金均可自由进出、自由流动，这大大促进了金融业的发展。

鉴于资金跨境流动的"香港路径"已是既成事实，我们一方面对此要有明确的认识，另一方面需要关注由此带来的金融风险并提出相应的应对措施。第一，"香港路径"在一定程度上突破了内地资本管制的"防火墙"。我们认为，尽管由于内地的资本管制，资金的跨境流动受到了限制，但"香港路径"的存在，实际上在一定程度上突破了这一"防火墙"。因此，通过"香港路径"的大规模跨境资金流动，以及可能造成的对金融稳定的冲击，都需要引起我们的高度重视。第二，内地资金流向香港值得关注。内地资金流向香港（香港银行对内地是净债务），可以促进香港的繁荣。这原本是无可非议的，但作为仍然需要资金支持发展的内地需要反思：是什么因素导致了资金流出（香港只是流入地之一）。我们的分析表明，内地股市表现得差强人意，以及对人民币币值变动的预期（特别是贬值预期），都是导致资金流出的重要因素。因此，一方面，我们要规范股市发展，使其有更好的表现和更强的吸引力；另一方面，要继续推进人民币汇率形成机制改革，实现人民币汇率的双向浮动。这样投机于人民币币值单向变动的资金流动就会减少。第三，"香港路径"需要规范。通过"香港路径"的资金有正规的（即通过规范的、合法的渠道），也有非正规的，特别是上述提到的地下渠道，目前应采取疏导的方式，逐步规范"香港路径"。这一方面要求我们大力疏导和发展正规渠道（如迅速推进香港人民币业务的发展，使两地资金流动尽可能通过正规银行体系进行），另一方面，对于"地下钱庄"以及洗钱行为要坚决予以打击。此外，由于非正规金融体系是从正规金融体系的缺陷中获得成长空间，内地金融管制带来的扭曲又是导致资金通过地下渠道流出的重要原因，所以内地监管当局还要逐步采取措施矫正扭曲，以消除正规金融部门中的不足。

（二）新加坡监管模式

监管范围的确定在新加坡离岸金融中心经营的主要业务有亚洲美元短期资金业务、亚洲美元中长期信贷业务、亚洲美元存单业务、亚洲美元证券业务。1968年到1970年，新加坡离岸金融市场处于开始建设的阶段，新加坡政府在1968年取消了非居民持有外汇存款的利息预扣税和亚洲美元市场的外汇管制，同时因为这段时间新加坡亚洲货币单位存款的起点较低吸引了很多的小客户，这为本地小额的美元持有者提供了良好的投资场所，许多美元及其他货币的借款人和出借人都被其吸引至新加坡，使得新加坡逐渐成为亚洲市场的核心。

1971年到1975年期间，新加坡政府出台了一系列的金融法规和管理制度，新加坡离岸金融市场的发展进入了一个新阶段，1971年新加坡当局批准了第一笔亚洲美元债券的发行，从此新加坡离岸金融资金市场开始发展。1972年新加坡当局废除了大额可转让存单、亚洲美元贷款合同及有关文件的印花税，废除了亚洲美元经营单位必须将流动准备金保持18的水平以及将与负债总额相等的现金无息存放在金融管理局的规定，并于1972年开始尝试国际银团贷款业务，在1973年第一次允许居民开立亚洲美元单位账户。1978年全面开放外汇市场，取消外汇管制，成为仅次于伦敦、纽约、东京的世界第四大外汇交易中心，实际上，新加坡各大银行都可以开立多币种账户，资金自由进出，自由兑换，无任何管制。1976年到1980年这段时间，新加坡深化金融领域的改革，新加坡离岸金融市场也步入成熟阶段。

新加坡金融管理局（MAS）作为支付体系的监管主体，MAS负责制定或推动出台支付领域相关监管政策、产业实践和原则，以推动金融服务市场稳健发展，促进经济持续增长。通过为商业银行开立结算账户，MAS是新加坡商业银行的结算代理机构。MAS负责建设、运营新加坡大额支付系统MEPS，监督支票和银行间转账系统（IBG）等支付系统运营，监管多用途储值工具等。除了直接监管之外，MAS也可以通过商业银行间接监督其他类型的支付业务。2017年8月，MAS宣布设立支付委员会（Payment Council），由来自商业银行、支付机构、相关企业和行业协会等20名机构代表组成。委员会将进一步推动新加坡"电子支付社会"愿景的实现。新加坡根据1979年颁布的《货币兑换和汇款业务法》（MCRBA）监管各类支付服务和2006年颁布的《支付体系监督法》来监管电子支付服务。随着支付创新的演进发展，新兴支付工具和业务模式使PS（O）A和MCRBA两项法案所调整的业务边界日益模糊。从2016年开始，MAS开始着手对现有监管框架进行调整。2017年11月，MAS在拟定支付框架（PPF）的基础上，提出制定新的统一支付立法——《支付服务法案》（Payment Service Bill，PSB）来对资金进出自由之支付进行监督管理，2019年1月14日，《支付服务法案》通过新加坡国会审议，已被正式立法。而"牌照制度"则是为了更好地顺应市场灵活性而设置的监管框架，其中共设有三类牌照："货币兑换"牌照，"标准支付机构"牌照和"大型支付机构"牌照。这一制度将开户服务、境内转账服务、跨境转账服务、商业采购服务、电子支付服务、支付型代币相关服务、货币兑换服务七种业务纳入监管范围,致力于减小这些业务存在的风险。

(三)迪拜的做法

迪拜的资金进出自由监管经验值得借鉴。一方面,迪拜通过"城中之城"金融制度保障资金有效运转:货币自由兑换和出境、资金市场完全对外开放。迪拜有非常独特的金融制度架构,有三个独立的体系支撑金融中心的有机运行:迪拜金融服务局是一个独立的监管机构,中心采用一套完全独立的国际化监管体制,在监管方面做到完全独立,而且始终保持国际化水平;金融中心法院是一个独立的仲裁机构,主要针对国际金融中心,严格遵从英国法制体系,帮助区内企业解决纠纷;国际金融中心管理局负责制定整个中心的发展规划,提升金融中心内部的软环境建设。三个机构组成一个整体系统,保障中心有效运转,在全球金融市场保持独特竞争优势。迪拜实行严格的金融监管。迪拜对于反洗钱的监管力度非常大,十分重视对账户持有人的审查,不仅要求金融机构实行账户实名制,了解账户的实际控制人和交易的实际收益人,还要求对客户的身份、常住地址或企业所从事的业务进行充分的了解,构建了良好的反洗钱与预防腐败的金融监管制度基础及金融生态。

阿联酋政府早在设立自由区之初,即于联邦和地方层面分别完成了修法、创法工作,将涉及金融、税收等国家层面的立法事项通过授权立法的方式授予地方,同时通过设立迪拜国际金融中心法院、引入伦敦国际仲裁院等方式建立起多元化的国际商事争端解决机制,为迪拜自由贸易区的可持续发展打牢了法治根基。阿联酋先后通过两项联邦法令为迪拜建立自由贸易区提供上位法的支持和保障,通过三项地方立法确立金融自由贸易区具体的法律框架和司法体系。二是着眼于自由贸易区的长远发展需求,突出顶层制度的前瞻性和可预见性,及时修法以有效因应由制度创新空间拓展而产生的法律困境。三是注重本地立法、司法与国际通行规则的对接。迪拜在自由贸易区内取消股比限制,放松外汇管制,推行税收优惠,同时建立了多元化的争端解决机制并适用英美法规则。

海南自由贸易港要充分发挥优势服务人民币国际化,并进一步实现跨境资金流动完全自由便利。海南自由贸易港要充分发挥金融先行开放的优势，着力破解人民币跨境投融资的难点和堵点，通过提升人民币跨境支付便利度、创新人民币跨境投融资产品、优化投融资汇兑管理等手段，促进海南自由贸易港人民币跨境投融资稳步提升。海南自由贸易港打造国内国际双循环的重要交汇点，要充分利用跨境资金自由流动的优势，扩大自贸港人民币跨境使用和双向流动，推动形成人民币境内外投融资循环圈，将自身打造成为"引进来、走出去"的投资母港及联结"一带一路"的融资平台。

三、跨境资金流动自由便利的国际实践及对海南自由贸易港金融创新的启示

《海南自由贸易港建设总体方案》明确，2025年前适时启动全岛封关运作。金融业应以全岛封关运作为契机，聚焦贸易投资自由化便利化，服务"'一线'放开、'二线'管住""零关税、低税率、简税制"的新的经济发展模式，以制度创新为核心构建自贸港金融开放总体框架，构建适应国内通用金融制度和特色跨境金融制度的自贸港金融制度体系。

近年来中国坚持自主有序地扩大金融业开放，力度大、覆盖广，取得了突破性进展。外商投资准入前国民待遇+负面清单管理制度基本建立，银行、证券、基金管理、期货、人身险领域的外资持股比例限制已经完全取消，业务范围也大幅度放宽。2022年1月1日，区域全面经济伙伴关系协定（RCEP）正式生效，RCEP引入了新金融服务、信息转移和处理等条款。通过签署RCEP，中国首次在与其他国家签订的自贸协定中纳入了上述条款，条款的最终内容既融合了中国实践与中国方案，也为全球自贸协定实践提供了典型范本。RCEP规定了按照内外一致原则允许外资提供新型金融服务，强调外资申请提供新金融服务应遵守东道国相关许可、机构或法律形式要求，在鼓励金融创新的同时拓宽了金融监管部门的政策空间，有利于及时监测防范新金融服务可能引发的风险。在国内相关制度不断完善的基础上，在区域和双边自贸协定当中，中国金融业开放承诺也逐步转向负面清单模式。区域全面经济伙伴关系RCEP当中的金融服务将在协议生效6年之内转为负面清单管理模式，而日本、韩国、澳大

利亚、新加坡、印度尼西亚、马来西亚、文莱七个缔约方在协定生效后立即采用负面清单方式承诺。中欧投资协定当中的金融服务采用正面清单和负面清单混合的管理模式。负面清单是既有利于高水平开放又有利于风险防控的模式，就开放而言，正面清单模式容易出现开放的碎片化，而负面清单模式提高了开放的系统性和制度性，增强了政策的透明度和可预测性，更能够激发市场的活力。就风险防控而言，负面清单模式可以将暂不适合开放的领域放入负面清单，保持政策制定的自主权和灵活性，从而有效地维护经济金融安全。RCEP区域内7家离岸人民币清算行要发挥推动人民币国际化关键性作用，全力促进中国与RCEP其他成员国的贸易投资往来，扩大双边本币结算范围，推进人民币国际使用。

我国目前正在申请加入CPTPP，金融服务规则在CPTPP中单独成章，凸显了新一代自由贸易协定对金融服务市场开放的重视。金融服务章节为CPTPP第11章，包含正文、附件和负面清单（CPTPP协定的附件Ⅲ）三个部分。金融服务章节的附件和负面清单表明，CPTPP在推动金融业开放和非歧视待遇的同时，还为各国政府对金融业实施审慎监管留下了合理空间。总体而言，WTO《服务贸易总协定》（GATS）和《区域全面经济伙伴关系协定》（RCEP）的金融服务规则在开放范围和水平上不及CPTPP。正文共22条规则，大体可分为五类：一是定义、范围等适用性规则；二是国民待遇、最惠国待遇、市场准入、跨境贸易等约束性规则；三是例外和不符措施等约束性规则的例外；四是透明度、金融服务委员会、磋商、金融服务的投资争端等机制性或程序性规则；五是后台办公功能的行使和信息的转移等金融服务跨境提供相关的其他规则。关于跨境贸易，CPTPP要求针对成员在附件11-A中以正面清单列明的跨境金融服务，各成员应给予其他成员的跨境金融服务提供者国民待遇。但可出于审慎目的，要求其他成员的跨境金融服务提供者或金融工具注册或获得授权。此外，成员国的居民，不管身处本国、其他成员国或非成员国，都可向跨境金融服务提供者购买服务。但履行上述义务并不要求成员允许跨境金融服务提供者在本国从事经营或招揽业务。

CPTPP金融服务章节适用于金融机构、投资者及其在金融机构的投资，以及跨境金融服务贸易。CPTPP明确将跨境金融服务贸易定义为：自一成员领土内向另一成员领土提供服务、在一成员领土内向另一成员的人提供服务，或由一成员的国民在另一成员领土内提供服务，金融服务负面清单是CPTPP的附件Ⅲ，即金融服务不符措施减让表，包括列入A节的90条现行不符措施和列入B节的51条未来不符措施两部分。现行不符措施主要包括为维护金融稳定、开展审慎监管采取的措施，以及限制高管或董事会国籍或居住地等。未来不符措施主要包括对具有公共服务目的的金融服务提供优惠待遇、对土著居民等弱势群体给予优惠待遇、保留对具有战略重要性的其他贸易伙伴实行更优惠政策的权利等。CPTPP成员普遍使用的不符措施（负面清单）包括以下几类：为维护金融稳定采取的措施；为有公共服务目的的金融服务提供优惠待遇；为土著居民等弱势群体提供优惠待遇；限制高管国籍；保留对具有战略重要性的其他贸易伙伴（如澳大利亚和新西兰之间、东盟国家之间等）实行更优惠政策的权利；保留继续实行符合GATS规定措施的权利。在此基础上，各成员根据自己的金融业对外开放、资本项目可兑换、国有金融机构占比、汇兑管制等情况引入了其他不符措施。由此可见，CPTPP的负面清单最少，而且规定十分明确，因此是开放水平最高的区域协定书。

（一）海南自由贸易港跨境资金流动自由便利的目标

按照《海南自由贸易港建设总体方案》发展战略，《海南自由贸易港法》的具体规定，强调海南自由贸易港跨境资金流动自由便利的开放必须与海南自由贸易港经济发展阶段、发展水平相适应，与宏观经济政策相配套。跨境资金流动自由便利是国际经济发展的必然趋势，是自由贸易港持续开放的必然要求。我们认为跨境资金流动自由便利应遵循如下总体目标：按照海南自由贸易港经济发展战略，推进外汇管理体制改革，建立跨境资金流动自由便利管理的市场化调节机制，实现跨境资金流动自由便利管理由直接手段向间接手段转变，发挥汇率、利率等价格杠杆的作用，加强资金流出入的均衡管理，有序、渐进、可控地推进海南自由贸易港跨境资金流动自由便利开放。

推进外汇管理体制改革的核心内容，就是要建立市场经济运行体系下的外汇管理市场化调节机制。实现跨境资金流动自由便利管理由直接手段向间接手段的转变，就是要减少并逐步取消行政审批和数量控制方式，更多地运用显性税收或类似税收的方式，运用托宾税、无补偿准备金制度等经济手段，对资金流动进行管理。发挥汇率、利率等价格杠杆的作用，就是要进一步推进汇率形成机制改革，在短期实行以市场为基础的、参考一篮子货币进行调节的、有管理的浮动汇率制度，最终过渡到汇率独立自由浮动制度。加快利率市场化步伐，把利率作为一个连接国内外资金市场的价格工具，并配合汇率工具影响资金流动的速度与方向。加强资金流出入的均衡管理，就是要改变长期以来海南自由贸易港跨境资金流动自由便利管理乃至整个外汇管理"鼓励流入、限制流出"的奖入罚出政策，根据发展海南自由贸易港经济起飞阶段，资金流动管理方式要从"重流出管理"转向"流出入均衡管理"，甚至在短期内要以流入管理为主。有序、渐进、可控地推进海南自由贸易港跨境资金流动自由便利，就是决定跨境资金流动自由便利下各子项之间谁先开放谁后开放，每个项目的进与出，是先开放资金流出后开放资金流入，还是先开放资金流入后开放资金流出的问题，对此，我们均要作出有序的安排。在跨境资金流动自由便利的进程上要逐步渐进地推进，跨境资金流动自由便利的风险必须是可控的。

（二）海南自由贸易港跨境资金流动自由便利模式的选择

海南自由贸易港跨境资金流动自由便利模式的选择应考虑以下因素：首先确保宏观经济稳定，维持投资者信心，从而使资金持续、更多地进入国际资金市场；其次采取适宜的政策和风险管理策略，鼓励资金流向长期投资领域，并确保经济长期增长的目标；最后通过自我保险和接入国际标准，设计适宜的安全保障措施，来增加面对风险的弹性。

为实现上述海南自由贸易港跨境资金流动自由便利的总体目标，我们认为海南自由贸易港跨境资金流动自由便利开放应选择渐进开放模式。主要理由有以下四点。

1. 从世界各国跨境资金流动自由便利的经验看，海南自由贸易港跨境资金流动自由便利应选择渐进开放模式。国际上大多数已经实现跨境资金流动自由便利自由化的国家，包括西方大多数发达国家，其推进跨境资金流动自由便利的路径是渐进式的。经济大国与经济小国相比，经济大国在推进跨境资金流动自由便利的路径选择上采用渐进模式的更多。因此，海南自由贸易港的跨境资金流动自由便利模式不能选择激进式。

2. 从海南自由贸易港经济改革转型的路径看，海南自由贸易港跨境资金流动自由便利应选择渐进开放模式。海南自由贸易港建设的改革开放选择的模式就是渐进式，在由计划经济体制向市场经济转轨的过程中，海南自由贸易港均采用帕累托式的渐进改革路线，包括价格体制改革、物资体制改革、商业体制改革、粮食体制改革、金融体制改革、投融资体制改革、外贸体制改革等，其改革模式在海南自由贸易港改革的实践中证明是正确的和有效的。外汇体制改革是海南自由贸易港经济体制改革的一部分，从经常项目可兑换到汇率形成机制改革，直至当前的跨境资金流动自由便利改革，其进程受整体经济体制改革的制约。所以，海南自由贸易港跨境资金流动自由便利应选择渐进开放模式。

3. 从跨境资金流动自由便利的外部环境看，海南自由贸易港跨境资金流动自由便利应选择渐进开放模式。目前海南自由贸易港宏观经济稳定，整体经济快速增长，财政赤字与GDP的比例严格控制；汇率形成机制逐步完善，浮动幅度放宽。但是，海南自由贸易港还缺乏一个成熟高效、功能完善的外汇市场，汇率并不是真正由市场机制形成，有管理的浮动汇率仍带有强烈的行政干预色彩；金融监管体系不够健全，金融机构的经营管理水平较低，资产质量不高，国际竞争力低，抗风险能力较弱。此外，海南自由贸易港资金流动的监测制度、金融危机的预警体系，以及跨境资金流动自由便利相关的法律法规体系尚未真正形成，因此非常有必要尽快完善这些监管体制机制和法律制度。

4. 从数字人民币国际化之跨境资金流动自由便利看，在海南自由贸易港试行央行数字人民币跨境支付最为便利。2021年9月2日，多个国家的中央银行，将测试使用不同央行发行的数字货币跨境支付，从而评估这种方式能否使跨境交易结算更便捷、成本更低。澳大利亚储备银行、马来西亚国家银行、新加坡金融管理局、南非储备银行和主导这一项目的国际清算银行创新中心当天宣布这一消息。马来西亚国家银行行长助理弗拉齐亚利·伊斯梅尔在声明中说，这一"多种央行数字货币共享平台"有可能为打造"更高效的国际结算平台"奠定基础。国际清算银行说，这一平台将允许金融机构之间使用参与国央行发行的数字货币直接交易，省去中介机构参与，节省交易时长和成本。由此可见，海南自由贸易港跨境资金流动自由便利的支付基础设施平台依托央行数字货币支付平台方式进行最为快捷便利，也能够有效进行各种风险防范。

国际清算银行说，上述测试的结果预计2022年年初公布，供今后开发全球和地区数字货币交易平台参考。全球多国央行对数字货币的兴趣渐增。国际清算银行对各国央行开展的一项调查结果显示，86%的央行正在积极研究央行数字货币的发展潜力，60%正在测试相关技术，14%正在部署试点项目。泰国中央银行于2021年8月表示，计划2022年第二季度测试向公众零售央行数字货币。美国媒体2021年8月报道，美国联邦储备委员会主席杰罗姆·鲍威尔仍在就是否推出数字美元权衡利弊。韩国中央银行韩国银行2021年5月说，将公开招标一家技术供应商，为央行数字货币搭建试点平台。

2015年由中国人民银行组织研究设计，2020年在国内大规模推广实施的央行数字货币，在构建具有世界影响力的最大最开放的自由贸易港在跨境支付中先行先试用数字货币进行支付具有重大意义。因此，海南自由贸易港跨境资金流动自由便利的基础条件尤其是跨境电子资金围网及其相关监管体制机制建设距离要求仍然有一定的差距，跨境资金流动自由便利的开放只能逐步、渐进地向前推进。因此海南自由贸易港应推动以数字货币为代表的金融科技在跨境金融服务中的应用。可以利用数字货币、区块链、大数据等金融科技，特别是发挥全域试点数字人民币的优势，探索数字人民币跨境金融服务功能，配套完善的金融基础设施和制度，推动建立跨境资金调拨、结算及外汇交易等数字货币应用场景，在降低跨境支付成本的同时提升跨境支付效率和透明度，实现跨境资金交易的可留痕、可追溯和可监管，助推新型离岸国际贸易等业务发展。中国央行数字货币开发已经走在世界前列，RCEP成员国中的日本、韩国、澳大利亚、新西兰以及新加坡、泰国等东盟国家都在积极研讨数字货币可行性，未来我国与RCEP成员在此领域的合作也将日益深化。在金融科技应用、数字普惠金融、区块链金融等领域，我国金融行业与RCEP成员合作也将面临更多的发展机遇，可见海南自由贸易港通过央行数字货币进行跨境资金流动自由便利实施不仅有利于支付基础设施建设，而且对构造海南自由贸易港作为国际和国内经济大循环交通枢纽具有重大帮助。

（三）海南自由贸易港跨境资金流动自由便利的顺序

海南自由贸易港跨境资金流动自由便利的推进次序既要借鉴世界各国跨境资金流动自由便利开放的经验，又要根据海南自由贸易港跨境资金流动自由便利管理的实际情况,坚持风险可控、经济实惠、先试后推的原则,合理安排跨境资金流动自由便利流向、长短期限、交易项目和开放的先后次序。

1. 从资金流向上看:海南自由贸易港要实行逆向开放策略,加快放松资金流出的管制。国际上一般次序是正向开放策略,即先开放资金流入,后开放资金流出。海南自由贸易港跨境资金流动自由便利的管理政策基本上遵循国际上开放的一般次序,优先放松或开放资金流入,对资金流出的限制比较严格。在海南自由贸易港跨境资金流动自由便利管理的实践中,这种正向开放次序被证明在跨境资金自由便利开放的初期是有效的,鼓励资金流入的政策可以克服海南自由贸易港经济建设资金的短缺,有效利用国际资金来发展经济,为海南自由贸易港经济的腾飞以及成功抵御类似1997年的亚洲金融危机作出积极贡献。但是随着海南自由贸易港改革开放向更深层次推进,跨境资金流动自由便利开放步伐不断加快,这种跨境资金流动自由便利正向开放策略的弊端将越来越显示出来:(1)不利于海南自由贸易港经济进一步对外开放,阻碍海南自由贸易港发展战略;(2)不利于遏制国际短期资金的大量流入,导致海南自由贸易港国际收支巨额顺差的压力;(3)不利于海南自由贸易港金融体制改革,制约金融市场的发展。这种正向开放次序策略,是造成海南自由贸易港当前这种外汇收支严峻局面的重要原因,从外汇管理政策的层面剖析,目前主要有两方面失误:第一,鼓励外汇流入,限制流出,"奖入罚出"的政策落差过大。应该说正向激励政策对于一个外汇长期短缺的国家来说是对的,也符合国际通行的做法,但问题出在这种政策的鼓励和限制的落差过大,形成极大的政策能量(势能),导致外汇资金单向流入过猛。第二,"奖入罚出"的政策调整迟缓,不能与时俱进。鼓励和限制落差过大的政策在初期是非常有效的,但后来这种单极政策与宏观经济的运行要求及海南自由贸易港跨境资金流动自由便利严重背离。这种政策不但没有得到及时调整和修正,而且在有些方面还不断强化,政策长期强化的结果,致使内外不均衡加剧。时至今日正向激励政策仍没有得到根本改变,其深层原因是体制性的。较长时期以来,国内的经济理论界和政府有关部门,更多的争论是在跨境资金流动自由便利的纵向推进速度和横向开放子项上。关于跨境资金流动自由便利的纵向推进速度和横向开放项目的拓展,大多数学者和实际工作者主张加快推进开放步伐,进一步放松资金项目的各个子项目。近年来,海南自由贸易港对跨境资金流动自由便利流动方向的问题更为关注，海南自由贸易港跨境资金流动自由便利的次序，从正向开放转为逆向开放的策略已经基本达成共识。实际上，有少数发展中国家在跨境资金流动自由便利开放的推进次序上，运用逆向开放策略取得了成功。如印度尼西亚很早就取消了资金流出的限制，但对资金流入的限制是逐渐放开的；匈牙利在国内储蓄率较低、资金短缺的情况下，取消了境内企业对外投资、贸易信贷和个人海外投资等资金流出的限制，显示了政府的信心和政策的稳定，增强了外国投资者的信心，这反过来促进了资金流入。我们认为，海南自由贸易港经济已经由改革开放的初始起飞期逐步向持续平稳发展期过渡，岛内资金资源已经由短缺逐步转向宽裕。现行正向开放策略的任何组合只可能进一步加剧跨境资金净流入，扩大宏观经济的内外均衡关系。因此，在安排海南跨境资金流动自由便利的内在次序时，我们必须转变管理思路，实行从"奖入罚出"转向"限入输出"的逆向开放路径。现阶段海南自由贸易港要优先放松资金流出管制，再考虑进一步放松资金流入管制。积极鼓励境内经济主体参与国际市场竞争，到海外投资，以疏导资金流出，缓解收支顺差的压力。

2. 从资金长短期限上看：海南自由贸易港应先放宽长期资金流动管制，后放宽短期资金流动管制，加快放松对短期资金流动特别是流出的管制。一是实施放松长期资金流动管制政策，改进长期资金的流入结构。长期以来，由于建设资金短缺，海南自由贸易港对外商直接投资流入基本没有管制，在政策导向上还鼓励外资投向岛内重点发展行业、基础产业等领域，并享受超国民政策待遇。但由于岛内重点产业领域往往具有一定的自然垄断特征，且投资规模大，岛内中小企业难以进入，目前外资已在逐步控制海南自由贸易港的重要工业、制造业和涉及国计民生的基础产业，而且在局部领域已形成外资寡头的垄断。因此，海南自由贸易港这种政策导向必须调整，海南自由贸易港要适当限制外商直接投资岛内重点发展行业、基础产业的规模和比例，引导外资投向市场竞争充分的一般产业。二是要适度放松对短期资金流动的管制。适度引导国际短期资金参与海南自由贸易港资金市场、外汇市场和货币市场交易，由于交易工具和手段的多样化，原来以长期资本交易为主的资金市场、股票市场现在也已是短期资金交易的天堂。尽管国际短期资金对经济的冲击不可低估，但短期资金的投机可以活跃岛内市场，有利于海南自由贸易港市场的发育、市场制度和交易规则的完善。我们要进一步扩大境外合格机构投资者（QFII）的投资规模,并允许非居民其他法人和个人参与国内市场交易,但要严格控制"热钱"即跨境套利流入的风险。三是特别要加快放开境内短期资金流出的限制。目前企业对海外直接投资的政策比较宽松,境内短期资金投资国外资金市场、外汇市场和货币市场的管制较严。这种政策有必要调整,应放松短期资金流出的限制,开放对外货币信贷、贸易融资业务,推动境内资金以境内合格机构投资者(QDII)的形式参与国际市场,鼓励境内机构和居民个人对境外的投资投机活动。

3. 从资金交易兑换关系看:在短时期内,海南自由贸易港应先开放货币兑换环节,后开放资金交易环节;从长期看,资金交易和货币兑换环节应同步开放。国际上一般的开放次序是:先开放资金交易环节,后开放货币兑换环节。海南自由贸易港现行对跨境资金流动自由便利的管制核心在两个环节,即资金交易环节和完成交易后的本外币兑换环节。比较现行对资金交易与兑换两个环节的管制政策,可以发现海南自由贸易港对资本项下的货币兑换管制严于对资金交易流动的管制,而且在通常情况下,资金项下的货币兑换审批后置。由于在改革开放前直至改革开放后的较长的一段时期,海南自由贸易港面临外汇短缺的压力,海南自由贸易港的外汇管理政策取向:在资金流向上,体现为鼓励流入限制流出;在兑换环节上,体现为强制结售汇制,企业创汇必须通过银行结汇卖给国家,非经批准不能留成外汇自用,企业需要外汇须经申请批准后方可向银行购买。海南自由贸易港实行经常项目可兑换后,企业贸易进口项下的售汇完全放开,其他经常项目下的结售汇限制也渐渐放开。但是在资金项下仍然实行严格的强制结售汇制,每笔资金兑换业务都必须经过审批。这种严厉的强制结售汇制度,致使海南自由贸易港的绝大部分外汇集中在国家手里,形成过量的外汇储备,进而造成外汇管理和经营的风险。鉴于上述现状,海南自由贸易港应对资金交易和兑换环节的管制政策进行逆向调整,在短时期内,开放货币兑换环节,放松资金兑换环节的审批政策。从强制结售汇制度逐步过渡到意愿结售汇制度;从原来严格控制人民币兑换外汇转向鼓励人民币兑换外汇;从国家外汇储备为主转向海南自由贸易港、企业、居民个人多元储备的格局,以防范外汇管理和经营的风险。从长期来看,应遵循资金交易和货币兑换环节同步开放的顺序,对资金交易的管制开放到哪里,对货币兑换的管制也就开放到哪里。

4. 从资金交易主体看：要区分两个层次：第一，区分居民和非居民交易。先开放居民在国外的交易，后开放非居民在国内的交易。目前，海南自由贸易港经济金融对外开放度较高，在资金交易领域表现为非居民在国内市场的准入和交易比较容易，居民在国外的交易和资金流出管制相对较严。海南自由贸易港这种歧视居民的不对称管制政策也必须逆向调整，理由如下：一是随着海南自由贸易港经济的快速发展，居民积累了较充裕的财富和资金，参与国外资金投资具备一定的物质条件；二是相比非居民在岛内的交易，居民在国外的交易规模仍然很有限，短期内对资金流动的影响不大；三是居民在国外的投资行为，除资金流出环节受海南自由贸易港管制约束外，主要受到国外法规的约束，交易发生在国外，与海南自由贸易港经济形势的关联度较小，而非居民资金的大量流入以及其在国内的投机活动，给海南自由贸易港的宏观经济运行带来很大的风险。所以，现在是加快开放居民在国外资金交易的时候。第二，区分金融机构、非金融机构和居民个人的交易。要根据交易主体参与资金交易活动的内容，分别安排开放次序：如果是参与金融交易活动，应先开放金融机构的交易，后开放非金融机构和居民个人的交易。这是因为金融交易的风险大、对风险管理控制的要求高，与非金融机构和居民个人相比，金融机构对金融交易具有较丰富的知识和经验，能熟练运用金融工具，风险管理机制比较健全，风险控制能力较强。如果是参与非金融交易活动，例如直接投资、贸易信贷等与实体经济相关的资金交易活动，应先开放非金融机构和居民个人的交易，后开放金融机构的交易。这是因为在实体经济领域，主要是非金融企业和居民个人的投资领域，经过多年的现代企业制度建设和股份制改造，大多数企业产权比较明晰，作为市场主体的风险意识较强，经营管理能力在不断提高。此外，非金融企业和居民个人资金交易的规模不大，其资金管制放开后对整体经济影响有限。当然，在非金融机构中，应先放开对私营企业的资金管制，对产权制度不明晰的国有企业资金交易仍要进行限制。

5. 从资金交易背景看：海南自由贸易港应先开放有真实交易背景的资金交易，后开放无真实交易背景的资金交易。资金项下有真实交易背景的交易，包括直接投资活动、企业生产经营需要的国外借款、债券融资、股票发行以及与贸易活动相关的贸易融资，我们应优先放开。对无真实交易背景的资金交易，包括在股市、汇市、债市等二级市场上进行的实盘交易，以及运用金融衍生产品进行的虚盘交易，其交易风险大，对此类资金交易要加强风险控制，不能快速开放，要成熟一项放开一项。特别是期货期权等具有高杠杆效应的金融衍生交易，其风险极大，对境内机构在国外市场进行金融衍生交易要先"试水"，在健全风险管理制度、具备风险控制能力的基础上，再逐步放松管制。对境外的投资资金、对冲基金等"高杠杆机构"，在海南自由贸易港市场进行金融衍生交易时，海南自由贸易港要严格限制、严格监控。由于国外高杠杆机构的投机性强、资金实力雄厚、交易手段先进，对一国经济的冲击非常大，世界大多数发展中国家发生的金融危机都是由"高杠杆机构"投机攻击所致，因此，金融衍生交易必须在最后放开。

通过对世界各国跨境资金流动自由便利模式的讨论，它们的经验与教训对海南自由贸易港跨境资金流动自由便利具有重要的借鉴意义。海南自由贸易港跨境资金流动自由便利应继续遵循审慎、渐进的开放模式。海南自由贸易港的跨境资金流动自由便利选择渐进开放模式是符合海南实际的，而且多数发展中国家的实践证明它们是成功的。而苏联曾对跨境资金流动自由便利开放采用激进式"休克疗法"导致资本大量流出、资产被国内金融寡头控制为海南自由贸易港提供了一个反面教材。海南自由贸易港跨境资金流动自由便利要与经济金融改革措施相配套，积极推进综合改革。把放开资金管制作为更大范围的一揽子改革的组成部分来实施，会增强这些变革的可靠性。一个领域的开放措施同样可以创造另一个领域进一步改革的动力。开放跨境资金流动自由便利的有效性有赖于一个职能健全的行政管理，包括中央银行负责资金管制与开放政策的实施。在跨境资金流动自由便利不断向深层次推进的关键阶段，海南自由贸易港面临的问题和困难越来越多，统筹规划与部门协调的任务日益繁重，印度成立跨境资金流动自由便利自由化专家委员会，专门负责跨境资金流动自由便利自由化工作，这种做法值得我们借鉴。监管部门和金融机构都需要加强其风险管理能力。在资金管制放松的环境中，金融风险出现的机会将越来越多，金融机构也将丧失从前可能享有的经济红利。因此，我们必须确保有关审慎做法和标准，包括强调金融机构的风险管理能力、风险披露以及市场约束。要尽快改善海南自由贸易港金融资产质量，提高海南自由贸易港银行业的竞争力。

在跨境资金流动自由便利的自由化过程中，海南自由贸易港仍须加强对资金流动的监测和引导。与其他经历过危机的国家相比，海南自由贸易港的经济是安全的，目前海南自由贸易港资金流动平稳增长，经常项目持续顺差，外汇储备保持在很高的水平，但是海南自由贸易港银行系统还很脆弱，当前短期对外债务占总外债的比例在45%以上，大大突破了国际安全线25%的标准，因此，我们必须时刻予以警惕。

四、海南自由贸易港的跨境资金流动自由便利立法展望

党的二十大报告指出，"稳步扩大规则、规制、管理、标准等制度型开放""加快建设海南自由贸易港"。这就要求海南在金融领域深化开放创新，构建与自由贸易港建设相适应的金融法律体系。在RCEP生效实施过程中，中国金融业规则制度型开放将迈出新步伐。一方面，通过实现上述承诺，落实银行业保险业对外开放措施，有助于在法律法规层面完善外资准入等金融业涉外规则，形成与国际通行规则相衔接的基本制度体系；另一方面，通过认真履行RCEP规定的透明度、国民待遇、市场准入、自律组织等条款义务，有助于在监管实践层面对接国际高标准经贸规则，进一步优化外资监管环境，促进规则和制度开放，因此海南自由贸易港金融开放应该在中国加入RCEP的金融承诺基础上实施更加开放与创新。RCEP实施生效后，区域内经贸关系将日益紧密，消费市场不断升级扩容有助于通过对外贸易规模的扩大降低人民币在国际交易和结算中的成本，培育人民币真实需求、增强人民币计价功能，稳步推动人民币国际化，同时也有助于提高中国金融业的国际影响力，更加有利于海南自由贸易港跨境资金流动自由便利的实施。

（一）2023年重点研究制定海南自由贸易港家族信托管理条例

海南自由贸易港建设将加快推进，需要发挥海南的本地优势，加强政策信息跟踪和沟通，推进与当地政府、企业建立战略合作关系，统筹当地资源，为信托公司深入参与海南自由贸易港建设提供坚实的客户基础。同时，海南可以围绕自由贸易港发展规划，明确发展方向，建设特色化区域总部。加强海南自由贸易港建设综合保障措施立法，海南自由贸易港具有改革试验田的重要意义，信托公司可以利用此方面的政策利好，在监管部门的支持下，在海南自由

贸易港探索信托业务的创新发展，诸如REITs、家族信托、跨境资产管理等，实现创新业务的孵化，培育新的业务增长点，助推公司转型。随着俄乌冲突爆发以及中美战略博弈加剧，结合信托公司优势建立海南自由贸易港一揽子服务方案并尽快制定海南自由贸易港家族信托管理条例已成当务之急，不仅有利于保护我国境外资产的回流，而且有利于解决海南自由贸易港金融创新和资金缺乏的问题。同时，信托公司可以结合资源和业务优势，有针对性地制定支持海南自由贸易港金融服务方案。第一，针对房地产、基础设施建设提供综合化服务方案。房地产、基础设施传统业务领域，可针对此领域制定信托贷款、股权投资、资产证券化等不同形式的信托服务方案，夯实信托公司在海南乃至粤港澳大湾区的辐射和市场竞争力。第二，为新兴产业提供综合金融服务方案，海南自由贸易港将大力发展旅游、现代服务、信息科技等新兴产业，针对此类业务可以探索提供产业基金、PE、投贷联动、供应链金融等形式的信托服务，形成特色化的产业金融服务方案。第三，探索消费信托、环境保护慈善信托、绿色信托的服务方案。利用信托公司在消费信托、慈善信托、绿色信托等业务领域的优势，结合海南自由贸易港建设需求，提供相关金融服务。

（二）海南设立国际能源、航运、大宗商品、产权、股权、碳排放权等国际交易场所及制定其监督管理条例

2018年4月13日，习近平总书记在庆祝海南建省办经济特区30周年大会上发表重要讲话，明确指出："要强化改革举措系统集成，科学配置各方面资源，加快推进城乡融合发展体制机制、人才体制、财税金融体制、收入分配制度、国有企业等方面的改革，支持海南设立国际能源、航运、大宗商品、产权、股权、碳排放权等交易场所，形成更加成熟更加定型的制度体系。"2018年4月14日，《中共中央 国务院关于支持海南全面深化改革开放的指导意见》也明确指出："支持依法合规在海南设立国际能源、航运、大宗商品、产权、股权、碳排放权等交易场所。"习近平总书记发表"4·13"重要讲话至今已四年多，但海南在设立这些离岸国际交易场所方面仍缺乏实质性进展。如何建立国际能源、航运、大宗商品、产权、股权、期货交易、国际数据交易所等国际离岸交易场所，交易所利用央行数字人民币货币结算进行全天候24小时电子交

易，有利于我国促进人民币国际化和进一步获取国际大宗商品交易等交易商品的定价权和话语权，有利于我国在全球范围内以最低价格调配资源和能源，以及制定其监管法律已经成为当务之急。单就离岸国际大宗商品电子交易所来说，据海关统计，2021年，以美元计价，我国进出口规模达到6.05万亿美元，比2020年增长21.4%。在2013年首次达到4万亿美元的8年后，年内跨过5万亿、6万亿美元两大台阶，达到历史高点。这一年的外贸增量达到1.4万亿美元，相当于2005年全年的规模。1990—2017年，我国对几类主要大宗商品的消费量全球占比总体均呈上升趋势。2017年，我国成为世界第一大煤炭及钢铁消费大国。根据海关总署数据，2021年1—12月我国累计进口铁矿石112431.5万吨，均价102.6美元/吨，我国铁矿石进口额达1.2万亿元，由于我国主要大宗商品产量受资源制约，随着我国经济的发展，其贸易逆差也将持续增长，我国大宗商品进口量大且对外依存度较高，易受国际价格及汇率波动影响，最新数据显示，2021年前三季度，我国铁矿砂、原油、铜、天然气、大豆进口均价同比分别上涨67.5%、32.8%、37.9%、5.1%和29.4%。因此，协调进出口贸易和供需平衡问题成为大宗商品市场平稳发展的关键，而建立在人民币国际化能够有完善期货功能实现套期保值的离岸国际大宗商品电子交易所是我国调节这一平衡的重要抓手。2020年，郑州商品交易所先后上市短纤期货和菜粕、动力煤期权，成熟期货品种基本全部实现配套期权上市。全年期货和期权总成交量17.0亿手，同比增加55.7%，市场规模再创新高。投资者结构不断优化，法人客户日均成交量、日均持仓量同比分别增长85.4%、61.3%，法人客户持仓占比达53.2%。连续活跃成效显现，连续活跃期货品种数量从6个增加至12个，期权活跃月份持续报价合约数量由9个增加至14个。产业企业参与积极，2020年累计交割量约900万吨，注册仓单超过85万张，同比分别增长56%、119%。郑州商品交易所2021年全年成交量25.81亿手，成交额107.99万亿元，同比分别增长51.75%和79.73%，分别占全国市场的34.36%和18.58%，服务实体经济高质量发展的作用进一步凸显，给交易所带来大量佣金、大量金融机构和交易客户聚集，也给当地政府带来大量税收。仅上海证券交易所2022年的交易额就达到3千多万亿元人民币，给上海市贡献的印花税达到近900亿元人民币，超过海南的地方税收，如果这些国际性的交易所在海南设立并运营给海南地方政府带来的收益将是无比巨大的。

2022年1月1日，RCEP（区域全面经济伙伴关系协定）正式生效实施，有利于促进我国大宗商品进出口进一步增加，我国与RCEP成员国贸易额占我国贸易总额的1/3左右。原产地累积规则大大降低了商品享惠的门槛，RCEP有利于扩大我国大宗商品的进出口。随着国内市场消费需求的进一步扩大，我国对东盟金属矿及矿砂、农产品进口需求旺盛，2021年前三季度进口值分别增长35.9%和29.7%，合计拉动进口增长3.4个百分点。在海南儋州洋浦设立人民币结算的国际大宗商品电子交易所有利于我国与东盟经济一体化，同时能够以最便捷、最优价格调整我国的大宗商品进出口价格，有利于我国经济的迅猛发展。虽然近年新兴市场进步迅速，甚至某些品种交易量超过欧美市场，但大宗商品主要的国际定价权仍由世界老牌商品期货交易所主导。譬如在原油交易中，纽约商业交易所（NYMEX）的西得克萨斯中质原油价格和欧洲洲际期货交易所（ICE）布伦特原油价格是定价基准；在燃料油交易中，新加坡普氏公开市场价格（PLATT）是定价基准；在有色金属交易中，英国伦敦金属交易所（LME）是定价基准；在农产品贸易中，芝加哥期货交易所（CBOT）的农产品价格是定价基准。这些市场之所以可以成为定价中心，不仅得益于领先的商品产销量或贸易量，更是以国际化、市场的规范运营和良好的信誉为基础，且商品价格的连续性、市场流动性都占有优势。21世纪以来，国际大宗商品价格呈现出剧烈波动的特征，大宗商品作为重要的战略资源，其价格波动也一直备受各方关注。随着中国经济的快速发展，加之国内资源的供给紧缺，我国对于很多重要的大宗商品都要依赖国际市场进口，且我国的经济仍处于城市化与工业化快速发展的阶段，对大宗商品的庞大需求也使得大宗商品价格波动对我国宏观经济的影响越来越大。然而我国在国际市场上一直缺乏大宗商品定价的话语权，常常面对"高买低卖"的被动局面，并随时要承担大宗商品价格上涨所带来的风险。因此在海南儋州洋浦设立国际大宗商品交易所，交易大宗商品包括但不限于黄金、橡胶、燃料油、原油、汽油、燃油、天然气、电力、煤、丙烷、钯、银、铜、铝、铁矿石、玉米、大豆、小麦、镍、锡、铅、锌、棕榈油、木材、咖啡及其期货交易等，利用央行数字人民币货币结算进行昼夜不断的24小时期货、现货电子交易，有利于我国进一步获取国际大宗商品交易的定价权和话语权，有利于我国在全球范围内以最低价格调配资源和能源。因此参照国际规则并依据《海南自由贸易港法》制定《海南自由贸易港国际交易场所监督管理条例》非常必要。

（三）建立海南国际大数据交易所及制定其监督管理条例

2021年7月2日，北京国际大数据交易所成立，市委主要领导要求要积极打造数字经济发展的"北京样板"，努力建设成为全球数字经济标杆城市，北京国际大数据交易所搭建数据流通生态服务体系，推动发展国内数字贸易等情况。要坚持国际视野，加大研发投资力度，增强市场功能，推动更多数据产品和服务入场，提高交易能力，要着力打造数字贸易示范区，建好数字贸易港。

2021年11月25日，上海数据交易所成立，自此以来完成了十余项管理制度、标准规范编制。交易业务发展方面，目前，上海数据交易所数据产品挂牌已超100个。此外，上海数据交易所基于两会一所多板块的运营模式，结合数据交易市场的发展情况及上海实践，正积极组建行业板块。数据资产化发展是赋能数字经济价值最大化、实现数据资源最优配置的路径，上海数据交易所也正在积极推动数据从资源到资产的跳跃，围绕数据资产化等方面开展了若干前沿研究。上海数据交易所将紧扣建设国家级数据交易所目标定位，以战略规划为指引，提升站位、加强创新、优化服务、做大规模，积极研究和形成数据交易的国家标准、制度和规范，重点培育和构建数商新生态，努力建成创新型的全天候、全数字化的国家级数据交易所。2022全球数商大会于11月25日在上海开幕，一系列促进数据流通和交易的硬核举措有望在大会期间出台。本次大会邀请了美、欧、英、日、韩、新等数据领域的市场主体、专业机构共同参与，百位行业大咖将聚焦数据基础制度，共话数据要素市场的蓝图。欧盟国际数据空间协会（IDSA）、美国数据资产管理协会（DAMA）、新加坡贸易数据交易所（SGTraDex）等14个国内外代表机构将共同发起国际数据流通合作伙伴上海倡议。上海数据交易所探索设立国际板。

2022年9月30日，广州数据交易所在广州南沙正式揭牌，标志着广东省级数据交易机构成立运营，首日交易额超1.55亿元。至此，北上广均已成立数据交易所。从揭牌仪式上获悉，在广州数据交易所已申请挂牌及入场的交易标的，多为数据产品、数据服务与数据能力，涉及人工智能、智能交通、智能制造、智慧金融、商贸服务、医疗健康、数据治理等多个领域。在广州数据交易所，交易供需双方、数据服务商、数据经纪人和第三方专业服务机构等都是交易主体，通过会员登记、交易标的审核、挂牌申请、交易标的发布、交易撮合、交易达成、交付实施、交易备案与评价等环节完成交易链条，解决数据确权难、定价难、互信难、入场难、监管难等关键共性难题。

2022年11月15日，深圳数据交易所揭牌暨数据交易成果发布仪式在深圳举行。会上展示了深圳数据要素市场及数据交易系列成果，并启动首批线上数据交易。仪式上，首批深圳数据交易所数据商工商银行深圳分行、交通银行深圳分行、中国联通深圳分公司、顺丰科技、深圳供电局、深圳征信获颁发数据商证书。深圳数据交易所累计交易额已达11.07亿。覆盖场景53个，交易笔数415，已收录入库超过55大类的数据资源信息，涵盖超过600多个数据产品，与央企共建品牌数据服务专区，并积极推进在绿色金融、新能源汽车等行业的数据融合应用。

海南自由贸易港建设迫切需要建立以人民币计价进行国内外跨境交易的海南国际大数据交易所，这将极大地促进海南数字经济的大发展，同时以《海南自由贸易港法》作为依据制定《海南自由贸易港国际大数据交易所交易规则及其监管条例》来对各种风险进行防范，确保交易所行稳致远。

（四）2025年（封关前）立法展望

海南自由贸易港封关运作必须构建与自贸港建设相适应的跨境金融法律制度体系。海南自贸港真正实现跨境资金流动自由便利，需要按照《中华人民共和国海南自由贸易港法》要求，对标国际高标准经贸规则，构建支撑自贸港跨境资金流动的法律和制度，遵循反洗钱、反恐怖融资、反逃税的有关规定，不断完善金融业市场准入前国民待遇加负面清单管理模式，规划资本项目开放路线图，推动金融业高水平开放、高质量发展。

在封关运作前依据《海南自由贸易港法》制定出《海南自由贸易港金融创新监督管理条例》，全方位规范海南自由贸易港的跨境资金流动自由便利账户模式、资金流动平台体系、离岸金融交易模式，如何建立资金电子围网和科技金融的"监管沙盒"，如何建立海南全球人民币支付结算中心、房地产投资信托基金（REITs）营运及其监管模式，如何建立健全资金流动监测和风险防控体系金融监督管理体制机制，在海南自贸港内试行合格境外有限合伙人（QFLP）和合格的境内有限合伙人（QDLP）制度，创新科技金融政策、产品和工具，在封关运作后允许海南自由贸易港的资金自由流动到内地，但是内地的资金流动到海南自由贸易港必须经过资金电子围网的审查按照出境资金来管理，建立离岸金融法治区运行模式，建立自由贸易港跨境资本流动宏观审慎管理体系，加强对重大风险的识别和系统性金融风险的防范。

海南自由贸易港应该建设与国际规则接轨的金融法治体系。采用负面清单管理模式，完善海南自贸港金融服务配套法律制度。不断优化负面清单的布局，在扩大金融开放和防范金融风险之间做好平衡。推动设立海南自贸港金融法院，通过地方金融立法打造稳定公正透明、可预期的法治环境，优化金融法治环境。同时在金融投资争端与纠纷和商事仲裁等方面，引入国际投资仲裁机制，在海南国际仲裁院设立金融仲裁委员会，吸收全世界的专家作为仲裁员加入海南国际金融仲裁的行列中去。

具体立法展望如下：第一，金融科技创新管理规定；第二，制定地方金融条例；第三，制定金融监管沙盒规定；第四，制定跨境理财产品管理规定；第五，制定离岸金融管理条例；第六，制定跨境资金流动监测管理规定；第七，海南自由贸易港金融开放负面清单管理条例；第八，制定海南自由贸易港家族信托管理条例等法规。

海南自由贸易港金融开放没有负面清单，只有正面清单、管道式开放而且非常零碎，不仅开放不具体也不够明确，不利于海南金融开放创新及其自由贸易港的越境资金流动自由便利，因此应该参照世界最开放的CPTPP来制定海南自由贸易港的金融开放负面清单，最大限度促进海南自贸港跨境资金流动自由便利的有效实施。

五、海南自由贸易港跨境资金流动自由便利监管对策

海南自由贸易港在跨境资金自由便利收支管理中面临的主要风险是"热钱"，即跨境套利。放眼国外，接近零利率的世界各国，美联储、欧洲央行和英国央行等，利率均接近零利率，跨境套利交易盛行，规模巨大的跨境套利交

易推动印度、巴西等新兴市场国家货币大幅升值，股市、楼市价格快速上涨，潜在风险加大。再看海南自由贸易港，人民币升值已经成为一种趋势，利率水平相比国外相对较高，海南自由贸易港建设有可能成为国际"热钱"聚集的重要目的地，资产本币化、负债外币化有进一步扩大的趋势。

从贸易方式上看，"高报低出"、出口预收、进口延期等贸易融资规模扩张，返程投资、溢价并购、股权转让、个人项下借道分拆流入结汇等是异常流入的主要渠道；外资转股、减资、撤资清算和利润汇出，个人项下借道分拆购汇汇出等是异常流出的主要渠道；外汇黑市、"地下钱庄"、关联交易是"套现"等异常跨境流动的主要媒介。因此，海南自由贸易港建设，应充分认识当前形势的复杂性、严峻性和多变性，关注跨境资金流动形势的变化，有效监管、精准打击跨境流动势在必行。构建适应高水平开放的跨境金融基础设施。《海南自由贸易港建设总体方案》提出构建多功能自由贸易账户体系，其实质是建设自贸港跨境金融基础设施，参照香港建立离岸跨境金融基础设施成为当务之急。金融基础设施不仅指账户，同时包含法律基础、治理架构、技术系统、业务规则等完整的制度集成创新体系。近期要加快多功能自由贸易账户建设，为全岛封关运作打造资金"电子围网"；长期要基于海南自贸港的开放定位，研究建设海南自贸港跨境金融服务单元，依托跨境金融服务单元实现跨境资金流动自由便利。

（一）确定贸易融资额度和规模

海南自由贸易港贸易融资规模不断扩张，不少"套现"已经乘势参与其中，对此，海南自由贸易港将贸易项下债权债务纳入登记管理，并对预收货款、预付货款和延期付款项下收付汇实施额度管理。在政策实施过程中，必须审视贸易信贷额度的确定方式才能使额度管理达到监管和便利化的双赢。建议结合企业历史收付汇情况、贸易信贷比例、贸易信贷真实性历史指标逐户确定企业贸易信贷额度，控制融资性跨境套利的跨境资金流动。

1. 合理确定预收货款融资额度

建议将前12个月的出口收汇额、预收货款比例、预收货款注销情况作为参考指标，计算合理的额度控制范围及变动参数。在具体计算时，以企业预收货款比例为基本参考标准，即企业每月预收货款可收汇额度的初始额等于企业前12个月出口收汇额乘以企业上年度预收货款的比例。为强化对企业贸易信贷真实性的监管，我们应将预收货款注销率作为变动参数进行额度规模的控制，对于及时注销的在注销后全额恢复额度。对于超过预计出口日期一定期限仍未注销的，在初始额度中扣减相应收汇额度，在扣减时可根据存续期限设定不同比例进行扣减，如超过期限不足30天的，按未及时注销额的50%扣减，超过90天的按100%扣减。

2. 合理确定预付货款融资额度

建议将企业前12个月的进口付汇额、上年度预付货款比例、预付货款注销情况作为参考指标，计算合理的额度控制范围及变动参数。初始额度和额度扣减的方法与预收货款相同。

3. 合理确定延期付款融资额度

建议将企业前12个月的进口付汇额、上年度延期付款比例、延期付款注销情况作为参考指标，计算合理的额度控制范围及变动参数。初始额度和额度扣减的方法与预收货款相同。

（二）加强外商直接投资项下异常资金跨境流动管理

海南自由贸易港外商直接投资项下异常资金跨境流动矛盾凸显。对此，参照国家外汇管理局完善了外商投资企业外汇资金支付结汇管理，明确要求企业资金结汇申报用途和真实用途保持一致。在政策实施过程中，需要加大资金结汇的真实性审核，有效控制外商直接投资项下异常资金跨境流动。

1. 确保资金申报用途和真实用途的一致性

将确保资金结汇申报用途和真实用途的一致性落到实处，必须明确将资金结汇后人民币资金的合法用途严格限定于结汇当初单据所表明的用途之内，凡此后经营发生变动导致首次支付取消或改变，结汇所得的人民币资金须兑回原币回到资金账户，待企业提供足以证明新的合乎规定的支付用途单据后再结汇支付，否则即予原路退回境外。

2. 明确大额资金结汇后的人民币资金划款方式

明确大额资金结汇后的人民币资金划给第三方收款人必须采用实时划款

的方式，银行留存的结汇资料应为能反映贷记第三方收款人的凭证，如电汇凭证、进账单等划拨凭证。这样，企业将会较多考虑资金进入关联第三方账户可能带来的风险成本。

3. 加强关联企业之间资金结汇管理

建议银行在办理资金结汇时，首先通过系统判别企业之间的关系，对确认为关联企业的，一方面应督促企业及时提供加盖企业财务公章或财务印章的发票；另一方面密切关注企业之间的人民币资金往来，发现异常可疑的人民币资金，应及时向外汇管理局报告。

4. 增设资金结汇回流管理相关规定

对类似于发生解除合同等事由，引发资金结汇后的人民币资金回流，后续管理措施应作出明确规定。一方面，对于回流至人民币账户的资金，要求企业提供回流后人民币使用情况明细清单或对应的发票等证明材料；另一方面，对于企业未能提供加盖企业财务公章或财务印章发票的，经证实该企业资金回流又不转入人民币账户的，则及时将相关情况反馈至外汇管理局，由外汇管理局对结汇后人民币资金的使用情况进行管理。

5. 建立以大数据分析为工具的跨境金融风险监测和防范模式

海南自贸港可以探索将自由贸易账户体系和跨境支付清结算等系统有机结合起来，利用好这些系统的金融大数据资源，设计和优化监测指标、模型算法，建立有效的非现场监管机制，提高跨境资金流动监管精准度，实现在金融更高开放水平下的跨境资金流动管理，增强跨境金融风险的监测、预防和处置能力。

（三）完善个人非经营性外汇和外币现钞管理

针对通过其他服务贸易、职工报酬和经常转移渠道流入并分拆结汇的新问题，从短期看，我们应配合宏观调控需要，加大流入真实性审核力度，加强对个人非经营性外汇的管理；从长期看，我们应调整管理重点加强对跨境"套现"、赃钱、"黑钱"和恐怖组织资金等的流出入进行控制和打击，同时不断促进进规个人资金转移的便利化。

1. 关口前移，增加对个人大额外汇流入的审核

抑制过度外汇流入应有三道防线：价格机制、流入环节、结汇环节。当前，人民币汇率形成机制完善还有一个过程，个人非经营性外汇流入环节没有通过真实性审核进行设防，给结汇环节造成很大的压力。当资金进入个人外汇储蓄账户后，受"储户保密"的法律约束和资金混同的影响，要区分结汇资金的性质有事后监督层面上的难度，因此通过关口前移，增加流入环节的真实性审核在目前形势下既有一定的必要性，又能起到较好的政策警示作用。因此，建议对个人服务贸易、收益和经常转移项目单笔申报等值10万（含）美元以上的外汇流入，在解付前要求提供资金的真实性、合规性来源的证明材料。

2. 继续坚持对个人外汇汇出的真实性管理

海南自由贸易港在各种性质外汇资金通过各种渠道流入境内结汇的背景下，如果一味强调放松流出管理，反而可能加速境外资金流入，因此继续坚持对个人外汇汇出的真实性管理，从流出环节防止跨境"套现"的成规模流入，在现阶段十分必要。建议以个人外汇汇出真实性管理为原则，对于等值5万美元限额以上的个人外汇汇出及跨境转移仍需审核其有效凭证，提高个人外汇管理的有效性。

3. 加强个人外汇储蓄账户提钞管理

严格按照实名制原则开立个人外汇储蓄账户，对个人开立多个外汇储蓄账户以方便分拆提取外币现钞的情况进行严格管理；将外币现钞存取纳入个人结售汇管理信息系统中进行监管，对个人办理现钞结汇、提钞业务以个人身份证件号码为主体进行全面监控，使年度结汇总额管理落到实处。

4. 收紧外币现钞结汇管理

在现在的《个人外汇管理办法》中，没有规定个人单笔现钞结汇上限，海南自由贸易港在实际操作中，借用他人身份证，将他人5万美元年度结汇总额一次性结完的情况较多，这与提钞分拆结汇大幅增长有一定的关联。建议进一步收紧单笔外币现钞结汇金额，明确单笔等值1万美元以下外币现钞结汇，凭本人有效身份证件在银行办理；单笔超过等值1万（含）美元的外币现钞结汇，在经常项下凭本人有效身份证件和外币现钞来源的相关证明等材料在银行进行办理。

（四）加大打击"地下钱庄"的力度

当前海南自由贸易港为满足各种境内外经济犯罪团伙对货币兑换和资金

清算的需求，"地下钱庄"的经营规模越做越大，职业化程度越来越高，采取的手段更先进、更复杂、更隐蔽，仅依靠外汇检查手段打击"地下钱庄"，已难以适应形势发展的需要。海南自由贸易港有效打击"地下钱庄"，斩断境内外相互勾结进行经济犯罪的链条，摧毁境内外相互勾结进行经济犯罪的金融基础，我们需要从多个方面着手。

1. 改进取证的方式和方法

一是完善《中华人民共和国行政处罚法》有关抽样取证的规定。《中华人民共和国行政处罚法》可明确规定在何种情况下可以采取抽样取证的方法，以及如何实行抽样取证，规定一个抽样取证的最低比率，作为推定"地下钱庄"与未被调查人员存在外汇非法买卖行为的依据；对触犯刑律的"地下钱庄"案件，建议比照《中华人民共和国行政处罚法》的有关规定，实行抽样取证，弥补法律适用不足。二是实行单方举证。建议推动最高人民法院出台有关打击"地下钱庄"中采取单方举证做法的司法解释，对外汇储蓄账户上巨额、频繁的外币资金往来无法说明资金来源及用途的，且外汇非法交易分子在口供笔录上承认其外币账户上的资金是用于外汇非法交易的，实行单方举证，认定其外汇非法买卖行为成立，解决当前海南自由贸易港打击"地下钱庄"法律方面的问题。

2. 加强对"空壳公司"的治理

"空壳公司"是"地下钱庄"经营的必要工具，各相关部门应采取联合行动治理"空壳公司"，提高企业工商登记注册的真实性审核要求，对法定代表人个人信息、合同章程等要素进行严格审核，对经营地址进行实地核对，加强对新设企业的日常监管，加大对其后续经营情况的抽检力度。

3. 加强对网上银行非法交易的监管

一是完善可疑交易报告制度，监管部门从工作中不断总结发现非法交易的特征，及时向商业银行和其他金融机构发出可疑交易报告指引，引导其发现和上报可疑交易；二是在完善可疑交易报告制度的基础上，对存在可疑交易的高风险账户进行限制。

4. 加强信用体系建设

通过对已破获案件的分析，我们发现一些个人不顾自身信用，出借身份证明给"地下钱庄"设立"空壳公司"和开立账户；一些中介机构不遵守职业操守,为"地下钱庄"提供虚假注册验资服务,客观上助长了"地下钱庄"的滋生。因此,海南自由贸易港应大力加强信用体系建设,通过信用数据联网共享,建立机构和个人的完整信用记录,并将信用记录运用于公共生活的各个方面,提高失信行为的违规成本。

(五)增进部门间在跨境资金流动监管方面的协作

表面合规、实际不真实的背后有多种复杂的原因,既有可能是逃避税收,又有可能是跨境洗钱,还有可能是逃避监管。因此,只有加强部门之间协作,才能真正做到"说得清""管得住"。

1. 联合反洗钱部门,构建反跨境洗钱联合工作机制

加强外汇管理局与人民银行反洗钱部门的协作,签署合作备忘录,构建共同调查、打击跨境非法转移资金的机制。建立信息交流与协助通道,对分拆汇划、频繁提存钞、分拆结汇等涉及本外币资金分流与集中的情况进行联合监控,建立联合工作机制,对涉及洗钱的重点可疑交易,及时提请反洗钱部门作进一步协查。对重大案件,可建立联合工作组,从反洗钱和外汇管理的角度,联合开展调查。

2. 协同海关,严控大额外币现钞携入境内

鉴于海关的实际工作负担,适当提高入境须申报的外币携带限额,从等值5000美元以上提高到等值1万美元以上;进一步强化对大额外币现钞携入境内的管理,要求携带一定金额以上(等值10万美元)的外币现钞,须提供资金性质真实证明。强化未申报行为的法律后果,对未如实申报的,一经发现立即查扣,由海关移交外汇管理局依法进行处理。同时,在外汇管理局与海关之间建立外币现钞携出入境申报信息电子化交换平台。

3. 配合税务部门,完善个人涉外所得申报管理

当前海南自由贸易港个人非经营性外汇收入占个人外汇收入的八成左右,单笔等值10万(含)美元以上占比又超过个人外汇收入的七成。我们应从个人所得税申报机制,进一步甄别流入资金的性质:如果是经常项下收入,应申报缴纳相关税收;如果是资金项下收入,则按外汇管理有关规定进行管理。通过两者的合作,既有助于税务部门加强涉外所得的税收征管,又能抑制非正常资金的流入。因此，在新形势下，尽快建立外汇管理局与税务部门的协同监管机制非常有意义。一方面，外汇管理局定期向税务部门提供个人服务贸易、收益和经常转移项目大额流入信息；另一方面，税务部门及时向外汇管理局反馈移交的个人大额流入实际申报情况。由此，通过税收杠杆，绝大部分从事外贸的个人能通过个人外汇结算账户收结汇，个人资金性质外汇资金能够通过合规渠道入境投资，以抑制非法跨境资金的流入。

4. 会同公安部门，加大打击非法外汇交易的力度

一是将人民银行、公安部门之间构建的联网核查公民身份信息系统推广运用于个人外汇管理中，预防个人持已注销的身份证、假身份证等到银行办理结售汇业务。二是继续加强与公安、工商等部门的通力协作，重点打击非法外汇交易的"黑窝点"和"地下钱庄"，采取更为有力的措施，把打击非法外汇交易作为一项重要工作常抓不懈。

与海南自由贸易港金融业高水平开放的要求相适应，接下来应构建系统性金融风险监测、评估和预警体系，优化外汇市场宏观审慎加微观监管两位一体的框架，加快补齐金融科技监管的短板，在封关运作后加大跨境资金流动自由便利的实施，将海南所有金融机构、金融业务和金融产品纳入审慎监管框架。尽快制定良好完善的自由贸易港配套法律制度并早日封关运作，使海南自由贸易港的所有政策和法律红利落地，提高金融监管的专业性和有效性，建好各类防火墙，坚决守住不发生系统性风险的底线，那么海南自由贸易港跨境资金流动自由便利的实施必将促进海南经济的腾飞，形成世界影响力的自由贸易港指日可待。

第四章 海南自由贸易港人员进出自由便利法律制度研究

王岚岚　李世杰[*]

摘要：《海南自由贸易港建设总体方案》提出，到2035年要实现五大自由便利和一个安全有序流动，其中人员进出自由便利是五大自由便利的重要组成部分。自由贸易港作为当今世界最高水平的开放形态，要实现货物/服务、资金、数据、人员四大生产要素的自由流动，其中人员自由流动是其他生产要素流动的基础，随着自由贸易港发展建设的推进，人员流动数量将会显著增加，流动属性也会呈现多样性发展，涉及旅游、商务、投资、就业、留学等诸多方面。因此，海南自贸港应吸收其他自贸港的先进经验、对标国际最高开放水平的经贸规则，构建有利于人员进出自由的制度规则，推进出入境管理便利化，建立有利于人才引进、就业和居留的政策体系，实施商务人员临时入境安排，为海南自贸港产业建设和高水平发展奠定人员基础。

关键词：出入境管理　人员流动便利化指标　人才竞争力指数　特殊人员临时入境安排

---

[*] 王岚岚，海南大学经济学院讲师，主要研究方向为国际经济法，自贸港财税制度；李世杰，海南大学经济学院教授，院长，主要研究方向为产业经济，自贸港产业发展。

一、海南自由贸易港人员进出自由便利制度概述

（一）人员进出自由便利制度的基本内涵和发展

人员进出，或称为人员流动，一般是指人员出于旅行、就业、投资、移民、留学等流动性需求，临时性或长期性离开原住所或经常居住地的行为，人员的自由流动被认为是所有其他生产要素自由流动的基础和必要性条件。1948年《世界人权宣言》第十三条就规定："（一）人人在各国境内有权自由迁徙和居住；（二）人人有权离开任何国家，包括其本国在内，并有权返回他的国家"。当然，在现实中各国也同样有权颁布各类限制人员自由出入的管制措施，包括入境签证、移民管制、留学限制、外国人就业许可、居留许可等，这些措施在很大程度上限制了人员和其他生产要素的自由流动。目前，各国人员进出自由便利制度呈现如下发展趋势和显著特点：

1. 多边国际经贸规则在一定程度上缩减了特定人员的进出限制

为降低上述管制措施的标准和条件、进一步推动人员自由流动，大部分国际经济组织和多边/诸边国际经贸规则都要求缔约国对人员进出自由做出相应的承诺。WTO《服务贸易总协定》（以下简称为GATS）中规定的服务贸易的提供方式包括跨境交付、境外消费、商业存在和自然人流动，并要求各国以水平承诺和部门承诺的方式做出承诺，由于我国在加入WTO时开放程度不高，因此在自然人流动的承诺上呈相对保守态度，在绝大部分的部门承诺中对自然人流动都不作承诺，仅对少部分部门做出有保留的开放承诺，同时由于GATS采取的是各国自愿承诺的正面清单制，因此在推动人员进出自由方面起到的作用是比较有限的（见表10）。

表10　我国在GATS承诺中对服务业部门市场准入自然人流动形式的限制情况（按具体部门计）

部门	商业	通讯	建筑	分销	教育	环境	金融	健康	旅游	娱乐	运输
没有限制	0	0	0	0	0	0	0	0	0	0	0
部分开放	1	0	0	0	1	0	0	0	1	0	1
不作承诺	24	8	1	5	0	1	5	1	1	1	10

数据来源：中国服务贸易具体承诺减让表（http://www.gov.cn/gongbao/content/2017/content_5168131.htm）。

在WTO规则之后的高水平经贸规则，包括《区域全面经济伙伴关系协定》（以下简称RCEP）、《全面与进步跨太平洋伙伴关系协定》（以下简称CPTPP）等均将重点放在了"特定自然人临时移动"上，要求各缔约国做出对上述人员临时入境和居留的具体承诺，而特定自然人一般仅包括商务人员、公司内部流动人员、合同服务提供者等，协议均未涉及出入境和移民措施、外国人就业许可、留学限制、居留许可等各国国内规制措施。因此，对人员自由流动起到最大限制作用仍然是各国的国内规制措施，多边经贸规则仅能在一定程度上缩减特定范围内的人员进出限制。

2. 区域一体化政治经济组织内部已经实现了高度的人员进出自由便利

与多边经贸规则不同，部分一体化程度非常高的政治经济组织，如欧盟、东盟等，已经在其内部实现了高度的人员进出自由便利。例如，欧盟在《公民权利指令》和《欧洲联盟运作方式条约》中将人员流动自由作为欧盟四项基本权利之一，随后欧盟还出台了《劳动自由流通条例》《单一市场法案》等一系列条例和指令保障欧盟内人员的免签证出入境、就业、留学、职业资格互认、不歧视待遇等，实现了欧盟内的人员自由流动。欧盟成员国签订的《关于逐步取消共同边界检查的协定》（又称为《申根协定》）取消了该协定内部的成员国边界检查限制措施，要求各国在人员进出方面，尤其是在签证方面采取统一的政策规定，实现了持有任何一个申根协议国有效居留许可证的旅行者3个月内无须签证在申根区域内的自由进出。东盟也在2012年签订了《关于自然人移动的东盟协定》，保障域内人员的自由流动，当然由于东盟的一体化程度和欧盟相比相差甚远，因此并没有在出入境管理、就业、居留等政策方面达成完全的一致，也并未形成如申根签证一样的统一签证机制。

3. 成熟自贸港对人员进出自由方面的国内规制措施少，开放程度高

人员进出流动的自由、便利、顺畅也是成熟自贸港建设的基石，新加坡、中国香港、迪拜、阿姆斯特丹等世界知名自贸港均呈现出对人员进出的高开放度和宽容度，这些自贸港往往拥有众多的出入境免签对象国，其人才引进和居留政策面向全球人才，外籍人士可以在当地实现较为自由的就业和临时居留，限制人员进出自由的规制措施较少，这种域内外人员的自由流动为自贸港建设提供了所亟须的各层次人才。根据纽约大学斯特恩商学院发布的《2020年全球连通性指数报告》，新加坡、中国香港、迪拜等成熟自贸港在人员方面的深度连通性指数分别是第一名、第二名和第六名,体现了自贸港高度开放和作为域内外连通渠道的显著优势①。

(二)海南自由贸易港人员进出自由便利制度的基本内容和要求

根据《海南自由贸易港建设总体方案》的制度设计和《中华人民共和国海南自由贸易港法》(以下简称《海南自由贸易港法》)的基本要求,要建立海南自由贸易港的自由便利的人员进出制度,要紧抓三个关键词:一是"出入",即要建立高效便利的出入境管理制度,要探索如何更好地实现境内外人员在海南自贸港的自由顺畅流动;二是"就业",即要实行宽松、便利的外国人就业许可制度,探索外国人工作许可负面清单制度、多层次的工作签证制度、特殊人员临时入境安排等相关制度安排;三是"人才/居留",即要构建更加开放、包容、便利、友好的人才引进、培养和居留机制,形成人才聚集。

1. "出入":建立高效便利、宽松有度的出入境管理制度(exit and entry)

根据《海南自由贸易港法》第四十五条的规定:"海南自由贸易港建立高效便利的出境入境管理制度,逐步实施更大范围适用免签入境政策,延长免签停留时间,优化出境入境检查管理,提供出境入境通关便利"。除此之外,《海南自由贸易港建设总体方案》中对于人员出入境还专门提到"实行宽松的商务人员临时出入境政策、为商务人员邮轮游艇提供出入境通关便利"。因此,要构建高效便利、宽松有度的出入境管理制度,至少可以从三个方面着手进行:一是完善和继续扩大免签入境的政策范围;二是扩大免签临时入境的事由范围,不能仅限于旅游,要扩大至商务、投资、会展、医疗等诸类事项;三是提高出入境通关便利化,优化出入境检查的流程。

---

① 《全球连通性指数报告》是由纽约大学斯特恩商学院和德国敦豪公司(DHL)联合发布的,报告中将连通性分为贸易、资本、信息和人员四大类,被调查对象涉及全球190个国家。在人员连通性指数中,报告设置了国际游客数量(每百万人)、留学生占比(在高等教育录取人数中的百分比)、移民比例(在全部人口中的百分比)、国际航班班次等数量指标,也采纳了政策和结构要素指标,包括语言共通性、地理区位、是否为内陆国、世界银行的营商环境指标、劳动自由、出境免签证国家数量、入境免签证国家数量、关税、航运连通性等,是较为权威的综合性人员流动性判定指标。

我国在免签入境政策上一直持比较谨慎的态度，2013年起我国开始审慎推行入境免签和过境免签的相关政策，当年北京、上海等地开始推行45国72小时过境免签政策，此后全国多省市开始推行时间不等的多国游客24/72/144小时过境免签政策。2015年，全国各开放口岸对台胞实行免签入境政策，桂林对东盟10国实行144小时入境免签。2018年，海南开始推行面向59国的免签入境政策，2019年在59国免签入境的基础上，又扩大了免签入境事由、延长了居留时间，与国内其他省市比较，海南目前执行的免签入境政策已经是我国出入境管理政策中最为宽松和开放的。然而，根据世界经济论坛（WEF）公布的《2021年旅游观光业竞争力报告》，中国的旅游竞争力指数在全球排名第12名，但子指标签证要求却在全球排名第118名，证明我国相对严格的签证要求已经成为了阻碍入境旅游的重要因素之一。因此，海南自贸港要实现高开放度的要素流动，除了要继续扩大免签对象国、延长居留时间外，还要实现免签入境事由的广泛化，即除了就业和留学外，不论其入境事由是短期商务、会展、航运、医疗还是传统的旅游观光，都应执行免签入境的相关政策。

当然，是否要推行面向全球的免签入境政策仍是一个有待探讨的问题。即使是美国这样的移民国家，也有学者不赞成基于自由贸易协定和贸易区的完全自由的签证政策。Brandon Meyer（2008）指出，在实践中，每当贸易、投资和出入境移民的壁垒被拆除时，商品、服务、资本和人员都会流向各方预期回报最高的地区，这是消除贸易、投资和移民壁垒的"零和博弈"，他认为自由贸易协定和贸易区的出入境便利会带来国际劳动力的低效转移[1]。刘天琦（2021）指出，海南自贸港目前相对落后的监管模式和信息采集系统不足以应对"三非"外国人的管理风险。而如果要推行更大范围的免签入境，风险防控的难度也会急剧增大[2]。

因此，根据海南自贸港目前的建设现状以及《海南自由贸易港建设总体方案》中的分阶段安排，在构建高效便利的出入境制度时，应秉承"适度宽松、

---

[1] Brandon Meyer. Free Trade Agreements, Visas, and the Art of Suboptimal Outcomes: Was the Theory of the Second Best Ever Good Enough? Immigration Briefings, 2008（6）.

[2] 刘天琦，张丽娜.海南自由贸易港外国人流动管理问题研究[J].中国人民公安大学学报（社会科学版），2021（1）：141-148.

扩大事由、优化便利、逐步推行"的基本原则，结合分阶段安排，可率先提高分阶段安排中提到的航运业、会展业、教育业、医疗业等相关产业人员的开放度，落实RCEP中商务人员临时入境政策，将重点任务放在提高出入境通关便利化、电子化上。

2."就业"：实行宽松、便利的外国人就业许可制度（work permit）

《海南自由贸易港法》第四十六条规定："……对外国人工作许可实行负面清单管理"，《海南自由贸易港建设总体方案》中也指出："……对外籍人员赴海南自由贸易港的工作许可实行负面清单管理，实现工作许可、签证与居留信息共享和联审联检"。因此要构建宽松、便利的外国人就业许可制度，其主要内容包括：一是推行外国人工作许可负面清单；二是实现三证信息共享和联审；三是完善外国人就业的管理制度。

我国作为拥有14亿人口的大国，为了保障本国公民的就业权、稳定劳动力市场秩序，显然要对外国人在我国的就业进行规制。早在1996年，我国就颁布了《外国人在中国就业管理规定》，对外国人在我国的就业实行就业许可制度，要求用人单位聘用外国人的，须向主管部门提出申请，经过批准后办理许可证书的核准手续，外国人入境后15日内办理就业证，30日内办理居留证。这一规定建立了外国人在我国就业的签证、就业证和居留证的三证管理制度。2016年我国推行了外国人工作许可制度试点改革，将原来的外国专家证和外国人就业许可证统一为"外国人工作许可通知"，并随后建立了统一的外国人来华工作管理服务系统，可以实现就业许可的网上预约受理、查询、限时办结等业务。

根据《外国人在中国就业管理规定》第6条和《中华人民共和国出入境管理法》第42条，我国对外国人就业实行"工作指导目录"制，而海南自贸港推行的外国人就业"负面清单制"显然比工作指导目录这种"正面清单制"的管理方式更加透明、确定和开放。同时，海南要推行签证、就业许可证和居留证的三证合一管理，以克服三证存在作用重叠、信息冲突、信息不共享的原有缺陷，实现外国人就业管理的便利化、高效化。为了保障本地人的就业权，除了推行适度开放的外国人就业负面清单制度外，也要完善外国人就业的管理制度，目前国际上对外国人就业所采取的管制措施一般包括配额/数量限制、雇主担保制、劳动力市场测试、职业清单制、最低薪资标准等。而根据我国《外国人来华工作分类标准（试行）》的内容，我国对外国人来华工作也要综合运用"计点计分制、指导目录、劳动力市场测试和配额管理"，然而除了计点积分制有比较明确的积分要素计分赋值表外，其余的标准都非常不明确，难以具体执行。

因此，根据《海南自由贸易港建设总体方案》中的分阶段安排，在构建宽松便利的外国人就业许可制度时，应将重点内容放在建立宽松有度的外国人就业"负面清单"、实现三证协同管理以及明确外国人就业管制措施的内容和具体标准上①。

3. "人才/居留"：构建开放、包容、便利、友好的人才引进、培养和居留机制（brain gain and status of residence）

根据《海南自由贸易港法》第四十四条的规定"海南自由贸易港深化人才发展体制机制改革，创新人才培养支持机制，建立科学合理的人才引进、认定、使用和待遇保障机制"以及第四十六条的规定"……海南自由贸易港实行更加开放的人才和停居留政策"的要求，海南自贸港应着力构建开放、包容、便利、友好的人才制度，其主要内容应至少包括：第一，深化人才体制改革，建立科学合理、开放包容的人才引进和培养机制；第二，实现人才引进和停居留制度的协同管理。

习近平总书记2021年9月在《深入实施新时代人才强国战略 加快建设世界重要人才中心和创新高地》的重要讲话中指出，"要深入实施新时代人才强国战略，全方位培养、引进、用好人才，加快建设世界重要人才中心和创新高地，为2035年基本实现社会主义现代化提供人才支撑，为2050年全面建成社会主义现代化强国打好人才基础"。海南作为自由贸易港，应当成为人才集聚的高地，应当利用最高水平的开放形态招揽全球人才，应当为全球人才构建一个更加开放、包容、便利、友好的人才"培育"摇篮。2018年海南颁布实施了《百万人才进海南行动计划（2018—2025年）》，在该计划实施过半之

---

① 实际上，虽然《外国人来华工作分类标准（试行）》中列举了多项管制措施，但实践中可综合考虑自贸港建设现状和劳动力市场需求，选择适用的种类和具体标准，而不必同时适用。例如，美国的外籍劳工就业许可签证分为多种类型，以最常见的H1-B为例，其管理措施主要包括配额制、劳动力市场测试和最低薪资要求，就没有再采用指导目录和计点计分制，而且各项相关制度都有非常明确的法律保障。

际，谢晶等（2021）对其进行了中期绩效评估，在肯定了计划的显著成效和重点计划完成情况后，也指出了实施过程中存在的问题，如综合配套改革不能同步推进、人才发展环境需要进一步优化、个别政策措施需要进一步落实等。因此，海南应进一步深化人才体制改革，促进人才引进和保障政策措施的进一步落实[①]。

从另一方面看，为了引进全球人才，扩大海南自贸港的开放程度，还应实现人才引进和停居留的协同管理。2018年原出入境管理局在国家机构改革中变更为国家移民管理局，2020年司法部发布《中华人民共和国外国人永久居留管理条例（征求意见稿）》，同年公安部在《公安部关于〈中华人民共和国外国人永久居留管理条例〉的起草说明》明确指出：服务人才战略是完善永久居留制度的首要目的。人才引进和居留制度实际上是人才制度的一体两面，只有为引进的外籍人才提供了宽松便利的居留制度，才能保证外籍人才既"进得来"，又"留得住"。刘国福（2018）指出，要以国际移民的视角定位外籍人才，如果只考虑以各类人才计划的方式将其引进，而不考虑其在华的就业制度、签证制度、永居制度是否合理，会导致重引进、争资源、轻使用、留不住的严重后果，难以形成"聚天下英才而用之"的政策合力[②]。在欧洲工商管理学院（INSEAD）和美国波特兰研究中心（Protulans Institute）共同发布的《2021年全球人才竞争力指数报告》中，中国的人才竞争力指数（GTCI）在全球排名第37名，这一排名在发展中国家中是相当靠前的，然而其中的一些子指标，如外部开放度、国际学生占比、移民人才储备、对移民的容忍度却分别排在全球第87、102、134和65名（见表11）。当然，由于永久居留制度属于中央事权，海南自贸港难以在区域性范围内单独加以规范，但2014年后我国实际上就在不同层面开展国际高端人才永居试点，因此海南自贸港应紧密跟进永居制度的开放前沿和试点方案，推进国际高端人才停居留便利化改革，并逐步推进人才引进和居留的协同管理。

---

① 谢晶，黄梅，蔡学军，郭越君."百万人才进海南"行动计划中期绩效评估[J]. 中国人事科学，2021（2）：46-53.

② 刘国福.引进外国人才政策：严峻形势、重大挑战和未来发展[J]. 国家行政学院学报，2018（4）：21-26.

表11　　　　　人才竞争力指数（CGTI）部分子指标对比表
（在全球134个国家中的排名）

比较	中国	新加坡	阿联酋/迪拜
总排名	37	2	25
人才引进	15	2	5
外部开放度	87	3	2
国际学生占比	102	7	1
移民人才储备	134	8	1
对移民的容忍度	65	15	1

数据来源：《2021全球人才竞争力指数报告》。

二、人员进出自由便利制度建设的国际先进经验

（一）各类自贸港人员进出制度的管制措施和支持措施——以新加坡、中国香港、迪拜为例

1. 出入境政策高度自由

人员进出自由是实现要素自由流通的底层设计和根本要求，因此，各类自贸港均采取了高度自由的出入境管理政策和制度，主要呈现如下特点：

（1）享受出入境免签/落地签的国家数量众多，人员可基本实现自由流动。

例如，新加坡1959年《移民法》2A部分规定，非新加坡居民进入新加坡须持有护照和有效签证，但依据新加坡移民与边检局（ICA）所公布的签证规定，除36个国家/地区外，其余国家的公民入境新加坡均可免签入境。而在这36个国家/地区中，新加坡也为其中的部分国家公民提供特殊的免签过境设施（VFTF），即可通过新加坡往返任何第三国，且可免签获得短期的（一般为96个小时）VFTF，为其提供短期的入境便利。同时根据亨利护照指数的统计，对新加坡施以免签或落地签的国家/地区也高达190个，因此新加坡在出入境政策上是高度自由的。而根据《香港特别行政区的旅游签证和进入许可规例》，非本港居民应领取签证或进入许可，但除阿富汗等54个国家/地区外，其余国家的公民入境香港可享受免签入境。同时根据香港入境事务处的数据，目前已

经有168个国家对香港特别行政区护照持有人给予免签或落地签待遇。迪拜则相对特殊，由于阿联酋执行较为严格的出入境政策，除面向GCC（海湾合作委员会）国家的人员完全免签外，其出入境免签的国家要远少于新加坡和中国香港。

（2）签证类型多样，大部分签证都可以由当事人自行申请。

例如，新加坡移民与边检局可提供的签证种类包括旅游签证、商务签证、工作签证、长期探访签证（亲属签证）、留学签证、社会访问签证等，除外交签证等特殊签证外，大部分签证都可以由当事人自行申请，对入境事由基本不做额外限制。香港特区政府入境事务处可提供的签证种类包括旅游签证（个人旅游和团体旅游）、商务签证、劳工签证、探亲签证、逗留签证、其他签证等。迪拜同样为不同需求的人群提供不同类型的签证，根据阿联酋联邦移民和海关监管局（ICP）公布的政策，其签证种类丰富多样，可为旅行者提供短期或长期的旅行签证（停留期限可达90天）、家庭旅游签证、商务人士的短期会展签证（最长30天）、短期会议签证（最长30天）、赴迪拜健康体检和医疗的人士的医疗签证、医疗陪同签证等。

（3）出入境渠道/方式多样，政府部门不为正常人员进出施加运输管制措施。

例如，赴新加坡的人员可通过航空、海路和陆路多种方式入境，国外游客在新加坡陆路交通管理局（LTA）的网站申请车辆入境许可证即可自驾入境新加坡。香港同样有航空、海路、陆路等多种入境方式，内地人员自驾入境香港要提前向广东省公安厅申请《粤港澳机动车辆往来及驾驶员驾车批准通知书》，批准后再向香港运输署申请封闭道路通行许可证。迪拜除了入境方式多样之外，还与多国签订了驾照互换协议，为外籍人士入境和出行提供便利。

2. 出入境措施便利化程度高

在高度自由化的出入境政策背景下，新加坡等自贸港也基本实现了人员出入境相关措施的高度便利化，其主要特点如下：

（1）签证、入境卡等相关证件电子化、便利化程度高。

以新加坡为例，入境新加坡所需的签证、入境卡（SG Arrival Card）等证件的办理以及这些证件的检索、延期等都可以在ICA的官方网站上（https：//www.ica.gov.sg/eservicesandforms）采用电子化表格的方式来完成，时间仅需约20分钟，所有的签证和入境许可的申请状态都可以通过MyICA进行电子化查询。通关所需的其他特殊证明，如疫情背景下的疫苗接种记录、外国车辆入境许可证等均统一在电子入境卡的内容当中，在提交了电子表格的入境卡内的相关信息后，在通关时仅需提供护照即可，通关时间可缩短至5—10分钟。2019年ICA又引入了BioScreen指纹认证系统，人员离境时可经自动通道办理离境手续，取消了边检人员离境盖章环节，进一步优化了边检关卡程序。香港特区也在2021年12月推出了电子签证，但首阶段仅涵盖各类延长居留期限的申请以及外籍家庭佣工等三类人员的入境签证申请，预计至2022年年底之前可扩展至全部签证类别。迪拜同样支持电子签证，相关人员可在阿联酋联邦移民和海关监管局（ICP）的官方网站上（https：//smartservices.icp.gov.ae）申请电子签证并缴纳费用，ICP还支持签证和居留期限的延期等相关业务的网上办理。

（2）出入境相关措施公开化、透明化程度高。

依据WTO2014年通过的《贸易便利化协定》和WEF的《全球贸易促进报告》，边境管理便利化要实现边境管理措施的信息公开和可网络获取性、政策的透明度和可预见性、简化和合理化的边境程序、边境管理效率等若干指标。在2021年，联合国亚洲和太平洋经济社会委员会和亚洲开发银行针对亚太地区的《贸易便利化协定》执行情况进行了调查并发布了《2021年亚太贸易便利化报告》，其中对出入境政策的透明度、简化和合理的通关程序、是否支持到达前的处理程序等进行了量化，新加坡的整体协定遵从水平超过了95%，是亚太地区执行情况最好的国家。新加坡的边境管理信息和措施是完全公开的，借助于新加坡智慧国家和数字政府办公室（SNDGO）的相关技术，人员出入境可实现完全的自主通关，边检效率高，疫情管控等危机管理措施也能实现完全公开和可预见性。

3. 外籍人士就业和工作许可制度有突出的本地属性导向

自由贸易港由于其天然的开放属性，外籍人士在本地的就业呈现人数多、事由多样、就业领域复杂等特点。各自贸港在就业和工作许可制度上一方面呈现出多样化和适度宽松的共性，另一方面又因地域、就业需求和社会结构的不同呈现明显区别：

（1）实行多样化和适度宽松的就业和工作许可制度。

例如，外籍人士在新加坡就业由新加坡移民和关卡局以及新加坡人力资源局共同负责，为不同层次、不同类型的外籍人士就业提供不同的就业许可：

①专业人员就业许可，其中包括最典型的全职就业许可（Employment Pass），其对象为外籍专业人员、经理和企业执行者，要求申请人月薪资至少达到4500元新币，雇主提供的岗位为专业和管理岗位，具有相关工作经验等，除了最典型的全职许可外，还包括创业许可（EP）和个性化雇佣许可（PEP）；②熟练工和半熟练工就业许可，其中包括对中级水平的熟练工的S-Pass和对低水平劳务工的Work Permit许可，无或者低薪资要求，但一般有年龄要求和行业配额要求；③学徒工和学生的工作许可，包括雇佣期间受训工作许可（TEP）、学生的假期工作许可（WHP）等，薪资要求低，但一般要求受训时间和最短工作时间；④上述外籍就业和工作人员家庭成员的就业许可；⑤可以豁免工作许可而使用旅行证件进行工作的特殊情况，包括短期演艺活动、学生兼职活动等。香港和迪拜同样存在针对不同人群的多层次的就业许可/签证，包括专业人士（如香港的优才、专才计划等）、企业家、低水平劳工、家庭雇工、留本地的毕业生/学生、亲属等。

（2）工作许可制度围绕着本地就业需求和社会结构呈现突出的本地属性导向。

新加坡和中国香港因为本地拥有相对充足的各层次就业人口，对外籍人士就业在适度宽松的基础上进行了制度性限制，综合采用配额制、最低薪资要求、劳动力市场测试等制度实现保障本地人就业的基本目的。例如，根据新加坡《外国人力雇佣法》的要求，针对中级熟练员工的S-Pass：①要满足最低2500美元的最低固定月薪要求；②配额要求，如建筑、制造、加工等行业雇佣S-Pass员工的比例不得超过18%；③在雇佣外籍人士前，依据新加坡《公平就业做法三方准则》的要求，雇主必须在My Careers Future上进行持续28天的广告宣传，在本地无人应聘的情况下才得雇佣外籍人士[①]。香港针对非高层次人才

---

① 2020年后，因新加坡的旅游业、金融业、航运业等受到新冠肺炎疫情严重影响，为保障本国人优先就业，新加坡人力资源局采用多种措施提高外籍人士在新的就业要求，包括：（1）提高最低薪资要求；（2）收缩各行业雇佣外籍劳工的配额，如将服务业S-Pass外籍劳工的配额从15%下降至10%；（3）提高直系亲属工作就业许可的要求；（4）调高各种就业许可、特别准证的申请费用、证件发放和续期费用。根据新加坡2021年9月公布的《新加坡人口简报2021》，受疫情和上述措施收紧的影响，新加坡的非永久居民人数从164万人下降至146万人，年比减少10.7%。这也证明，以新加坡为例的自贸港在宽松的外籍人士就业许可制度之下，依然会根据本地就业需求、社会结构、经济情势等变化调整就业许可措施要求，避免对本地就业市场的严重冲击。

的一般就业许可以及依据补充劳工计划赴港就业的劳工同样明确要求"雇主在确实未能在本地聘得合适雇员时"方可就业，且要求雇主必须有足够的经济能力为其提供适当的住宿以及约满后将其送返原居住地的费用。而迪拜的情况则大不相同，由于本地人数少、低层次就业缺口大，迪拜几乎不对低层次外籍人士就业设定任何限制。根据阿联酋政府门户网站的数据，2019年阿联酋总劳动人口721万人，其中外籍劳工为530万人，而这些外籍劳工中约73.9%的人口从事采掘业、批发和零售业、施工和建筑业等低端生产制造业，13.4%的人口从事家庭佣工，而从事金融、政府工作等高层次工作的比例非常之低。因此，各自贸港的工作许可制度具有突出的本地属性导向，根植于各国/地区的劳动力市场需求、区域特点和社会结构。

4. 人才引进和居留涉及范围广泛，具备较高吸引力

运行良好的人才引进和居留制度是吸引全球人才、实现人才集聚以推动本地经济高质量发展的基础性制度，新加坡等自贸港的人才引进和居留制度涉及范围非常广泛，对全球人才具备较高吸引力。

（1）推行长期稳定的人才引进策略，实行多层次、范围广泛的人才引进政策。

人才引进针对的是本地亟须或希望尽力招揽的中高层次就业人群，因此一般会以计点计分制、配额、人才目录等方式进行规制，并同时配套永久居留和入籍制度、税收优惠、特殊待遇等鼓励政策。早在1999年新加坡就公布了《人力21世纪：一个人才都市的远景》战略规划，并设置了由新加坡经济发展局和人力资源部共同成立的机构"联系新加坡"，该机构在全球设置了八个分支机构，为有意赴新加坡工作和居留的各类人才和企业家提供人才引进的一站式服务。通过"外来人才计划""双翼构想""科学研究计划2025"等人才引进计划，新加坡每年平均引进人才数为2万人左右，其2021年GTCI分数为79.38分，在全球排名第二，具有很高的人才吸引力。香港在2006年推出了香港优秀人才入境计划，简称"优才计划"，符合基本资格要求的申请人可以选择按照"综合计分制"或者"成就计分制"接受评核，最低及格分数为80分即可申请。"优才计划"在2006年推出时的配额为1000人，后逐渐扩展至4000人。后香港又依据其人才需求逐步推出了"输入内地人才计划""科技人才入境计划""非本地毕业生留港/回港就业计划"等，构建了多层次、范围广泛的人才引进政策，根据香港入境处的数据，在2021年香港通过各项人才计划引进人才3.2万人。而迪拜除了类似的人才引进计划外，更是将重点放在教育业的开放和国际化上，设立了迪拜国际学术城，截至2019年阿联酋的国际学校多达511所，全世界约40%的大学都在迪拜设立了分校，使得迪拜成为了辐射西亚、北非和南亚地区的区域教育中心，实现了人才的国际化、专业化和本地化。

（2）将人才引进和永久居留、入籍等制度密切结合，实现统筹化管理。

人才引进和永久居留、入籍制度实际上是制度的一体两面，为引进的人才提供安全的社会保障和居留许可也是GTCI中人才保留的重要指标。例如，新加坡的永久居留制度主要包括：①新加坡经济发展局推行的"全球商业投资者计划"（GIP）和新加坡金融管理局推行的"家族办公室计划"（FO），主要面向企业主及高净值人群，即传统所称的投资移民，同时配套基金税收激励计划对投资类居留进行税收减免；②新加坡人力资源局推行的"技术移民计划"（PTS），主要面向在新加坡工作且持有就业许可（EP）、创业许可（EP）和熟练工S-Pass的持有者，在本地工作一定期限后可申请永久居留；③新加坡移民局推行的留学生居留许可，留学生在新居住满两年以上、通过至少一门新加坡国家性质的考试如PSLE即可申请。近年来为了吸引全球人才和投资者，早期执行较为严格的永居政策的迪拜也开放了针对性的永居计划，例如2018年迪拜开放名为Golden Card的永居计划，主要面对人群为两类：一是在迪拜有长期高额投资的投资者，二是以医生、科学家、工程师等为代表的"优秀人才"，第一轮获得永居许可的人才总数为6800名。

（3）为人才提供优良的一站式的保障服务，在人才保留方面表现优异。

各自贸港一般都利用单一窗口为引进人才提供保障服务，实现签证、就业许可、居留许可的统一管理，而且一般都允许网上办理。同时对引进人才提供人才公寓类型的居住保障、医疗保障、家属随行和子女保障、环境保障等各类措施，以确保引进人才的高保留率。

（二）国际最高水平经贸规则对人员进出/流动制度的规范和调整

高水平经贸规则（High-Standard Trade and Investment Rules）一般是指与WTO规则相比涉及范围更广、合作规模更深、更具有约束性和执行力的经贸协定规则。由于出入境政策、就业许可以及人才引进和居留等均属于典型的国内措施，各国存在较大的差异，因此目前的高水平经贸规则无法将其统一，而为了实现贸易和投资的自由化便利化、降低与贸易投资的相关人员流动藩篱，各协定都将重点放在与贸易投资有关的特殊人员临时性流动安排上（见表12）。

表12　RCEP、CPTPP、CAI关于特殊人员临时性流动的相关规定

协定	涉及条款	主要内容
RCEP 续表	第九章：自然人移动	①商务访问者，允许不超过90日的临时入境和居留；②公司内部流动人员，允许按照合同执行临时入境和居留期限，或者首次停留期限为3年；③合同服务提供者，允许按照合同期限临时入境和居留，但不得超过一年；④安装和服务人员，允许按照合同期限临时入境和居留，但不得超过3个月；⑤随行配偶及家属，允许不超过与入境者本人停留期限相同的期限，同时最长不得超过12个月
CPTPP	第十二章：商务人员临时入境	因我国尚未加入，因此没有中方具体承诺，但和RCEP相比，CPTPP对商务人员的定义较为广泛，不仅包括商业访问者，也包括其他从事直接销售或者提供货物或服务的自然人，同时，CPTPP还要求缔约方承诺企业能够将关键人员在协定国家内部相互调配并不受到配额限制，也不需要进行经济需求测试或劳动力市场影响评估
CAI（中欧全面投资协定）	Article 6bis	①以设立企业为目的的商务访问者，即仅包括负责设立企业为目的的企业高级职务人员，并且不能提供服务或者从事除设立企业之外的其他任何活动，允许最长90日的临时入境和居留；②公司内部流动人员，即受雇于法人或其分支机构或合伙至少一年的自然人，被临时委派至另一方境内的子公司、分公司或者其他机构，包括经理、专家，允许最长3年的临时入境和居留

资料来源：根据CPTPP协定、RCEP中方承诺、CAI协定进行整理。

三、海南自由贸易港人员进出自由便利制度的法制建设现状

（一）法制建设现状

1. 推行59国入境免签政策，扩大免签入境事由，延长居留时间

2019年公安部、国家移民管理局发布了《支持海南全面深化改革开放的移民与出入境便利政策》，提出十二项举措，主要内容包括：①拓展外国人免签

入境渠道，将旅行社邀请接待模式扩展为外国人自行申报免签入境或通过单位邀请免签入境；②扩大外国人免签入境事由，在59国人员免签基础上，允许外国人以商贸、访问、探亲、医疗、会展、体育、竞技等事由入境海南；③延长免签外国人在海南停留时间，逐步实现30日以上的停留期限；④综合考虑海南对外交往、旅游的市场需求，评估调整免签国家范围；⑤为外籍人才提供更加便利的入境、停居留、永居便利；⑥实施外国旅游团乘坐邮轮入境免签政策。

受惠于59国免签政策及上述便利政策，2019年全年海南省入境外国人62.3万人次，其中来自免签59国的入境人数46.1万人次，同比增长33%，实现了较好的政策效果。2020年后受到新冠肺炎疫情影响，入境游客数量和旅游收入大幅下跌。

2. 试行外国人工作许可负面清单，初步构建了外籍人员就业相关管理制度

2019年12月，海南省政府办公厅发布《外国人来海南工作许可管理服务暂行办法》，明确了外国人才的分类标准、外国人可享受的待遇以及来华工作许可的申报和审批程序。2020年9月，海南省政府发布《海南自由贸易港境外人员参加职业资格考试管理办法（试行）》和《海南自由贸易港境外人员执业管理办法（试行）》，允许境外人员在海南参加职业资格考试，并允许境外人员以境外职业资格为海南自贸港企业和居民提供相关专业服务。2021年11月，海南省人社厅发布《海南自由贸易港外国人工作许可特别管理措施（负面清单）》（征求意见稿）和《海南自由贸易港外国人工作许可负面清单管理办法（试行）》（征求意见稿），在负面清单中列举了28种禁止类管理措施和9种限制类管理措施。2021年12月，海南省人社厅发布《海南自由贸易港普通劳务类外国人工作许可配额和人员引进管理办法》，对普通劳务类外国人实行配额规制措施。2021年11月，海南省海事局发布《外国籍人员参加海南自由贸易港船员培训、考试和申请船员证书管理办法》等四项文件，对一些特殊人员如海员、游艇操作人员等在海南的培训和就业进行了特殊规定。

3. 初步建立了人才引进、认定和居留的相关制度

在《百万人才进海南行动计划（2018—2025年）》等人才基本战略的引领下，海南省发布了一系列人才引进和居留的相关政策，包括《海南自由贸易港高层次人才分类标准》《海南自由贸易港外籍"高精尖缺"人才认定标准

（2020—2024年试行）》《海南自由贸易港高层次人才认定办法》《关于开展海南自由贸易港国际人才服务管理改革试点工作的实施方案》《吸引留住高校毕业生建设海南自由贸易港的若干政策措施》《关于海南自由贸易港高端紧缺人才个人所得税政策的通知》等。

据2022年4月海南省委宣传部"奋进自贸港 建功新时代"系列专题新闻发布会所公布的数据，自"习近平总书记'4·13'讲话"以来，海南省共计引进各类人才43.2万人，其中2021年引进人才19.9万人，同比增长63%，引进的在琼外籍人才总数为1559人，其中外国高端人才（A类）267名，外国专业人才（B类）970名，其他外国人员（C类）322名，人才引进机制改革和人才生态环境改善工作取得了较为良好的效果。

4. 对境外邮轮游艇实施免担保入境政策

海南省在2019年发布了《中国（海南）自由贸易试验区琼港澳游艇自由行实施方案》，实施邮轮游艇免担保制度、简化出入境手续，但对商务访问者、公司内部流动人员等在高水平经贸规则中规定的特殊人员临时入境和居留尚未出台相关政策。

（二）与国际先进经验相比存在的差距与不足

1. 开放水平相对较低，免签政策不完善，相关证件电子化、便利化程度差

与新加坡等自贸港的高开放程度比，海南自贸港的出入境开放水平相对较低，免签政策不够完善。曹翔（2021）根据免签入境政策后的相关数据分析得出，入境免签政策有效提高了海南入境游客数量，但存在异质性不足，对北美洲客源地未产生促进作用，也仅在1%的显著性上促进了欧洲客源地的人数增长[①]。陈雨（2021）也指出，入境游客仍主要集中在原21国免签政策的国家中，主要集中在俄罗斯、印尼、韩国、马来西亚等国，存在明显的封闭效应[②]。同时，将免签的旅行社接待模式改为个人申请模式、扩大外国人免签入

---

① 曹翔，张双龙，余升国. 入境旅游免签政策的游客吸引效应及其异质性[J]. 人文地理，2021（4）：177-184.
② 陈雨，张英武. 入境免签政策对海南入境旅游影响的研究[J]. 当代经济，2021（4）：52-55.

境事由等政策由于推行后不久即受到新冠肺炎疫情的严重影响，其实际执行情况和推行力度尚待考察。与新加坡等自贸港相比，签证、入境卡、海关验讫章等相关证件和措施均难以通过在线途径办理或豁免办理，电子化、便利化程度不足。

2. 非高层人才的外籍人士就业许可认定门槛高，就业负面清单开放程度不足

我国外籍人士就业许可所签发的签证仅分为Z签证（即普通工作签证）和R签证（人才签证）两类，除了R签证可享受签证、工作许可和居留许可三证合一办理等政策外，持有Z签证的非高层人才外籍人士在华就业仍存在认定门槛高、多部门管理、申请材料复杂、办理周期长等问题[①]。除就业许可外，非高层人才还要受行业配额约束。同时，海南省人社厅发布的就业负面清单限制类和禁止类高达37项，开放程度明显不足。

3. 人才引进政策吸引力较差，严格的居留制度导致外籍人才在本地居留困难

徐增阳（2021）以海南省截至2020年12月所发布的共625份各类人才政策文件为样本，通过分析指出海南的人才政策存在政策发文单位协同性不强、多以指导意见为主缺乏可操作性、缺乏人才流动和保障措施、政策工具多样但不均衡等显著问题。部分政策的执行过程中还存在执行难度大、后期设置门槛等问题，与其他省市的人才引进政策重合度高、产业集聚性差，也是海南人才引进政策缺乏吸引力的重要原因。同时，虽然海南持R签证的外籍高端人才可享受永居便利，但实践中难度极大、申请困难，如要求在海南投资创新型企业连续3年投资稳定且纳税记录良好的外国人，须经海南省人民政府推荐，方可申请永久居留。这种居留的不确定性以及人才制度与居留制度的脱节已经成为了外籍人才的引进和居留的最大障碍。

4. 未制定特殊人员临时入境的相关措施安排

2022年1月8日，海南省发布《海南省落实〈区域全面经济伙伴关系协定〉

---

① 值得注意的是，近年来为了吸引外籍人才，各地纷纷推行外籍人士来本地就业的便利化举措，如深圳市2020年发布《深圳市推进高度便利化的境外专业人才执业制度的实施方案》、山东省2021年发布《外国人来山东工作便利化服务若干措施》等，在这些政策文件中推出了若干高度便利化的举措，如制定境外国际通行职业资格认可清单、就业和居留事务的一站式办理、R签证人员免办理工作许可等。这些举措的便利化程度已经超过海南自贸港目前的政策水平。

（RCEP）20条行动方案》，在提出的20项重点措施中，并未制定针对特殊人员（包括商务访问者、公司内部流动人员、合同服务提供者等）临时入境的相关措施安排，而根据2022年7月5日海南省发布的《落实〈区域全面经济伙伴关系协定〉（RCEP）新闻大事记》，在实践中已推动和落实的56项内容中也并未提及特殊人员临时入境措施。

四、完善海南自由贸易港人员进出自由便利制度的立法建议

（一）2025年封关运作之前

1. 以出入境管理部门和海关部门为主体，发布进一步落实《支持海南全面深化改革开放的移民与出入境便利政策》的相关实施细则

基于上述《政策》支持要点和开放要求，结合《海南自由贸易港建设总体方案》的分阶段安排，应以实施细则方式进一步落实。

（1）进一步落实免签入境个人网上申报模式和单位邀请申报模式。

在2018年公安部首次推行海南59国免签入境政策时，是保留了旅行社接待模式的，即要求免签入境的游客仍需通过国外的旅行社向海南本地的旅行社提供身份信息、行程安排等预申报，但在2019年的《政策》中已明确提出要将旅行社邀请接待模式扩展为外国人自行申报免签入境或通过单位邀请免签入境，然而在政策推行后不久即受到新冠肺炎疫情的严重影响，未能切实落实到位。因此，在政策层面应落实因旅游观光、探亲访问等私人事务赴海南的外籍人士可以个人身份进行网上申报，不必经过双方旅行社，而对于因商务访问、会展航运等因公事务赴海南的外籍人士可以采用单位邀请申报模式。

（2）优化签证类型，扩大免签入境事由。

我国的签证制度长期以来是以"拦截作用"为作用机理的，签证类型单一，难以应对自贸港建设过程中高开放性带来的复杂流动属性要求。根据2013年《中华人民共和国外国人入境出境管理条例》，我国的签证种类有12类16种，其中与贸易和投资有关的签证类型仅包含F签证（交流访问考察）和M签证（商贸活动），而依据《海南自由贸易港建设总体方案》中对深化产业对外

开放的要求，海南要在教育、医疗、会展、免税、航运等多行业实现产业纵深发展、扩大对外开放，其复杂的入境需要难以和单一的签证类型一一对应①。为了优化签证类型，《关于开展海南自由贸易港国际人才服务管理改革试点工作的实施方案》中将符合《海南自由贸易港高层次人才分类标准》的外国人才视同为A类，对照《外国人才签证制度实施办法》享受R签证待遇，这实际上就是一种签证归类化的扩大适用方式。据此逻辑，在我国签证制度无法短期改变的情况下，海南自贸港可将医疗、体育竞技、探亲访问、市场考察等因私事由入境海南的外籍人士视同享受L（旅游）签证待遇，可以个人申报予以免签，而将会展、商务、投资等因公事由入境海南的外籍人士归类为M签证，可以单位邀请预申报予以免签，并可以考虑根据入境事由的需要赋予不同的停居留期。

2. 以出入境管理部门和边检部门为实施主体，发布《关于推动海南自贸港出入境流程便利化工作办法/方案》

（1）推动海南自贸港出入境流程的便利化改革。

2019年国家移民管理局等多部委共同发布《关于推动出入境证件便利化应用的工作方案》，主要解决的是出入境证件在政务服务、公共服务领域的应用问题，2021年海关总署在发布的《国家"十四五"口岸发展规划》也提出要进一步推动人员货物通关便利化措施，提升边境口岸通关效率。依据上述方案和规划，出入境流程便利化应着重推动通关口岸设施设备升级、利用监管信息系统取代传统的人工通关流程实现"无感通关"、提升出入境相关证件的无纸化水平、推动出入境证件和居留证件、工作许可的协同管理、取消流动人口异地办证限制、推动出入境证件"单一窗口办结"制度等。

（2）推动海南自贸港出入境流程的电子化改革。

出入境流程电子化，尤其是电子签证程序，包括在线签证订单、网络传

---

① 举例而言，依据《海南自由贸易港博鳌乐城国际医疗旅游先行区条例》第25条："外籍医务人员、患者及陪同人员到先行区诊疗，享受海南自由贸易港出入境、停居留便利化政策措施"，而我国根本没有专门针对患者及其陪同人员的医疗签证和停居留政策，导致申请何种签证、如何享受停居留政策措施都处于悬而未决的状态。而美国因私签证中，B1/B2签证即为医疗签证和陪同人员家属签证，韩国因医疗美容行业特别发达，也有专门为外籍人士提供的居留期限为90天的C3（M）签证以及居留期限长达一年的G1（M）签证。

输所需要的文件、OCR（图形文字识别）辅助填表、进度跟踪等已经成为了出入境便利的重要标志。新加坡、香港、迪拜等成熟自贸港均先后推出了电子签证，尤其是新加坡，已经实现了签证、入境卡、疫苗接种证明、车辆出入证明等的完全电子化。在签证制度属于中央事权的前提下，可以率先在便利化工作方案中提出建立出入境管理局电子政务平台，推动居留许可办理和延期、免签入境个人/单位申报、入境卡、护照等出入境证件预申请等业务的网上办理，并将该平台作为海南出入境政策的官方发布平台，实现出入境政策的透明度和网络可获取性。

3. 以省人力资源和社会保障部门以及省委人才发展局为主体，推动通过《海南自贸港人才工作/发展条例》

在海南省人民政府办公厅发布的《关于印发海南省人民政府2022年立法工作计划的通知》中，已经将《海南自由贸易港人才工作条例》列为正在研究起草、待条件成熟适时提请审议的地方性法规项目，推动《人才工作/发展条例》的通过能够为海南构建开放包容、便利友好的多层次人才引进和培养制度提供法规保障，摆脱目前海南省人才引进和培养制度主要依赖各类政策推动的局面。在《人才工作/发展条例》的起草和推动过程中，应把握海南自贸港区位和政策优势，突出如下重点：

（1）坚持"破四唯、立新标"，构建多层次、立体化的人才引进和评价体系。

在《海南自由贸易港高层次人才分类标准（2020）》中，各行业高层次人才认定依然主要依赖所获得的奖项、职称、社会职务等因素，而在海南各市县的人才落户政策中，也主要依赖其年龄、学历、职称等因素为标准。习近平总书记在中国科协第十次代表大会上指出，在人才评价上，要坚持"破四唯"和"立新标"并举，加快建立创新价值、能力、贡献为导向的人才评价体系。在2022年7月深圳市司法局公布的《深圳经济特区人才工作条例》（修订征求意见稿）中明确提出，要实现"分领域、分赛道科学精准评价人才"，在其他自贸港的先进经验中，也实现了对引进人才的分类、分项目的多层次体系，如香港推出的"优才计划""科才计划""专才计划"等，新加坡专门为引进行业紧缺的技术工人推出的"技能创前程"（Skills Future）、数码岗位员工的"培训专才计划"（TeSA）等。因此，在海南自贸港《人才工作/发展条例》中要明确区分基础科研人才、应用技术人才、技能型人才等，并规定以用工单位为主体构建市场化、分领域的人才评价体系。

（2）对目前的职业资格互认制度进行结构性改革。

2020年海南省委人才发展局等部门发布了《海南自由贸易港认可境外职业资格目录清单（2020）》，同年海南省政府发布了《海南自由贸易港境外人员执业管理办法（试行）》，依据上述政策文件境外人员如需要在海南自贸港内执业，首先其职业/行业必须在海南自贸港认可的职业资格目录清单内，然后由各省级行业主管部门对其进行技能认定，在取得《海南自由贸易港境外人员技能认定合格证》后方可直接为海南自贸港内企业和居民提供专业服务。而依据目前已出台的各省级行业主管部门的相关办法[①]，几乎都采取了"用人单位考核+主管部门认定"模式，这一模式将考核权力下放给用人单位，一方面来说确实下放了人才评价权限，尊重了用人单位的自主权，但另一方面来看却有悖于我国《关于分类推进人才评价机制改革的指导意见》《关于改革完善技能人才评价制度的意见》等文件精神，存在一定的内生风险且难以实际推行。根据人力资源和社会保障部2021年发布的最新《国家职业资格目录（专业技术人员职业资格）》，我国共有31项准入类职业资格和27项水平评价类职业资格，其中准入类职业资格是涉及公共安全、人身健康、人民生命财产安全等特殊职业，需依据有关法律、行政法规或国务院决定设置，而在《海南自由贸易港认可境外职业资格目录清单（2020）》中并未区分准入类职业资格和水平评价类职业资格，其中既包含医师、拍卖师、注册建筑师等准入类职业资格，又包含社工、精算师等水平评价类资格。对比来看，广东省在《关于推进粤港澳大湾区职称评价和职业资格认可的实施方案》中也明确提出要在教育、法律、会计审

---

① 《海南自由贸易港认可境外职业资格目录清单（2020）》中包括了卫生、社工、农业、旅游文化等12类行业/职业，其省级行业主管部门包括海南省卫健委、海南省民政厅等相关部门，目前已发布行业主管部门相关办法的有海南省交通厅发布的《海南自由贸易港境外交通技能人员职业资格认定规定（试行）》、海南省生态环境厅发布的《关于海南省生态环境领域境外人员职业技能认定与管理有关事项的通知》、海南省文旅厅发布的《海南自由贸易港境外导游职业资格认定实施细则（试行）》、海南省知识产权局发布的《关于专利代理行业境外资格认定有关问题的通知》、海南省住建厅发布的《关于建筑行业境外职业资格申请备案有关问题的通知》，目前尚未发布相关办法的还有海南省卫健委、海南省民政厅、海南省农业农村厅等部门。

计、医疗、建筑规划等专业领域全面实现粤港澳职业资格互认，但对于准入类职业资格仍需通过主管部门而非用人单位的考核和认定，例如在港执业五年以上的律师想要在大湾区执业，仍需通过司法部组织的粤港澳大湾区执业律师考试。因此，在《人才工作/发展条例》中应明确区分上述两类职业资格并对其做出不同的规范要求，同时应根据海南自贸港的发展阶段、开放要求和对各类人才的不同需求，定期更新目录清单。

（3）应根据海南自贸港的产业发展需要和阶段性要求，构建有海南自贸港特色的公平就业框架。

从前述新加坡经验来看，在自贸港建设中会出现大量境内外人才在本地就业，一方面新加坡在《雇佣法》《公平就业三方守则》中赋予了境内外人才公平雇佣的机会，要求雇主尊重并公平对待所有雇员，不以其年龄、种族、国籍、宗教等状况而区别对待，另一方面又在《外国人力雇佣法》中提出了公平考量框架（Fair Consideration Framework），该框架要求雇主在提供月薪15000新币以下的工作时，需要将该工作机会在My Careers Future进行持续28天的广告，在无本地人可雇佣的情况下才可以雇佣外籍人士，这一做法保障了"以本国人就业优先"的基本原则。我国虽然也在《外国人来华工作分类标准（试行）》等文件中规定了劳动力市场测试，但具体如何实施、怎样保障本国人优先就业都没有实施细则，海南可率先在《人才工作/发展条例》构建具有海南自贸港特色的公平就业框架，一方面对境内外人才赋予就业公平待遇，另一方面对劳动力市场测试的具体要求进行规范，包括持续性招聘广告的持续时间和形式、是否有最高薪酬或者最低薪酬要求、法律责任等。

4. 推动修订《海南自贸港对接RCEP行动计划/方案》，修订《中国（海南）自由贸易试验区琼港澳游艇自由行实施方案》以落实特殊人员临时入境安排

（1）推动对接RCEP商务人员等特殊人员临时入境安排。

为了对接RCEP高水平经贸规则，已经有多省市出台了相应的对接计划/方案，部分省市还在中方承诺基础上对相关内容进行了规范和细化，海南自贸港应根据自身情况，对符合海南自贸港产业发展需求、推动海南3+1+1产业体系发展的特殊人员推行更宽松、范围更大的对接计划。例如，根据RCEP附件四：自然人临时移动中国具体承诺表，合同服务提供者（CSS）仅限于九个特定部门，即会计服务、医疗和牙医服务、建筑设计服务、工程服务、城市规划服务、计算机及相关服务、建筑及相关工程服务、教育服务和旅游服务，在此基础上海南完全可以将范围扩大至符合产业发展需求的相关行业部门的合同服务提供者，如热带农业、船舶保养和维修业、新能源汽车等高端制造业以及不在跨境服务贸易负面清单内的现代服务业①。

（2）切实推动落实游艇免担保入境政策，放宽游艇入境管制措施。

根据《国务院关于在中国（海南）自由贸易试验区暂时调整实施有关行政法规规定的通知》，海南已经在法规层面实现了自驾游入境、游艇免担保，同时据海口海关报道，在2020年11月，一艘马来西亚籍船舶已经成为了海南首艘以免担保方式入境的外籍自驾船舶。但在政策实施和执行层面，目前仍没有具体的执行计划或实施方案，仅有针对"琼港澳游艇自由行"的《中国（海南）自由贸易试验区琼港澳游艇自由行实施方案》，政策实施文件和依据严重滞后，游艇除免担保外的其他入境管制仍较为严格，应实现"一次审批、多次进出"、放宽进出可行驶水域、操作人员证书互认等便利化管理。

（二）2025年封关运作之后

1. 探索建立省级外国人管理专责机构，适时推出《海南自由贸易港外国人管理条例》或《海南省外国人管理服务暂行规定》，对人员进出自由带来的涉外安全风险进行统筹协同管理

毫无疑问，人员进出自由可能会对国家安全、公共卫生防疫、社会秩序

---

① 根据中方具体承诺表，合同服务提供者（Contractual Service Supplier）是指一缔约方的自然人，为履行其雇主与中国服务消费者的服务合同，临时进入中国，以提供服务。同时，根据该定义，CSS还要满足：①其雇主在中国领土内没有商业存在；②其报酬由雇主支付；③应具备与所提供服务相关的适当学历和技术/专业资格；④不能提供与合同标的服务活动无关的服务。此类人员由于具备相应的专业知识和技术资格，且其国内有明确的雇主担保，滞留风险低，提供的服务是基于本国亟须的市场需求而签订的合同，因此各国一般都对其临时入境和居留施加比较宽松的管制条件和措施。例如，加拿大在和欧盟签订的《全面经济贸易协定》（CETA）中，对拥有大学学位和3年以上相应专业资格、从事临时服务的时间不超过12个月的CSS均允许临时入境，对CSS所涉及的行业不做任何限制；英国要求只要申请人有雇主书面担保、具有大学学位或同等水平的技术资格，雇主在英国没有商业存在，CSS就可以向英国申请专门的T5签证，除部分行业外，对CSS所涉行业也没有限制。

等诸多方面带来风险，伴随着人员的频繁流动和进出自由，暴力恐怖活动、宗教极端活动、跨国经济犯罪、非法移民等严重威胁我国政治、经济、社会安全的情形都可能会发生。《海南自由贸易港建设总体方案》也明确指出，实行更自由便利的出入境管理政策必须建立在"有效防控涉外安全风险隐患的前提下"。海南虽然是较早推行免签入境政策的省份，但海南目前对涉外安全风险的监管模式、监管能力、软硬件设施都不足以应对自贸港建设中人员进出所带来的潜在风险，亟须进行体制改革和设施建设。因此，在2025年封关运作之后，应：

（1）探索建立直接隶属于国家移民管理局的省级外国人管理专责机构。

长期以来，我国对境内外国人就业/居留的管理停留在以出入境管理为主体的多头管理上，并未以移民的态度看待来华就业和居留的外籍人员。在2018年的改制中，出入境管理局变更为国家移民管理局代表着我国将采纳国际通行做法，以移民的态度对待上述人群，但国家移民管理局成立以来尚未在省市两级设置派出机构，目前海南也并未设立专门的管理部门，相关监管工作仍依赖各级出入境部门和基层社区警力（外事民警）来完成。为应对可能出现的外国人出入境、就业、居留等情形增加的问题，防范"三非"风险，应探索组建直接隶属于国家移民管理局的省级外国人管理专责机构来负责外国人在本地事务的行政管理，包括但不限于外国人出入境、临时居留、就业、永久居留/移民等[①]。在机构改革的基础上，应建立相应的配套制度和政策，在精简化、便捷化、透明化的基本原则下实施外国人行政管理，对涉及国家安全的外国人管理事务积极与国安部门合作，拥有"行政事务统一办理、涉外安全协同合作、移

---

① 由于我国并非传统的移民国家，因此在外国人管理体制和机构上与国外有较大不同，世界上的大部分国家，如德国、英国、美国等，都将外国人管理事务视为一项具有高度中央集权性的事项，通常由直属中央的、统一专职的移民管理机构进行管理，体现中央事权。我国在2018年组建了国家移民管理局，通过合并公安部的部分机构，整合了出入境管理和边防检查业务，使公安外国人管理工作开始朝着统一化、专门化的方向发展，但仅整合了上述两项业务，仍无法解决外国人在中国居留、就业、入籍等其他业务由其他职能部门管理"各自为政"的问题。而在自贸港/区设立单独的外国人管理机构和规范也是各国的通行做法，例如美国是世界上设立自由贸易港/区最多的国家，截至2019年美国批准建立了296个对外贸易区，在1934年美国颁布的《对外贸易区法》第810条中对贸易区内的外国人进行了详细规定，此外还通过了《对外贸易区通用条例》《海关和边防局条例》对贸易区内的外国人管理加以特殊规范。

民事务行政执法"的多重权限，实现事权统一。

（2）以地方性法规或省级政府规章的形式适时发布《海南自由贸易港外国人管理条例》或《海南省外国人管理服务暂行规定》。

其实早在2011年广东省人民政府就颁布了《广东省外国人管理服务暂行规定》，对外国人在广东省的居住、就业、经商等相关内容做出详细规定，在全国首创了以地方政府行政规章的方式对涉外事务立法的先河。海南自贸港在外国人出入境、停居留、就业、投资等诸多方面都存在与内地其他地区的显著不同，而我国目前的《出境入境管理法》实际上是一部对人员出入境进行"管控"的法律，而非对人员出入境进行"促进"的法律，这与海南自贸港要实现人员进出自由便利、引进外籍人才的大目标是相悖的。因此，海南应尽早以地方性法规或者省级政府规章的形式发布相应规定，内容应涵盖外国人在海南自贸港期间的出入境、停居留、社会保障、就业投资等社会融入、非法移民、调查与遣返、技术移民、永久居留等方面，一方面要通过简化通关手续、扩大免签范围、实施就业负面清单制度等措施保障"进出自由"，另一方面也要通过出入境人员信息系统、大数据监管、个人生物信息识别、多部门协同等措施维护"涉外安全"。

（3）建立出入境人员信息共享机制。

外籍人员入境，根据其入境事由可能涉及到公安、外专、旅游、民政、卫生、市场监管、税务、人社、教育等多个部门的业务，我国早在2016年的《国务院关于出境入境管理法执行情况的报告》中就提出要"加快推进国家统一的出境入境管理信息平台建设"，要整合公安、外专、铁路、民航等各部门的信息数据，实现跨部门的出境入境信息汇集交换和服务平台建设，但由于相关跨部门的信息共享平台组建难度大、难以统筹管理等问题，这一任务至今未能实现。海南可借鉴广州公安出入境部门构建的"大外管"模式，由拟组建的省级外国人管理专职机构带头统筹，多部门介入配合以共同汇总入境人员的签证、住宿、就业、车辆管理、旅游、居留等多方面的外管数据，建立协同管理的信息共享平台和共享机制，以外国人就业的用人单位为主要信息提供方、借助信息化平台和大数据管理的方式进行协同化管理。

（4）建立外国人在琼就业居留服务大厅/中心，通过细则和政策文件实现就业和居留、签证的"三证"协同管理。

以拟组建的省级外国人管理专责机构为主体，建立外国人在琼就业居留服务大厅，并制定相应管理细则。按照目前《暂行办法》的规定，工作许可的受理和决定机关为省级和获得省级授权的地级科技（外专）部门，工作签证由我国驻外使领馆负责，居留许可由公安机关负责，仍然是多头管理、信息难以共享。应学习深圳市的范例，由外管协同部门在行政服务大厅设立外国人就业居留事务服务中心，实现信息共享和"一站式综合服务"，缩短办理时限，推广居留期限延期、就业许可等的网上认证，实现签证、工作许可和居留许可的协同管理。

2. 推动修订《海南自由贸易港外国人工作许可特别管理措施（负面清单）》和《外国人来海南工作许可管理服务暂行办法》，进一步降低外国人在海南自贸港就业的门槛

（1）通过修订《海南自由贸易港外国人工作特别许可管理措施（负面清单）》及相关的管理办法，进一步降低外国人在海南自贸港的就业门槛。

2021年11月，海南省人社厅发布了上述负面清单的征求意见稿，其中规定了28类禁止类管理措施和9类限制类管理措施，目前这份负面清单存在开放程度较低、与其他规定冲突和混淆、内容不清晰等问题，应积极推动如下内容方面的修订：①删除与国家相关法律法规和相关行业规定相冲突的特别管理措施（负面清单）：例如，早在2021年1月，中国期货业协会就已发布《关于具有境外期货职业资格的人员申请海南自由贸易港期货从业资格的公告》，明确具有境外期货职业资格、符合相关条件的人员可以申请在海南自贸港内的期货从业资格，而海南发布的负面清单中禁止类第九项仍然规定，境内期货及其他衍生品业务禁止准入，这明显与国家层面的行业规定是相冲突的，也不能体现海南自贸港外国人就业的开放包容与高开放水平；②调整与《海南自由贸易港跨境服务贸易特别管理措施（负面清单）》存在冲突和混淆的特别管理措施：可以看出，《海南自由贸易港外国人工作特别许可管理措施（负面清单）》在很大程度上借鉴和受囿于海南跨境服务贸易的负面清单，但在一定程度上混淆了就业和服务贸易/业务的范畴，例如海南跨境服务贸易负面清单中规定境外律师事务所驻华代表机构及其代表不得从事中国法律事务，但可以从事涉海南的商事非诉讼法律事务，这是对境外律师事务所在海南所从事的服务贸易/业务的"禁入"，并不是对外国律所或律师自身就业或职业的"禁入"，而将其列入

"就业负面清单"属于混淆了就业和业务的范畴①;③对负面清单中不清晰、可能导致适用混乱的规定加以明确:例如,负面清单规定外籍人员"禁入"中外合作办学的高等教育机构校长或者主要行政负责人,后又用括号内的内容表示境外理工农医类高水平大学、职业院校、非学制类职业培训机构除外,那么哪些学校属于"除外"的高水平大学等显然属于界定不清晰的内容,对此类内容应尽快修订加以明确。

(2) 通过修订《外国人来海南工作许可管理服务暂行办法》,以"吸纳高端、限制低端"为基本原则理顺各类外籍人才的管理措施和详细标准。

依据目前《暂行办法》的规定,只有A类人才才能享受R签证、申请材料容缺受理等相关待遇,而B类人才还要经过企事业单位推荐,同时要由科技(外专)部门根据高端人才标准并结合海南自贸港建设实际来判断是否给予R签证及相关待遇,而C类人员则要综合采用人才指导目录、计点计分制、劳动力市场测试、配额等人才评价管理制度,依据"外国人来海南就业岗位目录"进行管理。

首先要明确的是,计点积分制、人才目录制、最低薪资标准等一般用于对高端人才的正面筛选,利用积分要素对其进行赋值,对申请人的学历、薪资水平、年龄等提出明确要求,这些约束措施也可根据劳动力市场供需状况进行综合运用。例如香港"优才计划"最初采用的就是计点积分制(包括综合计点积分制和成就积分制),分数超过80分即可申请,到2018年为了吸引特定行业、领域的外籍人才,计划中加入了"人才清单"政策,将精算师、造船师等11类职业列入清单,在计算积分时可额外获得30分,其被批准的几率就会大幅度增加,这就是计点积分制和人才目录制综合运用的典型范例。而雇主担保制、配额制、劳动力市场测试等一般用于对低端人才或普通劳工的排除性筛选,其基本目的是为了"吸纳高端、限制低端",保护本地人的就业需求。因此,海南

---

① 事实上,海南在2022年5月就已经有第一家外商独资的律师事务所——澳大利亚邱氏律师事务所在海口设立了代表处,主要从事跨国纠纷的商事调解等非诉讼业务,这种"就业不限、业务受限"的做法也是各自由贸易港对法律业务的常见规制方法。例如,根据新加坡2011年《律师专业(修订)法案》,新加坡允许外国独资或者合资的律所在新加坡从事受批准的业务,外国律师也可以通过外国执业律师考试(FPE)在新加坡执业,但外国律所的业务被严格限制,仅允许从事企业法、商事纠纷调解和仲裁、合并与洽购等业务。

在适用上述约束措施时,首先要厘清其逻辑关系,针对外籍人员就业的不同状况制定不同的约束措施,不能不考虑人员对象而普遍化适用、同等适用。对A类和B类人才主要采用计点积分制、人才目录制,不设定配额、不采取劳动力市场测试;而对C类,即普通劳工不采用计点积分制、人才目录制等,而是综合采用配额制、雇主担保制和劳动力市场测试。

(3)借鉴国际先进经验,推行多样化的工作签证制度和境内签证转换制度,建立将就业期限与人才战略联系起来的短期居留制度。

因此,海南应在国家移民局相应政策基础上,结合海南实际对工作签证制度和短期居留制度进行适应性改革:①首先应按照就业和居留的目的、期限不同,将工作签证分为短期工作签证和长期工作签证,然后再根据就业者身份,如高层次人才、技术人才或专业人才、普通劳工、就业者家属、留学生等进行细分,同时对每一类工作签证的申请要制定清晰的条件和标准。当然,由于签证制度属中央事权,海南难以独自推行工作签证制度改革,因此一方面应积极与国家移民管理局对接、协调,利用海南的改革自主权,争取在海南自贸港对工作签证分类改革进行先行先试,另一方面应积极推动私人居留类签证改革,对符合条件的有意赴海南就业或创业的外籍人员提供入境和居留便利,对暂时无法取得工作类许可的,允许其申请私人事务签证,并利用在居留许可上加签注的方式允许其合法停居留;②从另一个方面看,除了构建多样化的工作签证体系外,还应积极推行境内签证转换制度,例如持X1签证来华的留学生在毕业后可以直接将X1签证转换为Z签证,持M签证来华进行商务考察的人员也可以不必出境就直接申请工作许可和签证转换。2017年原国家外国专家局发布《外国人来华工作许可服务指南(暂行)》,允许符合九类特定条件的人员在境内申请工作许可,实际上已经为其他签证在境内转换为工作签证提供了条件,《指南》中还提到,自由贸易区还可以起草相关优惠政策,因此海南应最大程度利用自贸港的体制优惠和立法权,起草并出台外籍人员入境后可进行签证转换的相关政策和细则;③放宽外国高端人才和外国专业人才(即《外国人来海南工作许可管理服务暂行办法》中的A类人才和B类人才)的居留期限,允许A类人才直接申请5年期居留许可,B类人才按照其签订的劳动合同或服务合同的期限申请居留许可;④放宽多次申请居留并无违法违规情况的人员的居留期限,也可借鉴上海经验,综合考虑其居住时间、居留许可次数、人才身份,对条件更优、在本地就业或居住时间更长、综合贡献率更高的外籍人员提供期限更长的居留许可。

3. 在《吸引留住高校毕业生建设海南自由贸易港的若干政策措施》的基础上，推动发布《海南自由贸易港陵水黎安国际教育创新试验区条例》和《归国留学生/国际学生留海南就业创业服务计划/方案/指南》

（1）适时推出《海南自由贸易港陵水黎安国际教育创新试验区条例》，推动海南教育国际化水平高质量发展。

如前所述，新加坡、香港、迪拜等成熟自贸港教育国际化水平都很高，国际学生、教师人数占比高，很多国际知名学校都在当地设有分校，这样既能加快境内外人才交流的频次和水平，也能为本地产业发展积蓄来自各国的高素质人才。因此《海南自由贸易港建设总体方案》中也明确将教育业作为海南自贸港的重点开放领域之一，提出"允许境外理工农医类、高水平大学职业院校在海南自由贸易港独立办学，举办国际学校，鼓励国内重点高校和国外知名高校在海南举办独立法人资格的中外合作办学机构"。在实践中，教育部和海南省共建的海南陵水黎安国际教育创新试验区是海南自由贸易港建设的11个重点园区之一，首批签约入驻的国内外高校已有20多所，已经形成了一定的产业优势和人才集聚。在此基础上，应适时推出《海南自由贸易港陵水黎安国际教育创新试验区条例》，从法规层面规范如下内容：①推动陵水黎安国际教育试验区国际化建设，允许试验区内的国际学校和合作办学高校面向全球招收国际学生，不设定国内外学生占比，允许高校根据办学情况自行确定，利用知名高校的人才优势吸引外籍高水平教师来海南任教，给予其R签证和人才引进的同等待遇；②目前黎安试验区已经公布的各项优惠政策，包括基建、物资零关税待遇、外籍教师和管理人员、技术人员的长期居留许可、鼓励在试验区设立科技计划项目并允许外籍人员担任项目主持人或首席科学家等，仍停留在政策层面，应将其利用条例的方式固定下来，为政策落地和长期稳定实施提供法规保障；③在学分互认、学位互授的基础上，加大与未在试验区实体落地的国内外知名高校的合作办学，以2+2/3+1/4+0等模式进行合作培养。

（2）适时推出《归国留学生/国际学生留海南就业创业服务计划/方案/指南》，对在海南有就业或创业计划的归国留学生和国际学生提供最大程度的便利。

在各国和自贸港的人才政策中，留学生和国际学生/外籍学生都是重点人才引进和培养的对象，例如香港专门为高校毕业生推出的《非本地毕业生留港/回港就业安排》，允许在香港修读全日制学士以上学位的学生在12个月内在香港居留，该安排不受配额、行业限制，也不要求毕业生在申请时已被雇佣，如符合条件，还可以申请延期居留，为非本地毕业生提供最大限度的留港就业创业便利。英国在2022年5月刚推出的"高潜力个人签证"（HPI），面向符合申请条件的全球排名前50名的海外大学毕业生，拿到该签证的毕业生可直接入境英国并获得2—3年的居留许可，无须配额、雇主担保等要求。因此，海南应最大程度利用教育业开放优势，对回海南就业或创业的留学生以及引进的国内外合作办学机构的留学生/外籍学生推广本地就业安排，为其提供落户、居住补贴、免息贷款、外籍学生同等待遇等优惠政策，并为其提供在无就业许可的情况下2—3年的居留许可，方便其就业或寻觅投资机会。

4. 配合我国外国人永久居留制度改革，适时推出适合海南自贸港产业发展的外国人永久居留制度

2016年后，我国在各层面推行外国人居留制度改革，2020年司法部发布了《外国人永久居留管理条例（征求意见稿）》，引起了社会的广泛关注，2020年3月，司法部、国家移民管理局就该征求意见稿召开座谈会广泛听取意见，司法部有关负责人在座谈会后表示，会深入予以研究、充分吸纳公众意见，在进一步完善之前不会仓促出台。这证明我国在赋予外国人永久居留资格、条件、实施、制度等问题上仍存在较大争议，而外国人永久居留制度显然属于中央事权，海南自贸港难以独力推进。因此在如何实现《海南自由贸易港建设总体方案》中"进一步完善居留制度"的问题上，应配合我国国家层面推行的外国人永久居留制度改革，适时推出适合海南自贸港产业发展的外国人永久居留制度，不宜过早或仓促地进行制度建设。

参考文献：

（一）中文文献

[1] 曹翔，张双龙，余升国. 入境旅游免签政策的游客吸引效应及其异质性 [J]. 人文地理，2021（4）：177-184.

[2] 陈雨，张英武. 入境免签政策对海南入境旅游影响的研究 [J]. 当代经济，2021（4）：52-55.

[3] 刘天琦, 张丽娜. 海南自由贸易港外国人流动管理问题研究[J]. 中国人民公安大学学报（社会科学版）, 2021（1）: 141-148.

[4] 吴文芳. 上海自贸试验区的人员自由流动管理制度[J]. 法学, 2014（3）: 121-127.

[5] 王钧, 马勇. 我国移民与出入境便利政策的内容分析法研究[J]. 公安学刊, 2021（5）: 50-61.

[6] 沈太霞. 论欧盟人员自由流动的法律保障制度[J]. 朝阳法律评论, 2020（1）: 201-243.

[7] 何力. 境外自由贸易港海关法律管制及其对我国自由贸易港建设的借鉴[J]. 海关法评论, 2020（9）: 305-321.

[8] 钟雷洋, 周颖, 高松等. 新冠疫情影响下的人口流动模式变化识别——基于手机定位大数据的中美两大湾区对比分析[J]. 武汉大学学报（信息科学版）, 2021（10）: 59-72.

[9] 刘强. 中国与新加坡贸易便利化水平比较及对中国的改进建议[J]. 国际贸易, 2019（12）: 27-35.

[10] 刘理晖, 胡晓. 全球人才流动特点和自由贸易港（区）的人才政策[J]. 重庆理工大学学报（社会科学）, 2019（12）: 1-11.

[11] 徐增阳, 周相宇. 基于建设自由贸易港的海南省人才政策文本分析[J]. 海南大学学报（人文社会科学版）, 2021（6）: 95-103.

[12] 曾凯华. 欧盟人才流动政策对粤港澳大湾区发展的启示[J]. 科学管理研究, 2018（3）: 87-90.

[13] 刘素君, 陈雨. 免签政策能否促进入境旅游？——基于桂林对东盟十国入境免签的实证研究[J]. 海南大学学报（人文社会科学版）, 2021（5）: 1-10.

[14] 杨闽芳, 黄秀娟. 中国入境签证制度变迁研究[J]. 科学发展, 2018（11）: 51-57.

[15] 王雪姣. 我国外籍劳务移民制度构建研究：困境与出路[J]. 中国人民警察大学学报, 2022（3）: 19-24.

[16] 谢晶, 黄梅, 蔡学军, 郭越君. "百万人才进海南"行动计划中期绩效评估[J]. 中国人事科学, 2021（2）: 46-53.

[17] 付小康, 张燕. 移民管理模式下中国签证法律制度完善研究 [J]. 广西警察学院学报, 2020 (4): 24-30.

[18] 张金山, 曾博伟, 孙梦阳. 跨境游客往来便利化的制度分析及对策研究 [J]. 旅游学刊, 2016 (2): 23-32.

[19] 刘祥艳, 蒋依依, 吕兴洋, 李玉婷. 签证便利度对出境旅游的影响——基于面板数据的实证分析 [J]. 旅游学刊, 2018 (12): 46-52.

[20] 魏浩, 王宸, 毛日昇. 国际间人才流动及其影响因素的实证分析 [J]. 管理世界, 2012 (1): 33-45.

[21] 白永峰. 论移民管理改革背景下的外国人入出境安全风险防范 [J]. 湖北警官学院学报, 2019 (3): 120-133.

[22] 陈淑云, 李琪. 人才政策对流动人口落户决策的影响——基于全国199个地级市的证据 [J]. 江汉论坛, 2022 (5): 32-42.

[23] 刘国福. 引进外国人才政策: 严峻形势、重大挑战和未来发展 [J]. 国家行政学院学报, 2018 (4): 21-26.

[24] 廖明中. 世界四大湾区要素资源流动现状特征分析 [J]. 深圳社会科学, 2020 (6): 21-34.

(二) 英文文献

[1] Susan Tiefenbrun.U.S. Foreign Trade Zones, Tax-free Trade Zones of the World, and their Impact on the U.S. Economy, Journal of International Business and Law, 2013 (12).

[2] Brandon Meyer. Free Trade Agreements, Visas, and the Art of Suboptimal Outcomes: Was the Theory of the Second Best Ever Good Enough?. Immigration Briefings, 2008 (6).

[3] Valerie J. Pelton, Jebel Ali. Open for Business. Survey of Transnational Law, 2018 (44).

[4] Christopher Dutot. Are We Removing Citizens? The Contentious Legal Issue Surrounding the Interpretation of the Former Derivative Citizenship Statute and Why Lawful Permanent Resident Status is not Required. University of Detroit Mercy Law Review, 2013 (90).

（三）网络文献

[1] ASEAN Agreement on the Movement of Natural Persons, http://investasean.asean.org/files/upload/ASEAN%20MNP%20Main%20Text.pdf.

[2] DHL Global Connectedness Index 2020, https://www.dhl.com/content/dam/dhl/global/dhl-spotlight/documents/pdf/spotlight-g04-global-connectedness-index-2020.pdf.

[3] Travel &Tourism Development Index 2021: Rebuilding for a Sustainable and Resilient Future, https://www3.weforum.org/docs/WEF_Travel_Tourism_Development_2021.pdf.

[4] The Global Talent Competitiveness Index 2021, https://www.insead.edu/sites/default/files/assets/dept/fr/gtci/GTCI-2021-Report.pdf.

[5] 中国香港签证/进入许可/电子化签证服务表格, https://www.immd.gov.hk/hks/services/index.html.

第五章 海南自由贸易港运输来往自由便利法律制度研究

王崇敏　郑志涛　汪梦晗　张一智[*]

摘要：海南自由贸易港建设运输来往自由便利制度是新时代国家重大发展战略法制化的具体实践，体现了顶层设计理念下集成创新的制度便利化，明确了双循环重要枢纽和交汇点的通关自由化。海南自由贸易港运输来往自由便利制度建设既要体现中国特色，符合中国国情，符合海南发展定位，也要参鉴新加坡、迪拜、纽约、伦敦和香港地区先进的经营方式和管理方法，着重解决国家政策法律化面临的制度瓶颈，提高交通运输信息化管理水平，完善国际船舶登记管理，积极面对国际条约的新挑战，遵循制度集成创新、适度超前、绿色发展和协调发展的原则，通过立法构建自由化和便利化程度更高的国际船舶管理制度，理顺与"放管服"改革相匹配的管理制度，为自由贸易港实现运输来往自由化和便利化构筑较为完善的法律体系保障。

关键词：海南自由贸易港　运输来往　自由便利　港口立法　航运立法

---

[*] 王崇敏，海南大学党委常务副书记、教授，主要研究方向为自由贸易港法、民商法；郑志涛，海南大学法律事务办公室主任，讲师，主要研究方向为自由贸易港法、民商法；汪梦晗，海南大学中国特色自由贸易港研究院研究人员，海南大学法学院博士，主要研究方向为自由贸易港法、民商法；张一智，海南大学中国特色自由贸易港研究院研究人员，海南大学法学院博士，主要研究方向为自由贸易港法、民商法。

一、海南自由贸易港运输来往自由便利制度的基本理论

（一）海南自由贸易港运输来往自由便利制度的界定

1. 运输来往自由便利的含义

运输，是指专用运输设备将物品从一个地点向另一个地点运送。其中包括集货、分配、搬运、中转、装入、卸下、分散等一系列操作。根据运输方式不同，运输类型分为"门到门运输""直达运输""中转运输""甩挂运输""整车运输""零担运输""联合运输"和"多式联运"[1]。《海南自由贸易港建设总体方案》（以下简称《总体方案》）提出，海南自贸港"运输来往自由便利"主要包括政策制度、港口设施和服务体系的自由化和便利化，即"实施高度自由便利开放的运输政策，推动建设西部陆海新通道国际航运枢纽和航空枢纽，加快构建现代综合交通运输体系"。海南自贸港运输来往，是指基于自贸港"境内关外"的制度特征，发生在海南岛与境内各地、境外各国家和地区之间的运输要素流动，主要包括运输人员、工具、港口、航道、中介等要素。运输来往自由便利，是指实现运输各要素在海南自贸港进出流动的自由化和便利化，具备效率高、成本低和预期稳的价值特性。海南自贸港运输往来自由便利制度建设，系建立更加自由开放的运输制度，提升运输便利化和服务保障水平，主要涵盖：（1）港口建设：①建设"中国洋浦港"船籍港；②加强内地与海南自由贸易港间运输、通关便利化相关设施设备建设，合理配备人员，提升运输来往自由便利水平。（2）管理机制：①开展船舶登记；②推进船舶联合登临检查；③建立航运经营管理体制及海员管理制度；④对海南自由贸易港前往内地的运输工具，简化进口管理；⑤货物、物品及运输工具由内地进入海南自由贸易港，按国内流通规定管理；⑥构建高效、便捷、优质的船旗国特殊监管政策。（3）航权配置：放宽空域管制与航路航权限制，优化航运路线，鼓励增加运力投放，增开航线航班。（4）金融服务：为船舶和飞机融资提供更加优质高效的金融服务，取消船舶和飞机境外融资限制，探索以保险方式取代保证金。

---

[1] 中华人民共和国国家质量监督检验检疫总局，中国国家标准化管理委员会. 中华人民共和国国家标准：物流术语［M］. 北京：中国标准出版社，2007：4-5.

2. 海南自由贸易港运输来往制度的基本特征

结合《总体方案》和《中华人民共和国海南自由贸易港法》（以下简称《海南自由贸易港法》）第三条之规定，海南自贸港运输来往自由便利制度具备自由性、便利性、绿色性、国际性和系统性的五个基本特征。第一，制度的自由性，即在"海南自由贸易港法规"框架下，国家支持海南省依照中央要求和法律规定行使改革自主权，海南省拥有一般地方立法权、经济特区立法权、海南自由贸易港立法权三种不同类型的立法权，既具备中国特色、符合海南实际，又对标国际先进规则，形成制度体系创新标杆，为海南自由贸易港运输法律制度体系构建提供了灵活的立法途径。第二，制度的便利性，即通过国家和海南地方立法确立更加灵活高效的法律法规、监管模式和管理体制，协调全国性运输来往自由便利法律制度供给，嫁接国际实践经验与我国制度设计，破除阻碍运输要素流动的体制机制障碍。第三，制度的绿色性，充分发挥海南自然资源丰富的优势，遵循绿色原则，杜绝高污染、高排放和高能耗的不可持续发展。第四，制度的国际性，即制度设计应当主动适应国际经济贸易规则发展和全球经济治理体系改革新趋势，充分学习借鉴中国香港、新加坡、迪拜、伦敦、纽约等国际自由港立法和管理经验，培育具有国际竞争力的运输企业和产业集群。第五，制度的系统性，即以"自由便利"为着力点，对市场环境、政务服务、监管执法等多领域制度进行体系化梳理，直面和全面调研境内外运输业界对各规范性文件和行政主管领域的改革呼声和需求，系统性借鉴国际自贸港先进经营方式、管理方法和制度安排，分阶段、分步骤推进海南自贸港运输来往自由便利制度立法工作。

（二）运输来往自由便利制度是海南自由贸易港基础性制度

1. 建设自由贸易港国际实践经验的底层逻辑

中国香港、新加坡、迪拜、伦敦和纽约自贸港制度建设均包括实现投资便利、服务贸易、货物进出、资金流动、人员往来和数据流动等六方面自由。经考察船舶注册、船舶检验、船舶经纪、海员管理、港口管理、口岸监管、航运税收、航运金融、航运领导、航运补贴、法律服务和造船补贴等制度可知，为保障"六大自由"的制度目标实现，推进运输来往制度自由化和便利化是国际自贸港建设实践的一致选择和必经阶段。海南地理位置优越，四面环海，管辖南海200万平方公里海域，地处于太平洋和印度洋两洋交汇处，是来往"两洲"（亚洲和大洋洲）和"两洋"（太平洋和印度洋）的必经之地，也是通往"两亚"（东南亚和东北亚）的十字路口，全球1/3以上的国际贸易都会通过南海航线，每年经过南海海域的船舶约为10万艘。尽管我国已经建立了以香港、上海、深圳为代表的沿海枢纽港口，但是在双循环的新格局下，能够更好地融通国内、国际两个市场的航运枢纽港尚未建立。2017年，海南省政府率先提出"泛南海经济合作圈"，涵盖太平洋与印度洋局部地区。在双循环的新格局下，海南自由贸易港应运而生。支持海南省国际航运枢纽建设既是我国融通国内国外两个市场的创新对策，也是参照国际先进经验和成熟做法推进运输来往自由便利制度系列改革的重要抓手。

2. 构成海南自由贸易港自由便利制度体系重要部分

海南建设自由贸易港，是习近平总书记和党中央着眼于国内国际两个大局、为推动中国特色社会主义创新发展作出的重大战略决策。《总体方案》要求，海南自由贸易港制度体系建设重点任务之一，即进一步优化完善开放政策和相关制度安排，全面实现运输来往自由便利。为实现海南自由贸易港运输来往自由便利，海南可以基于"零关税""船舶和航空运输""封关运作前配套制度"等政策出台具体措施①。《海南自由贸易港法》作为自由贸易港建设的根本

---

① 主要涉及：（1）对岛内进口用于交通运输、旅游业的船舶、航空器等营运用交通工具及游艇，实行"零关税"正面清单管理；（2）以"中国洋浦港"为船籍港，简化检验流程，逐步放开船舶法定检验，建立海南自由贸易港国际船舶登记中心，创新设立便捷、高效的船舶登记程序；（3）取消船舶登记主体外资股比限制；（4）在确保有效监管和风险可控的前提下，境内建造的船舶在"中国洋浦港"登记并从事国际运输的，视同出口并给予出口退税；（5）对以洋浦港作为中转港从事内外贸同船运输的境内船舶允许加注本航次所需的保税油，并对其加注本航次所需的本地生产燃料油实行出口退税政策；（6）对符合条件并经洋浦港中转离境的集装箱货物，试行启运港退税政策；（7）推进琼州海峡港航一体化；（8）在对等基础上，推动在双边航空运输协定中实现对双方承运人开放往返海南的第三、第四航权，并根据我国整体航空运输政策，扩大包括第五航权在内的海南自由贸易港建设所必需的航权安排；（9）试点开放第七航权；（10）相关国家和地区航空公司可以承载经海南至第三国（地区）的客货业务；（11）实施航空国际中转旅客及其行李通程联运；（12）支持位于海南的主基地航空公司开拓国际航线；（13）允许海南进出岛航班加注保税航油；（14）制定出台海南自由贸易港运输工具管理办法；（15）优先签发海南国际航线航班许可。

性法律保障，分别于第二条，确立分步骤、分阶段实现运输来往自由便利的制度体系建设目标；第十四条，明确海南自由贸易港和境内其他地区（以下简称内地）之间运输工具来往的便利化管理；第四十三条，提出建设"中国洋浦港"船籍港，实行特殊的船舶登记制度，以及放宽空域管制和航路限制，实施高度自由便利开放的运输政策，建立更加开放的航运制度和船舶管理制度；第五十五条，建立相应风险预警和防控体系，规定境外与海南自由贸易港之间、海南自由贸易港与内地之间运输工具均需从口岸进出。运输来往自由便利制度重点在运输产业体制改革和制度治理创新等方面先行先试，有效推动海关监管体制、财税体制、金融体制、行政体制、司法体制以及航运物流等体制衔接演进，构建有利于海南运输行业发展更高层次的一流营商环境，为全国自由贸易试验区运输来往自由便利改革探路开路。

（三）运输来往自由便利制度是规范化法治化必然要求

1. 通过立法固定制度集成创新成果

制度集成创新位于海南自贸港高质量高标准建设的重中之重地位。《海南自由贸易港法》从国家层面单独为一个省立法，赋予海南在宪法框架下针对贸易、投资及相关管理活动的自由贸易港立法权。一方面，立法途径更加多样。自由贸易港法律制度建设初期，立法工作主要以制定新法为主，待基本法律制度订立后，为进一步深化体制机制改革，以立、改、废、释、纂、决定等方式成为立法主要途径。从体量上看，既有"大块头"，如《海南自由贸易港法》，也有不少"小快灵"，如《海南自由贸易港国际船舶条例》和《海南自由贸易港国际船舶登记程序规定》等。另一方面，按照"小切口"和"小快灵"的立法思路，根据上位法规定和政策指引，聚焦立法质量，细化实施举措，推动适用规范。另外，相关单位应创新立法工作，倡导制定简明管用的"短条例"，进一步缩短固有信息传导链条，推动立法、普法、执法都有新气象。截至2022年6月，中央和海南陆续出台近20件政策文件，为自由贸易港运输体制机制创新、产业体系建设、风险防控机制建设等提供了政策指引，极大增强了国内外投资者预期和信心①。同时，通过立法积极将政策支持转化为法律制度成果②。为建设区域性国际航运枢纽中心提供法制保障是《总体方案》的内在要求，是《海南自由贸易港法》的重要内容。海南建设泛南海区域性国际航运枢纽中心将成为双循环发展战略、区域全面经济伙伴关系（下称RCEP）和中欧投资协定（下称CAI）先行试验区，畅通海上丝绸之路通道，打造西部陆海新通道国际航运枢纽，把海南打造成为我国面向太平洋和印度洋的重要对外开放门户。

2. 确保重大改革于法有据

"重大改革于法有据"是习近平法治思想的核心要义之一，也是经济社会发展取得巨大成就推动改革模式更新与完善的必然结果。海南自由贸易港建设重大发展战略具有鲜明的时代性，并具有复杂性、挑战性，只有坚持重大改革于法有据、有法可依，才能最大限度凝聚共识，立长远，稳预期，更好理顺改革发展中的矛盾问题，加快形成一流营商环境，更好地防范化解各类风险，推动自由贸易港建设行稳致远。习近平法治思想指导下的海南自由贸易港法律

---

① 具体包括：1.规划政策类，《总体方案》（2020年6月1日）、《海南现代综合交通运输体系规划》（2020年9月10日）、《关于海南省开展环岛旅游公路创新发展等交通强国建设试点工作的意见》（2021年6月7日）、《海南省"十四五"综合交通运输规划》（2022年5月20日）。2.税收政策类，《关于海南自由贸易港试行启运港退税政策的通知》（2021年1月5日）、《商务部等20部门关于推进海南自由贸易港贸易自由化便利化若干措施的通知》（2021年4月19日）。3.航权政策类，《海南自由贸易港试点开放第七航权实施方案》。4.运输工具管理类，《国务院关于在中国（海南）自由贸易试验区暂时调整实施有关行政法规规定的通知》（2020年6月18日）、《海南海事局关于试点签发〈三亚辖区船舶管理证书〉》的公告（2020年6月11日）、《国务院关于同意在海南自由贸易港暂时调整实施〈中华人民共和国船舶登记条例〉有关规定的批复》（2022年5月5日）。

② 具体包括：1.法律、法规类，2021年6月10日，全国人民代表大会常务委员会会议通过并公布《中华人民共和国海南自由贸易港法》；2021年6月1日，海南省人民代表大会常务委员会议通过《海南自由贸易港国际船舶条例》（下称国际船舶条例）。2.规章类，2020年11月9日，海南海事局发布实施《海南自由贸易港国际船舶登记程序规定》；2020年11月27日，海南海事局和海口海关发布实施《海南口岸国际航行船舶联合登临检查工作程序》；2021年7月12日，海南省政府颁布《海南邮轮港口中资方便旗邮轮海上游航线试点管理办法（试行）》；2021年9月14日，海南省政府颁布《外籍邮轮在海南自由贸易港开展多点挂靠业务管理办法》；2021年9月17日，海南省政府颁布《海南自由贸易港国际客船、国际散装液体危险品船经营管理办法》；2021年9月28日，海南省政府颁布《海南自由贸易港外国船舶检验机构入级检验监督管理办法》。

制度体系作为中国特色社会主义法律体系的有机组成,体现社会经济转型发展和扩大开放的现实需要,以及全社会法治意识的增强,使"重大改革于法有据"具备实施的多种条件。在推进中国特色自由贸易港建设实践中,中央和海南仍需要妥善处理法律稳定性与实践变动性、法律的滞后性与超前立法需求、守法与敢闯敢干等矛盾。海南应妥善处理政策与法制、改革与法治、对外开放与中国特色、既有制度与新生规则之间的关系,紧密结合《总体方案》和《海南自由贸易港法》相关规定,对标借鉴新加坡、迪拜、伦敦、纽约和香港地区先进理念和成熟经验,将重要的决策部署法制化、具体化、中国化、制度化,用好海南地方立法权,保证海南在运输来往自由便利的政策突破和制度创新的可靠性和稳定性,提升自贸港建设整体标准和各项制度创新的权威性。

3. 协调境内外运输来往自由便利法律制度供给

《总体方案》对海南航运发展提出建设国际航运枢纽,促进航运要素集聚的发展要求。我国与航运有关的全国性法律与国际上先进的航运规则存在明显差距,无法满足海南自贸港运输来往自由便利的实际需求。如,在传统海上运输实践中,提单、海运单等单证一般都是以纸质形式存在的。但是,在实际操作过程中,纸质单证在签发、审核、流转等各个环节时间成本高,且纸质单证更易毁损和灭失。随着电子信息技术发展,传统纸质提单、海运提单逐渐转化成便于操作的电子运输单证。电子运输单证流转时间短且可靠性高,签发与转让的细节操作都可以通过先进的计算机技术和网络完成,依托强大的数据库还能够为当事人提供直接的信息查询服务[①]。《鹿特丹规则》第3章就对电子运输单证的法律效力和使用程序等内容作出了明确规定。我国1993年的《海商法》施行至今,近30年未作修改,亦未对电子运输单证作出相关规定。再如,我国《港口法》第6条第2款规定:"地方人民政府对本行政区域内港口的管理,按照国务院关于港口管理体制的规定确定。"第3款规定:"依照前款确定的港口管理体制,由港口所在地的市、县人民政府管理的港口,由市、县人民政府确定一个部门具体实施对港口的行政管理;由省、自治区、直辖市人民政府管理

---

① 袁发强.谨慎迈进——中国对待〈鹿特丹规则〉的应有态度[J].现代法学,2013(4):143-144.

的港口，由省、自治区、直辖市人民政府确定一个部门具体实施对港口的行政管理。"《港口法》所规定的港口管理体制，仍然是由单一的地方对港口进行管理，即"一地管一港"的港口管理体制。但是，国际上许多自由贸易港是跨行政区设立的。比如，美国的纽约港跨越了纽约州和新泽西州。我国的自由贸易试验区也存在类似的情况：四川自由贸易试验区在地理上分为三个片区：天府新区片区、青白江铁路港片区、川南临港片区。前两者在行政上属于四川省成都市，后者在行政上则属于四川省泸州市。对这种跨行政区的自由贸易试验区，需要建立管理委员会进行统一的协调管理，需要跨越行政区进行统筹安排。但是《港口法》并不能提供此种制度供给[①]。值得注意的是，《港口法》于2018年修订，其在短时间内再予修改的可能性并不大。

二、境外运输来往自由便利制度的考察与启示

（一）境外国家和地区运输来往自由便利制度的考察

1. 中国香港自由贸易区

香港自由贸易区运输来往自由便利制度主要涵盖：

（1）船舶注册制度。

香港的船舶注册制度对可予以登记船舶的范围的规定较为宽松，《商船（注册）条例》第11条第1款规定，船舶的权益由一名或数名合资格的人拥有或船舶由一个合资格的法人团体在光船租赁下经营，即可注册。《商船（注册）条例》未对船舶的船龄和吨位作出限制；在符合相关国际公约的前提下，不对船上的人员配备作出限制。该条例未要求船舶的自然人船东具有香港身份证或在香港经常居住，也未要求非自然人在香港注册。根据该条例第68条第1款的规定，船东可以通过船舶代表人在香港获得船舶注册。该条例对船舶代表人的规定也比较宽松，根据第68条第2款的规定，船舶代表人可以是该船舶的船东或部分船东，也可以是在香港成立并从事船舶管理业务或作为船舶代理人的法

[①] 王淑敏，谭文雯.中国特色自由贸易港的港口立法问题探析[J].大连海事大学学报（社会科学版），2018（4）：4.

人团体。从上述条款可以看出，挂香港区旗的船东可以选择在香港注册成立船公司或光船租赁公司；也可以选择不在香港注册任何形式的公司，只悬挂香港区旗，聘请香港公司作为船舶在香港的代理人。香港的船舶注册制度所规定的吨位年费相当低廉，根据《商船（注册）（费用及收费）规例》附表第3部分第1项的规定，香港船舶的吨位年费最低为1500美元，最高为77500美元。此外，该条例第4条第2A款还规定了吨位年费的减免规则①。

（2）船舶检验制度。

香港海事处先后引进了船旗国品质管理系统（FSQC）和注册前质量管理系统（PRQC）。在注册前质量管理系统中，香港海事处在收到船东的注册申请后，将根据船舶自身的条件，船舶在港口国监管中的被滞留情况，以及船舶的安全记录等因素，对船舶的质量状况和风险水平进行评估。香港海事处根据评估结果，来决定是否对船舶进行注册前的检查。注册前质量管理系统可以避免低质量船舶在香港获得注册，从而保证中国香港旗船舶的品质，降低其被港口国滞留的概率②。船旗国品质管理系统的功能则是对已经在香港获得注册的船舶的质量进行动态监管。该系统由计算机软件提供支持，在其数据库中，储存有中国香港旗船舶的以下资料：船舶在港口国检查后被滞留的次数和被发现的缺陷、船舶悬挂的船旗、船舶的船级社、船舶的意外事故记录等。香港海事处根据评估结果，来决定是否对船舶进行船旗国品质检查。2020年，香港海事处对船旗国品质管理系统和注册前质量管理系统进行了重大改革。经过改革，船舶的检验职责被交由认可组织承担，而香港海事处则主要对认可组织的检验活动进行复查和督促③。

（3）海员管理制度。

香港海员制度主要规定于香港法例第478章《商船（海员）条例》。《商船（海员）条例》为船员提供了比较可靠的劳动保障，其第76条第1款要求雇佣和解职海员必须在总监面前进行，第3款将违反第1款的行为规定为犯罪。基

---

① 香港注册船舶吨位年费减免计划[EB/OL]. 香港特别行政区政府海事处网站，2021-3-21[2022-6-15], https://www.mardep.gov.hk/sc/hksr/atc_rs.html.
② 胡荣华. 中国香港旗船舶的质量保证制度[J]. 中国船检，2020（6）：72-74.
③ 李春诚. 香港海事处船旗国质量管理制度的变更及影响[J]. 世界海运，2020（8）：16-18.

于《商船（海员）条例》，香港还制定了《商船（海员）（休息时间）规例》《商船（海员）（船上活动安全）规例》《商船（海员）（船上违纪行为）规例》《商船（海员）（工作及生活条件）规例》等38部附属法例，对海员的工作环境、健康与安全、工作纪律、船员协议等进行了详尽的规定。比如，《商船（海员）（进入危险舱）规例》第6条要求每隔最多2个月举行一次救援进入危险舱段的船员的演习。

（4）口岸监管制度。

香港采取世界上最宽松的口岸监管模式，这得益于香港对绝大多数货物不征收关税且对大多数货物不设置进出口许可。香港通过《应课税品条例》规定了应税货物的清单，其征收方式与内地的关税类似，但由于香港并没有对进出口货物征收关税，所以应课税品常被认为是香港关税的一种。根据《应课税品条例》第3条第1项的规定，香港海关对以下四类应课税品征税：第一，饮用酒类；第二，烟草；第三，碳氢油；第四，甲醇。除上述四种应课税品外，其他货物进入香港均无须缴纳关税。香港通过《进出口（战略物品）规例》规定了禁止进出口的货物清单。除《进出口（战略物品）规例》附表1所规定的货物外，其他货物进出香港均不需要事先获得许可证。香港将传统的口岸监管中的海关、边检、检验检疫和海事等部门进行了整合，货物进口可以进行一次性申报①。除常规的通关方式外，香港还推出了"海易通计划"，以简化海关的清关程序，对于经海路运入香港或在香港转运的货物，货运代理以电子档案的形式向海关提交副提单数据，以加快通关速度②。

（5）航运税收制度。

香港的税收制度非常简明，其主要规定于香港法例第112章《税务条例》及其附属法例。根据《税务条例》附表8的规定，在香港，包括航运企业在内的企业需要缴纳的利得税（即企业所得税）的标准利率仅为16.5%。香港实行来源征税原则，仅对在香港产生的收入或来源于香港的收入征税，《税务条例》第23B条体现了这一原则，根据该条规定，如果船舶仅仅是注册在香港，悬挂

---

① 曹晓路，王崇敏.中国特色自由贸易港事中事后监管创新研究[J].行政管理改革，2019（5）：41–42.

② 商务部国际贸易经济合作研究院课题组，邢厚媛.中国（上海）自由贸易试验区与中国香港、新加坡自由港政策比较及借鉴研究[J].科学发展，2014（9）：9.

中国香港区旗，其无须就在香港以外从事的国际运输活动缴纳利得税。此外，根据《税务条例》第8条第2款第j项的规定，如果船舶的船长或船员在香港的时间一年不超过60天或在连续的两年不超过120天，则对其收入免征薪俸税。针对可能出现的双重课税问题，香港特区政府与中国内地、英国、荷兰、比利时、新西兰等签订了双重课税宽免协议，如《中华人民共和国香港特别行政区与荷兰王国对经营船舶国际运输的企业的入息、利润、收益或资本避免双重课税协定》《大不列颠及北爱尔兰联合王国政府与中华人民共和国香港特别行政区政府对经营航运业务产生的收益避免双重课税协定》等，根据上述协定，中国香港旗船舶前往英国、荷兰等目的地的航运所得不用缴纳利得税，上述目的地前往香港的航运所得亦无须缴纳利得税，这使得中国香港旗船舶和缔约方船舶免遭双重课税[①]。

2. 新加坡自由贸易区

新加坡位于马来半岛南端，扼守马六甲海峡东侧。得益于重要的地理位置，新加坡成为重要的国际航运中心。新加坡自由贸易区运输来往自由便利制度主要涵盖：

（1）船舶注册制度。

新加坡船舶注册制度主要规定于《商船（船舶登记）规例》，其中第3条规定了可以注册为新加坡籍的船舶的范围：新加坡公民或在新加坡注册成立的法人团体所拥有的船舶。其中，对于公司拥有的船舶，《商船（船舶登记）规例》第5条第1款要求其最低实收资本达到50000美元。该规例第3条存在例外，对于外国拥有的船舶，《商船（船舶登记）规例》第8条要求该公司最低实收资本达到50000美元，且配备机械自推进装置，吨位不少于1600总吨。《商船（船舶登记）规例》对本国拥有的船舶并未设置船龄限制，但对于外国拥有的船舶，《商船（船舶登记）规例》第8条第2款将其船龄限制为不超过17年——除非登记官相信船舶在各方面都处于令人满意的状态。此外，对于光船租赁的船舶，《商船（船舶登记）规例》第5条第3款也规定了比较宽松的登记条件。新加坡船舶注册制度所规定的吨位年费比较低廉。根据新加坡《商船法》第14条

---

① 冯佳培.粤港澳大湾区建设与香港航运的未来发展定位[J].中国远洋海运，2020（12）：67.

第1款的规定，新加坡船舶的注册费为每净吨2.5美元，如果船舶的净吨位在500净吨以下，则只需要缴纳最低限额的注册费1250美元，如果船舶的净吨位在20000净吨以上，则只需要缴纳最高限额的注册费50000美元。根据新加坡《商船法》第14条第2款的规定，每艘新加坡籍船舶每年须缴纳的吨位税为每净吨20美分，最低100美元。

（2）口岸监管制度。

新加坡的口岸监管模式比较开放，95%以上的货物可以自由地进入新加坡①。对于存放于自由贸易区内的货物，新加坡免除其72小时的存放费用，对于存放于自由贸易区内准备出口或者转口的货物，新加坡免除其28天的存放费用②。新加坡政府早在1989年就推出了TradeNet平台，海关、税务等与口岸监管相关的行政机关通过该平台可以实现信息互通，货物可以通过该平台实现一站式通关③。

（3）航运税收制度。

在所得税方面，新加坡给予了航运企业和船员相当力度的优惠。根据新加坡《所得税法》第13A条的规定，对于新加坡旗船舶，不对其船公司的运营收入、股息、出租和出售船舶收入征收企业所得税；对于国际船务公司的运行、利息、租金收入，也免征企业所得税。除了对航运产业的税收优惠以外，新加坡对航运产业的周边产业，如航运金融、航运保险等收入，也提供税收优惠。根据新加坡《所得税法》第13条第7A款至第11款的规定，在海外所得的工薪收入、股息和投资收益免征个人所得税，新加坡籍海员在船上的工薪收入所得适用于该规定④。此外，新加坡政府还于1991年推出了特许国际航运企业计划，于2004年推出了特许航运物流企业计划。根据特许国际航运企业计划，凡是达到新加坡政府提出的特定要求的公司，对该公司船队中的船舶均免缴

---

① 汪传旭. 上海国际航运中心与特殊经济功能区联动发展研究［J］. 科学发展，2021（9）：51.

② 宋鹏霖，李飞，夏小娟. 对标新加坡提升自贸试验区贸易便利化的路径与思考——以上海自贸试验区为例［J］. 上海对外经贸大学学报，2018（1）：59-62.

③ 胡方. 国际典型自由贸易港的建设与发展经验梳理——以中国香港、新加坡、迪拜为例［J］. 人民论坛·学术前沿，2019（22）：43.

④ 陈程. 新加坡与上海国际航运中心所得税制度的比较与借鉴［J］. 现代经济信息，2014（9）：264.

所得税。根据特许航运物流企业计划，对于在新加坡注册的航运公司，如果能达到新加坡政府提出的特定要求，可以获得10年的免税优惠①。新加坡还于2006年推出了海事金融激励计划，规定符合新加坡政府要求的投资者如果将船舶注册在新加坡，则该船舶可以获得免收所得税的优惠，直到该船舶被出售为止②。

（4）航运金融制度。

在航运融资方面，新加坡是世界知名的船舶融资中心。新加坡几乎不存在外汇管制，在新加坡进行外汇结算、汇兑业务，很少存在限制。同时，新加坡的金融机构数量众多且国际化程度较高。这使得在新加坡进行船舶融资的成本较低且更加自由。在航运保险方面，新加坡的航运保险服务机构数量众多，市场规模庞大，航运保险的承保能力强，能够提供的航运保险种类较多，航运保险经纪业务十分发达③。

3. 迪拜自由贸易区

迪拜是阿联酋的第二大酋长国，其拥有杰贝阿里自由区（Jebel Ali Free Zone）等世界知名的自由贸易区，迪拜自由贸易区运输来往自由便利制度的主要内容有：

（1）航运领导体制。

迪拜重视航运制度的顶层设计，根据迪拜行政委员会作出的《建立迪拜酋长国最高海事委员会的决议》（2012年第14号），最高海事委员会成立。该决议第1条规定，该委员会的成员包括：迪拜道路与交通管理局的董事会主席和执行董事、迪拜市政府总干事、海关总署署长等官员。该决议第2条规定，该委员会的职责包括：审查迪拜的海上航行战略政策并提交常务理事会批准；审查执行海事政策和实现海事战略目标所需的计划和方案；检讨管理海事活动的法律，并提出必要的更新建议等。为了实现上述职能，该决议第3条规定，最

---

① 李连君，刘洋. 亚洲主要航运国家和地区鼓励航运发展的立法及政策探讨［J］. 中国海商法年刊，2010（3）：79.

② 张晓宇，李建伟，郭光锐. 发展航运金融的国际经验借鉴及启示［J］. 华北金融，2017（12）：35.

③ 张海波，孙健慧. 政府引导视角下航运金融发展的国际比较及启示［J］. 大连海事大学学报（社会科学版），2018（3）：48.

高海事委员会有权组建所需的执行委员会和工作团队,并确定他们的职责和功能;向专家和专业人士寻求观点和意见以作为帮助;将其发出的决定和建议提交有关实体,以便就此采取必要行动。

(2)港口管理体制。

迪拜的港口归迪拜地方政府所有,迪拜海事城市管理局《规范迪拜酋长国港口和海洋站的经营与管理的行政决议》(2021年第9号)第2条第a款规定,除政府实体外,任何自然人和法人都必须在获得迪拜海事城市管理局的许可后方能经营和管理港口和海洋站。1991年,迪拜港务局成立,其负责管理迪拜港口。迪拜港务局是独立的法人,实施独立的会计核算。它既有地方政府机关的职能,又具有企业运作的性质,实际上是一个法定机构。1999年,迪拜港务局将港口运营功能进行剥离,成立迪拜世界港口公司来管理迪拜的港口。

(3)船舶注册制度。

迪拜的船舶注册制度主要规定于阿联酋《海商法》第1章第2节中。该法对在阿联酋登记船舶的船东的国籍要求比较严格。第14条第1款规定,船舶的船东必须拥有阿联酋国籍,船舶为多个自然人共有的,全体船东必须都拥有阿联酋国籍。第18条第2款规定,总吨位少于10吨的渔船、游船或商业用船免于注册,驳船、拖船、起重机船等也免于注册。阿联酋《海商法》对高龄油轮和天然气船的登记比较谨慎,第19条规定,除非经内阁批准,不对首次注册时间超过10年的油轮或天然气船进行登记。该法规定的船舶注册费用相当低廉,第42条规定,船舶的登记费为每总吨4迪拉姆,总高不超过10000迪拉姆。目前,1迪拉姆约为1.83元人民币。第43条规定,船舶的吨位年费为每年每总吨2迪拉姆。

(4)法律服务。

2004年,迪拜设立国际金融中心(DIFC),同年,DIFC法院成立。DIFC法院是该地区第一个使用英语并采用英美普通法系的法院。根据迪拜政府发布的《迪拜国际仲裁中心法令》(2021年第34号),迪拜原有的迪拜国际金融中心—伦敦国际仲裁院仲裁中心和阿联酋海事仲裁中心被撤销,取而代之的是迪拜国际仲裁中心,以实现仲裁机构的简化和整合。许多国际海事律师事务所都在迪拜设置有办事处,这些律师事务所的海商事律师能够为客户提供船舶买卖、注册、租赁、保险等服务。

4. 伦敦自由贸易区

（1）航运金融。

伦敦是世界知名的航运金融中心，可以为航运市场提供优质的船舶融资租赁服务。比如，在船舶融资租赁服务中，税务租赁模式是一种富有伦敦特色的船舶租赁模式。根据英国税法的规定，纳税人购买大型运输工具的，该运输工具的价值可以按照上一年度剩余账面价值的25%进行折旧，其中，在纳税人购买该运输工具的前几年，采取快速折旧法快速折旧。该交通工具折旧的价值可以用于抵消纳税人的盈利。在税务租赁模式下，由承租人购买船舶，再将船舶出售给银行等金融机构，银行等金融机构再将船舶租赁给承租人。随后，船舶的价值根据英国税法的规定在购船后的数年快速折损，出资人所需缴纳的税款就会大大减少。出租人可以将这部分因税收减少而获得的好处用于降低租金。这使得承租人可以以较低的杠杆率获得船舶融资，从而降低其融资的成本和难度[①]。

（2）船舶经纪。

航运经纪业务的主要内容是为船舶的租赁、买卖、融资和保险提供经纪服务。航运经纪是伦敦的优势产业。伦敦有航运经纪公司100余家，全世界最大的航运公司克拉克森航运经纪公司就注册在伦敦。伦敦还有世界上最早的航运交易所——波罗的海交易所，波罗的海交易所有着270多年的悠久历史，是世界上最著名的航运交易所。航运经纪服务涉及的资金金额庞大，且极其依赖经纪人的专业知识、业务经验、职业道德，波罗的海交易所制定了自己的交易规则，对经纪人的经纪活动有着严格的规定[②]。

（3）港口管理体制。

英国议会于1980年通过《伦敦港法案》，《伦敦港法案》将负责伦敦各个港口的私营公司进行合并，设立伦敦港务局，伦敦港务局独立于中央政府和地方政府，但具有一定的官方性质。伦敦港由伦敦港务局进行管理、运行，管理、运行经费由伦敦港务局自行筹集，伦敦港务局主要通过装卸货物和出租码头设

---

① 张宋辉，陈雅靖，苏明.广州船舶融资租赁创新模式探究——基于国际航运中心建设的背景［J］.中国市场，2018（14）：42-43.

② 李贵良.国际航运中心的航运经纪业发展经验及启示［J］.生产力研究，2018（9）：111.

施来获得经费。因此，可以说伦敦港务局既扮演着商业运营者的角色，又扮演着公共管理者的角色①。

（4）法律服务。

伦敦是世界知名的国际航运服务中心，也是理想的海商事纠纷解决地。英国在国际航运方面的经验极其丰富，英国法在世界各地的适用极其广泛。世界上许多国家、地区都以英国法为范本来设计自己的海商事纠纷解决规则，许多世界通行的海商事规则、标准都诞生于伦敦。伦敦拥有相当数量的海商事法律专门人才和在国际上享有盛誉的海商事法庭、仲裁机构，各个仲裁机构每年受理的海商事仲裁案件总数达1000件以上。伦敦因此成为国际上理想的海商事纠纷解决地②。

5. 纽约自由贸易区

纽约是美国最大的经贸和文化中心，还是美国主要的造船基地之一。1801年建立的布鲁克林造船厂，从19世纪初到20世纪40年代都是美国海军的主要造船基地。纽约自由贸易区运输来往自由便利制度的主要内容有：

（1）港口管理体制。

哈德逊河南北纵贯纽约自由贸易区，哈德逊河两岸分属纽约州和新泽西州，纽约州和新泽西州在很长一段时间里各自为政，未能对港口进行统一的管理和的规划，这导致港区的港口条件和基础设施长期得不到有效的开发和利用。为了解决这一问题，纽约州和新泽西州于1921年签订了州际协议，协议组建纽约—新泽西港务局，对纽约港进行管理。纽约—新泽西港务局在政治上独立于两州政府，其内部实行董事会制度，按照企业管理体系进行管理，它实际上是专门管理纽约港的法定机构③。除了在成立之初从纽约州和新泽西州议会获得的少量拨款外，纽约—新泽西港务局运转所需的经费均是自行筹集的，其筹集经费的方式主要是向港区内基础设施使用者收取费用和发债。总体上看，纽约—新泽西港务局的财务状况是稳健的。纽约—新泽西港务局的财政模式既不

---

① 张宏波，纪永波. 英国沿海港口的发展与启示［J］. 港口经济，2008（1）：58-59.
② 杨子儒. 关于临港新片区提升航运法律服务水平的研究［J］. 珠江水运，2021（10）：93-96.
③ 杨爱平，张吉星. 纽约—新泽西港务局运作模式对粤港澳大湾区跨境治理的启示［J］. 华南师范大学学报（社会科学版），2019（1）：103.

需要依赖政府的经费支持,也未加重居民的税收负担,而是采用市场化的手段将港口运作的费用转由港口使用者承担,这是其成功的原因所在[①]。

(2)造船补贴制度。

为了鼓励美国航运企业在本国建造船舶,美国政府为美国航运企业提供建造差额补贴。航运企业在不同国家建造船舶的费用是不同的,在美国建造船舶的费用可能高于其在其他国家建造船舶的费用。此时,出于经济考虑,航运企业就会倾向于在其他国家建造船舶。建造差额补贴的主要作用是,通过政府补贴的方式,降低美国航运企业在美国建造船舶的成本,从而吸引其选择在美国建造船舶。从1936年美国推出建造差额补贴到1988年,美国用于补贴本国企业的建造差额补贴高达38亿美元[②]。此外,美国海军还于1998年推出了"造船能力维护协议",根据该协议,美国将为建造军舰的本国造船厂提供补贴[③]。

(3)航运补贴制度。

除造船补贴外,美国政府还为航运企业提供航运补贴,航运补贴的主要形式是营运差额补贴。该补贴的主要内容是,对于悬挂美国旗且使用美国船员的船舶,由政府予以补贴,使得该船舶的运营费用与外国船舶持平。1996年,美国政府又推出了"海上安全计划"来替代营运差额补贴。根据"海上安全计划",美国政府为加入"航运安全船队"的美国船舶及其该船舶上的美国船员按照每年210万美元的标准提供补贴,补贴期限长达10年[④]。

(4)航运税收制度。

在航运税收方面,美国通过采用加速船舶折旧的方式给船东以税收优惠。在船舶折旧的计算方式上,美国大多采取余额递减法这种方式,这种折旧方式使得船舶的折旧速度被大大加快。美国的船舶折旧年限仅为5年,该折旧年限远远短于船舶的物理使用寿命。除余额递减法外,美国还采取年限总和法和双倍余额递减法来计算船舶的折旧。这些折旧方法都能使得美国船东每年从船舶折旧中获得相当丰厚的免税额度,从而为美国船东扩大船队规模、增加航线数

---

① 赵健.纽约—新泽西港务发展运营模式及对上海港的启示[J].中国名城,2013(5):54-55.
② 胡亚琴.中美航运政策比较[J].中国水运(理论版),2006(6):31.
③ 刘晓星.发达国家造船业的发展经验研究[J].经济研究导刊,2007(1):164.
④ 马得懿,王幸子.我国航运补贴的制度构架[J].国际经贸探索,2011(11):57.

量、扩张业务范围提供资金支持①。

(二)境外国家和地区运输来往自由便利制度考察启示

1. 完备的法律规范体系是实现运输来往自由便利的制度前提

世界上比较成功的自由贸易区均围绕运输来往自由便利的目标，制定了实现该目标的法律体系。以香港为例，其将与船舶注册有关的法律规定于香港法例第415章，该章以《商船（注册）条例》为中心，包含《商船（注册）（费用及收费）规例》等众多附属法例；将与船舶安全有关的法律规定于香港法例第369章，该章以《商船（安全）条例》为中心，包含《商船（消防装置）规例》等众多附属法例。这种立法模式形成了系统性、体系化的法律制度，为香港自由贸易区实现运输来往自由便利提供了稳定、可靠的制度性保障。

2. 航运法定机构的建设是实现运输来往自由便利的组织基础

尽管各自的政治制度、法律体系、历史文化不尽相同，但伦敦、新加坡和纽约等自由贸易区最终选择了由法定机构来管理港口、机场等关键航运枢纽。法定机构在港口、机场等关键航运枢纽的管理、运营过程中发挥着独特的作用。港口、机场等关键航运枢纽的管理、运营和规划是一个知识密集型的事业，需要大量有知识、有经验、有视野、熟悉国际航运规则的专业人士投身进来。以法定机构为主导的交通枢纽管理体制能够减少行政机关在港口经营管理中的直接参与，提高港口运营的市场化程度和运行效率，最终提高人员和物资在航运枢纽的通行速度。

3. 国际化程度是影响运输来往自由便利的重要因素

新加坡等自由贸易区高度重视本国运输来往自由便利制度的国际化程度。目前已经生效的三大国际海运规则分别是《海牙规则》《海牙——维斯比规则》《汉堡规则》。新加坡《海上货物运输法》规定，《海牙——维斯比规则》在新加坡具有法律效力。《海牙——维斯比规则》是《修改统一提单若干法律规定的国际公约议定书》的简称，是国际社会在《海牙规则》不能适应航运业发展形势的情况下对其进行修改的产物。新加坡《海上货物运输法》的规定使得新

---

① 张泽. 船舶融资租赁业税收政策对海南自由贸易区（港）的启示[J]. 海南金融, 2019（2）: 50–51.

加坡在《海商法》上进一步与国际通行规则进行接轨，有利于保护国际航运企业的权益。

4. 低税费、高效率是促进运输来往自由便利的重要手段

费用低廉、规则简明是世界上成功的自由贸易区运输来往自由便利制度的重要特征。新加坡海关从2018年起整合TradeNet和TradeXchange平台，新开发了互联贸易平台，即Networked Trade Platform（简称NTP）。境外货物由新加坡海关进入时，报关人员需要通过NTP上政府服务——TradeNet贸易网络系统来整合货物流动的文件流程，在15分钟内快速完成货物清关程序。NTP的引入极大地简化了货物通关的流程，加快了货物通关的速度。香港对于境外进口的船舶，不征收关税和增值税。这减轻了船东的税费负担，有利于船队引进新的船舶，壮大船队规模，最终使得运输来往更为自由便利。

三、海南自由贸易港运输来往自由便利制度现状及问题

（一）我国交通运输法律制度的现状

1. 全国层面的政策与法律现状

在全国层面，运输来往自由便利涉及的法律主要包括：《中华人民共和国海商法》，该法主要对船舶、船员、海上货物运输合同、海上旅客运输合同、船舶租用合同、船舶碰撞、海难救助等问题进行了规定。《中华人民共和国船舶吨税法》，该法主要对船舶吨税的税目、税率、吨税执照的申请和发放、吨税纳税义务发生时间、免征吨税的情形等问题进行了规定。《中华人民共和国海关法》，该法主要对进出境运输工具、进出境货物、进出境物品、关税、执法监督等问题进行了规定。《中华人民共和国国境卫生检疫法》，该法主要对检疫、传染病监测、卫生监督等问题进行了规定。《中华人民共和国港口法》，该法主要对港口规划与建设、港口经营、港口安全与监督管理等问题进行了规定。《中华人民共和国航道法》，该法主要对航道规划、航道建设、航道养护、航道保护等问题进行了规定。《中华人民共和国海上交通安全法》，该法主要对船舶、海上设施和船员、海上交通条件和航行保障、航行、停泊、作业、海上

客货运输安全、海上搜寻救助等问题进行了规定。《中华人民共和国公路法》,该法主要对公路规划、公路建设、公路养护、路政管理、收费公路、监督检查等问题进行了规定。《中华人民共和国铁路法》,该法主要对铁路运输营业、铁路建设、铁路安全与保护等问题进行了规定。《中华人民共和国民用航空法》,该法主要对民用航空器国籍、民用航空器权利、空中航行、公共航空运输、通用航空等问题进行了规定。《中华人民共和国国际海运条例》,该条例主要对国际海上运输及其辅助性业务的经营者、国际海上运输及其辅助性业务经营活动、外商投资经营国际海上运输及其辅助性业务等问题进行了规定。《中华人民共和国船舶登记条例》,该条例主要对可以登记的船舶的范围、船舶所有权登记、船舶国籍、船舶所有权登记、船舶抵押权登记、光船租赁登记等问题进行了规定。《中华人民共和国船舶和海上设施检验条例》,该条例第二章主要对船舶检验机构、必须向中国船级社申请入籍的船舶范围、船舶的临时检验等问题进行了规定。《外国籍非军用船舶通过琼州海峡管理规则》,该管理规则主要对外国籍非军用船舶通过琼州海峡须办理的手续、通过琼州海峡须办理的实践、通过琼州海峡须办理的水道等问题进行了规定。《中华人民共和国进出口关税条例》,该条例对进出口货物关税税率的设置和适用、进出口货物完税价格的确定、进出口货物关税的征收、进境物品进口税的征收等问题进行了规定。《国内水路运输管理条例》,对水路运输经营者、水路运输经营活动、水路运输辅助业务等问题进行了规定。《中华人民共和国船员条例》,该条例主要对船员注册和任职资格、船员职责、船员职业保障、船员培训和船员服务等问题进行了规定。《中华人民共和国飞行基本规则》,该规则主要对空域管理、飞行管制、航路和航线飞行、飞行指挥等问题进行了规定。《通用航空飞行管制条例》,该条例主要对飞行空域的划设与使用、飞行活动的管理、飞行保障等问题进行了规定。《民用机场管理条例》,该条例主要对民用机场的建设和使用、民用机场安全和运营管理、民用机场安全环境保护等问题进行了规定。《外国民用航空器飞行管理规则》,该规则对外国民用航空器在我国的定期航班飞行、加班飞行、不定期飞行的申请和批准进行了规定。《中华人民共和国出境入境管理法》,该法主要对中国公民和外国人出入境、外国人停留居留、交通运输工具出境入境边防检查、调查和遣返等问题进行了规定。《中华人民共和国外国人入境出境管理条例》,该条例主要对签证的类别和签发、停留居留管理、调查和遣返等问题进行了规定。《国际航行船舶进出中华人民共和国口岸检查办法》，该办法主要对国际航行船舶进出中华人民共和国口岸的手续、检查责任机关、检查程序等问题进行了规定。

在政策层面，国务院发布《在中国（海南）自由贸易试验区暂时调整实施有关行政法规规定的通知》，决定在海南自由贸易试验区暂时调整实施《中华人民共和国海关事务担保条例》和《中华人民共和国进出口关税条例》的有关规定，对中国（海南）自由贸易试验区内自驾游进境游艇实行免担保政策。暂时调整实施《中华人民共和国国际海运条例》的有关规定，在中国（海南）自由贸易试验区注册企业经营国际客船、国际散装液体危险品船运输业务的审批权限，由国务院交通运输主管部门下放至海南省交通运输主管部门。暂时调整实施《中华人民共和国船舶和海上设施检验条例》的有关规定，在中国（海南）自由贸易试验区登记的中国籍国际航行船舶，允许由外国船舶检验机构开展船舶入级检验。暂时调整实施《中华人民共和国国际海运条例》和《国内水路运输管理条例》的有关规定，允许仅涉及中国（海南）自由贸易试验区港口的外籍邮轮运营多点挂靠航线业务。基于海南海域情况及海南国际邮轮发展状况，在五星红旗邮轮投入运营前，允许中资邮轮运输经营主体在海南三亚、海口邮轮港开展中资方便旗邮轮海上游业务。国务院发布《关于同意在海南自由贸易港暂时调整实施〈中华人民共和国船舶登记条例〉有关规定的批复》，同意在海南自由贸易港暂时调整实施船舶登记条例的有关规定，对在海南自由贸易港登记，仅从事海南自由贸易港内航行、作业的船舶，取消船舶登记主体外资股比限制。中国民用航空局发布《海南自由贸易港试点开放第七航权实施方案》，鼓励并支持指定的外国空运企业在海南省具有国际航空运输口岸的地点试点经营第七航权的定期国际客运和（或）货运航班。海南是低空空域改革试点和空域精细化管理改革试点省份，启动建设了全国唯一的"低空空域空管服务保障示范区"，也是全国唯一实现省域低空监视全覆盖的省份。交通运输部发布《关于试点实施有关中资非五星旗船舶沿海捎带政策的公告》，允许注册在境内的中资航运公司利用其全资或控股的非五星旗国际航行船舶，经营以自由贸易试验区开放港口为国际中转港的外贸进出口集装箱在国内沿海对外开放港口与自由贸易试验区开放港口之间的捎带业务。

2. 海南层面的政策与法规现状

海南省人大常委会通过《海南自由贸易港国际船舶条例》，该条例在国际船舶登记制度上进行了一些创新。该条例第7条允许外国船舶检验机构开展国际船舶入级检验。第9条第2款取消了国际船舶登记主体外资股比的限制。第23条允许超龄船舶经检验合格后办理登记。第37条规定对国际船舶及其辅助性业务经营者、船员服务机构和船舶检验机构提供企业所得税优惠，对其高管和船员提供个人所得税优惠。此外，根据该条例第12条的规定，船舶登记应当在一个工作日内完成。

海南海事局发布《海南自由贸易港国际船舶登记程序规定》，对国际船舶的登记范围、登记原则、申请材料、审批期限等进行了规定。海南海事局和海口海关发布实施《海南口岸国际航行船舶联合登临检查工作程序》，规定海事部门根据船方或其代理人提出的联合登临检查需求，拟定联合登临检查计划；原则上各查验单位仅在船舶靠泊期间对其实施一次联合登临检查。海南省发布《海南邮轮港口中资方便旗邮轮海上游航线试点管理办法（试行）》，允许中资方便旗邮轮在海南开展邮轮海上游航线试点业务，简化了邮轮运输经营资质审批流程和国内旅客登轮证件管理，放宽了邮轮运输经营主体准入条件。海南省发布《外籍邮轮在海南自由贸易港开展多点挂靠业务管理办法》，将外籍邮轮挂靠业务的审批权限下放到海南省交通运输主管部门，并明确其应当在申请材料完整齐备之日起10个工作日内审核完毕。海南海事局出台《外国籍人员参加海南自由贸易港船员培训、考试和申请船员证书管理办法》，允许外国籍人员参加中国船员培训考试、发证的制度文件，允许持有与中国互认海船船员适任证书的国家船员在海南自贸港参加船员职务的晋升和船员证书在有效的培训、考试；出台《海南自由贸易港特定水域船舶最低安全配员管理办法》，允许船舶实行有别于一般最低配员标准的船舶弹性配员签注。海南省政府颁布《海南自由贸易港国际客船、国际散装液体危险品船经营管理办法》，规定在海南自由贸易港注册企业经营国际客船、国际散装液体危险品船运输业务的，由海南省交通运输主管部门审批；实行以信用监管为基础的监管机制。海南省政府颁布《海南自由贸易港外国船舶检验机构入级检验监督管理办法》，对外国验船公司开展的在海南自由贸易港登记的中国籍国际航行船舶入级检验活动进行了规范。

（二）海南自贸港运输来往自由便利制度亟待解决的问题

1. 港口管理制度有待创新

目前，海南自由贸易港的港口开发建设主导权在企业，政府亟须建设的港口项目往往因为企业基于自身发展和节约建设成本考虑，推动项目建设积极性不高，导致政府战略意图难以又快又好落地。因政府负责的港口公共基础设施无收益来源，融资渠道不畅，建设养护资金不足，无法保障港航业的健康持续发展。海南自由贸易港的港口总体规划缺乏全省一盘棋的统筹机制，地方政府编制的港口总体规划往往侧重于招商引资，未按全省层面确定的功能定位加以落实，导致各港同质化竞争、临港物流仓储用地不足、港产融合度不高、港城矛盾等问题突出。港口岸线及临港土地管控不严，业主码头过多，港口岸线利用过于粗放，圈岸线和圈临港土地资源等问题严重。

2. 琼州海峡运输缺乏统一管理制度

琼州海峡是海南自由贸易港的重要航运通道，海南省约90%的生活物资和约30%的旅客是通过琼州海峡进入海南岛的。2017年的《琼州海峡轮渡运输管理规定》是海南省制定的为数不多的琼州海峡管理规则，但其不涉及琼州海峡两岸的运力整合、港航一体化建设，不能有效处理建设海南自贸港背景下出现的新问题。例如，琼州海峡轮渡涉及海南、广东和粤海铁路三方，包括海口六个港区和海南、广东的四个企业，这些企业利益诉求并不相同，甚至存在竞争关系。为解决运力整合问题，海南、广州两省协同推进港航一体化建设。2022年，海峡股份公司开始对琼州海峡两岸的船舶运力、车客货资源、港航资源等进行统一调度①，大大加快了船舶通行时间和到岸泊船时间，提高了琼州海峡的通行效率。法治是改革的重要保障，海南、广东两省未在法律层面对港航一体化进行立法，缺乏对琼州海峡统一管理的制度。此外，琼州海峡作为海南自贸港和内陆地区重要海上通道，海口的港口和徐闻的港口承担着"一线放开、二线管住"的重大责任，大量购买免税品的游客通过轮渡通过琼州海峡，如果没有形成协同监管制度，则不利于税收监管的风险防控。

---

① 琼粤两省共同推动，琼州海峡港航一体化顺利推进，通行效率不断提升［EB/OL］. 海南省人民政府网，2022-6-14［2022-7-2］，https://www.hainan.gov.cn/hainan/5309/202206/c1e5418dcdb0477d839fab0aab76b00f.shtml.

3. 国际船舶登记管理制度有待革新

海南自由贸易港的国际船舶登记制度存在明显不足，与世界上成功的国际船舶登记制度仍存在明显差距。首先，《海南自由贸易港国际船舶条例》在对船舶检验机构的认可方面比较保守。该条例第7条第1款规定："取得法定检验授权的船舶检验机构可以开展国际船舶入级检验。"国际上，船舶检验机构一般以船级社的形式存在。依该条规定，对于申请在中国洋浦港入籍的船舶，其只能在中国船级社或者海南自由贸易港授权的船级社申请入籍。但是，除中国船级社以外的船级社如何才能获得海南自由贸易港的授权呢？该条例并未作出规定。在这一点上，国际上成功的自由贸易港普遍未对船舶方选择哪一个船级社入级进行限制，这种开放式的规定能够最大限度地给予船舶方选择船级社的自由，从而吸引其在本港口入籍。其次，该条例第9条第1款将可以在中国洋浦港办理国际船舶登记的主体限制为在海南自由贸易港有住所的中国公民，在海南自由贸易港依法成立的法人，在海南自由贸易港依法成立的非法人组织所有或者融资租赁、光船租赁的船舶。依此规定，对于中国公民而言，如果其在海南自由贸易港没有住所，则无法将其船舶入籍中国洋浦港。对于外国公民而言，无论其在海南自由贸易港是否有住所，都无法将其船舶入籍中国洋浦港。对于未在海南自由贸易港依法成立的法人或非法人组织，都无法将其船舶入籍中国洋浦港。在这一点上，国际上成功的自由贸易港普遍未要求自然人船东拥有自由贸易港的国籍或居民身份，也不要求非自然人船东在自由贸易港注册，非自然人船东在自由贸易港甚至可以没有任何办事机构或商业实体。这种规定相较于《海南自由贸易港国际船舶条例》第9条第1款的规定而言更加灵活，能够更好地照顾到船东全球化经营的需要，降低船舶的登记成本。

4. 国际航运反垄断豁免制度缺位

长期以来，我国的《反垄断法》等法律对国际航运反垄断豁免问题一直未明确示明立场。学界对我国是否存在航运反垄断豁免制度也存在激烈争议：赞成说认为，中国是1974年《联合国班轮公会行动守则公约》缔约国，从遵守国际公约的角度，应当认为我国已经对班轮公会这一"海上卡特尔组织"予以了反垄断豁免；反对说则认为，1974年《联合国班轮公会行动守则公约》未明确使用反垄断豁免的表述，而且公约在容忍班轮公会的航运垄断行为的同时对其施加了严格的限制，缔约国可以根据自身主权对其进行规制①。在海南层面，海南自由贸易港的反垄断执法机关在此问题上亦未明示态度。立法上的模糊态度和学理上的相反观点一方面使得反垄断执法机关在航运产业政策和竞争政策间来回摇摆；另一方面导致航运业对国际航运垄断的合法性始终无法形成合理、稳定的预期，不利于稳定航运投资者的市场信心。

5. 外籍邮轮多点挂靠管理制度开放不足

尽管《外籍邮轮在海南自由贸易港开展多点挂靠业务管理办法》进行了一些制度创新，但其仍比较保守。具体地说，首先，该办法系海南省政府制定的政策性文件，其稳定性不足。这一点可以从该办法第22条中得到印证，该条规定该办法的有效期至2024年底。2024年以后外籍邮轮如何进行多点挂靠，该问题尚不明确。其次，该办法规定外籍邮轮多点挂靠必须经审批而成行，外籍邮轮仍不能在海南自由贸易港自由地多点挂靠。此外，该办法对外籍邮轮多点挂靠的管理呈现出多头管理的局面。该办法第4条第2款规定由省交通运输主管部门对外籍邮轮多点挂靠进行审批，第3款规定省旅游主管部门对外籍邮轮多点挂靠涉及的旅行社进行监管，第4款规定海口海关对外籍邮轮及其所载人员和货物进行检疫和监督，第5条规定海口出入境边防检查总站负责外籍邮轮的边防检查手续，第6款规定海南海事局负责外籍邮轮的安全和污染防治。尽管该办法第16条要求建立外籍邮轮联合登临检查工作机制，但并未对这一机制作出具体的制度安排。

6. 沿海捎带业务部分开放机制有失公平

目前，海南自由贸易港仅对中资非五星红旗船舶开放沿海捎带业务，这种部分开放会带来不公平的问题。一是外资外旗船与中资非五星红旗船之间的不公平。为什么同样是非五星红旗船，中国主体控股的船舶享有沿海运输权，而外国主体控股的船舶就不享有该权利呢？二是中资五星红旗船与中资非五星红旗船之间的不公平。同样是中资船舶，凭什么非五星红旗船可以与五星红旗船享受同样的沿海运输权呢？此外，《中华人民共和国海商法》第4条第1款规定我国的沿海运输权专属于中国籍船舶。而交通运输部的《贯彻落实〈中共中央

---

① 王秋雯. 产业政策与竞争规制协调视野下的国际航运反垄断豁免理论反思[J]. 河北法学, 2014 (11): 107.

国务院关于支持海南全面深化改革开放的指导意见〉的实施方案》《关于试点实施有关中资非五星旗船舶沿海捎带政策的公告》均属于政策性文件,在法律未作出修改以前,通过政策性文件开放的沿海运输权的做法,其合法性是存疑的。

7. 国际船员管理制度不健全

海南自由贸易港的国际船员管理制度比较松散,《外国籍人员参加海南自由贸易港船员培训、考试和申请船员证书管理办法》《海南自由贸易港特定水域船舶最低安全配员管理办法》《海南自由贸易港游艇操作人员培训、考试和发证办法》等均系政策性文件,未能形成系统、稳定的制度。此外,在船员的个人所得税方面,世界上大多海洋国家都对海员给予个税优惠。2020年征求意见的《海南自由贸易港国际船舶条例(草案送审稿)》第41条规定:"用工单位在海南自由贸易港注册,且两个连续纳税年度内在国际船舶上工作时间累计满183天的船员,免征个人所得税。"但该条例在2021年通过时,却删去了这一规定,这与国际上通行的做法不符。

8. 航线资源配置法制化程度有待提升

在航权开放方面,海南自由贸易港的航权开放制度的开放程度不高。首先,《海南自由贸易港试点开放第七航权实施方案》将第七航权航班限定为每条航线客、货总班次最高每周7班。这远远不能满足海南自由贸易港迅速增长的国际客运、货运需求。其次,该方案规定,外国空运企业经营第七航权航班时,在海南与中国境内的其他地点之间无串飞或中途分程权。这限制了外国空运企业的航线的灵活性。此外,该方案规定,使用第七航权开放试点政策的外国空运企业需由所在国通过外交途径指定其作为经营至中国的国际客货航班的空运企业,该申请程序比较烦琐。需要指出的是,《海南自由贸易港试点开放第七航权实施方案》是一个政策性文件,其并不能在海南自由贸易港建立起第七航权开放的制度安排。在空域开放方面,海南未能将低空空域改革的相关成果固化为法律,从而形成稳定的制度,空域开放制度在定型上存在明显不足。在航线数量和质量方面,海口美兰机场和三亚凤凰机场的各项指标接近国内第二梯队机场水平,但在航线数量、年起降架次、日均航班量、旅客吞量和国际通航点等方面较新加坡、中国香港、迪拜等国际知名自由贸易港机场存在较大差距。此外,海南自由贸易港机场的中转旅客比例极低,国际中转能力弱,与建设枢纽机场的目标之间还存在较大距离。海南自由贸易港机场的货运航线数量稀少,国际货运吞吐量低,在总货运吞吐量中的占比低,难以为自由贸易港货物的高效、快捷流动提供航空物流保障。

9. 国际船舶联合登临检查工作效能较低

一方面,海南自由贸易港缺乏船舶联合登临检查的信息共享平台。在对国际航行船舶进行检查的过程中,必须从船舶方面获取一些必要的信息。但是,即使是在联合登临检查工作机制下,这些信息也是由不同的行政机关分别掌握的。如,船舶的定位信息、航行轨迹信息由海事机关掌握,船舶的载货信息、进口货物报关单信息由海关掌握,14天内途经的港口信息由检验检疫机关掌握。信息共享机制不完善,造成了船舶方需单独向各行政机关申报信息,浪费了大量人力、物力和财力。同时,海事机关、海关、边防检查机关、检验检疫机关的检查时间并不一致。除常规的登临检查外,边防检查机关的防偷渡检查、海关的缉私检查、检验检疫机关接到疫情举报后的检查、海事机关的港内安全作业核查等临时性检查工作均无法确定具体的登临检查时间。另一方面,联合登临检查并未成为登临检查的常态,联合登临检查的选船标准不确定,《海南口岸国际航行船舶联合登临检查工作程序》并未对必须开展联合登临检查的船舶作出规定。

四、海南自由贸易港运输来往自由便利制度建设构想

(一)海南自由贸易港运输来往自由便利制度总体构想

1. 完善运输法律的顶层设计

习近平总书记多次对海南自贸港的发展进行指示批示。中央层面先后出台了《中共中央 国务院关于支持海南全面深化改革开放的指导意见》《海南自由贸易港建设总体方案》《海南自由贸易港法》为海南的发展进行顶层设计,交通运输部、中国民航局等部门为海南自贸港建设制定了相关配套文件,中央多次出台文件暂停实施涉及运输方面的法律,解除海南自贸港建设中上位法的桎

楷。但是，在海南自贸港运输来往便利自由的法制化创新中，仍有亟待解决的问题。

第一，从全国范围来看，没有由全国人大及其常委会制定的基本法律，海南运输来往自由便利制度缺少上位法支持。交通领域出台了《铁路法》《海商法》《民用航空法》《公路法》《港口法》《道路交通安全法》《航道法》七部法律，还有许多行政法规和部门规章。交通运输虽然包括不同运输行业、方式，但是具有一定共性，必须有共同的法律规范。此外，交通运输部也在谋划出台综合交通法规，以期在上位法的指引下，各个运输领域下位法根据共同的法律制定具体的、可操作性的实施性规定。

第二，从海南自贸港来看，缺少一部关于运输来往自由便利的地方性法规。运输来往自由便利制度不是各运输制度的简单加总，而是有机衔接，最大限度发挥整体效能。海南可以利用海南特区立法权或海南自贸港法规制定权，制定《海南自贸港运输来往自由便利促进条例》。主要内容可以规定海南自贸港运输来往自由便利制度的总体规划、主要制度、相关配套措施等促进类问题。例如，明确运输来往自由便利发展的目标和原则，框架设计，监管过程中相关管理部门的统筹和协调机制，促进不同运输方式的衔接，等等。

2. 明确运输来往自由便利制度发展目标

2025年之前，海南自贸港要健全围绕运输来往自由便利的制度体系，逐步完善运输方面的法律法规[①]。习近平总书记指出，改革开放越是深入越要强调法治。党的十八届四中全会明确提出，立法要与改革决策相衔接，重大改革必须于法有据、立法也要主动适应改革和经济社会发展需要[②]。海南地处独立地理单元，与内陆地区隔海相望，只能通过海运和空运进行来往。经济发展方面海南建省发展经济的时间较晚，目前属于国内欠发达的省份，经济产业较为单一，交通运输的基础设施建设薄弱，体制机制不健全。要发挥好顶层设计与后发性改革的优势，学习借鉴国内外优秀经验。因此，在海南探索中国特色自由贸易港的过程中，从制度建设入手，高度重视法治，坚持法治创新与立法引导，逐

---

① 中共中央 国务院关于印发海南自由贸易港建设总体方案的通知. 中华人民共和国国务院公报，2020-6-1.
② 王崇敏，曹晓路. 海南中国特色自由贸易港建设的法治创新与立法保障[J]. 汉江大学学报（社会科学版），2019（1）：15.

步完成法律法规的构建。

2035之前海南自贸港运输来往自由便利制度体系和运作模式更加成熟，基本实现运输来往自由便利[①]。党的十九大报告指出，在全面建成小康社会之后，再奋斗十五年，基本实现社会主义现代化。海南作为中国改革开放的"试验田"，承载着重大的历史使命。在运输来往自由便利方面，探索"中国洋浦"船籍港，实行不同于内陆的国际船舶登记制度，试点开放第七航权以及更优惠的税收政策等制度创新。

本世纪中叶，全面建成具有国际影响力的高水平自由贸易港的运输体制[②]。党的十九大报告中清晰地擘画全面建成社会主义现代化国家的时间表、路线图。到本世纪中叶，海南自贸港要建设成为具有国际影响力的高水平自贸港。纵观世界上高水平自由贸易港无不具有国际航运中心的地位，高度自由便利的运输来往制度以及现代化的服务保障水平、高效优质的金融服务和多元纠纷化解机制。因此，全面建成完备的运输来往自由便利体制不仅是高水平自贸港建设的内在需求，也是海南自贸港建设的重要目标。

3. 确立运输来往自由便利制度设计原则

习近平总书记强调："要把海南更好发展起来，贯彻新发展理念，推动高质量发展是根本出路。"党的十八大提出贯彻创新、协调、绿色、开放、共享的新发展理念，为海南自贸港的建设提出了总指导总方向，奠定了海南自贸港未来建设的总基调。海南自贸港运输来往自由便利制度设计时应当坚定不移地贯彻新发展理念，参考以下原则进行制度设计。

（1）集成创新原则。

建设海南自贸港是我国新时代改革开放进程中的一件大事，作为唯一的中国特色自由贸易港，海南在构建运输来往自由便利体制机制过程中，没有先例可循，不仅需要自上而下的顶层设计推动创新，还需要自下而上的实践推动创新。体制机制和制度创新一直以来是我国改革开放先行先试所追求的目标。《海南自由贸易港建设总体方案》要求：要对接国际高水平经贸规则，促进生产要素自由便利流动，高质量高标准建设自由贸易港，把制度集成创新摆在突

[①][②] 中共中央 国务院关于印发海南自由贸易港建设总体方案的通知. 中华人民共和国国务院公报，2020-6-1.

出位置。在运输来往自由便利制度构建过程中,要注重将港口基础设施建设和制度规则建设相协调。在具体制度构建方面,不能满足于某个领域或某个制度中的单项创新,要找准海南自贸港建设过程中的真问题,借鉴国际先进经验,做到真正符合海南定位,采用制度集成创新的方法,出台更多制度创新成果。

(2)开放原则。

在如今经济逆全球化趋势的背景下,建设海南自贸港是我国坚定不移走扩大开放之路的真实写照。海南自贸港作为最高开放形态的地区,承担了由商品和要素流动性开放向规则等制度开放的转变。[①]其中运输来往自由便利制度的开放是海南实现对外开放新理念的实践之一,运输业的开放是高水平开放推动高质量发展的关键举措。在对外开放过程中,最普遍的方式就是货物运输,海南自贸港要围绕着货物运输自由便利制度,打造一系列的制度创新,为全国探索运输来往自由便利提供经验积累和路径探索,不断促进海南自贸港运输来往自由便利制度体系的构建,为实现海南自贸港的顺利封关运作提供运输保障。

(3)绿色发展原则。

习近平总书记强调,振兴港口、发展运输业,要把握好定位,增强适配性,坚持绿色发展、生态优先。海南是生态文明试验区,有着得天独厚的自然条件,《海南自由贸易港法》规定了海南自贸港实行最严格的环境保护制度。《民法典》第九条规定了"绿色"原则,提倡民事主体在对自然界的开采和利用过程中遵循规律,体现了对人与自然和谐发展的尊重[②]。在发展运输业中,要坚持绿色发展,优化交通运输结构,推广节能低碳型交通工具,增强交通运输绿色转型新动能。例如在港口基础设施建设中,加大对环境保护的力度,减少对生态的破坏;在金融支持中,要加大对新能源船舶、低排放船舶等的金融支持力度。落实国家碳达峰碳中和工作部署要求,统筹处理好发展和减排的关系,以交通运输全面绿色低碳转型为引领,加快形成绿色低碳交通运输方式,让交通更加环保、出行更加低碳,助力如期实现碳达峰碳中和目标,推动运输来往自由便利。

---

① 2018年中央经济工作会议.
② 刘艳红. 人性民法与物性刑法的融合发展[J]. 中国社会科学,2020(2):117.

（4）协调发展原则。

习近平总书记强调："要建设更多更先进的航空枢纽、更完善的综合交通运输系统，加快建设交通强国。"一花独放不是春，百花齐放春满园。首先，海南在交通基础设施建设上相协调发展。海运、空运和陆路运输，全方位、立体式、多方面推动自贸港建设，促进交通运输往来自由便利。例如，海南实行更加开放的海运政策，打造洋浦国际集装箱枢纽港；推进西部陆海新通道国际航运枢纽建设，推动客货运第七航权试点开放。其次，海南在运输方式的发展上相协调发展。海南自贸港——西部陆海新通道多式联运物流新通道的启动，使海南运输来往更加自由便利。多式联运是多种（两种及以上）交通工具相互衔接、转运而共同完成的运输过程。水运、公路、铁路、航空乃至管道运输，各有其优点，也有各自的不足。发展多式联运，把上述多种运输方式有机整合起来，可以更好地平衡运输时效性和运输成本，满足全社会对商品、物资流通的多层次需求[①]。最后，海南在运输法制和政策制定方面要协调发展。利用中央赋予的多种立法权，发挥法律稳定可预期的效能和政策快速灵活的特点，互相补足。

（二）海南自由贸易港运输来往自由便利制度具体构建

1. 港口管理体制创新及配套措施

（1）坚持立法引领和保障。

目前支撑海南港口规划、建设、管理的法律法规主要是《港口法》《安全生产法》和《海南口岸管理条例》，海南没有出台专门的港口条例，海南自贸港在港口建设中，有着与其他省市港口不同的情况和需要，必须制定符合海南实际的地方性法规，使海南自贸港港口规划、建设、港口海岸线的使用，港口经营、管理和监督等活动有法可依。重视发挥法治的引领和推动作用，特别是在海南这个进行制度集成创新的高地，提高运用法治思维和法治方法的能力，利用中央赋予的三种立法权，尽快出台《海南自由贸易港港口条例》对港口管理中出现的个性问题加以明确，使得地方港口的管理更加高效。例如，对于港

---

① 陶建群，宦宸，王克. 新格局下推进多式联运高质量发展的湖北经验[J]. 人民论坛，2021（20）：98.

口的概念,《港口法》历经五次修改,关于港口的概念从未做过更新,仍将港口定义为码头所在的水域和设施所在的陆域;没有固定的水域和陆域范围的船舶停靠点,不属于港口范畴。目前,港口的外延已扩大到海港、河港、陆港、空港以及复合型港口。含义已经不再局限于早期的海上或河流交通管理空间。海南自贸港建设是覆盖海南岛全岛,集空港、海港、陆港于一体的复合型港口。如此限制港口的范围,不利于港区的基础设施建设和经营活动的开展。明确港口范围,对于加强港口管理,维护港口秩序是非常必要的。希望海南省通过立法将港口的范围扩大至集海运、空运、陆运"三位一体"的复合式港口,以至于对后期港口的规划和管理进行统一安排。

(2)完善海南自贸港港口管理体制。

我国港口管理体制历经由计划体制下的国家统一管理到双重管理,到下放地方,再到政企分开,是坚持走改革开放道路的结果,体现由计划经济向市场经济发展方向。海南自贸港的建设需要对标国际最开放的经贸规则,同时也要对标先进的管理规则。海南要对港口管理体制进行突破,主动适应自贸港的建设。

法定机构是与行政机构分开的法定实体,与私人部门和其他公共企业不同,属于半政府机构,在政府无法支持太多的竞争性企业的情况下,为了保护不多的资源和防止浪费,可以采用法定机构的形式来提供公共服务。该机构在履行职责时,有较大的自主权和灵活性,能较好应对海南自贸港港口管理活动中出现的新特征,为港口政企分类改革提供新的制度模式。法定机构是世界上具有影响力的自贸区(港)采用的管理体制,例如新加坡港务局采用法定机构运作模式后,不仅摆脱了长期亏损的局面,在成立初期的1977—1978年就实现了1.04亿新元的盈利,此后成为新加坡主要盈利的法定机构之一[①]。在新加坡港务局的管理下,新加坡迅速成为世界知名的航运中心。海南自贸港需要借鉴国际经验,走符合海南实际的法定机构管理港口道路。

在探索法定机构时,首先要制定《海南自由贸易港港口管理局条例》,以法律的形式规定法定机构设立、职能、权利和权力,使得公众能够明确地了解机构的职能、权力(利),增加机构运行过程中的可预测性。其次,要注重法

---

① 陈志敏.新加坡的法定机构在经济发展中的作用[J].社会科学,1993(5):9.

定机构的内部治理结构。法定机构普遍采用理事会制,在理事会会长(法定代表)中,可以由政府派员担任理事会会长,也可以聘用具有专业特长的人员担任法定机构的法定代表,在理事会成员中,可以由行政机关代表、民意代表和专业人士组成,以形成科学高效民主的决策。最后,在法定机构资金来源方面,可以采用更加灵活的财政手段。港口规划、建设是资金密集型产业,需要更多的资金支持,单纯依靠财政预算不能实现海南自贸港港口的快速发展,需要有效地利用社会资本,法定机构相比政府部门,可以更加灵活地运用社会资本,以加速港口的基础设施建设。

(3)确立港口竞争中性原则。

党的十九大提出"打破行政性垄断,防止市场垄断",受制于港口管理体制长期竞争政策缺位的状态,过去计划经济时期产生的惯性思维仍然存在于港口管理活动当中,而竞争政策正处于生根发芽期,尚未深度嵌入港口治理体系当中,还难以发挥出制约作用。首先,应当确立港口活动中竞争中性的制度原则。《海南自由贸易港公平竞争条例》已经确立了竞争中性的地位,在港口反垄断标准的规定中,也要具体地体现这一原则,避免竞争中性成为"一纸空文"。其次,在竞争中性原则指导下,港口的管理机构也要积极转变管理职能,限制干预市场主体的非中性行为,让港口经营人回到市场经济的竞争中。最后,要加强竞争中性原则的监督执法制度。建立一支专业、高效的反垄断执法队伍,充分利用信息化手段,切实执行竞争中性原则。

2. 航运规则及相关配套制度

(1)完善国际船舶登记制度及配套措施。

《海南自由贸易港国际船舶条例》作为一部地方性航运法规,立足海南实际,形成了国内先进的国际船舶登记规则体系。为着力打造与海南自贸港相适应的航运制度体系起到重要作用。根据《海南自由贸易港国际船舶条例》,在海南登记的国际船舶主体范围不断扩大,不仅限于法人和非法人组织,自然人也可以作为登记主体;利用外资方面,破除了登记主体外资持股比例,彰显了海南自贸港制度建设的国际化和坚持开放的态度。

同时,立法上还需进一步推进自由贸易港与国际船舶登记制度的契合。首先,实行与国际接轨的税收政策。一是实行船舶"吨税制"。前文提及,世界主要的船舶登记地,如巴拿马、中国香港,对于注册船舶免予征缴进口关税、增值税与企业所得税等，取而代之的实行"吨税制"。因此，未来在海南自贸港的建设中，应充分借鉴域外通行做法，以"吨税制"代替原有进口关税、增值税、企业所得税等。其次，改善船企融资环境。通过立法保障改革顺利进行，一是设立统筹协调机关。建议在海南自贸港内设立航运融资领域的专门金融机构，合理统筹协调现有的金融资源，充分发挥两大战略间的彼此优势，完成两大战略的彼此对接。二是，确立船舶融资担保制度。有鉴于中国目前并未制定相关法律，建议未来海南自贸港制定关于自由贸易港内船舶融资的相关法规；抑或通过制定单行条例或规章的形式来对船舶融资担保制度加以专门确认。第三，引入"监管沙箱"模式。通过对世界上具有影响力的自贸港制度进行考察，大多数都建立了离岸金融市场，配备了相关制度。根据离岸金融的特征，使金融安全的监管难度较大，必须建立高效的信用体系，减少造成的信用风险会成为巨大的金融隐患①。因此，建议在拟订《海南自由贸易港法》下位配套立法时，引入"监管沙箱"制度。具体建议如下②：一是规定全程动态的"监管沙箱"，明晰测试流程；二是建立风险防范专业机制，运用新兴金融科学技术加强风险感知，规范监管规则；三是建立监管机构与金融机构的合作机制，明确相关监管部门的职能关系，规定监管机构与金融企业之间合作的形式；四是建立风险追踪机制，形成完整的信息链条，助力金融监管机构风险监控；五是适当放松监管的"试点"机制，赋予金融机构更多自由。

（2）开放外籍邮轮多点挂靠管理制度。

2021年出台的《外籍邮轮在海南自由贸易港开展多点挂靠业务管理办法》规定了涉及海南自贸港港口的外籍邮轮多点挂靠业务及相关监督管理工作。首先，我们必须肯定该管理办法的作用，但是，随着外籍邮轮在海南自贸港开展多点挂靠业务的增多，单单一部省政府的规范性文件是不足以支撑整个挂靠业务开展和相关监督管理工作的，需要发挥法律稳预期的作用，将在探索外籍邮轮多点挂靠工作中的经验以法律的形式固定下来，形成稳定、可预期的法制化环境。其次，扩大挂靠范围，目前在海南自贸港港口实施多点挂靠的外籍邮轮由海南批准，但是经由海南自贸港到内地以及境外国家的线路，仍需交通

---

①② 王淑敏，李艾玲."监管沙箱"模式对海南自由贸易港离岸金融监管的启示及对策［J］.海峡法学，2020（4）：60-67.

运输部批准。多点挂靠业务从性质上来看，属于国内运输，但是由于海南自贸港建设的范围是海南岛全岛，不包括三沙市及南海诸岛屿，而海南岛本岛的陆路交通比较发达，已有环岛高铁和环岛高速，环岛公路也即将建成，如果只是在海南自贸港区域内开发多点挂靠，对邮轮业的影响还略显不足，如果能进一步扩大外籍邮轮多点挂靠业务范围，审批权仍在海南，只需向交通运输部备案，则会大大提升海南自贸港外籍邮轮多点挂靠业务的影响力。最后，优化审批管理流程，针对目前审批、监管、边检等多头管理的现状，建议形成统一审批监管或联合登临检查制度，提高行政效率，提升自由便利程度。

（3）建立健全沿海捎带管理制度。

我国的《国际海运条例》《国内水路运输管理条例》中均规定了非五星旗船舶不得开展沿海捎带业务。但随着我国开始自贸区的建设，逐渐开放了沿海捎带业务。首先，加强法制建设。海南自贸港已经获得了中央"法律暂停"的支持，调整暂停了相关行政法规的实施。但是，关于沿海捎带的管理，海南自贸港尚未出台相应的地方性法规来进行回应。其次，坚持借鉴优秀经验的同时符合海南实际。上海自贸区已经先行开展了大连港、天津港、青岛港和洋山港之间的沿海捎带业务，对试点的船舶和集装箱进行了严格的限定。海南自贸港可以借鉴上海自贸区的经验，做出符合海南定位的政策，可以分步骤、分阶段地逐步开放沿海捎带业务，利用海南国际船舶登记制度的优势，吸引中资外籍船舶回流，来促进沿海捎带业务的公平化发展。

（4）健全国际船员管理制度。

海南自贸港高水平的对外开放表现为"涉外性"与"国际性"，在建设国际航运中心的过程中，越来越多的国际船员在海南自贸港的各项活动给海南提供了丰富的实践基础。第一，允许境外企业和个人在海南自贸港开办或者合作开办船员培训机构，从事船员培训业务；允许外籍人员在海南开展船员培训、考试和发证，如海南海事局颁布《外国籍人员参加海南自由贸易港船员培训、考试和申请船员证书管理办法》，外国籍人员在海南参加船员培训考试和发证、特定水域船舶实行"弹性配员机制"、游艇操作人员培训机构实行分级管理等创新举措，优化海员监管模式。第二，在国际船舶上工作的境外船员，免办外国人来华工作许可证和外国人工作签证。持有工作证明材料并在国际船舶任职的外国籍船员及其随行家属进入海南自贸港的，可以免办签证，并享有30天的停留期限。第三，允许外国籍船长、船员在海南自贸港国际船舶上任职。与海南自贸港船员用人单位签订雇佣合同且在国际船舶上任职的境外船员，可自主选择社会保险参保国家或地区。第四，用工单位在海南自贸港注册，且两个连续纳税年度内在国际船舶上工作时间累计满183天的船员，免征个人所得税。对注册在海南自贸港并实质性运营的国际海上运输及其辅助性业务经营者、船员服务机构和船舶检验机构，免征印花税。第五，试行外籍航运人员商业保险制度，相关海运主管行政部门应与船务公司、商业保险公司共同探讨多样化的涉外航运从业人员的保险险种，以行政法律法规的形式强制涉外航运从业人员的用人单位购买门槛更低、更灵活的商业保险。

（5）促进形成航权开放的法制化。

为解决航空运输的单批次运力有限和海洋运输时间成本较大，以及航空和海洋运输不可抗力风险成本较高，难以满足海南自贸港建设进程中实现贸易、投资、人员进出、运输来往自由化和便利化的问题。海南从2003年开始试点开放第三、第四、第五航权，2020年中国民航局出台《海南自由贸易港试点开放第七航权实施方案》，赋予海南先行先试开放第七航权。目前，关于海南自贸港的航权开放，主要依据政策执行，并未实现法制化。因此，海南亟须利用法制来保障航权的开放，制定专门法律法规保障产业安全和国家安全。所谓的航权，是指标明在批准的航线或航段上，使用批准的航空器，可以被运送何种旅客或货物，以协议的物质和地理规定，或者是两种规定的结合所表现出来的市场准入权。航权的本质是国家性质的航空运输权利[1]。一般来说，航权的开放属于中央事权。我国的航权开放都是由中央实施或主导，依托国务院、民航总局出台的文件得以落地的。其形式包括：第一，为相关地区的航权开放提供政策性支持；第二，直接批准某个地区开通特定航权航线；第三，对某个地区提交的特定航权航线开通申请予以批复[2]。在航权开放的法制化问题上，海南应积极争取由中央对海南的航权开放进行立法，海南再围绕中央立法进行配套和优

---

[1] 向吉英. 航权开放：动因、演进及其效果 [J]. 改革与战略，2010（7）.
[2] 李烨. 中国对外航权交换：现状、问题与改进 [J]. 北京航空航天大学学报（社会科学版），2022（6）.

化，提高行业资源配置能力，使航权、航班时刻等行业稀缺资源的配置过程更加科学。

（6）通过立法确立航运反垄断豁免制度。

海南自贸港推进运输来往自由便利制度的同时应正视我国航运企业和相关行业等经济整体现状，结合建设中国特色自由贸易港的实际需要，通过立法确立满足我国航运行业健康、可持续发展的反垄断豁免制度。一是发挥海南自贸港法规制定权，明确航运反垄断豁免制度相关原则、规则和具体举措。二是明确厘定航运反垄断豁免制度的适用范围，对于运营协议等应予实行限制性反垄断豁免制度，并对于航运联盟等新型航运组织及其签订的联营协议等制定配套的反垄断豁免规则。海南自由贸易港宜对运营协议提供集体豁免，即航运企业之间签订的国际航运协议在符合法定条件的情况下，直接获得反垄断豁免，而无须进行个别申报和审批。三是明确反垄断执法机构之间的分工。对于国际航运垄断问题，中国香港和新加坡都未设置专门的航运反垄断执法机构，而是由统一的反垄断执法机构进行执法，在中国香港是竞争事务委员会（Competition Commission）予以调查，在新加坡是竞争与消费者委员会（Competition and Consumer Commission）。这种机构设置的原因在于，国际航运垄断问题虽涉及国际航运事务，但其本质上是竞争法问题，统一的反垄断执法机构拥有较为完备的竞争法知识和处理竞争法问题的经验，其可以承担国际航运垄断的执法的职责。而且，这种机构设置可以减少行政机构设置的数量，降低行政体系的复杂程度，减少不要的行政成本。由于国际航运垄断问题涉及国际航运的专门知识，海南自由贸易港可以规定，反垄断执法机构可以向交通主管部门就特定的国际航运征求意见，交通主管部门应当在一定的时限内向反垄断执法机构作出咨询意见。该意见是反垄断执法机构作出行政决定的参考，而非唯一的依据。四是完善航运反垄断豁免的救济机制。当前中国并未在法律条文中规定航运反垄断豁免的救济机制。依据既有案例，此类案例大多由海事法院、高级人民法院或最高人民法院相关审判庭负责审理。建议赋予海南自贸港的海口市海事法院对于航运竞争纠纷的司法管辖权。用以维持航运市场竞争秩序，使利益受损方能获得行之有效的司法救济[①]。

---

① 王崇敏，曹晓路.法论海南自由贸易港[M].海口：海南出版社，2021：300.

3. 加强琼州海峡区域协同立法

协同立法是不同的立法主体之间协商相关立法内容,并分别根据各自的权限以立法形式体现协商内容的一致行为。目前,我国多地区已经开展区域协调立法实践,取得了良好的效果,由于《海南自由贸易港法》第10条赋予了海南自贸港法规制定权,广东、广西两省没有此项立法权,可以借鉴粤港澳大湾区跨法域的协同立法模式,为琼州海峡区域协同立法提供了可参考的经验。由此,对琼州海峡一体化法制在区域协同立法方面有以下建议。

首先,应当确立协同立法重点领域,做到有的放矢。琼州海峡区域协同立法的重点领域应当针对港口建设,船舶通行、联合检查等方面。其次,建立区域协同立法的联席会议制度。区域协同立法是不同立法主体之间经过协商,共同制定地方性法规的立法活动,需要不同立法主体间的配合与合作。尽管其他地区协同立法中有中央部委的参与,但协同立法是一种平行协商关系,而不是垂直的上下级指导关系,应当通过联席会议的方式能够进行立法信息的沟通与交流,实现信息对称。海南和广东两省可以签订立法合作框架协议,规定协同立法联席制度,确定区域协同立法工作机构。再次,形成分别审议通过,联合发布的工作机制。在确定联席会议沟通制度后,两省构建起高效的协同立法机制,是确保琼州海峡区域协同立法开展的关键。根据现行的立法法律,一部法律的形成,需要人大代表共同审议通过法律。针对协同立法的建议稿应该根据法定方式,经人大代表的审议通过,转化为地方性法规。在协同立法通过之后,可以按出台时间相近、内容相同,采用共同发布的形式,以彰显协同立法的一致性。

4. 拓宽航线网络,建设海南航空枢纽

找准海南自由贸易港机场发展的目标定位,优化航线布局。坚持差异化发展,避免同质化竞争。根据海口、三亚、琼海机场的战略定位,实施不同的发展策略。在各机场的航线安排上,应构建境内境外双航线格局,既要保持国内航线数量的增长,还要适当增加面向东南亚、欧洲、美洲的国际航线。此外,各机场应注重航线的航班密度和稳定性,蹄疾步稳地推进海南空运枢纽建设。

增强政策联动效应,用足用好自贸港优惠政策。航运企业可以利用"零关税"进口航空器等政策,采用自购或租赁等方式,降低成本,提高竞争力。利

用原辅料"零关税"政策,建设一批飞机维修保养产业群,便利飞机的维护,减少飞往维修地的时间成本。利用保税航油政策,增加直飞、中转海南的航线,充分享受国内最低的保税油价格,降低航线运营成本,进一步增强海南航空枢纽的吸引力。

强化中转服务体系建设。提升机场软硬件服务,加快完善中转硬件服务设施,优化旅客中转流程,全面提升海南自由贸易港枢纽机场中转服务体验。海南作为国际国内经济双循环的交汇点,必然会使国内外的人流物流在海南交汇。目前海南的机场设计带有浓厚的目的地机场色彩,目的地机场往往缺乏便捷的中转旅客通道和中转行李分拣设施,过长的中转等待时间会使得旅客放弃在海南中转。因此,对海南机场的建设要坚持枢纽港的导向,不能按照目的地机场进行设计。此外,海南的交通体系是"海陆空"立体式发展的,不仅要注重提升机场内部的中转便利度,还要提升"海陆空"旅客的中转便利度,真正做到海南自贸港人员来往自由便利。

打造具有海南特色现代航空物流体系。充分利用海南航空货运补贴政策红利,吸引外国航空公司利用海南主动对外开放的三、四、五、七航权政策开通境外航线,推进国际货运航线开通,开辟货运定期航线。海南免税品销售是海南旅游业的一张靓丽名片,开辟与免税品进口地的货运航线,不仅可以解决整个运输过程成本高、耗时长、安全风险大的问题,还可以促进临空经济片区的发展,更好地服务国际旅游消费中心的建设,实现双赢效果。此外,在打造现代航运物流体系时要注重优化货源组织能力和多式联运能力,拓展空空、陆空、空铁联运等方式,构建多层次航空货物运输网络。

5. 创新联合登临监管制度

为细化临登检查制度实施,海南在必要时要加强口岸管理部门的执法合作,探索推行跨部门一次性联合检查,强化与相关口岸查验单位的信息共享,规范各类安全管理台账,加强运输从业人员培训教育,核查卫星定位系统,完善口岸查验部门联合登临检查工作机制,既要持续督促运输主体牢固树立红线意识和底线思维,落实交通运输安全的主体责任,也须注重提升查验效率,切实服务通关自由化和便利化需求。目前,我国海关已经与多个国家或地区达成全球贸易安全与便利标准框架监管结果与执法互认安排,并给予经认可的经济营运商多项通关便利措施。海南从政府层面要加强信用管理的体系建设,将自贸港区内从事国际贸易相关企业逐步纳入企业信用管理体系和认证企业使用范围之中，以报关单位和相关合作企业的信用为参数，充实企业信用信息，进而强化风险管控，在同等条件下给予低风险商品更为高效便利的通关待遇。海南自贸港须在此基础之上，发挥行业协会等非官方组织的作用，进一步拓宽现行海关认证企业范围，优化管理制度，更新管理技术，切实推动港区通关、贸易便利化的发展，让在海南经商的企业有更多的获得感。同时，把政务透明贯穿于各项海事执法工作中，深化"极简审批"改革，构建便捷、高效的政务服务体系，进一步实施海事政务全省通办，推动海事"一网通办"平台与海南省一体化在线政务服务平台的高效衔接，推行并联办理绿色通道和告知承诺等服务举措，打造"24小时不打烊政务服务"①。

---

① 王崇敏，曹晓路.法论海南自由贸易港［M］.海口：海南出版社，2021：300.

第八章 海南自由贸易港数据安全有序流动法律制度研究

杨　双　熊安静　王　昕[*]

摘要：数据安全有序流动涵盖数据主权、隐私与安全、法律适用及管辖权、竞争政策等较多复杂的政策元素，数据安全有序流动治理与规制正逐渐成为全球新一轮双边、多边贸易谈判的前沿议题。海南自由贸易港数据安全有序流动立法工作应在打造"数据安全底线"的基础上推动"数据有序流动"。

关键词：数据　安全有序　流动　法律制度

---

[*] 杨双，海南自由贸易港人才发展研究院院长助理、研究员，研究方向：产业经济、人力资源；熊安静，海南省社科联党组成员、副主席，省社科院副院长，《南海学刊》主编，主要研究公共政策、公共管理、区域经济与产业发展；王昕，海南自由贸易港人才发展研究院助理研究员。

一、海南自由贸易港数据安全有序流动法律制度研究的意义

(一)数据安全有序流动的重要性

数据安全主要是指通过采取一系列有效措施,合法合规地对数据进行保护和利用,并使数据始终处于安全有序状态,数据安全的核心主要在于确保数据的安全和有效流动[①]。习近平总书记强调:"要切实保障国家数据安全。要加强关键信息基础设施安全保护,强化国家关键数据资源保护能力,增强数据安全预警和溯源能力"[②],明确指出了保障数据安全的重要性。数据安全有序流动法律制度研究则是从立法层面探索数据的安全保障,助力国家安全和经济发展。

1. 数据安全保障能力凸显国家竞争力

在中央网络安全和信息化领导小组第一次会议上,习近平总书记指出,"信息资源日益成为重要生产要素和社会财富,信息掌握的多寡成为国家软实力和竞争力的重要标志"[③]。较强的数据安全保障能力是国家竞争力的表现之一。近年来,我国在数据安全保护方面加大了布局及实施力度,不仅建立了大数据管理制度,开展数据分类分级管理等工作,还在数据安全立法工作上不断加快步伐,相继制定出台了《中华人民共和国网络安全法》《中华人民共和国数据安全法》等法律法规。为了顺应时代发展趋势,世界各国,包括美国、欧盟、日本等在内的一些主要国家和经济体都不约而同地发布了以发展数字经济、保护数据安全为核心的战略,如欧盟颁布实施的《通用数据保护条例》和《欧盟数据战略》,美国颁布实施的《联邦数据战略与2020年行动计划》《数据战略》等。

---

① 安静.审视数据安全在国家层面的重要意义[OL](2021-2-23)[2023-3-5].http://www.cssn.cn/skgz/bwyc/202208/t20220803_5461451.shtml.

② 习近平主持中共中央政治局第二次集体学习并讲话[OL](2017-12-9)[2022-9-6].http://www.gov.cn/xinwen/2017-12/09/content_5245520.htm.

③ 中共中央办公厅 国务院办公厅印发《国家信息化发展战略纲要》[OL](2016-7-27)[2022-9-6].http://www.gov.cn/xinwen/2016-07/27/content_5095336.htm.

2. 保障数据安全是保障国家安全的重要板块之一

2017年,习近平总书记在中共中央政治局第二次集体学习时强调,"要切实保障国家数据安全"①。党的第十九届五中全会审议通过的《中共中央关于制定国民经济和社会发展第十四个五年规划和二〇三五年远景目标的建议》,更明确提出我国将把"保障国家数据安全,加强个人信息保护"置于当下发展和未来建设的重要位置,数据安全已经成为国家安全的重要组成部分②。

3. 保障数据安全是保护市场主体和居民个人隐私的重要手段

数据安全在涉及国家安全的同时还涉及市场主体和居民个人隐私安全。市场主体和个人信息是具有重要经济价值和社会价值的要素,保障数据安全事关市场主体和个人切身利益和福祉。为了促进市场主体和个人信息的安全有序流动,许多国家都制定出台了针对个人的数据保护法规条文,如在我国2021年施行的《中华人民共和国个人信息保护法》中,就明确了个人信息处理规则、义务及法律责任,切实保障市场主体和居民个人隐私。

4. 数据安全保障能够促进数字经济全面发展

数据安全有序流动是数字经济健康有序发展的基础。新冠肺炎疫情带来的全球经济大变革,使得数字经济获得了新的发展空间,直播带货、线上教育等新业态迅速成长并深刻融入到国民经济的各个领域。数字经济显示了拉动内需、扩大消费的强大带动效应,不仅能够助力我国经济复苏,还催生了新的就业岗位和个人发展机会,保障了经济社会在疫情中的正常运转③。但是,数字经济在蓬勃发展的同时也面临着数据安全问题。数据的不合法合规使用,会影响数据经济发展的活力与动力。2021年2月,国务院反垄断委员会制定出台了《国务院反垄断委员会关于平台经济领域的反垄断指南》(国反垄发〔2021〕1号),预防和制止平台经济领域垄断行为,为数据经济持续健康发展指明了方向。

---

① 丰诗朵,张彦超,刘晓曼.美国强化"网络威慑"的立法趋势分析[J].电信网技术,2016(2):45-48.

② 安静.审视数据安全在国家层面的重要意义[OL](2021-2-23)[2022-9-6].http://www.cssn.cn/zx/bwyc/202102/t20210223_5313114.shtml.

③ 葛鑫.《个人信息保护法》亮点解读与实施展望[J].通信世界,2021(23):3.

(二)研究数据安全有序流动法律制度的必要性

1. 开展数据安全有序流动法律制度研究是落实《海南自由贸易港建设总体方案》和《海南自由贸易港法》的基本要求

《海南自由贸易港建设总体方案》和《海南自由贸易港法》明确提出，海南要实现贸易自由便利、投资自由便利、跨境资金流动自由便利、人员进出自由便利、运输来往自由便利和数据安全有序流动。其中，贸易、投资等自由便利亦离不开数据跨境流动自由。作为中国对外开放的重要门户，海南必须要在数据安全领域的立法工作上先行一步。在结合海南自贸港的现实基础上，我们应深刻借鉴省内外相关法规，积极探索"数据安全有序流动"的法律法规，从而在确保数据流动安全可控的前提下，不断扩大数据领域开放，不断创新安全制度设计，最终实现数据充分汇聚。

2. 开展数据安全有序法律制度研究是贯彻落实中央文件精神的重要体现

毋庸讳言，数据安全问题早已成为关系国家安全和经济社会发展以及广大人民群众切身利益的重大问题，为此，国家各部委出台的相关文件中都对数据安全领域立法工作提出了具体要求。2015年，国务院办公厅印发的《促进大数据发展行动纲要》明确了对数据安全等方面的开放、保护制度，提出要实现对数据资源科学、依法管理，界定政府统筹利用市场主体大数据的权限及范围，加大出台相关法律法规的力度，采用立法的方式强化对基本信息和关键重要信息的保护，保障网络数据安全。其次，2021年12月21日，《国务院办公厅关于印发要素市场化配置综合改革试点总体方案的通知》（国办发〔2021〕51号）要求相关部门加强数据安全保护，强化网络安全等级保护要求，推动完善数据分级分类安全保护制度和法律法规的构建，积极探索建立数据安全使用承诺制度，探索制定大数据分析和交易禁止清单，强化事中事后监管。最后，国家发展改革委于2022年3月出台印发的《北部湾城市群建设"十四五"实施方案》中提出，要努力建成海南国际互联网数据专用通道，不断推进"链上海南"大数据产业园等建设，推动海南数据跨境传输案例管理试点，支持海南建设海南国家数字服务出口基地，种种规划皆对数据安全有序流动方面的立法工作提出了新的要求。

二、数据安全有序流动的国际经贸规则解读和经验借鉴

（一）国际经贸规则的解读分析

国际贸易中货物、服务、人、资金流动与跨境数据流动已经密不可分。随着数字经济的深入发展和数据作用的日益凸显，全球跨境数据流动的治理规则变得日益复杂，各国对数据跨境流动的含义和影响的认识也日益深入，数据跨境流动的相关立法和国际规则的制定也呈现新的趋势和特点。

1.《区域全面经济伙伴关系协定（RCEP）》

2022年1月1日，《区域全面经济伙伴关系协定（RCEP）》正式生效。海南省政府高度重视RCEP给海南自由贸易港建设带来的新机遇和新挑战，早研究、早部署，先后成立由各职能部门组成的国际高水平经贸规则研究专班，积极开展RCEP相关规则培训等工作。

RCEP明确"将以更加开放的态度对待数字贸易发展，限制成员国政府对数字贸易施加各种壁垒，包括数据本地化（存储）要求等[①]。"例如，在通过电子方式跨境传输信息的过程中，一方面要求缔约方认识到各缔约方通过电子方式传输信息可能有各国的监管规则，要求不得阻止出自商业需求通过网上平台跨境传输信息的行为；另一方面也考虑了出于公共利益考量的例外情形。

在金融服务方面，RCEP要求缔约方不得采取措施阻止其领域内的金融服务人员为日常运营所需的信息进行转送工作[②]，包括通过线上或线下平台进行数据转移及日常运营所需的信息处理。在电信领域，RCEP采用高标准的市场开放规则，制定区域内电信服务接入和使用的规则框架，在移动电话号码的便携性、国际移动电话漫游费等议题上均作出开放性规定[③]。中国在RCEP协定中纳入"跨境数据流动"条款，但是同时保留了极高的合法公共政策目标例外。

海南自贸港数据安全有序流动的相关法律法规的制定应充分考虑RCEP对数据规则要求，从而借此深化海南与东盟在数据及其他相关领域的合作。

---

① 刘典.全球数字贸易的格局演进、发展趋势与中国应对——基于跨境数据流[J].学术论坛，2021（1）：101–110.
② 郭子祾.国家安全视角下的金融数据跨境流动规制[J].实事求是，2021（3）：60–66.
③ 沈铭辉.区域全面经济伙伴关系：进展、影响及展望[J].东北亚论坛，2020（3）：14.

2.《全面与进步跨太平洋伙伴关系协定（CPTPP）》

CPTPP 是当今世界最高标准的自由贸易协定，在数据领域，首先，CPTPP 要求缔约方应允许包括个人信息在内的信息以电子形式跨境流动，但个人信息仅在其为开展商贸活动所需时跨境流动；商贸活动的开展不以在缔约方当地使用或建设计算设施为前提条件，但缔约方可以为实现合法公共政策目标对信息跨境流动采取或维持限制措施。其次，CPTPP 寻求明确的措施限制数据本地化使用，例如"限制数字流量或本地化要求的措施只有在不构成'任意或不合理的歧视或变相的贸易限制'以及'对超出实现目标所需的信息转让施加的限制'的情况下才允许实施"。最后，CPTPP 的签署者还有更多的内部自主监管权，尽管这可能会导致监管行为的滥用①。

我国已于 2021 年 9 月提出加入 CPTPP，原则上的政策、法律、制度等在加入前都要与 CPTPP 的现有规则保持一致，这就意味着我国对自身的管理水平、法律制度等提出了更高要求。相较于全国其他自由贸易试验区，海南独特的地理位置和制度集成创新优势更适合进行压力测试，正如海南省常务副省长沈丹阳在博鳌亚洲论坛 2022 年年会上表示，开放不仅是要素开放，更强调制度开放，在要素开放的基础上，推动更高层次的制度型开放。在此方面，海南省政府应着力研究对标 CPTPP 中的高标准规则，不断推进数据自由流动方面的立法工作。

3.《数字经济伙伴关系协定（DEPA）》

在数字经济高速发展的背景下，各国普遍认识到数字贸易的巨大潜力和重要性，纷纷出台政策，旨在规制国与国之间数字贸易的国际谈判和协定。目前，国际数字经济和贸易相关政策主要分为几个层面。一是在世界贸易组织（WTO）框架下开展电子商务谈判，虽然各成员在完善贸易相关制度安排和缩小数字鸿沟等方面有一定共识，但在跨境数据流动、市场开放和知识产权保护等方面分歧较大。二是将数字贸易协议内容纳入自由贸易协定中，如 CPTPP 中有一章专门阐述电子商务和数字贸易。三是部分国家间签订专门的数字贸易协定，如美国和日本 2019 年 10 月签署的《美日数字贸易协定》等。

与上述几个层面政策不同的是，DEPA 涉及内容更加广泛且更具操作可行

---

① 黄志雄，韦欣妤.美欧跨境数据流动规则博弈及中国因应——以《隐私盾协议》无效判决为视角［J］.同济大学学报（社会科学版），2021（2）：31–43.

性，在跨境数据流动，网络空间开放等方面提出了较高要求。在跨境数据自由流动方面，DEPA规定，数字贸易过程中，原则上应允许数据（包括个人信息）跨境自由流动，禁止要求数据本地存储或处理。在网络空间管理方面，DEPA要求缔约方之间应建立信任，尽量减少数字贸易中的限制措施。对于包含密码的数字产品，缔约国不得要求以另一缔约国交出密钥作为数字产品准入的条件等等。DEPA的这些内容都将为海南自贸港数据自由流动立法相关工作提供借鉴，有利于相关法律法规条文的完善。

4.《跨境隐私规则（CBPR）》

亚洲太平洋经济合作组织（Asia-Pacific Economic Cooperation，以下简称"APEC"），是亚太地区重要的经济合作论坛，也是亚太地区最高级别的政府间经济合作机制[①]。CBPR是一种在APEC经济体内部推行的个人数据跨境流动机制，加入企业须遵守其个人数据保护原则。该机制并不改变各国国内个人数据立法，但要求加入的经济体必须签署《跨境隐私执法协议》以便于执法。目前共有美国、日本、澳大利亚、加拿大、新加坡等八个国家和地区参与了该机制[②]，而真正通过CBPR认证的公司只有26家美国企业和3家日本企业。美国不仅寻求在APEC内部扩大范围，还寻求将CBPR扩大至APEC之外，特别是推动CBPR与欧盟推出的《一般数据保护条例》（以下简称"GDPR"）的互通来促进数据跨境流动。目前CBPR成员中仅有美国、日本和加拿大通过了GDPR的充分性认定。

CBPR体制促进个人数据跨境流动的基本逻辑：一是如果位于不同国家的不同公司，统一承诺并遵循APEC隐私框架（APEC Privacy Framework）提出的九大个人信息保护原则，则个人数据在这些公司之间流动就应该不受阻碍[③]。二是由于这些公司都通过同一套原则来保护个人信息，那参与CBPR的国家就不得再以保护个人信息为理由来阻碍个人信息的跨境流动。日本作为CBPR的成员及获得认证机构资质的国家，积极推动APEC经济体参与到CBPR体系中来，

[①] 何春龙.APEC与中国[D].长春：吉林大学，2008.

[②] 张奕欣，王一楠，吕欣润，卓子寒，邢潇.数据跨境流动各国立法和国际合作机制初探[J].法制博览，2020（2）：113-114.

[③] 洪延青.推进"一带一路"数据跨境流动的中国方案——以美欧范式为背景的展开[J].中国法律评论，2021（2）：39-51.

并修订国内个人数据保护的有关法律，认可 CBPR 作为一种跨境数据转移机制。日本同时是欧盟充分性认定成员，其希望扮演桥梁连接美、日、欧及其他经济体之间的数据流通，推进"美国——欧盟——日本"三方数据跨境自由流动框架，提出并将"可信数据自由流动"概念写入《G20大阪领导人宣言》。

（二）国内外的经验借鉴

1. 国际自由贸易港数据的经验借鉴

新加坡、中国香港、迪拜作为全球贸易自由化程度较高的经济体，在严格保护个人隐私的前提下，积极推动数字流动，积累了丰富的数据安全有序流动立法经验。

第一，聚焦提升数据跨境流动的管理能力。新加坡认为数字经济时代，数据跨境流动管理能力是增强核心竞争力非常重要的抓手。新加坡政府不仅着力数字跨境流动的管理规则的制定，在双边协议或多边协议中加入了数据跨境流动的相关协议，而且在部分区域内积极开展先行先试，积极建设区域合作机制，吸引全世界范围内的资本投资数字基础设施建设，不断发展数字贸易，寻求区域内数据自由流动，弥补本土市场规模不足的缺陷。

第二，着眼个人数据的立法保障。整体而言，新加坡、迪拜、香港都通过建立法律制度来确保个人数据安全。新加坡政府为保护个人隐私出台并实施《个人数据保护法》，从明确设置个人数据保护的责任，界定个人数据的内涵，划分非个人数据的边界等方面精准发力。迪拜则设立了《迪拜国际金融中心数据保护法》，为迪拜国际金融中心（DIFC）中成立的数据的控制者和处理者处理和转移个人数据提供标准和控制，并提出了若干关键隐私和安全原则，保障数据主体的权益。香港于1995年颁布了《个人资料（私隐）条例》（PDPO），管理在香港或香港控制的个人数据处理行为。为应对私隐保障的新需求，PDPO在2012年进行了重大的修订，针对使用个人数据用于营销活动等行为制定新规定。修订后的《个人资料（私隐）条例》（PDPO）明确了6项数据保障原则，即数据收集原则、准确性和保留原则、数据使用原则、数据安全原则、开放性原则、数据访问和更正原则，通过设立多方面要求保障个人信息。

第三，健全监管体系。新加坡确立的数据跨境流动监管体系主要包含设置主管部门、划分责任边界、设定跨境流动条件等多方面内容。监管聚焦事前和事后两个方面,事前监管主要通过制定规则的方式提出要求和进行引导,事后监管主要以投诉和诉讼等情况为依据开展监管和执法工作。

第四,构建数字生态系统,促进数字经济发展。为构建数字生态系统,新加坡政府从积极推动建立数字化商业生态系统;制定全面、超前布局人力资源提升计划;建设强大的信息基础设施三方面入手。第一,提升中小企业的数字能力,中小企业是数字经济时代最具创新活力的群体,积极引导中小企业参与数字产业链的建设①,打造完善的数字化商业生态系统。新加坡政府通过提供数字化项目,发布实施"数字产业发展规划",建设"数字技术服务中心"等措施,激发中小企业的数字活力。第二,对全社会各年龄层群体进行人力资源培训,全面、超前布局本地区人力资源提升计划。第三,建设强大的信息基础设施。通过信息基础设施建设,为数据经济发展提供的基本能力保障。

迪拜通过推行智慧城市建设计划,助力城市的高效发展。迪拜的智慧城市建设计划设有智能环境、智能管理、智能社会、智能经济、智能交通、智能生活等目标②,涉及城市规划、运输、基础设施、通讯、电力、经济服务等多个领域。迪拜将智能政府建设作为建设计划的核心,以此带动城市各领域的数字化转型。迪拜政府通过建立统一的政府内部数据交换和任务流转网络平台,向市民提供线上服务,给居民带来轻松便捷的数字化生活体验。

香港以打造传输速度更快、成本更低的高性价比信息基础设施为突破点,推动数字生态系统建设。目前,香港共连接18个国际海缆系统,一方面香港特区政府可以通过使用这些电缆系统,帮助用户连接全球绝大部分地区;另一方面多条不同的海缆线路意味着网络线路的多样性,保证数据传输的稳定性和安全性。

2. 欧盟的经验借鉴

欧盟对于数据的保护极为严格。欧盟在法律上赋予了数据主体一系列的权利,但数据处理法律责任上的惩罚也是堪称严厉。

个人数据保护制度不仅非常有利于保护个人数据,而且有利于商业业务的开展,在数据保护制度中处于基础地位。在这方面,欧盟的经验值得借鉴。一

---

① 王念.新加坡数据跨境流动管理的经验与启示[J].财经智库,2020(4):104-113,143.

② 冉伟.深度|迪拜:全球前沿科技的应用中心[J].大数据时代,2017(1):34-40.

是出台了《OECD指南》。但《OECD指南》在效力方面只是一种推荐性指南，因此，欧盟理事会于1981年通过《有关个人数据自动化处理的个体保护公约》，规定了成员国之间个人数据的自由流动原则（除非另一成员国对数据保护的程度低于本国），还对数据由缔约国向非缔约国的单向跨境流动做出了规定，唯有非缔约国对个人数据提供了适当的保护，非缔约国才能正常接收上述数据[①]。二是通过了《关于涉及个人数据处理中的个人保护以及此类数据自由流动的第95/46/EC号指令》，明确规定个人数据只能流向欧盟认定提供"充分水平保护"的国家。三是出台了GDPR。该条例第45条指令延续了这一规定。除充分性认定外，欧盟在第108号公约或者日本提出的"可信数据自由流动"基础上，探讨建立多边数据流动圈的可能。

3. 国内先进地区的经验借鉴

最近几年，上海、浙江、深圳等地纷纷从公共数据管理、治理数字化、数字产业化等方面出台数据或数字经济促进法规，其经验值得海南借鉴。

（1）公共数据重点管理——上海的实践探索。

为加强公共数据管理，2021年，上海市针对性地颁布和实施了《2021年上海市公共数据治理与应用重点工作计划》（以下简称《工作计划》）[②]。《工作计划》立足全面深化数据治理和推广电子证照应用两大方向，通过着力打造"数源工程""亮数工程""聚数工程""联邦数据治理"四大重点数字工程；提升公共数据治理能力；推进公共数据共享开放和开发利用；深化自然人、法人、空间地理综合库、主题库建设与应用；加强制度建设和数据运营管理；打造高质量的电子证照发证和应用服务、开放的社会化应用体系、强能力的电子证照后台支撑等举措来实现公共数据的高效管理与应用。

（2）数字政府——浙江的实践探索。

为顺应数字时代发展趋势，浙江采取"重点突破期""全面普及期""深度发展期"三步走战略（见表13），开展了本省的数字化改革。浙江改革试点的启示意蕴在于，数字政府的实施具有极强的关联性、同构性、协同性特质，亟待全方位推进经济调节、市场监管、公共服务、社会管理、环境治理、政府运

---

① 高龙英，张晓霞.域外数据安全法律制度[N].人民法院报，2021-8-27（8）.
② 上海市公共数据和一网通办管理办法[EB].上海市人民政府公报，2018（23）：4-11.

行"六位一体"数字化转型[①]（见图1）。

表13　　　　　　　　　　数字政府建设三阶段

主攻阶段	时间表	路线图和任务书
第一阶段	重点突破期（至2018年12月底）	深度应用"互联网+政务服务"，实现信息孤岛100%全打通、数据资源100%全共享、网上办事100%全覆盖；经济运行、公共服务、市场监管等领域的数字化应用取得成效；行政审批、执法监管、便民服务、基层治理、政务办公等领域数字化转型实现重点突破
第二阶段	全面普及期（至2020年12月底）	公共数据依法依规全面共享、有序开放，基本建成"掌上办事之省"和"掌上办公之省"；80%以上的政务服务事项可以掌上办理，部门专网整合率达到100%，基于大数据的科学决策、社会治理、风险防控、政府效能显著提升
第三阶段	深度发展期（至2022年12月底）	大数据与政府治理深度融合，掌上办公、掌上办事实现核心业务100%全覆盖，用数据说话、用数据决策、用数据管理、用数据创新的机制较为健全；政府系统纵向、横向协同治理的机制基本形成；能够满足治理现代化和社会公众需求

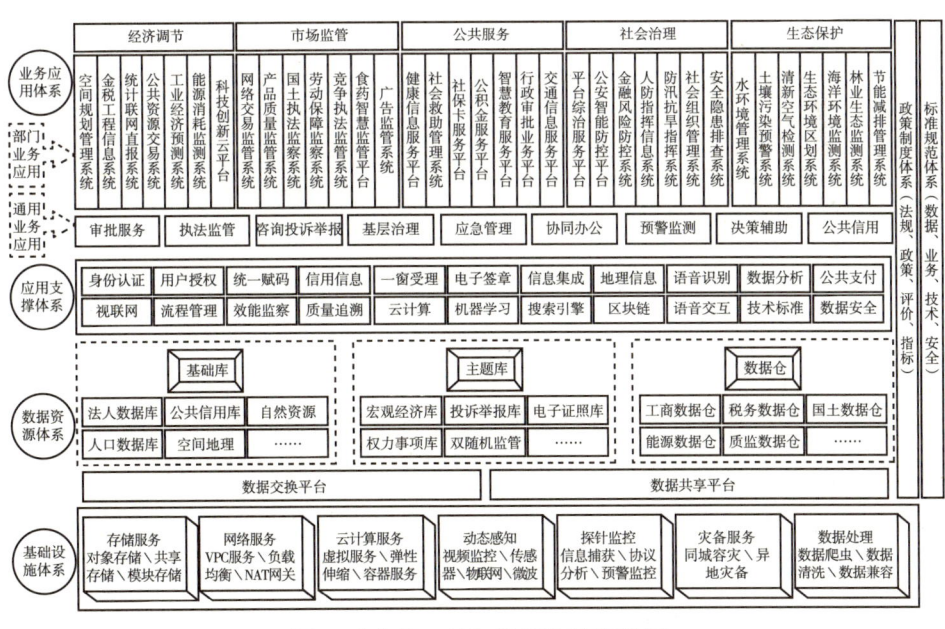

图1　"六位一体"数字化转型机制

---

① 刘淑春.数字政府战略意蕴、技术构架与路径设计——基于浙江改革的实践与探索[J].中国行政管理，2018（9）：37-45.

（3）全区域基础综合性数据法规和数字经济产业促进条款——深圳的实践探索。

2022年1月，深圳市正式施行了《深圳经济特区数据条例》（以下简称《条例》）。该《条例》对数字活动做出了规范，明确了个人数据处理规则应以用户同意为前提、公共数据应当在规定范围内最大限度免费开放等规定，加强了个人数据保护和公共数据的高效应用。在此基础上，《条例》为维护消费市场秩序，建立公平竞争的数据市场，针对数据要素市场上的乱象进行严厉打击。继《深圳经济特区数据条例》出台后，深圳市为优化数字经济产业发展环境，发布《深圳经济特区数字经济产业促进条例（草案）》（以下简称《条例（草案）》），为破除数据要素市场的障碍做出创新性规定。在数据交易方面，《条例（草案）》明确规定应积极探索设立数据交易场所和平台，制定数据交易规则和市场标准，积极开展数据交易模式的创新。同时，逐步完善数据要素市场的生态体系，发展数据合规认证、交易主体信用评级等第三方配套服务机构，构建和完善数据要素市场服务体系[①]。"

三、海南自由贸易港落实数据跨境流动政策进展和问题

（一）海南自由贸易港落实数据跨境流动政策进展

海南自由贸易港作为国家对外开放的重要门户，在我国探索"数据安全有序流动"先行先试方面具有重要意义。为了稳步推进海南自贸港数据安全有序流动，海南依托《海南自由贸易港建设总体方案》和《海南自由贸易港法》的政策扶持，在严格落实党中央、国务院关于数据流动的相关指示的同时，以确保数据"境内关外"安全有序流动，逐步对接国际最高标准为目标，不断结合自身实际，制定出台了相关细则，积极、有效地开展跨境数据流动的探索，力图形成一套可在全国广泛复制推广的既能便利数据流动又能保障安全的经验，并为2025年海南成为高水平自由贸易港奠定坚实基础，具体来看：

---

① 深圳经济特区数字经济产业促进条例提请审议 探索依法设立数据交易场所［OL］（2021-8-30）［2022-9-6］.http：//www.szrd.gov.cn/rdyw/index/post_728408.html.

一是获得中央大力支持。为了全面推进海南自贸港的建设，党中央在跨境数据流动方面给予了海南省大力支持，抽调专人组建了专门推动跨境数据流动的管理机构，如成立国内首个大数据管理局，性质为事业单位登记的法定机构。建立了全省大数据产业联盟，并且出入境管理局专门获批9个专用通道，中央网信办也挂牌海南自由贸易港跨境数据流动试点。有关机构的设立在为智慧海南的建设提供有力支撑的同时，也进一步引领海南探索"数据安全有序流动"。

二是稳步推进数字基础设施建设。最近几年，海南自贸港在党中央、国务院以及省委、省政府的大力支持和帮助下，稳步推进海南——香港海缆系统工程连接海南文昌、珠海横琴和香港春坎角三个登录点，实现海南、珠海及香港三地互联互通，并推动海南建设成为国家重大战略服务保障区[①]。此外，2021年5月，在海南落地的全球首个商用海底数据中心项目进入实施阶段，海底数据中心具有低能耗、低成本等优势，便于满足自贸港的发展数据流动需求。数字基础设施的高质量建设将进一步助力海南成为国际信息通信开放试验区。

三是出台配套管理措施。《海南自由贸易港建设总体方案》明确提出，要以数据作为生产要素，推进数据作为要素的流通便利化。对此，海南出台一系列本地数据地方性法规，如发布实施《海南省大数据开发应用条例》，助力优化海南大数据发展环境；积极推动《数据跨境流动管理规定》《数字经济促进条例》的出台，实现"数据流动"和"数据安全"立法工作双项并行。在此基础上，海南逐步建立了以国家有关法律法规为指引，本地法律法规为补充的较为健全的数据出口安全管理制度。此外，通过运用区块链、物联智能等监测技术，海南逐步建立了区块链和智慧监管系统，在试点中积累了开展数据跨境传输安全管理经验。

四是基于产业发展培育角度，明确了数据安全有序流动试点任务，重点产业园区先行试点数据开放业务准入负面清单，在取消了在线数据处理与交易处理业务外商准入限制的同时，扩大了增值电信业务的开放。截至2021年12月31日，海南省共建立了9个数据开放试点的数字产业园区，着力发展数字贸

---

① 郑振华.中国移动广东公司珠海分公司：赋能智慧党建 助力打造国际信息枢纽城市[N].珠海特区报，2021-6-30（44）.

易、金融科技、国际创新和智能物联等现代产业。数据谷、浪潮集团、太极股份和SAP等大数据企业融入到海南数据跨境流动建设中来，涉及了云计算、人工智能、5G、区块链、大数据等产业。阿里巴巴参与了海南省计算平台、数据资源平台、安全平台建设，主要从事数据处理与存储、大数据挖掘分析和数据交易交换等相关业务，提升了数据管理承载能力和运营效率。腾讯与海南省公安厅展开云业务大数据平台合作，提供分布式数据库软件、虚拟数据中心和数据共享服务，实现海南省公安厅与社会信息资源的整合和共享。华为与海南省政府围绕智慧城市建设，共建创业创新云平台、物联网应用研发创新中心，积极开展示范应用项目建设，切实提升了海南城市智慧化水平。

此外，依托高质量产业园区和独特地理优势，海南可进一步扩大多边国际数据服务和贸易合作，通过探索建立区域性跨境数据流动规则以健全自身数据跨境流动安全管理制度体系，推动数据跨境安全有序流动，培育海南特色的合作竞争新优势。

（二）海南自贸港落实数据跨境安全有序流动政策进展中存在的问题

1. 数据治理法律法规尚未健全

当前，海南自贸港在数据治理相关法律法规的顶层设计上做了大量工作，在重要数据分类指引和出境评估审查管理等方面做了一些制度创新，但是，从目前实际情况来看，海南自贸港在相关法律法规的落地方面还缺乏一些实施细则，同时在诸多方面也还缺乏探索和实践。2022年国家互联网信息办公室审议通过了《数据出境安全评估办法》，明确了数据出境安全评估的对象、主体，提出了数据出境评估的具体办法、操作流程等，强调了"数据出境事前评估和持续监督相结合、风险自评估与安全评估相结合"等原则，规范了数据跨境传输活动，在维护国家、公共和个人利益的基础上，促进数据跨境安全有序流动。为各省监管数据出境提供了法律指引。但目前，海南在具体数据出境安全评估的落地流程方面的实践探索还处在起步阶段，难以满足各类企业之间数据特征差异较大的多种类型合规需求。

2. 数据跨境流动的监管体系有待健全

促进数据跨境的安全有序流动，数据监管是关键。做好数据监管工作，应健全数据跨境流动的监测预警体系，探索数据要素的全周期治理模式，搭建跨境数据交互的构架，从而在确保数据安全的基础上推动数据高效流动。当前，海南在数据监管方面的起步相对较晚，在相关的顶层设计和具体操作方面还有待进一步提升，对此应借鉴国内外地区的监管经验，以本土数据发展为立足点，依托先进的数字技术，升级监管模式，逐步探索科学的智慧监管体系。

3. 缺乏完整的大数据产业生态系统

大数据产业可由基础层、分析层、应用层、云计算基础设施、开源项目、支撑保障六大系统生态圈体系构成[①]。每个系统由若干产业组织组成。其中，基础层是拥有大数据基础支撑技术的产业组织，大数据基础支撑技术包括Hadoop等技术；分析层存在基础算法、商业算法等产业组织；应用层存在数据市场、共性工具、中间件、专业服务、共性平台、行业应用等产业组织[②]。根据海南的大数据产业生态和产业组织来分析，海南在大数据生态系统构建上存在以下问题：一是大数据产业基础薄弱，生产配套不足；二是风险投资不活跃；三是缺乏应用和数据源两个领域的企业；四是大数据产业聚集程度较低，尚未形成成熟的产业生态链集群发展模式。

4. 缺少大数据生态系统中的领军企业

海南省与杭州、北京等大数据产业发达的城市相比，大数据领军企业数量明显不足。主要表现在：一是缺乏技术型的初创企业，对核心产品软件的开发与攻关的能力不强；二是聚集的数据源有限，在数据挖掘与分析方面缺乏拥有核心技术的龙头企业；三是各部门、各行业在大数据技术的应用上有很多提升的空间；四是虽然有多支产业资本注资海南省大数据产业，但大数据产业的主导企业仍然不多。海南注册的数据公司多以中小企业为主，受到资金、人才、管理、政策等因素的制约，规模小，资本少，存续时间短，多注销。这种情况下，难以盘活海南本土数据要素流通。

5. 缺乏深度挖掘数据价值的基础设施和技术手段

一是海南省信息产业基础较弱，大型龙头企业缺乏，产业规模小，同时在

---

① 于英香.从数据与信息关系演化看档案数据概念的发展[J].情报杂志,2018(11):151-153.
② 吴桂华.贵阳市大数据产业发展路径探析[J].贵阳市委党校学报,2014(6):32-35.

数据计算、可视化、结果呈现等方面仍存在技术难题,严重制约了相关产业的发展;同时,海南在全球信息产业转移和全国信息产业布局中也处于相对边缘化的地位。二是高新技术产业基础支撑能力不强,发展较落后;三是海南省产业园区电力供应、通信网络保障等无明显优势,物流成本相对较高,基础设施建设略显滞后。

6. 缺乏大数据产业发展的相关人才

大数据涵盖内容广泛,所需的高端专业人才不仅包括程序员和数据库工程师,还包括天体物理学家、数学和统计学家、社会行为心理学家等多个学科的人才[1];不仅涉及计算机的硬件和软件,而且涉及算法、人工智能、通信和信号处理[2]。海南省与先进地区相比,各类创新创业孵化平台建设不足,技术创新服务体系不健全;同时,海南本土高等院校和科研机构相对缺少,投入到信息技术领域的研究和创新成果少,数据领域的产学研用一体化机制还未健全。

四、海南自由贸易港数据安全有序流动的制度构想

全球化背景下,作为生产要素的数据能否在不同国家之间便利流动,正在成为世界各国企业进行投资决策时重点考量的因素。海南要打造世界一流自贸港,如何实现既安全又便利的跨境数据流动,对海南和世界而言,都是一道重要的"考题"。

跨境数据安全有序流动政策,为海南自贸港发展数字服务出口提供了前所未有的机遇,但由于数据跨境流动跨越国别,涉及国际法、国际规则及他国的法律管辖,较国内的数据开放共享更为复杂。因此,海南省政府应在现有法制基础上,依托海南自由贸易港政策支持,进一步完善本土数据跨境流动的法律体系。海南自贸港数据安全有序流动法律体系遵循国家立法层面的顶层设计,坚持从实际出发,围绕未来五年海南自贸港的立法计划,开展法制实践,同时

---

[1] 胡弼成,王祖霖."大数据"对教育的作用、挑战及教育变革趋势——大数据时代教育变革的最新研究进展综述[J].现代大学教育,2015(4):98-104.

[2] 于英香.从数据与信息关系演化看档案数据概念的发展[J].情报杂志,2018(11):151-153.

借鉴和吸收国内外法制建设的有益经验，建议主要关注以下7个方面57条条例：

（一）将国家安全作为制度设计长期遵循的原则

总体国家安全观是新时代维护国家安全和社会稳定所必须长期坚持的原则，也是中国特色自由贸易港建设行稳致远的强大保障[①]。参考多个省市公布的相关数据条例，结合我省实际情况，我们建议特别关注和参考以下条例：

（1）数据处理者开展数据处理活动，应始终坚持不危害国家安全利益，不危害公众利益，不危害个人利益的原则。公共管理和服务机构收集数据应当符合本单位法定职责，遵循合法、正当、必要的原则。

（2）数据安全管理遵循政府监管、责任主体负责、积极防御、综合防范的原则，坚持保障数据安全与促进数据开发利用并重，鼓励研发数据安全技术，保障数据全生命周期安全[②]。

（3）数据处理者开展影响或者可能影响国家安全的数据活动，应当按照国家有关规定，向海南省相关部门申报网络安全审查[③]。

（4）开展数据处理活动，应当依照法律、法规规定以及国家标准的要求履行数据安全保护义务，保障数据安全。利用互联网等信息网络开展数据处理活动，应当在网络安全等级保护制度的基础上，履行数据安全保护义务[④]。

（5）鼓励建立健全数据分类分级保护制度，应依据国家有关规定并根据数据在经济社会发展中的重要程度，以及一旦遭到篡改、破坏、泄露或者非法获取、非法利用造成的危害程度，对数据收集、存储、加工、传输、提供、公开、销毁、跨境、承接、委托处理等环节实行分类分级保护[⑤]。

（二）重点关注市场主体和居民个人隐私保护

海南自贸港建设不断深入，数据技术日新月异，给居民和市场主体带来极

---

① 闫希军.全力构筑海南自由贸易港安全屏障[N].人民公安报，2021-6-13（3）.
② 参见《深圳经济特区数据条例》第五章第一节第七十一条.
③ 原瑞阳.如何监管数据？[J].财新周刊，2021（46）：13.
④ 参见《中华人民共和国数据安全法》第四章第二十七条.
⑤ 李玉亮.数据分类分级的现状与发展[J].中国信息安全，2021（5）：55-56.

大便利的同时，个人信息保护必将被置于更加突出的位置。在此情况下，海南省应出台相关法律法规为人民数据隐私保驾护航。现参考《中华人民共和国数据安全法》和各省市数据管理条例，提出以下建议条例：

（1）处理个人数据应当充分尊重和保障自然人与个人数据相关的各项合法权益①。

（2）除法律、行政法规另有规定外，处理个人信息的，应当取得个人在充分知情的前提下自愿、明确作出同意。法律、行政法规规定处理个人信息应当取得个人单独同意或者书面同意的，从其规定②。处理者在提供产品或者服务时，不得以个人不同意处理其个人信息或者撤回同意为由，拒绝提供产品或者服务③；处理个人信息属于提供产品或者服务所必须的除外。

（3）处理个人信息前，应当向个人告知下列事项：

处理者的名称或者姓名和联系方式；处理个人信息的目的、方式；处理的个人信息种类、保存期限；个人依法享有的权利以及行使权利的方式和程序；法律、行政法规规定应当告知的其他事项。处理者应当以显著方式、清晰易懂的语言真实、准确、完整地告知前款事项④。

（4）处理个人数据应当符合下列要求：

处理个人数据的目的明确、合理，方式合法、正当；限于实现处理目的所必要的最小范围、采取对个人权益影响最小的方式，不得进行与处理目的无关的个人数据处理；⑤依法告知个人数据处理的种类、范围、目的、方式等，并依法征得同意；保证个人数据的准确性和必要的完整性，避免因个人数据不准确、不完整给当事人造成损害⑥；保障个人数据安全，防止个人数据泄露、毁

---

① 参见《深圳经济特区数据条例》第二章第一节第九条．
② 杨立新.个人信息处理者侵害个人信息权益的民事责任［J］.国家检察官学院学报，2021（5）：38-54.
③ 参见《中华人民共和国个人信息保护法》第二章第一节第十六条．
④ 程啸.论我国个人信息保护法的基本原则［J］.国家检察官学院学报，2021（5）：3-20.
⑤ 王春晖.《个人信息保护法（草案）》（二审稿）解析［J］.中国电信业，2021（7）：56-61.
⑥ 高通，王钰点.个人数据处理的基本原则及法律责任［N］.民主与法制时报，2021-6-19（2）．

损、丢失、篡改和非法使用①。

（5）处理生物识别数据的，应当在征得该自然人明示同意时，提供处理其他非生物识别数据的替代方案。但是，处理生物识别数据为处理个人数据目的所必须，且不能为其他个人数据所替代的除外②。基于特定目的处理生物识别数据的，未经自然人明示同意，不得将该生物识别数据用于其他目的③。

（6）数据处理者向他人提供其处理的个人数据，应当对个人数据进行去标识化处理，使得被提供的个人数据在不借助其他数据的情况下无法识别特定自然人。法律、法规规定或者自然人与数据处理者约定应当匿名化的④，数据处理者应当依照法律、法规规定或者双方约定进行匿名化处理⑤。

（7）数据处理者应当建立自然人行使相关权利和投诉举报的处理机制，并以易获取的方式提供有效途径。数据处理者收到行使权利要求或者投诉举报的，应当及时受理，并依法采取相应处理措施；拒绝要求事项或者投诉的，应当说明理由⑥。

（8）个人信息处理者应当采取必要措施，保障境外接收方处理个人信息的活动达到中国法律规定的个人信息保护标准⑦。

（三）着重提高公共信息共享与利用

数据开放共享的程度反映了一个地区的信息发展水平。为了建成全面深化改革开放试验区和国家重大战略服务保障区，海南全岛着力打造数据共享开放利用的试验区。这一目标对相关立法工作提出更高的要求，现参考数据共享与利用的相关政策文件，提出以下建议条例：

（1）公共管理和服务机构之间共享公共数据，应当以共享为原则，不共享为例外。公共数据应当通过大数据资源平台进行共享。省政府办公厅应

---

① 参见《深圳经济特区数据条例》第二章第一节第十条.
②③ 参见《深圳经济特区数据条例》第二章第二节第十九条.
④ 许可.个人信息治理的科技之维［J］.东方法学，2021（5）：57-68.
⑤ 参见《深圳经济特区数据条例》第二章第三节第二十六条.
⑥ 参见《深圳经济特区数据条例》第二章第三节第三十一条.
⑦ 王利明.《个人信息保护法》的亮点与创新［J］.重庆邮电大学学报（社会科学版），2021（6）：1-13.

当积极建立以共享需求清单、责任清单和负面清单为基础的公共数据共享机制①。

（2）纳入公共数据共享目录的公共数据，应当按照有关规定通过省、市、县大数据中心的公共数据共享平台在有需要的公共管理和服务机构之间及时、准确共享，法律、法规另有规定的除外。鼓励有关政务服务数据管理部门建立公共数据开放范围的动态调整机制，创新公共数据资源开发利用模式和运营机制，满足市场主体合理需求。

（3）公共数据开放应当遵循分类分级、需求导向、安全可控的原则，在法律、法规允许范围内最大限度开放。依照法律、法规规定开放公共数据，不得收取任何费用。法律、行政法规另有规定的，从其规定②。公共数据按照开放条件分为无条件开放、有条件开放和不予开放三类③。

（4）省人民政府应当加快推进数字政府建设，依托省、市、县公共数据平台，推动"城市大脑"应用推广，深化数据在经济调节、市场监管、社会管理、公共服务、生态环境保护中的应用，促进现代信息技术与城市交通、平安建设、医疗健康、生态环境保护、文化旅游等领域的结合，建立和完善运用数据管理的制度规则，通过数据资源整合共享，实现城市运行态势监测、公共资源配置、宏观决策、统一指挥调度和事件分拨处置数字化，提升城市治理水平。

（四）加强产业协作互动

数字产业协同涵盖时间、空间、功能等多维度的相互协调，是构架海南自由贸易港数字产业新格局的有效途径，也是驱动全球数据有序流通融合的前提条件。推动数据领域的产业协同不仅能够促进数据要素有序流动，激发各区域内在数字产业活力；还能完善数据产业链，构建良性数据产业生态系统。在此情况下，现参考各省市数据条例提出立法建议，建议相关条例如下：

---

① 参见《上海市数据条例》第三章第二节第三十八条.
② 孙益武.论平台经济反垄断执法中的数据因素［J］.法治研究，2021（2）：115-126.
③ 参见《深圳经济特区数据条例》第三章第三节第四十八条.

（1）应当加强与"一带一路"沿线国家和地区以及RCEP、CPTPP等成员国在数字基础设施、数字商贸、数字金融、智慧物流、数字技术等领域的交流合作，加大在互联网、计算机、软件等方面的协作探索，扩大数字经济领域开放[①]。

（2）加强与粤港澳大湾区数字经济规则衔接、机制对接，推进网络互联互通、数字基础设施共建共享、数字产业协同发展[②]。

（3）应当按照本省关于海口经济圈、三亚经济圈、儋洋经济圈和滨海城市带的区域发展格局，加强数字经济区域优势互补、差异化协调发展。

（4）按照北部湾城市群建设发展规划等国家战略要求，加强数字经济发展跨省域合作，推动重大数字基础设施共建共享、公共数据标准统一、公共数据资源共享开放、智能制造协同发展，以及区域一体化协同治理和治理数字化应用[③]。

（5）促进产业协作互动。围绕建设"智慧海南"，引进、策划、组织一批国际性、专业化的大数据产业展会、专业赛事和学术交流活动，支持社会组织和企业开展数据资源供需对接、企业协作等大数据项目活动。

（五）优化数据跨境流动治理体系

数据跨境流动治理体系是数据安全有序流动的坚实保障。加强优化数据跨境流动治理体系的立法工作，有利于海南数据安全有序流动工作的顺利开展，更能有力推动海南自贸港建设的高质量发展。对此，现结合本省实际，我们在数据共享、数据监管和审查、数据监测和预警等方面提出立法建议，建议相关条例如下：

（1）确保数据跨境安全流动，保护有利于促进经济社会发展，增进人民福祉，符合社会公德和伦理的数据跨境流动，反对利用信息技术破坏他国关键基础设施或窃取重要数据，以及利用其从事危害他国国家安全和社会公共利益的行为。

（2）应尊重他国主权、司法管辖权和对数据的安全管理权，未经他国法律

[①②] 参见《广东省数字经济促进条例》第一章第七条．
[③] 参见《浙江省数字经济促进条例》第一章第九条．

允许不得直接向企业或个人调取位于他国的数据①。

（3）数据处理者在我国境内收集和产生的个人信息和重要数据应当在境内存储；因业务需要，确需向境外提供的，应当按照《数据出境安全评估办法》等有关法律法规要求进行安全评估；法律、行政法规另有规定的，依照其规定②。数据出境安全评估应坚持事前评估和持续监督相结合、风险自评估与安全评估相结合，防范数据出境安全风险。

（4）数据处理者在申报数据出境安全评估前，应当按照《数据出境安全评估办法》等法律法规要求开展数据出境风险自评估，并通过海南省网信部门向国家网信部门申报数据出境安全评估。工业、电信、交通、金融、自然资源、卫生健康、教育科技等部门承担本行业、本领域的数据安全持续监管职责。

（5）以《数据出境安全评估办法》为依据，出台重要数据出境安全评估细则，其中评估事项包括但不限于：数据出境的目的、范围、方式的合法性、正当性、必要性，出境数据的数量、范围、种类、敏感程度，数据出境可能对国家安全、公共利益等带来的风险③，数据出境和再转移后泄露、毁损、篡改、滥用的风险等。

（6）鼓励特定行业争取在重要数据目录制定方面的先行先试，探索数据跨境安全有序流动的治理和保障。支持在安全风险相对较少的行业制定重要数据目录，在部分区域开展数据试点，搭建满足监管与业务需求的数据安全流通平台，建立特定行业数据跨境共享机制，为探索跨境的数据治理和保障体系建设积累经验。

（7）鼓励完善数据跨境流动的有关规则，探索海南自贸港特色的数据流动方式、运行机制和防范手段。支持建立"白名单制度"和"低风险目录"，在国家有关部门允许的情况下逐步将部分地区纳入可自由流动的区域，通过合同的形式约定数据保护权责，构建数据跨境流动的信任体系。

（8）根据跨境数据生命周期的规律，建立省内统一的数据采集、传输、存储、处理标准，将其适当地与国际标准接轨，推动数据在省内以及国际的流动。

---

① 中方提出《全球数据安全倡议》[OL]（2020-9-8）[2022-9-6]. http://www.xinhuanet.com/world/2020-09/08/c_1126465834.htm.
② 叶新苑. 我国跨境数据流动的法律规制[D]. 安徽财经大学，2020.
③ 李爱君. 数据权利属性与法律特征[J]. 东方法学，2018（3）：64-74.

（9）建立专门机构进行行业数据的检测和调度，针对海南已有的重点园区的不同业态，设立多个三级数据枢纽，"点对点"实现实时流量监控，观察流量规律，为数据高效流动提供保障。

（10）推进分类分级分区域跨境数据流动的试点监管，逐步对国家规定分类的有关数据及基础设施建立分级管理制度、跨境数据流动合同监管制度、安全风险评估制度[①]。

（11）依据国家有关规定并结合海南自贸港数字产业发展，建立制定、完善跨境数据准入和出境审核的标准，依据数据级别的不同，对其流动加以不同的条件与限制。

（12）鼓励逐步转变数据监管模式，有序推行跨境数据的数字化监管。坚持外围预防、一线预判、二线精准、要素精细、高效非扰、立体全方位的监管原则，建立数字化监管平台，分阶段打造由"全过程、全要素、一张网、三条链、智能设备+"五个维度构成的智慧化监管立体防范技术体系[②]。

（13）成立专门的数据保护监管机构，进行跨境数据流动的系统化制度安排，对涉及网络数据搜集、存储的企业进行审查和管理，针对涉及跨境数据流动的企业建立专门审核机制[③]。

（14）支持建立"数据全生命周期"的监测预警机制。鼓励以数据安全为前提，围绕数据采集和数据溯源、数据脱敏和数据上链、数据处理和数据标记、数据存储和数据传输、数据监管和数据追踪、数据共享和数据安全六个步骤循序渐进开展检测和预警，并推动数据资源的合理化配置。

（六）促进数字经济快速发展

近年来，随着国家数字政策的不断助推，数字经济越来越服务和融入国家新发展格局，成为驱动新一轮国家经济发展的新引擎，成为国际贸易与经济增

---

① 李锋，陆丽萍.临港新片区服务国内国际双循环发展战略研究［J］.科学发展，2021（5）：34-42.
② 汪胜洋，王东伟.创新应用新一代信息技术实现自贸区新片区"二线高效管住"［J］.全球化，2019（7）：65-75, 134.
③ 汤莉.加快构建跨境数据流动治理体系［J］.国际商报，2020.

长的新引擎以及新一轮经济全球化——"数字全球化"的重要驱动力量。《海南自由贸易港建设总体方案》提出"在确保数据流动安全可控的前提下……培育发展数字经济"。夯实数字经济发展的立法基础,不仅能推动数字要素价值释放,推动海南经济高质量发展,更有利于推动数字丝绸之路建设,为全球数字发展贡献中国力量。在此情况下,我们参考各省市数字经济促进条例,提出以下建议条例:

(1)鼓励工业、农业数字化。鼓励通过服务指导、试点示范、政策支持等方式,加大对工业互联网发展的支持力度,推广农业物联网应用,鼓励和支持企业主动上云、深度用云,提升生产和管理效能。

(2)鼓励服务业数字化。大力推进旅游、健康、家庭、养老、文化、教育、咨询等服务业数字化,推动数字技术和服务业深度融合,丰富服务产品供给,促进生活消费方式升级。

(3)鼓励金融业数字化。省地方金融监督管理部门应当会同人民银行、银行保险监管、证券监管等有关机构制定相关政策,引导和支持现代信息技术在支付结算、信贷融资、保险业务、征信服务等金融领域融合应用。

(4)鼓励数字商贸发展。政府应当引导支持数字贸易的集聚区、平台及其体系发展。促进跨境电子商务综合试验区、数字服务出口基地的建设,培育推广云服务、跨境电子商务等新业态新模式,支持数字化商贸平台建设,发展社交电子商务、直播电子商务等,完善发展机制和监管模式。

(5)鼓励在确保数据安全的情况下,适度对标RCEP、CPTPP的数字领域条款,逐步开展相关的压力测试,建设与国际接轨的高水平服务贸易和数字贸易开放体系。

(6)鼓励数字产业化。结合本地区实际,通过规划引导、政策支持、市场主体培育等方式,重点推动高端软件、数字安防、网络通信、智能计算、网络安全等产业发展,促进云计算、大数据、物联网、人工智能等技术与各产业深度融合,培育区块链、量子信息、虚拟现实等产业发展[①]。

(7)引导企业等市场主体在促进数字经济发展政策支持下,进行数字化转

---

① 参见《浙江省数字经济促进条例》第四章第二十五条.

型。支持和鼓励各类市场主体参与数字经济领域投资建设①。

（8）支持设立数字经济产业投资基金，用于数字经济领域重大项目建设。政府应当完善产业投资基金投资融资机制，引导社会资本投资数字经济领域重大项目，拓宽数字经济企业融资渠道②。

（9）支持设立中长期发展的战略和举措，加快推进城市新一代信息基础设施建设，着力开展5G网络规模部署，推进5G、物联网、IPv6等应用部署，支持基础电信企业实施网络架构升级，促进网络智能化改造，全面提升基础支撑能力和服务质量③。

（10）在海南省服务贸易发展专项资金以及相关资金中扩大对数字贸易企业的专项扶持数额和对重点区域项目的扶持力度，积极引进数字贸易发展所需的各类优秀人才，建立数字贸易多元化人才培育机制。

（11）加快完善数字贸易争议解决机制，支持实力较强的仲裁机构探索设立数字仲裁院，建立便捷有效的争议解决渠道，降低数字贸易企业维权成本，加强对跨境数据流动的安全性评估，实施个人信息和重要数据储存本地化以及出境传输规范化管理鼓励企业建立数据安全和风险内控管理体系。

（12）鼓励社会力量参与数字经济发展，加强国内外数字经济领域的交流合作④。支持行业协会、科研机构、高等学校以及其他组织为促进数字经济发展提供创业孵化、投资融资、技术支持、法律服务、产权交易等服务⑤。

（13）支持在数据交易、交付、资产评估、安全保障方面开展探索，大力建设国际数据交易中心。支持有关部门搭建数据交易流转平台，设立国际数据交易场所，建立数据交易机构管理制度，规范数据交易内容，推动数字交易活动。支持规范数据交易标准，鼓励对标国际标准开展通用标准和特定领域的应用标准的制定，推动形成国际性的数字交易市场化效应。鼓励构建数据资产评估指标体系，建立数据资产评估制度，开展数据资产凭证试点⑥。

---

① ⑤　参见《广东省数字经济促进条例》第一章第八条．
②　参见《浙江省数字经济促进条例》第七章第四十七条．
③　参见《上海市数字贸易发展行动方案（2019—2021年）》，2019-7-23．
④　参见《广东省数字经济促进条例》第一章第七条．
⑥　参见《上海市数据条例（草案）》第四章第四十九条．

（14）落实数字经济的税收优惠政策。完善投融资服务体系，拓宽数字经济市场主体融资渠道。发挥省级政策性基金作用，重点支持数字经济领域重大项目建设和高成长、初创型数字经济企业发展①。

（15）编制、实施数字基础设施发展规划和建设专项规划应当遵循技术先进、适度超前、安全可靠、共建共享、避免重复、覆盖城乡、服务便捷的原则，重点推进新一代移动通信网、大数据中心、工业互联网、物联网、车联网、人工智能、区块链、卫星通信等新型数字基础设施建设②。

（七）加快通信试点的申请与建设

《海南自由贸易港建设总体方案》提出，在确保数据流动安全可控的前提下，扩大数据领域开放。目前，海南仅建立区域性国际性出入口局，国际通信开放程度尚存较大的局限。通信试点的申请与建设将有效提高海南国际数据访问质量及效率，提升海南对外信息交流与合作，助力海南自由贸易港"数字岛、数据岛、智慧岛"建设。在此情况下，我们参考各省市数字经济促进条例，提出以下建议条例：

（1）鼓励电信公司发挥信息技术、云网平台等技术优势，加大5G网络、数据中心等新基建及信息化项目建设，通过云网融合促进数据安全有序便捷流动③。

（2）鼓励开展国际互联网数据交互试点，加大国际海底光缆建设力度，加快光缆维修基地建设④。

（3）积极申请将区域性国际通信出入口局业务范围扩大至互联网业务，争取获批成立全业务国际通信出入口局，争取逐步面向全球经营国际语音、国际互联网和国际专线业务，提升省内网络连接与质量的能力和品质。

（4）争取试点开放信息服务业务、存储转发类业务、在线数据处理与交易

---

① 参见《广东省数字经济促进条例》第九章第六十一条.
② 参见《浙江省数字经济促进条例》第二章第十一条.
③ 彭青林.省委省政府与中国电信集团座谈［N］.海南日报，2020.
④ 海涛.今年自贸港建设不断推出创新成果 各项改革政策加快落地落实 海南的开放大门越开越大［J］.海南人大，2021（4）：46-71.

处理业务三项业务的外资股比①。

（5）争取试点开放呼叫中心业务、国内多方通信服务业务、为上网用户提供的因特网接入服务业务、国内因特网虚拟专用网业务等四项业务②。

（6）争取简化外商投资增值电信审批、转报手续，并为投资者提供详细的政策指南。

参考文献：

［1］葛鑫.《个人信息保护法》亮点解读与实施展望［J］.通信世界，2021（23）：3.

［2］刘典.全球数字贸易的格局演进、发展趋势与中国应对——基于跨境数据流［J］.学术论坛，2021（1）：101-110.

［3］王念.新加坡数据跨境流动管理的经验与启示［J］.财经智库，2020（4）：104-113，143.

［4］冉伟.深度|迪拜：全球前沿科技的应用中心［J］.大数据时代，2017（1）：34-40.

［5］刘淑春.数字政府战略意蕴、技术构架与路径设计——基于浙江改革的实践与探索［J］.中国行政管理，2018（9）：37-45.

［6］于英香.从数据与信息关系演化看档案数据概念的发展［J］.情报杂志，2018（11）：151-153.

［7］许多奇.论跨境数据流动规制企业双向合规的法治保障［J］.东方法学，2020（2）：185-197.

［8］李猛，史小今.海南自由贸易港数字经济创新发展的国际经验借鉴与路径探索［J］.国际贸易，2020（12）58-66，77.

［9］王利明.《个人信息保护法》的亮点与创新［J］.重庆邮电大学学报，（社会科学版），2021（6）：1-13.

［10］孙益武.论平台经济反垄断执法中的数据因素［J］.法治研究，2021

---

① 中国（上海）自贸试验区进一步对外开放增值电信业务［N/OL］（2014-1-16）［2022-9-6］. http：//www.gov.cn/gzdt/2014-01/06/content_2560694.htm.

② 自贸区解封游戏机禁令 部分增值电信业务外资可破50%［N/OL］. https：//www.163.com/money/article/9HVJDSPI00253B0H.html.

（2）：115-126.

[11] 李爱君.数据权利属性与法律特征[J].东方法学，2018（3）：64-74.

[12] 李锋，陆丽萍.临港新片区服务国内国际双循环发展战略研究[J].科学发展，2021（5）：34-42.

[13] 汪胜洋，王东伟.创新应用新一代信息技术实现自贸区新片区"二线高效管住"[J].全球化，2019（7）：65-75，134.

第七章 海南自由贸易港税收法律制度研究

王惠平　张云华　张佐敏*

摘要：本章在阐述税收法律制度对推动海南自由贸易港建设重要性的基础上，梳理新加坡、中国香港、迪拜等先进自由贸易港以及最高经贸规则（RCEP、CPTPP等）的经验，结合《海南自由贸易港建设总体方案》《海南自由贸易港法》，分析海南自由贸易港税收法律制度运行现状、成效、问题，提出进一步完善海南自由贸易港税收法律制度的步骤和措施。

关键词：税收法律制度　零关税　低税率　简税制　销售税

一、税收法律制度是推动海南自由贸易港建设的基础性法律制度

《海南自由贸易港建设总体方案》（以下简称《总体方案》强调制度集成创新，在守住不发生系统性风险的前提下，按照"一个重点、两个支撑、三个保

---

* 王惠平，海南省社科联党组书记、主席，省社科院院长。经济学博士、财政理论和实践方向博士后，具有注册会计师资格；张云华，海南师范大学经济与管理学院副院长，教授，主要从事财税理论与政策研究；张佐敏，海南大学经济学院金融系主任，教授，主要从事财税理论与政策研究。

障"的思路构建起海南自由贸易港政策体系。其中,"一个重点"是指贸易投资自由化便利化,"两个支撑"是指各类生产要素跨境自由有序安全便捷流动和现代产业体系,"三个保障"是指特殊的税收制度安排、高效的社会治理体系和完备的法治体系[1]。《海南自由贸易港法》第四条也指出,"海南自由贸易港建设……以特殊的税收制度安排、高效的社会治理体系和完备的法治体系为保障,持续优化法治化、国际化、便利化的营商环境和公平统一高效的市场环境"。因此,税收法律制度是推动和保障海南自由贸易港高质量高标准建设的基础性制度,对于构建开放型经济体制、确保海南自由贸易港顺利建成具有十分重要的作用。

(一)富有竞争力的税收法律制度能有效加速海南自由贸易港要素资源的集聚

海南自由贸易港要实现顺势超车,必须依靠制度集成创新补齐传统要素资源的短板,加强高端要素资源的集聚,尤其应重视从三大消费回流①,健全产业体系,通过投资、贸易、人员进出、跨境资金流动等自由便利几个方面来制定集聚高端要素的制度。税收法律制度是实现要素资源跨境自由、有序、安全、便捷流动与全球配置,构建现代产业体系,打造国际旅游消费中心的基本制度。《总体方案》已经形成了具有一定国际竞争力的海南自由贸易港的税收法律制度框架。该制度框架的有效贯彻实施将有利于吸引流动生产要素,聚集高端优质要素,吸引资本、先进技术和管理经验,创新税收治理,让先进的制度政策体系与良好的法治营商环境及有效的落地承接能力相融合,共同助力海南自由贸易港的最终建成。

在促进双向投资发展上,分阶段分步骤实施企业所得税优惠政策。例如,对注册在海南自由贸易港并实质性运营的鼓励类产业企业,减按15%的税率征收企业所得税,将有助于吸引境内外企业投资海南,有利于完善海南自由贸易港产业体系;又如,规定自2020年1月1日至2024年12月31日期间在海南自由贸易港设立的旅游业、现代服务业、高新技术产业企业,新增境外直接投资取得的所得,免征企业所得税,将有利于鼓励企业从海南"走出去",进而促

---

① "三大消费回流"是2021年4月海南省委书记沈晓明在国新办举行新闻发布会上提出的"要抓紧时间做好消费回流的文章,吸引境外消费回流、医疗服务回流、教育消费回流"。

进海南总部经济的形成。在促进人才资源荟萃方面，实施较低的个人所得税优惠政策。对在海南自由贸易港工作的高端人才和紧缺人才，其个人所得税实际税负超过15%的部分，予以免征。该政策将有助于促进人员进出自由便利，有利于海南自由贸易港引进高端人才和紧缺人才。在促进贸易自由便利方面，对货物贸易实行零关税政策。具体实施分两步走：第一步，在全岛封关运作前，对部分进口商品，免征进口关税、进口环节增值税和消费税。例如，在生产设备方面，除法律法规和相关规定明确不予免税、国家规定禁止进口的商品外，对企业进口自用的生产设备，实行零关税负面清单管理；在交通工具方面，对岛内进口用于交通运输旅游业的船舶、航空器等营运用交通工具及游艇，实行零关税正面清单管理；在原辅材料方面，对岛内进口用于生产自用或以"两头在外"模式进行生产加工所消耗的原辅料，实行零关税正面清单管理；在居民消费品方面，对岛内居民消费的进境商品，实行零关税正面清单管理，允许岛内免税购买。第二步，在全岛封关运作、简并税制后，对进口征税商品目录以外、允许海南自由贸易港进口的商品，免征进口关税。在打造海南国际旅游消费中心方面，实施零售环节销售税。在封关运作之时，将现行增值税、消费税、车辆购置税、城市维护建设税、教育费附加（以下简称"四税一费"）等进行简并，在货物和服务的零售环节征收销售税，收入全部归属地方政府，将有效激励地方政府扩大消费基础设施建设，努力采取各种措施和政策促进消费回流，从而促使海南国际旅游消费中心早日建成。

（二）经济特区和国际自由贸易港的发展更加彰显出税收法律制度的推动作用

深圳经济特区、中国内地自由贸易试验区以及新加坡、中国香港、迪拜等自由贸易港的税收法律制度安排对于区域发展起着重要的推动作用。例如，深圳改革开放40年的经济发展奇迹与税收作用的有效发挥有直接关系。20世纪80年代和90年代，深圳实行经济特区优惠税收政策，吸引了大量外来投资，促使深圳经济从"加工"到"制造"的快速发展。之后，随着深圳"地产地销"免征增值税和嵌入式软件产品增值税退税等政策的推行，促进深圳经济从"制造"向"高科技"的健康发展。2008年至今，深圳通过落实高新技术企业享受企业所得税15%税率等政策，促成深圳经济从"高科技"向"ICT产业链集聚"。又如，中国香港自20世纪60年代以来，迅速成为国际航运中心和自由贸易港，除了依靠其得天独厚的地理位置之外，简化的税制、零关税政策、较低的直接税政策、规范透明的税务管理等也是吸引世界著名跨国公司聚集的重要因素。再如，新加坡是全球著名的国际贸易中心和国际航运中心，是全球经济最具活力的新兴经济体之一。新加坡今天成为跨国公司设立区域总部最具吸引力的区域，也与新加坡简易税制和较低税负密不可分。新加坡的关税政策相对宽松，除了酒类、烟草、石油产品、机动车等需要缴纳关税之外，其他货物自由进入新加坡，不需要缴纳关税；新加坡长期位列全世界企业总税率最低的国家之一。

（三）税收法律制度是国家治理的基础和助推海南自由贸易港高质量发展的动力

党的十八届三中全会把财税体制改革提升到"完善和发展中国特色社会主义制度，推进国家治理体系和治理能力现代化"的战略高度，并赋予财政"国家治理的基础和重要支柱"的特殊定位。税收法律制度作为财政的重要组成部分，理应承担起提升政府治理能力的职责。一方面，要结合我国税制改革方向，科学谋划海南自由贸易港税收法律制度框架，探索推进简化税制。同时，要注重涵养税源和保护税本，要有利于组织财政收入，给海南自由贸易港建设提供源源不断的动力和支持。另一方面，要充分优化税制要素，降低税负水平，努力构建具有国际竞争力的税收法律制度，以吸引更多优质的资源、人才和企业进驻海南自由贸易港，推动海南自由贸易港高质量发展。

二、先进的自由贸易港税收法律制度和最高经贸规则（RCEP、CPTPP等）的经验借鉴

（一）新加坡的税收法律制度

新加坡之所以能成为跨国公司设立区域总部最具吸引力的国家，除了其为企业提供优质营商环境之外，还有其完善的税制安排。目前，新加坡是世界上

税制简单、税负最低的国家之一。

1. 所得税

新加坡企业所得税法规定，任何企业从新加坡取得或在新加坡从境外取得的收入，都需缴纳企业所得税，企业所得税税率为17%。在2019估税年及之前，在正常应税所得中，前10000美元的部分可享受75%的税收减免，10001—300000美元的部分可享受50%的税收减免，剩余部分必须就其全额按17%的税率缴纳企业所得税，每个课税年的最高免税额为152500美元（7500美元+145000美元）。自2020估税年起，实行免税调整，前10000美元的部分可享受75%的税收减免，10001—200000美元的部分可享受50%的税收减免，剩余部分必须就其全额按17%的税率缴纳企业所得税，每个课税年的最高免税额为102500美元（7500美元+95000美元）。新加坡存在较多的税收优惠政策。例如，（1）新成立公司优惠计划。2020年后对于新成立三年内符合条件的公司，前100000美元的部分可享受75%的免税，100001—200000美元的部分可享受50%的税收减免，每个课税年的最高免税额为125000美元（75000美元+50000美元）；（2）研发优惠。新加坡境内发生的、符合条件的研发项目的人工成本及耗材可获得额外150%的税收减免；（3）国际化双重税收减免计划。对海外扩张的公司可在2012年4月1日至2025年12月31日期间因国际市场扩张和投资开发活动而产生的合格费用享受双重税收减免，即允许新加坡居民企业就同一笔应税收入在其他税收管辖区已支付或应支付的税款，在新加坡应交税款中抵免。新加坡个人所得税法规定，个人应就其在新加坡境内来源的收入缴纳个人所得税，对个人境外来源收入免税，一年中就业不超过60天的非居民对境内来源的收入也免征个人所得税。个人所得税征税范围涵盖受雇所得、财产租赁所得、股息（特定）、利息、经营所得等。新加坡个人所得税的免征额为2万美元，实行10级超额累进税率，最高边际税率为22%。个人所得税有较多的税前扣除项目，例如配偶扣除、赡养扣除、子女抚养扣除等。另外，根据非常住居民（Not Ordinary Resident，NOR）计划，拥有NOR身份的新加坡居民雇员因商业原因在新加坡境外逗留的天数所对应的新加坡就业收入部分可以免税。

2. 商品流通税

新加坡的商品流通税主要有商品与服务税、消费税和关税。商品与服务税相当于增值税，该税对在新加坡经营活动中生产的应税商品和提供的应税服务以及进口至新加坡的商品征收。新加坡商品与服务税的标准税率自2007年起到2022年为7%；从2023年1月1日起，标准税率升至8%；2024年1月1日起，将进一步升至9%。该税率适用于所有商品和服务，获得零税率减免或免税的商品和服务除外。出口货物、提供国际服务、向批准的航运或海事行业纳税人出售或出租货物适用零税率，同时对金融服务、投资贵金属、符合规定的土地转让免征商品与服务税。所有进口到新加坡或在新加坡制造的应税商品均需缴纳关税或消费税，其中应税商品只有酒类、烟草、汽车和石油产品。对啤酒在进口环节征收每升16新元的关税，对所有酒类、烟草制品、石油产品按从价计征的方式征收消费税，对汽车征收20%或12%的消费税。

3. 其他税

除以上税种之外，新加坡主要还征收房产税和印花税。房产税按照法定税率，对所有房屋、建筑物、土地的年价值按年缴纳。自住住宅免征额为8000美元，按超额累进税率征收，目前税率上限为16%，从2023年开始最高税率调至23%，2024年最高税率调至32%。非自住住宅房产税按累进税率征收，无免征额，目前税率为10%—20%，2023年调整为11%—27%，2024年调整为12%—36%。对商业和工业等非住宅按年价值的10%征税。印花税适用于与不动产、股票、股份、租赁有关的凭证。对于不动产转让，除征收买方印花税外，新加坡还增加了卖方印花税和额外买方印花税。买房印花税按累进税率征收，住宅印花税税率为1%—4%，非住宅印花税税率为1%—3%。卖方印花税和额外买方印花税按不动产类型、买方居住状态、不动产持有时间和数量征收，最高税率分别可达35%和12%。对股份和股票交易，按交易价格和市场价格（以较高者为准）的0.2%征收印花税。对于租赁，年租金收入低于1000新元的免征印花税，否则适用0.4%的税率。

（二）中国香港的税收法律制度

自20世纪60年代以来，中国香港依靠其得天独厚的地理位置和简化的税制迅速成为国际航运中心和自由贸易港。中国香港税负水平低，是吸引世界著名跨国公司聚集的重要因素之一。

1. 所得税

中国香港采用收入来源地原则，向在中国香港经营任何行业或业务的所得利润征税。只有在中国香港产生或得自中国香港的利润，才须缴纳利得税，若运营商利润是从中国香港以外的地方所获得，则不须在中国香港就有关利润缴税。目前中国香港实行两级制利得税率。法团首个200万港元利得的税率为8.25%，其后的利润按16.5%征收；非法团业务首个200万港元利得的税率为7.5%，其后的利润按15%征收。除此之外，部分利润款项可以获得利得税的豁免缴付，例如，部分认可机构的存款所赚取的利息及人民币国债的利息和利润免税；合资格船舶出租商或合资格船舶租赁管理商的利得免税。部分利润款项可以享受特惠的利得税税率，例如，符合以下项目的税率为一般税率的一半：从符合资格的债务票据所获得的利润及利息收入；合资格保险业务及保险经纪业务的合资格利润；合资格企业财资中心的合资格利润；合资格飞机出租商或合资格飞机租赁管理商的合资格利润。

薪俸税是纳税人就其在中国香港工作所赚取的所得而缴纳的税款，类似于个人所得税。薪俸税的税率为超额累进税率，每个纳税年度内，首个5万港元的税率为2%，5万—10万港元的税率为6%，10万—15万港元的税率为10%，15万—20万港元的税率为14%，20万港元以上税率为17%。薪俸税基本免税额为13.2万港元，同时还存在其他免税项目，例如：已婚人士免税额、子女免税额、伤残人士免税额、单亲免税额等。此外对个人进修开支、长者住宿照顾开支、居所贷款利息等相应支出可按规定税前扣除，扣除限额为10万港元。

2. 商品流通税

中国香港对绝大部分产品在生产销售的各个环节免征各种税费。根据中国香港颁布的《应课税品条例》，目前中国香港只对烟草、酒类、甲醇以及碳氢油类四类商品在销售或进口环节征税。酒精浓度大于30%的酒类税率为100%，其他酒类税率为0，对烟草、甲醇以及碳氢油类按定额税率征收。除此之外，中国香港还征收车辆首次登记税，该税实质上属于商品流通税，类似我国车辆购置税。在中国香港汽车首次登记时，须按规定缴纳车辆首次登记税，在所有汽车类别中，私家车税率最高，私家车零售价按超额累进税率征收，首个15万港元税率为46%，其次的15万港元税率为86%，再其次的20万港元税率为115%，其余部分的税率为132%。

3. 其他税

除以上税种之外，中国香港主要还征收物业税、印花税、博彩税和遗产税等。物业税是纳税人因在中国香港持有物业并出租赚取利润所缴纳的税款。若只持有物业而没有租金收入的，无须缴纳物业税。目前物业税税率为15%。印花税是中国香港向所有涉及不动产转让、租赁以及股票转让的文书所征收的税款。对不动产交易按不同的价格征收不同税率的从价印花税，最高税率为8.5%；对不动产所有者出售其持有时间小于36个月的住宅加征额外印花税。另外在从价印花税和额外印花税的基础上再征收买家印花税。对不动产的租赁按租赁期限征收税率为0.25%—1%的印花税。对股票交易的印花税税率为0.2%。中国香港对赛马投注、现金彩票、奖券活动和足球比赛投注征收较高税率的博彩税。

（三）迪拜的税收法律制度

阿联酋是一个没有联邦税收体系的国家，税收制度由各酋长国自行规定。目前颁布税法的有阿布扎比、迪拜和沙迦。迪拜的整体税负极低，境内无个人所得税、印花税等税种。

1. 所得税

迪拜目前无个人所得税，企业所得税只针对外资银行或者石油公司征收，其中外资银行税率为20%，石油和石化公司税率为50%—55%，对其他行业免征企业所得税，且与包括中国在内的许多国家都签订了避免双重征税协定。但2022年1月，阿联酋财政部宣布将对全国所有酋长国（包括迪拜）企业的净利润征收联邦税，企业将在2023年7月1日或2024年1月1日缴纳企业所得税，企业所得税将适用于根据商业许可或许可在该国开展商业、工业和（或）专业活动的所有企业。应税收入375000迪拉姆以下的企业所得税税率为0%，应税收入超过375000迪拉姆的企业所得税税率为9%。但迪拜外资银行和石油公司依然按之前规定征收企业所得税。迪拜拥有8个较为活跃的自贸区，各个自贸区依然执行50年内免征企业所得税和个人所得税的政策。

2. 商品流通税

迪拜商品流通税主要有增值税、消费税和关税，这三个税种都属于阿联酋联邦税。增值税在货物销售和（或）进口环节征收。除非增值税法令规定适用增值税免税或零税率政策，任何形式的商品或服务的销售或者进口商品或服务，均以商品或服务的价值征收5%的增值税。适用于增值税零税率的项目有：出口货物至非海合会国家、国际运输服务、原油和天然气销售、教育和医疗相关的服务及商品销售等。免征增值税的项目有：金融服务、销售闲置土地、销售与租赁居民住房、提供本地交通运输服务等。目前迪拜拥有的自贸区内免征增值税。阿联酋需征收消费税的货物包含烟草、能量饮料以及碳酸饮料。纳税范围包含阿联酋领土、在机场及自由贸易区出售的上述货物。软饮料和含糖饮料消费税税率为50%，烟产品、能量饮料、电子吸烟设备和工具中使用的液体、电子吸烟设备和工具消费税税率为100%。对出口应税消费品免征收消费税。阿联酋是海合会（GCC）成员国，2003年GCC实施关税同盟，因此，阿联酋一般商品统一关税税率与海合会一致为5%，但酒类关税为50%，烟草制品关税为100%。同时，阿联酋根据进口者身份、特殊原因对许多商品进口免征关税。目前迪拜自贸区对进出口货物一律免征关税，离港进入国内市场时应税产品按正常进出口缴税。

3. 其他税

迪拜目前还征收市政物业税、酒店税和旅游税。物业主每年应当以住户或商户房屋年租金的一定比例为依据，向迪拜市政机关缴纳物业税。目前迪拜对住宅租赁收入征收5%的住宅建筑税；对商业租赁收入征收10%的商业地产税；对市场中的摊位租赁收入征收市场税或费。迪拜的酒店和饭店需要按照服务费的一定比例收取酒店税。通常饭店的税率是5%—10%，酒店的税率是10%—15%。另外，迪拜酒店客人需缴纳每晚每间7—20迪拉姆的"旅游税"。

（四）RCEP、CPTPP等最高经贸规则的税收规定

《区域全面经济伙伴关系协定》（Regional Comprehensive Economic Partnership，RCEP）是2012年东盟发起，包括中国、日本、韩国、澳大利亚、新西兰和东盟十国共15方成员制定的协定。2022年1月1日，RCEP正式生效。RCEP在"零关税"方面，规定了区域内90%商品流通实现零关税目标；规定澳大利亚、新西兰、文莱、老挝、缅甸、新加坡和马来西亚等成员国统一适用一张关税承诺表，其余成员国对不同缔约国适用不同关税承诺表；通过逐步实施关税自由化

给予优惠的市场准入；给予特定货物临时免税入境权利。此外，RCEP还确定了RCEP项下有资格享受优惠关税待遇的原产货物的认定规则，允许在确定货物是否适用RCEP关税优惠时，将来自RCEP任何缔约方的价值成分都考虑在内，实行原产成分累积规则。

《全面与进步跨太平洋伙伴关系协定》(Comprehensive and Progressive Agreement for Trans-Pacific Partnership，CPTPP）是亚太国家组成的自由贸易区。2021年9月，中国正式提出申请加入CPTPP。CPTPP对货物贸易有较多的税收规定。一是零关税要求。除非CPTPP另有规定，否则任何缔约方不得对原产货物提高现行关税，或采用任何新的关税税率。各缔约国货物贸易最终实施零关税的税目平均达99%，该标准高于大多自由贸易协定。各国非零关税产品主要集中在农业上，工业基本实现零关税，且实施零关税的过渡期普遍小于其他自由贸易协定。二是更开放的市场准入。取消对再制造货物的关税和限制性措施，任何缔约方不得对从其领土临时出口至另一缔约方领土进行修理或改造后重新进入其领土的货物征收关税，无论其原产地为何地，无论此种修理或改造是否本可在该出口缔约方的领土内进行，或是否已使货物增值。除非协定另有规定，否则任何缔约方不得对源自另一缔约方领土的任何货物的进口或运往另一缔约方领土的任何货物的出口采取任何禁止或限制。三是对国内税或其他费用的规定更严格。CPTPP规定，每一缔约方对进口或出口征收的或与进口或出口有关的任何性质的所有规费和费用应限定在等于提供服务所需的近似成本以内，且不得成为对国内货物的一种间接保护或为财政目的对进口或出口产品征收的一种国内税，除非该货物在供国内消费时才征收国内税或费用。任何缔约方不得从价征收对于进口或出口或与进口或出口有关的规费和费用。

（五）经验启示

1. 税制设计简单

税制简单、税种少是上述自由贸易港的一大特征。中国香港和新加坡以所得税为主，用其作为政府财政收入的主要来源；财产税与行为税为辅，用其调节特定行业、业务的发展模式，突出税收引导作用。现行中国香港和新加坡税制下所得税涉及面最广、日常接触频率最高，其税制简单易理解；特定行业涉及行为税、财产税，其税制相对复杂但涉及面较小。迪拜税制更为简单，目前其所得税基本不征收，除增值税外，其他税种基本都是对特定行业征收。此外，这些自由贸易港的税制设计避免过于专业化，有利于绝大多数企业理解，同时能降低企业的合规成本。

2. 税率设置较低

上述三个世界著名自由贸易港基本税率均处于较低水平。新加坡企业所得税税率最高，税率也才17%，远低于世界平均标准。较低的企业所得税能给公司带来更高的净利润，一定程度上能吸引外资进驻。中国香港、新加坡和迪拜的个人所得税税率普遍偏低，较低的个人所得税能吸引人才的流入，带动该地区的发展。除了极个别的货物种类，中国香港、新加坡关税一般都实行全免，增值税税率也远低于其他国家，同时对商品给予较高开放水平的准入，有利于促进商品贸易的发展。RCEP、CPTPP等经贸协定要求削减或取消关税，基于原产地证明给予优惠关税待遇。

3. 产业引导性强

通过梳理以上自由贸易港税收制度，除了低税率、税种少这些特征外，税收对产业引导作用也十分突出。通过对某些行业实施低税率以引导产业的发展是各自贸港普遍的做法。例如，新加坡重视国际运输服务业发展，为了提升港区内提供国际服务企业的竞争力，规定国际运输服务和与进出口有关的服务都适用零税率。

三、海南自由贸易港税收法律制度运行现状、成效、问题

（一）海南自由贸易港税收法律制度运行现状

自2020年6月以来，经过两年多的发展，海南自由贸易港的税收法律制度逐步完善，为海南自由贸易港的建设提供了重要支持。

1."零关税"在海南呈现新开局

三张"零关税"清单陆续出台。2020年11月11日，财政部、海关总署、税务总局颁布《关于海南自由贸易港原辅料"零关税"政策的通知》（财关税〔2020〕42号）；2020年12月，财政部、海关总署、税务总局颁布《关于海南

自由贸易港交通工具及游艇"零关税"政策的通知》（财关税〔2020〕54号）；2021年3月，财政部、海关总署、税务总局联合印发《关于海南自由贸易港自用生产设备"零关税"政策的通知》（财关税〔2021〕7号）。"零关税"政策覆盖面非常广，不仅包括加工制造业，还将研发设计、检测维修等生产性服务业和海南自由贸易港具有优势的服务业纳入其中，有力地支持了旅游业、现代服务业和高新技术产业发展。

加工增值免税政策开始试点。2021年7月8日，海关总署印发《海关对洋浦保税港区加工增值货物内销税收征管暂行办法》，对洋浦保税港区鼓励类产业企业在洋浦保税港区生产的不含有进口料件或者含有进口料件且加工增值超过30%（含）的货物，出区内销的，免征进口关税，照章征收进口环节增值税、消费税。为落实该征管暂行办法，明确海关监管模式，海口海关制定了《洋浦保税港区加工增值货物内销税收征管海关实施暂行办法》。2021年12月1日，海南自由贸易港洋浦保税港区加工增值货物内销税收政策，扩大到海口综合保税区和海口空港综合保税区。2022年12月2日，加工增值货物内销税收政策正式获批扩大到海关特殊监管区域外的重点园区试点实施。

2．"低税率"在海南呈现新特色

企业所得税具有创新性。2020年6月23日，财政部、税务总局发布《关于海南自由贸易港企业所得税优惠政策的通知》（财税〔2020〕31号），规定对注册在海南自由贸易港并实质性运营的鼓励类产业企业，减按15%的税率征收企业所得税，这有利于海南自由贸易港产业体系的构建和完善。此外，明确对旅游业、现代服务业、高新技术产业企业，在2024年12月31日前新增境外直接投资取得的所得，免征企业所得税。这是企业所得税优惠政策的一大特色，是对现行企业所得税法下中国居民企业需就全球收入征税制度的突破，有利于吸引一批相关行业的集团总部首先进驻海南，再去海外投资，助推总部经济在海南蓬勃发展；有利于实现贸易投资自由便利化，推动资金、人员等各类要素便捷高效流动。

个人所得税优势明显。2020年6月23日，财政部、税务总局发布《关于海南自由贸易港高端紧缺人才个人所得税政策的通知》（财税〔2020〕32号），对在海南自由贸易港工作的高端人才和紧缺人才，其个人所得税实际税负超过15%的部分，予以免征。与国内很多开放区域相比较，海南自由贸易港个人所得税政策优势比较明显。例如，2019年粤港澳大湾区也出台个人所得税政策，但仅面向境外高端人才和紧缺人才，采取"先征后补贴"的方式，而海南自由贸易港个人所得税政策并没有规定必须是境外人才才能享受15%的个人所得税优惠。这一优惠政策的落地，有利于海南面向全世界吸引高端人才和紧缺人才。

3. 离岛免税在海南呈现新突破

为了促进旅游业发展，海南更新了离岛旅客免税购物政策。2020年6月29日，财政部、海关总署及税务总局联合发布了《关于海南离岛旅客免税购物政策的公告》（财政部 海关总署 税务总局公告2020年第33号），规定年满16周岁的离岛旅客凭离岛机票、火车票或船票（不包括离境），并持有效身份证件到实行特许经营的免税店购物，每年每人免税购物额度由30000元提升至100000元；取消购买单件免税品超过8000元需要缴税的限制；免税品种的种类扩大到45类；按照经营品牌、品种、价格和国际三同步的原则，采用招标等市场化竞争方式，选择并确定新增加的海南离岛免税购物经营主体；具有免税品经销资格的经营主体可按规定参与海南离岛免税经营。

随着海南离岛免税市场竞争力不断增强，不少企业开始探索免税加工和离岛免税组合发展的道路。以免税店为依托，发展保税加工转离岛免税"前店后厂"模式，利用离岛免税政策红利，延伸拓展高附加值产品加工制造。"前店后厂"模式是指进口原料通过零关税政策免税进入岛内综合保税区进行保税加工，加工后的成品直接运到区域免税城进行销售的模式。在该模式下进口加工企业可保税进口所需原料，并通过销往免税城免除原料进口关税、产品增值税及消费税，形成"进口原料——生产组装——免税销售"全产业链模式。

（二）海南自由贸易港税收法律制度运行成效

自2020年6月以来，财政部、税务总局及海南省人民政府在《海南自由贸易港建设总体方案》和《海南自由贸易港法》框架下，针对海南自由贸易港的发展定位和现实情况，对关税、企业所得税、个人所得税等税种进行了系列制度安排，政策效应逐步释放，成效初显，税收政策增强了海南经济发展活力。

1. "零关税"运行成效

自由贸易港建设的特征集中表现为货物、服务、数字等国际贸易的通关便利和成本节省。实行零关税政策有利于降低市场主体交易成本,促进国际贸易自由便利,是国际先进自贸港的通行做法和国际经贸协定的规则要求。《总体方案》规定全岛封关前,实行部分进口商品零关税政策,全岛封关运作、简并税制后,实行零关税负面清单政策。目前,自用生产设备、交通工具及游艇、原辅料等三张零关税清单已分别落地实施。零关税政策效应不断释放,海南外贸进出口总值增速加快,海南外贸进出口总值增速加快。继2021年首次突破1000亿元后,2022年再上新台阶,首次突破2000亿元关口,达到2009.5亿元,增长36.8%[2]。

2. 企业所得税运行成效

2020年6月23日,财政部、税务总局印发《关于海南自由贸易港企业所得税优惠政策的通知》(财税〔2020〕31号),对注册在海南自由贸易港并实质性运营的鼓励类产业企业,减按15%的税率征收企业所得税。企业所得税是对企业各项收入所得而征收的税种,税负不易转嫁,相比于增值税、消费税等间接税而言,企业更加关注企业所得税的税负高低。企业所得税税率大小是企业投资决策的重要考量因素。全世界除了巴哈马、百慕大群岛、开曼群岛等避税地不征收任何企业所得税外,大多数国家和地区基本开征企业所得税,且税率一般高于15%。例如,38个OECD成员国中有35个国家的企业所得税税率均等于或高于15%;三个先进的国际自由贸易港,除了迪拜之外,中国香港对200万港元以上企业利润适用16.5%的企业所得税税率,新加坡的企业所得税税率是17%,均高于15%①。因此,相比于国际和国内企业所得税(我国企业所得税一般税率为25%),海南自由贸易港15%的企业所得税税率具有较大的竞争优势。经过两年多的运行,该项政策在降低企业税收负担、节约其经营成本、吸引各类市场主体进驻海南方面发挥了积极作用,市场主体活力进一步激发,全省市场主体增速连续34个月保持全国第一,一批国际知名企业机构落户海南[3]。

3. 个人所得税运行成效

个人所得税是一国对本国公民、居民个人所得和境外个人来源于本国所得征收的税种,一般实行较高的累进税率,具有调节收入分配功能。例如,我国

---

① 各国或地区的税率来源于Trading Economics网站.https://zh.tradingeconomics.com/country-list/corporate-tax-rate?continent=asia.

现行个人所得税对综合所得实行7级超额累进税率,最高边际税率为45%;对经营所得实行5级超额累进税率,最高边际税率为35%。新加坡个人所得税最高边际税率为22%,中国香港个人所得税最高边际税率为17%。2020年6月23日,财政部、税务总局印发《关于海南自由贸易港高端紧缺人才个人所得税政策的通知》(财税〔2020〕32号),对在海南自由贸易港工作的高端人才和紧缺人才,其个人所得税实际税负超过15%的部分,予以免征,且境内外高端紧缺人才同样适用。通过对比,海南自由贸易港个人所得税具有较大的竞争优势,这无疑对海南吸引高端紧缺人才产生了较大作用。2023年1月13日,海南省第七届人民代表大会第一次会议上通过的政府工作报告指出,自2018年"4·13"以来,引进人才50.9万"百万人才进海南"目标完成过半[4]。可见,海南人才集聚效应正逐步形成,为加快海南自由贸易港建设奠定了坚实基础。

(三)海南自由贸易港税收法律制度存在的问题

海南自由贸易港系列税收政策在实施过程中仍存在许多亟待改善的问题,具体表现如下:

1."零关税"存在的问题

(1)目录清单整体规划和配套有待完善。

从当前零关税目录清单的政策来看,整体规划和配套有待完善。例如,按企业自用的生产设备适用零关税负面清单的规定,企业自用的生产设备适用零关税,但是没有规定企业自用生产设备所需要的零部件能享受零关税政策,当进口自用生产设备的零部件损坏需要更换时,只能通过一般贸易进口报关,不能享受免税优惠;又如,原辅料零关税正面清单范围较窄,清单未能形成整体配套,导致同一家企业生产所需原辅料,有些按原辅料零关税政策报关进口,有些则需要按一般贸易报关进口,虽然节省了部分税收,但却增添了繁琐的报关程序,纳税遵从成本并没有实质性下降。

(2)一些目录清单设计与实际经营模式不相契合。

零关税政策目录清单的制定应与海南实际相适应,同时也应符合海南自由贸易港建设的目标定位。从个别目录清单列举的项目上看,虽然表面上符合产业定位,但与实际经营模式产生一定冲突,导致政策难以有效贯彻。以车辆等交通工具进口为例，目前进口车辆主要有经销商进口和平行进口两种方式，一些岛内终端用户企业由于没有直接进口渠道，需通过经销商购买进口车辆，但由于经销商不属于零关税政策的享惠主体，因此通过经销商进口的车辆就享受不到交通工具及游艇零关税政策。

（3）进口加工增值免税政策落实受限。

《总体方案》明确，对鼓励类产业企业生产的不含进口料件或含进口料件在海南自由贸易港加工增值超过30%（含）的货物，在"二线"进入内地免征进口关税。目前，该项政策落实效果与目标仍存在一定差距。首先，该政策要求企业自主对货物加工增值比例进行准确核算及如实申报，并对相关核算和申报内容承担相应法律责任。但现实中，部分中小企业由于会计核算制度不够完善，尚不能准确核算进口料件加工增值的比重，导致未能充分有效利用该政策。其次，该政策针对企业的加工步骤是否属于微小加工或处理的情形，标准还不够明确，企业难以自行准确分析判断是否属于享惠加工。再次，该项政策自洋浦保税港区率先落地实施以来，先后扩展到海口综合保税区、海口空港综合保税区、海关特殊监管区域外的重点园区，但范围仍难以形成系统完善的进口、加工、外销等产业链体系，进口加工规模效应未能广泛释放，进口加工增值免税政策落实受限。

（4）零关税政策清单优化速度有待加快。

首先，零关税正面清单涵盖的商品仍然过少，与国际相差甚远。目前零关税正面清单虽然包含了1700多个商品税号，占全部8500多种商品的19.8%左右[5]，但相对于RECP、CPTPP等经贸规则所要求的90%以上货物实行零关税，还相差甚远；其次，居民消费品零关税清单尚未研究出台。《总体方案》规定，对岛内居民消费的进口商品，实行零关税正面清单管理，允许岛内居民免税购买。然而，由于监管等方面原因，至今该项清单尚未出台，不仅影响了投资者的稳定预期，还减弱了岛内居民自贸港政策红利的获得感。

2. 企业所得税存在的问题

（1）鼓励类产业目录界定工作机制有待健全。

财税〔2020〕31号文件规定，可以享受15%企业所得税优惠政策的必须在规定的鼓励类产业目录内。2022年11月7日，海南税务等相关职能部门联合印发了《〈海南自由贸易港鼓励类产业目录（2020年本）〉界定指引》（以下简称《界定指引》），对鼓励类产业目录条目尽量以通俗易懂的语言逐一进行解读和界定，这对相关部门和企业判定经营业务是否属于鼓励类产业具有一定的参考价值。值得注意的是，《界定指引》的出台并不等于鼓励类产业目录的适用从此不存争议。当这种争议不可避免地发生时，就要启动争议协调机制加以解决。然而，较为规范的鼓励类产业目录界定工作机制尚未有效建成，相关职能部门之间的联动沟通亟须加强，企业所得税优惠政策尚未能充分落实。

（2）实质性运营标准的适用性有待进一步验证。

财税〔2020〕31号文件规定，可以享受15%企业所得税优惠政策的企业必须在海南自由贸易港实质性运营。《总体方案》提出应坚持"强法治"原则建设海南自由贸易港税收制度，防范税基侵蚀和利润转移，避免成为"避税天堂"。实质性运营条件的设置正是这一原则的体现，旨在防止不法企业在海南自由贸易港成立"空壳公司"，通过转移定价等方式将利润转移至海南享受低税率以套取税收利益。2021年海南税务等相关职能部门联合发布了《关于海南自由贸易港鼓励类产业企业实质性运营有关问题公告》，对实质性运营从企业生产经营、人员、账务、财产等四个维度给出了原则性的判断标准，但运行一年后发现相关标准可操作性仍不够强，存在一定的监管漏洞。为进一步增强政策的市场稳定预期和可操作性，海南税务联合相关职能部门于2022年9月27日出台了《关于海南自由贸易港鼓励类产业企业实质性运营有关问题的补充公告》（以下简称《补充公告》），进一步完善了具体的标准、增加了负面规定、明确了后续监管要求。《补充公告》从2023年1月1日开始执行，政策的宣讲和解读力度仍待加强，对实质性运营的精准判断仍存一定难度，实施的效果有待进一步验证。

（3）新增境外直接投资所得免税制度实施效果尚未显现。

财税〔2020〕31号文件规定，对在海南自由贸易港新增境外直接投资属于鼓励类产业目录的，其境外直接投资所得免税。这是对我国减除国际重复征税方法的重大突破。我国现行税法规定对本国居民境外所得采取"税收抵免法"征税，即允许用国外已纳税款冲抵在本国应缴纳的税款，实际征收的税款是我国居民应纳税款与已纳外国税款的差额，既承认了东道国优先征税权也不放弃本国的征税权，同时克服了国际重复征税问题，有效降低跨境投资者的税收负担。但"税收抵免法"计算较为复杂，在鼓励企业"走出去"的力度上不如

"免税法"。海南自由贸易港规定境外投资所得实行"免税法",实质上是对本国居民境外投资所得征税权的让渡。这样,从海南"走出去"的中国企业税收负担和遵从成本将大大降低,有利于海南总部经济形成。然而,该政策实施效应存在一定的滞后性,目前享惠企业并不多,除了受新冠肺炎疫情和境外股权投资周期长回收慢等客观因素影响之外,政策本身适用范围偏窄、设置条件比较严苛、缺乏广泛宣传和有效辅导也是重要原因。比如,在享惠主体上,仅限于旅游业、现代服务业、高新技术产业等三大产业,未将热带特色高效农业纳入免税范畴,事实上海南在热带特色高效农业领域和东南亚之间也有很多合作空间;在享惠客体上,仅对境外分支机构取得的营业所得和境外参股20%以上的部分分回股息免税,未将境外取得的利息、特许权使用费、租金或其他所得纳入免税范围[6];在享惠条件上,免税参股比例应超过20%(含),导致许多企业,尤其是中小企业对该政策望尘莫及;在享惠时间上,该项政策截止时间是2024年12月31日,封关运作之后去留并不确定,许多跨境公司持观望态度。

3. 个人所得税存在的问题

(1)过分强化了个人所得税的人才功能。

根据财税〔2020〕32号文件规定,对在海南自由贸易港工作的高端人才和紧缺人才,可以享受个人所得税优惠政策。该政策强调了两个条件,一是按照相关规定被认定为海南自由贸易港高端紧缺人才;二是收入要足够高,即经过系列扣除后,个人综合所得要达到31.92万元,经营所得要达到21万元才可以享受退税。两者相比,收入高低是关键条件。换言之,即便被认定为高端人才和紧缺人才,若收入达不到规定水平,实际税负没有超过15%,也无从享受个人所得税退税。因此,海南自由贸易港个人所得税政策本质上仍是以调节收入分配、缓解贫富差距为主,并非"人才税",过分强化个人所得税人才功能既降低了政策透明度,也增加了税收征管成本。

(2)政策宣传与辅导力度有待加大,实际操作较难。

海南自由贸易港个人所得税政策采取"先征后返"方式进行落实,即按照我国现行个人所得税法规定计算税额并预先扣缴,然后由个人在次年上半年自行申报退税,时间间隔较长,实际操作不方便。由于该政策专业性较强,并非所有高端和紧缺人才都能全面了解,并能自行操作实现精准退税。此外,个别招才引智部门由于对该项政策把握不够系统或者不够精确,可能会夸大政策效果，容易产生误导作用，从而增加了税务部门的征管成本和解释成本，影响了政策的有效贯彻落实。例如，2022年9月15日，海南省人民政府发布的《海南自由贸易港享受个人所得税优惠政策高端紧缺人才清单管理暂行办法》（琼府〔2022〕31号）第三条规定，自2023年1月1日开始享受优惠政策应满足两个条件：一是"一个纳税年度内在海南自由贸易港累计居住满183天"，同时给予航空、航运、海洋油气勘探等行业特定人员例外；二是"属于海南省各级人才管理部门所认定的人才……"。这里，至少有两点应阐释清楚，一是"累计居住183天"条件中所规定的例外行业是否全面？"航空、航运、海洋油气勘探等行业特定人员"中的"等"字该如何理解？二是"属于海南省各级人才管理部门所认定的人才"是否均可以享受退税？因此，对该项个人所得税优惠政策的宣传贯彻力度和广度还需进一步加强，既要利用政策的竞争优势广招人才，也要让公众及时了解，便捷实际操作，以增强对政策的稳定预期和获得感。

（3）联动服务工作机制仍有待完善。

个人所得税政策的贯彻落实涉及财政、税务、人才、社保、公安、外事、招商等部门，需要各部门进行积极有效对接和信息共享，做到享惠人才名单精准，应惠尽惠，同时也要及时堵住税收征管漏洞，防止产生税收流失风险。例如，2020年8月26日发布的《海南自由贸易港享受个人所得税优惠政策高端紧缺人才清单管理暂行办法》以"连续缴纳社保6个月"作为享惠条件，就存在一些在海南和内地两处同时缴纳社保以达到该享惠条件的纳税人，因此，需要社保部门全面了解纳税人缴纳社保的信息，并精准确定享惠名单。此外，琼府〔2022〕31号文件规定的"累计居住满183天"也需要公安和外事部门给予积极配合，才能准确了解纳税人在海南的居住天数。目前，部门之间的联动服务工作机制尚不够健全，信息互通及共享还不够顺畅，仍需进一步完善。

四、构建与完善海南自由贸易港税收法律制度的建议

推进海南自由贸易港高质量发展的税收法律制度体系优化应从两方面着手：一是坚持问题导向，针对当前税收法律制度和政策执行中存在的问题，提出完善建议；二是坚持目标导向，结合《总体方案》《海南自由贸易港法》的

阶段性目标和海南自由贸易港的发展定位，借鉴中国香港、新加坡等国际自由贸易港的先进经验，抓紧研究尚未出台的销售税、物业税等税收制度，逐步形成与海南自由贸易港建设相适应的税收法律制度体系。

（一）销售税法律制度的设计

《总体方案》和《海南自由贸易港法》均明确提出要在全岛封关运作时，依法将现行增值税、消费税、车辆购置税、城市维护建设税及教育费附加等税费进行简并，启动在货物和服务零售环节征收销售税。销售税将成为海南自由贸易港封关运行后的一个全新税种，开征时间将与封关运作同步进行。销售税这一开创性的制度安排将有利于发挥海南自由贸易港境内关外的功能定位，有利于推动海南自由贸易港高质量发展。如何顺应自由贸易港发展需要，引领税制改革方向，确立销售税立法原则，科学设计销售税基本税制要素，理顺海南自由贸易港销售税与内地的税制衔接，已然成为海南自由贸易港全岛封关运作前的一项重要任务[7]。

1. 目标和原则

根据《海南自由贸易港法》，建立符合需要的海南自由贸易港税制体系，总体遵循税种结构简单科学、税制要素充分优化、税负水平明显降低、收入归属清晰、财政收支基本平衡的原则，同时需要有机结合国家税制改革方向。海南自由贸易港设立销售税在满足上述基本条件的基础上，还将在降低商品服务价格、推动贸易自由便利化等方面发挥积极作用。

海南自由贸易港在销售税设计原则上需要注重以下方面：首先，要对标国际先进自由贸易港的建设目标，打造一流营商环境，有效降低海南商品的流通成本，以比较价格优势为吸引高质量的人流、物流、资金流在海南聚集创造良好条件。其次，要符合税制改革的方向，简化税制，充分利用现有征管体制，降低征管成本，以更加简洁有效的税收制度服务于海南自由贸易港建设。尤其需要在充分保障市场主体享受海南自由贸易港税收便利的同时，保证海南省地方政府的财力总体稳定，以经济社会繁荣共促海南自由贸易港建设持续发展。

为了实现海南自由贸易港建设的低物价目标，应主要考虑对销售服务、销售房产以及现行征收消费税的商品征收销售税，对绝大部分实物商品免征销售税。这些征税商品或服务的间接税税负通过销售税予以统一，有效保留低税负的政策效果。同时，简化税制和征管流程可在现有税收制度框架内统筹解决，最大限度利用现有税制，有效降低制度转换成本和未来的征纳成本。

2.销售税基本税制要素设计

一是纳税义务人的确定。目前，关于销售税的纳税义务人有两种不同的观点。一种观点认为，应选择在零售环节购买应税货物和服务的单位或个人作为纳税义务人。由于销售税纳税义务人涉及面广，税源较为零星分散，从征管便利的角度，一般由其卖方代为收缴销售税，也称之为代收代缴义务人。主张以买方作为纳税人有利于提高公民纳税意识，有利于减少税负转嫁导致的矛盾，而且与消费地原则相匹配。另一种观点认为，应以销售应税货物和服务的单位和个人作为纳税义务人，有利于降低征管难度，提高征管效率。两种观点各有利弊。我们认为，以购买方作为纳税义务人涉及面广，税源较为零星分散，不利于税收征管，应从税收征管便利角度，选择销售方作为纳税义务人。

二是征税范围的确定。根据销售税征收的一般原则，对在海南自由贸易港内发生销售税的应税交易均纳入征税范围。其中，应税交易包含销售货物、服务、不动产。具体而言，销售货物，特指销售目前属于增值税和消费税征收范围的商品；销售服务，是指有偿提供服务；销售不动产，是指有偿转让不动产的所有权。原则上对公益性服务不征税，对经营性服务征税。将现行增值税、消费税、车辆购置税、城市维护建设税及教育费附加等税费项目统一简并，并在货物和服务零售环节启动征收销售税，并不意味着要对所有商品零售征收销售税，而是只对现行征收消费税的商品征收。主要包括烟、酒精饮料、高档化妆品、贵重首饰及珠宝玉石、鞭炮焰火、成品油、汽车轮胎、摩托车、电池、涂料、小汽车、高尔夫球及球具、高档手表、游艇、实木地板等。目前正在全岛范围内实施的离岛免税政策，已经充分证明了商品销售价格的降低可以为海南吸引巨大的人流、物流和资金流。在未来封关运行时，全岛范围内作为一个特别关税区，将上述流转税种统一归并为销售税，将有利于降低商品销售价格。更重要的是，对目前征收消费税的高端商品征收销售税，对于调节消费导向、筹集财政收入和发挥税收再分配职能等意义重大。

三是计税依据和税率的设计。一般认为，在零售环节课征销售税应以社会消费品零售总额为税基进行计算征收。但是该税基偏窄，因为社会消费品零售总额是指企业（单位）通过交易售给个人、社会集团，非生产、非经营用的实物商品金额以及提供餐饮服务所取得的收入金额，仅包括实物性消费和部分服务性消费，仍然有大量服务性消费未包括在内。因此，我们根据销售税所涉及的征税范围以及数据的可获得性，遵循税制改革至少维持原有税负不变之原则，选择海南社会消费品零售总额（包括批发零售业、住宿餐饮业）、商品房屋销售总额、旅游收入、邮电业务收入、快递业务收入、保险收入等加总作为销售税模拟税基；选择增值税（归地方部分）、消费税、车辆购置税、城市维护建设税、教育费附加等"四税一费"加总作为模拟目标税额[8]。经测算，从2017年至2021年，销售税模拟税基5年平均数约为5415亿元人民币；模拟目标税额约为367亿元人民币①。将相关数据套入"税率＝模拟目标税额÷模拟税基"公式，测算出税率约为0.0678。换言之，如果开征销售税，税率设置在6.78%左右就可以获得目标税额。考虑到如果只对现行消费税应税商品、高消费服务项目、商品房等征收，再加上税收减免和征管漏损等因素，模拟税基可能会收窄一些，结合先进自贸港建设简税制、低税负特征，建议将海南自由贸易港销售税基本税率设置为7%。在此基础上，对于需要调节的烟酒油车等特殊税目另外设置高税率，以增加销售税的调节功能。

3. 销售税法律制度设计中应注意的若干问题

一是如何做到既保证税负水平明显降低，又保证财政收支基本均衡。仅从财政收入目标考虑，新设销售税所能组织的税收收入应至少与"四税一费"相等，使改革前后的税费负担基本相当。销售税是在零售环节对货物和服务的最终消费者征收，而生产、批发环节不征税，销售税税基通常要小于现行增值税税基。在这种情况下，要获得相同规模税收收入，销售税税率至少应不低于现行增值税实际税负率。如果考虑到城市维护建设税、教育费附加等作为增值税和消费税的附加税种，将会因增值税、消费税的消除而消失，由此损失的税收收入同样由销售税来承担弥补的话，其税率还应进一步提高。所以，在封关时开征的销售税税率很难同时符合税负水平明显降低与财政收支基本均衡的原则。倘若只考虑税负水平明显降低这一原则，财政收入不足部分就需中央财政补助，否则，只能考虑短期内放弃税负水平明显降低这一原则。故销售税的设

---

① 根据《海南统计年鉴》相关数据计算得出。

计需要以来海南投资的企业增多、做大"蛋糕"为条件，只有壮大产业，增加税源，扩大税基，才能既让每一个纳税企业有低税负的获得感，又能够保证必要的财政收入。

二是海南自由贸易港如何与境内其他地区税制进行有效衔接。根据《海南自由贸易港法》相关规定，封关后，货物由海南自由贸易港进入境内其他地区，原则上按进口规定办理相关手续。因此，对于从海南自由贸易港销售货物、服务给内地其他单位和个人的视同出口，应结合进口加工增值免征关税政策对这一视同出口交易行为设计销售税制度。此外，由内地进入海南自由贸易港的货物，按照国务院有关规定应退还已征增值税、消费税。换言之，海南自由贸易港的单位和个人从内地购买货物或服务，应视同进口，针对该视同进口的货物或服务如何征收销售税需要精细设计。

三是海南自由贸易港旅客个人携带商品离岛和邮寄物品如何征税。为了维持离岛购物免税政策的连续性，对离岛旅客（含岛内居民和岛外旅客）在海南自由贸易港购买并携带离岛的进口商品仍实行每人每年10万元（不限次）的限额控制，超过年度限额的物品照章纳税。为了建立更加开放的最高水平的海南自由贸易港，打造国际旅游消费中心，防止和控制走私行为，个人邮寄物品须凭离岛机票、船票或火车票并持有效身份证件缴纳进口关税、增值税、消费税。

四是在税收征管层面如何转换和衔接。由于销售税只发生于零售环节，如果对小微企业实施免税政策，无论从执行效率还是从收入角度都将变得不可行。与销售税相关的遵从成本可能在总体上变低，但对于小零售商来说却不低，要求小零售商作为代征机构实践中不具可行性。同时，由增值税改为销售税，在征收方式上由之前增值税下的"每一环节小额征收"转变为"最后零售环节一次性大额征收"，将会大大增加零售环节的逃税风险。另外，由于无法延续"以票控税"、买卖双方交叉稽核等行之有效的税收管理手段，由增值税改征销售税将增加查处偷逃税款的难度。

（二）完善企业所得税法律制度

1. 建立与《界定指引》配套的"清单式"管理制度

目前海南已经制定《界定指引》，对鼓励类产业目录进行细化，给出行业定义和认定要点，下一步可借鉴深圳前海深港现代服务业合作区的做法提供"清单式"服务。海南税务机关对比较明确可以享受优惠的企业纳入"白名单"，规定可以放心享受优惠政策；对明确不能享受优惠的企业纳入"黑名单"，不建议享受优惠政策；对难以界定的企业纳入"灰名单"，并转入争议调解环节，由税务部门提请发改部门协助判断，最终将其归于"白名单企业"或"黑名单企业"进行管理。这种"清单式"服务可让企业消除顾虑"放心享"，降低不确定性。

2. 进一步健全鼓励类产业目录争议协调解决机制

健全鼓励类产业目录争议协调解决机制是优化税收营商环境，助力税收相关政策有效落实的重要举措。当前，应借鉴珠海横琴发布的《横琴新区关于界定企业主营业务符合所得税优惠政策的实施办法》，健全争议协调解决机制，明确鼓励类产业目录界定的主体地位；成立目录界定工作办公室和建立专家库，承担具体的目录界定和解释工作；税务、发改和市监等相关部门的责任应清晰明了、信息交换应更加流畅、部门联动应积极主动，应公开每个环节的时限，让企业有稳定的诉求通道和明确的反馈预期，提高其享惠的获得感。

3. 有效落实并不断优化实质性运营标准

一是增强管理机构所在地判定标准的可操作性。《补充公告》从两个层面判断企业是否在海南自由贸易港实质经营：一是从业务层面要求企业的主要生产经营地点在自贸港；二是从管控层面要求生产经营实质性全面管理和控制的机构在自贸港，即生产经营决策、财务决策和人事决策由设立在自贸港的机构作出或执行。下一步，应继续增强税务机关执法的可操作性，使纳税人能够更加清晰地理解实质性经营内涵，还应按照国际规则或者国际通行做法，对关键要素加以明确。例如，应在《补充公告》的基础上，进一步规定公司的董事或主要董事的居住地要在自贸港，或公司董事会、股东大会开会的地点在自贸港，或公司账簿的保管地点在自贸港等来确定公司的实际管理机构所在地等。

二是根据行业核心经营活动判断实质性运营。《补充公告》关于企业是否实质性经营的人员方面的规定是3名（含）至30名（含）从业人员在自贸港均居住累计满183天。这在一定程度上增强了政策执行的可操作性，但这只是一种形式上的设定和要求，目前尚未完全考虑企业的实质性业务、行业特性与人员之间的匹配度，存在被不法分子钻空子的风险。因此，对《补充公告》人员的要求应进一步观其效应，做好应对准备。与此同时，应深入研究企业新业态和新模式，坚持经济活动发生地和价值创造地征税原则，给每个相关行业企业定义核心创收活动，重点列出利用无形资产创收和地理上可移动的企业所进行的核心经营活动，确保相关核心经营活动由海南自由贸易港实体承担，且在海南自由贸易港内进行；确保实体实际履行的功能与承担的风险相匹配；确保该实体拥有与经营收入相匹配的足够数量的合格全职雇员，并承担足够的经营支出。

三是建立企业报告机制。对于进驻海南自由贸易港的企业，相关部门对其运营和纳税申报应进行必要的沟通和指导，要求企业定期提供资料来证明确实开展了相应的实质性经营活动，以便及时发现问题并督促其整改。

四是对标国际规则继续优化实质性运营标准。海南自由贸易港不仅面向国内企业，更要面向全世界企业，因此更要对标国际规则完善实质性运营标准。可参照经济合作与发展组织（OECD）税基侵蚀和利润转移（Base Erosion and Profit Shifting，BEPS）第5项行动计划标准、《OECD税收协定范本及注释》以及OECD下辖有害税收实践论坛（Forum on Harmful Tax Practices，FHTP）审核低税地实质性经营活动的标准，结合国内相关法律规定和海南经济发展定位优化实质性运营标准。

4. 完善新增境外直接投资所得免税政策

封关前，应充分发挥新增境外直接投资所得免税政策的效应，可适度加大其适用范围，将热带特色高效农业纳入免税范畴；世界通行的免税参股比例为10%，少数欧盟成员国为鼓励企业境外投资甚至将此比例下调至5%，因此，海南可遵循国际通行标准，将可享受免税政策的境外参股比例下调至10%；将免税所得范围扩大到处置外国关联企业股份产生的财产收益、利息和特许权使用费等。封关后，允许继续实行境外直接投资所得免税政策，同时将范围扩大到所有企业。此外，要加强该政策宣传，扩大政策的知晓度，尤其是招商引资部门更要把握好该政策的实际运用，将该政策与在海南"累计居住满183天"可享受个人所得税优惠政策进行有效衔接，一方面应利用该政策鼓励企业从海南自由贸易港"走出去"，加快海南总部经济形成；另一方面也应重视海南实质性运营企业外派外驻人员个人所得税优惠政策适用问题，既要做到防范恶性避税行为，又要让真实外派外驻人员可对个人所得税政策应享尽享。

5. 加快制定鼓励类产业目录的负面清单

虽然《总体方案》将可享受企业所得税的鼓励类产业目录的负面清单规定为2035年前的重点任务，但无论是从与海南当前实施的《海南自由贸易港外商投资准入特别管理措施（负面清单）（2020年版）》相匹配的视角，还是从加快我国对外开放的紧迫度角度出发，都应尽早研究制定海南自由贸易港企业所得税鼓励类产业目录的负面清单。这不仅可以减少税务机关和市场主体之间的纳税纠纷，有利于税务机关的日常征管，也有利于市场主体的纳税遵从，更重要的是可以增强企业所得税优惠政策的国际竞争优势，以便吸引更多的跨境企业进驻海南。

（三）完善个人所得税法律制度

1. 以收入和居住时间达到规定标准作为享惠条件

个人年度综合所得达到31.92万元、经营所得达到21万元在海南居住满183天的海南居民，便可享受不超过15%的个人所得税优惠政策。建议不要由人才管理部门进行人才认定、出具人才证明，以便于实际操作。

2. 加大对个人所得税的宣传贯彻力度

税务部门应牵头联合高等院校、社会税务中介等单位组建税收政策宣贯团队，围绕海南自由贸易港个人所得税优惠政策开展面对用人单位和人才个人的宣传服务，让用人单位和人才理解政策的精神和具体操作办法，使政策能够真正落地见效。重点加强对招才引智部门的宣传力度，并提供必要的政策辅导服务。

3. 建立高效的联动服务工作机制

个人所得税政策的有效落实需要各部门综合协调和信息共享。建议税务部门主动与人才、社保、招商、重点园区等部门进行积极对接，尽快构建"信息共享、协作共商，服务共进"联动工作机制，组建联动服务工作专班，为纳税人提供一条龙便利化服务。

4. 尽快开展封关后个人所得税制度的研究

《总体方案》规定2035年前的重点任务是对一个纳税年度内在海南自由贸

易港累计居住满183天的个人，其取得来源于海南自由贸易港范围内的综合所得和经营所得，按照3%、10%、15%三档超额累进税率征收个人所得税。这里，需提前着手如下三方面研究：

第一，纳税人在海南自由贸易港累计居住时间应如何计算。2022年9月15日，海南发布了《海南自由贸易港享受个人所得税优惠政策高端紧缺人才清单管理暂行办法》，将享受海南自由贸易港个人所得税优惠政策的高端紧缺人才基本认定条件调整为"累计居住满183天"，因此，"183天"的累计计算办法已相应出台。今后，应重点关注该时间计算执行中存在的问题，并不断优化。

第二，3%、10%、15%三档税率所对应的计税依据，即应纳税所得额该如何科学设置？是区分综合所得和经营所得进行分别设置？还是将两者综合起来设置？需要结合宏观税负和具体的财力需求进行权衡。

第三，综合所得和经营所得中的扣除项目和标准如何选择和确定？这些都应在准确预测封关之后海南自由贸易港经济、财政和收入分配的情况下尽早探讨。

（四）完善资源税、环境保护税、印花税、房地产税（物业税）等税种法律制度

1. 完善资源税法律制度的建议

（1）扩大征税范围。

结合资源税的税种属性和海南的资源分布状况，逐步扩大资源税征收范围，将征税范围扩大到所有应予保护的自然资源。同时，应将开采行为本身纳入征税范围，建立资源开发者责任制度，提高对矿产开发过程的监控管理。

（2）适当提高资源税税率。

为经济可持续发展，提高资源利用效率，应适当提高资源税税率水平。同时，应考虑稀缺资源类型和现行征管水平，对稀缺性资源、非替代性资源、不可再生性资源，调高现行税率标准。

（3）合理设置资源税收奖惩政策。

首先，要设置税收优惠政策，对开采成本高、开发难度大及能够循环利用

的资源给予税收优惠，并对采用先进的、节约型的、充填式开采方式采出的矿产资源，适当减征资源税。其次，应对资源回采率高、重视环境保护的企业，给予适当的奖励和补偿，并积极鼓励企业通过持续技术创新，提高资源利用效率，进而减少资源依赖。再次，应结合本区域实际情况，因地制宜地对利用低品位自然资源和废弃资源，包括废矿、废石、废渣及废水等提取的矿产品，确定减税或免税措施。最后，应给予浪费资源和破坏环境的企业一定的惩处和限制，对于逃避资源税收、违规开采资源及对资源环境保护不力的开发经营者，制定严厉的处罚措施。

（4）完善资源税利益分配机制。

应根据不同地区资源禀赋差异，设置不同的共享政策，如对我省经济欠发达、但资源储量丰富的省份，应适当提高资源税收的分享比例。

2. 完善环境保护税法律制度的建议

（1）拓宽应税税目种类和数量。

建议将排放量大、对人体危害性强、减排紧迫性强、技术标准成熟、征管可行性强的相关污染物尽可能纳入税目，完善污染物排放量计算排序规则，适当增加应税税目的数量。尽快修订应税污染物及其当量值，如挥发性有机物、总氮、多氯联苯等。借鉴欧洲部分国家碳税与碳排放权交易政策协同的实践经验，适时在海南试点开征碳税。建议将碳税作为环境保护税的一个税目开征，以降低碳税的开征成本。

（2）逐步提高环境保护税的税率水平。

在开征的初始阶段，要采取循序渐进的方式适当提高税率，可以根据治理成本、损失成本等来衡量。逐年调整税率，使最终实际减排量等于预期减排量，从而实现社会成本最低和优化环境资源的目标。

（3）调整环境保护税优惠政策。

加大优惠力度，比如，环保投资可抵扣企业所得税等；环保设备购置应给予减、免、退；提高环保技术给予财政补贴，或采用扩大投资抵免、加速折旧进行适当的调整。奖励单位能源排放量低的公司、惩罚单位能源排放量高的公司，从而为减少污染物排放提供激励。采用设置环境保护税免税期限、暂缓征收、推广减税和合同环境服务模式等方式，激发企业节能减排的动力。另外，税收优惠与监管密切相关，鼓励公众监督和报告污染企业，减少企业偷排行为，使税收优惠真正落到依法排放的企业。

（4）加强环境保护税监管。

逐步完善污染物排放量的确定方法。提高自动监测设备的安装率和数据的准确性。重新审视第三方监测机构的定位。继续完善污染物排（产）污系数。

（5）明确两部门对环保税征收的协作义务制度。

应尽早出台系统化、专业化的配套制度规范，充分利用环保部门的专业优势与税务机关的数据基础和征管优势，细化环保部门和税务部门的协作义务，进一步提升部门协同程度。

（6）建立环保税征管区域协同配合机制。

应尽快构建全国范围的跨区域环保信息平台和信息交换制度，让不同区域之间的环保部门和税务机关的涉税信息及时互通，各相关部门掌握完整的污染物排放数据，从而形成区域协调基础上的环保税征管制度。

3. 完善印花税法律制度的建议

由于印花税征税面大，税源广，有利于海南组织财政收入，从而为海南自由贸易港建设提供资金支持，印花税改革尤为必要。

（1）优化税制要素。

对征税范围应取消列举方式。对电子商务交易等未签订合同的活动参照证券交易印花税征税办法，按照实际交易金额进行征税。对税目税率进行简化合并，适当调整征税标准，减少税率档次，降低征税成本，提高效率。

（2）强化征收管理。

从源头上进行核定征收和代扣代缴。比如对于按件征收的权利许可证照等，可以委托其发证机关和合同签证、公证部门等进行代扣代缴，争取从源头开始把控，减少税源流失。对于交易频繁难以把控的合同，可以考虑由税务机关进行核定征收，多种征收方式相结合，最大程度降低税源流失，也更有利于征收公平。而对于电子商务等新兴商业活动，应全面推行网上申报印花税，取消税票等印花税征管流程中与实际经济发展不相符合的环节，进一步加强印花税的征收管理。

（3）将契税、印花税两税合并。

契税的存在对我国房地产市场具有一定的调控作用。从历史经验中可以看出，印花税和契税所体现的作用存在相当大的重复性，因此可考虑将印花税和契税进行合并，消除重复征税，提高征收效率，进一步降低税务部门征管成本，大幅提升税收遵从度。

4. 开征房地产税（物业税）法律制度的建议

海南自由贸易港作为我国改革开放和税制改革的新高地，为新型房产税改革提供了必要和可行。2025年封关运作后，结合海南实际情况，研究借鉴中国香港物业税的经验，进一步简明税制，将现行房产税、城镇土地使用税和土地增值税合并为在持有环节征收房地产税（物业税），有利于促进共同富裕，确保税收公平，也符合海南自由贸易港税制的设计原则。

（1）征税范围。

由于海南房地产税（物业税）改革是现行房产税、城镇土地使用税和土地增值税的简并，因此征税范围要比现行房产税要大，即以海南自由贸易港域内的居民用商品住宅为征税范围（对具有海南城镇户籍的家庭可考虑免税2—3套）。同时，为了保证税制改革的顺利过渡，应适当保留现有房产税、城镇土地使用税和土地增值税减免税优惠的有关规定，并根据海南自由贸易港实际发展情况进行适当调整。考虑到海南当前农村居民收入水平较低，为减轻农民负担、缩小城乡差距，对农村居民自有住房和农副业生产用房，不纳入征税范围。

（2）纳税义务人。

以居民用商品住宅的产权所有人为纳税义务人。由于海南省具有全国唯一的热带气候，海南省内房地产市场中旅居型居民住宅占比较大，外省户籍居民持有海南省房产的情况较为普遍，因此，对于省外户籍在本省持有房产的所有人，也应按规定缴纳房地产税（物业税）。

（3）计税依据。

结合海南自由贸易港房地产的结构状况，借鉴中国香港的做法，房地产税可采取从价和从租两种方法计税，任由产权所有人自行决定，但一旦选定，五年内不得变更。一是按照房产的评估价值按年征收；二是借鉴中国香港按照物业的"应评税值"做法，按照房产的评估租金价值按月征收。该评估租金不仅包括收取的租金总额，还包括租户为获得使用权支付的许可证费用、转让费用、支付给房产所有人的服务费、管理费和修理费等。由于房产持有过程中会因通货膨胀造成货币贬值,导致房产市场及评估价值(包括租金价值)数据偏高,应允许房产历史成本价值每三年进行税收指数化加计扣除,以避免纳税人承担过高税负,如每三年可就房产的实际历史成本加计扣除5%。

(4)比例税率。

采取比例税率比较简单易行。首先,按照房产的评估价值按年征收,采取比例税率征收,应纳税额=应纳税房产单位价值×应纳税房产面积×税率;其次,按照房产的评估租金价值按月征收,采取比例税率征收,应纳税额=应纳税房产租金单位价值×应纳税房产面积×税率;应纳税房产面积=房产面积−家庭人均免税面积×家庭人数。

(五)逐步推进零关税法律制度完善的建议

1. 加快零关税清单的整体规划和动态调整

根据海南产业发展布局,加快零关税清单的整理规划和动态调整,将更多的商品尽快纳入零关税清单,是有效降低市场主体成本,推进海南自由贸易港建设进程的有力举措。应尽快将进口设备易损耗的零部件纳入自用生产设备零关税清单范围;应畅通终端用户零关税汽车进口渠道,引入高端旅游经营主体,根据企业进口情况及实际需求对交通工具及游艇清单进行动态调整;应按行业对海南生产所需原辅料开展专项调研,结合海南自由贸易港建设相关产业发展和整体配套需要,拓宽原辅料零关税正面清单范围,为科技研发、加工制造、服务维修等产业发展创造有利条件。

2. 推动岛内居民消费品零关税清单尽快出台

为提升岛内居民对自贸港政策红利的获得感,应推动岛内居民消费品零关税清单尽快出台,科学规划岛内居民日用消费品免税店的布局,加快覆盖全岛各市县。对岛内零售环节的零关税商品市场运行和反走私监管进行压力测试;营造适度竞争环境,推动形成离岛免税、岛内居民日用消费品免税、跨境电商三类购物业态并存的多层次免税购物体系;充分发挥离岛免税、离境退税与岛内日用消费品免税购物政策效应,办好中国国际消费品博览会,将其打造成为全球消费精品展示交易平台;扩大免税消费品贸易规模,力争到2025年,离岛免税品销售实现1000亿—2000亿元的目标。

3. 探索出台零关税负面清单

按照《总体方案》的规划，在全岛封关之后，零关税商品清单将彻底采用负面清单模式，除禁止、限制类进口商品和极少数需要征收进口关税的货物之外，其他绝大部分货物进口到海南自由贸易港都免征关税。当下应着手两方面研究工作：一是要协调推动国家部委根据海南自由贸易港实际发展需要动态优化零关税清单，不断扩大零关税商品范围；二是参照中国香港、新加坡等自贸港所列举的零关税负面清单，对标RCEP和CPTPP等经贸协定中关于商品品类和贸易额均90%以上免税的目标，结合海南实际和财政承受能力，逐步将现在的两份正面清单转化为负面清单，并不断缩减负面清单长度，最终出台较为完善的海南自由贸易港零关税负面清单。

4. 建议加工增值30%免征关税政策在符合海关监管条件下可在全岛实施

进口原材料加工后增值30%的商品进入中国内地免关税政策有助于落实党的二十大报告提出的"国内国际双循环相互促进的新发展格局"，也有利于海南产业发展。建议加工增值30%免征关税政策在符合海关监管条件下，可在海南全岛实施。在全岛范围内允许申请企业安装海关的监管信息系统，经海关测试合格便可让企业享受该政策，而不是仅限于海南洋浦港保税区、海口综合保税区、海口空港综合保税区符合条件的少数企业。同时，尽快完善加工增值的认定标准，对企业加强宣传，尤其对一些品种多样、存在不同产品使用同一料件，需要对境外进口料件、境内区外采购料件在不同产品上进行追溯、分配后，再归集料件成本情况的企业，要主动对其进行重点辅导，让更多的企业满足条件，享受该税收优惠政策。

5. 与RCEP叠加产生倍增效果

总体而言，RCEP生效后，对海南自由贸易港的建设利大于弊，会产生许多政策的叠加效应。对不利影响主要从三个方面进行消除，并着手改进：第一，加快优化零关税的现行三张清单，尽快出台岛内居民消费的进境商品正面清单，并从离岛免税监管中总结经验，真正做到既要放得开也要管得住；第二，进一步优化海关和税收营商环境，促进海南自由贸易港的通关便利化；第三，抓紧出台和完善自贸港的其他税收制度，打造结构合理，与海南自由贸易港产业定位相适应的税收法律制度体系，提高整个税制的竞争力以促进要素资源的自由流通。

（六）反逃避税风险防控和法律制度

1. 完善税收征管服务制度

（1）转变税收管理思维方式。

第一，要有"互联网+"的管理思维。税务机关各级领导干部，应用"互联网+"思维来开展税收工作，提高管理决策的科学性。对税务人员而言，要依靠云计算、人工智能等先进技术，努力提高政策执行的精准性。第二，要有开放共享、团结协作的管理思维。税务部门与社会多部门进行协同合作，数据互换共享，实现真正意义上的从"以票管税"向"信息管税"转变。第三，要有对纳税人纳税遵从度高度重视的管理思维。税务机关要在进一步深化"放管服"改革、优化营商环境的基础上，为纳税人提供更加优质、便捷的服务，增强纳税人在纳税过程中的获得感，提高其纳税遵从度。

（2）扩大税收政策宣传的范围和增强宣传力度。

首先，宣传的形式应多样化。强化以网络为主渠道，要求税务局网站结合当地产业结构、企业特色等情况建立企业税收信息宣传栏。同时，在办税服务厅内增加投资经营方面的信息咨询项目。其次，宣传的内容要全面。不仅要及时向企业宣传和解释海南自由贸易港的财税政策和动态信息，而且要向企业宣传有关投资经营的税收优惠政策。最后，要建立企业财税政策个性化信息培训和辅导机制。针对特定业务经营、规模较大、影响范围较广的企业，按照不同的投资地点、投资产业和投资发展阶段等进行科学的分类，并提供专门的培训和辅导。

（3）提高办税管理和服务效率。

首先，应加强基础信息管理。对纳税人加强源头管理，建立规范的投资登记和备案制度。建立税务部门与政府其他部门的沟通和协作，争取税务信息的有效共享，提高为企业办税的效率。其次，加强纳税申报管理。纳税申报管理应以简单高效为目标，应出台专门法律，明确所得的纳税申报内容和具体要求，制定具体、便利的操作规程，明确罚则和征纳双方的义务，最大限度地降低纳税人的纳税遵从成本。最后，应加强税务风险管理。将经常遇到的税务风险进行归类整理，以案例的方式总结经验教训，有效增强防范税务风险的意识和处理税收问题的能力，避免税收利益的损失。

2. 完善反避税法规与措施

（1）进一步明细转让定价法规。建议进一步明确关联企业关系的认定方法，即规定间接持有股份的比例允许由各层持股比例相乘得出。（2）调整方法应强调在灵活的基础上，增强操作性。实际上，很多国家在对关联企业转让定价进行调整的时候，一般都严格按照一定的顺序进行。建议将调整方法分成传统交易法和交易利润法，基于实质重于形式的原则择优选择。建议对无形资产和劳务的价格调整，不应简单地坚持"公平交易原则"，而应制定可操作性的标准和程序，可规定加成的比例为10%。（3）应加强与企业预约定价协议的谈签。一是从企业的角度可以有效地避免企业正常内部交易价格遭受税务机关调整而多缴税收的风险；二是从税务机关的角度则能提高管理效率并准确地实现税务管理目标。建议简化预约定价协议签订的程序和申请内容。此外，制定转让定价指引，规定转让定价的磋商程序，这也是有效的反避税管理办法。（4）在转让定价法规上增加罚则，以增强对企业避税行为的管理力度。

3. 完善税收协调与合作制度

（1）遵循国家与其他国家谈签的税收协定开展与境外国家税收协调和合作。（2）促进海南自由贸易港相关税收法律制度和国内税法的协调。例如，加强海南自由贸易港零关税、"双15%"所得税、销售税与内地相关税收法律制度的协调。（3）建立规范的相互税收协商程序并加强执行力度。税务机关不仅要服务和督促跨国纳税人有效运用国际税收协定，同时也要监督各缔约国按照税收协定规定的权利和义务进行有效执行，以减少跨国经营企业的税务风险。

参考文献：

［1］支持海南自由贸易港建设的税收政策［EB/OL］.（2020-6-30）.http：//www.chinatax.gov.cn/chinatax/n810351/n810906/c5153897/content.html.

［2］海关总署：海南自由贸易港货物进出口首次突破2000亿元关口［EB/OL］.（2023-1-13）. https：//www.hnftp.gov.cn/xwzx/ywsd/ 202301/t20230113_3345942.html.

［3］去年海南经济实现正增长［N］.海南日报，2023-1-20.

［4］政府工作报告［N］.海南日报，2023-1-19.

［5］海南自由贸易港实行"零关税"进口商品全流程监管［EB/OL］.

（2022-9-17）. https：//www.chinanews.com.cn/cj/2022/09-17/9854684.shtml.

［6］刘磊.海南自由贸易港企业所得税收处理问题研究［J］.国际税收，2021（06）：69-76.

［7］王惠平.探索海南自由贸易港销售税改革新思路［N］.中国社会科学报，2021-9-23.

［8］张云华，何莹美.海南自由贸易港销售税的制度设计［J］.税务研究，2020（09）：16-21.

第八章 海南自由贸易港知识产权保护法律制度研究

夏君丽[*]

摘要： 2021年6月《中华人民共和国海南自由贸易港法》公布实施，对知识产权保护、公平竞争和司法改革作出专门规定，建立统一开放竞争有序的市场体系，依法保护自由贸易港内自然人、法人和非法人组织的知识产权，促进知识产权创造、运用和管理服务能力，为自由贸易港知识产权保护法律制度明确了目标和方向。海南自由贸易港"三区一中心"和四大现代产业等发展战略框架的确定，进一步完善知识产权相关制度的顶层设计，促进知识产权交易加大成果转化力度，也为自由贸易港相关法律制度建设提供了坚实的基础。建设具有国际影响力的自由贸易港，对标国际高水平经贸规则和投资协定，对研究海南自由贸易港知识产权保护提出了高标准的要求。结合海南自由贸易港的立法优势、制度优势、工作机制优势和平台优势，发展和完善高标准的海南自由贸易港知识产权保护法律制度，一是加快国际知识产权法律保护制度的本土化转化；二是结合产业特色，探索植物新品种实质性派生品种保护、特色农产品地理标志保护、进一步加强平行进口、贴牌加工等涉及种业、

---

[*] 夏君丽，海南自由贸易港知识产权法院院长，一级高级法官，法学博士，主要研究方向为知识产权法学。

商标商品保护等知识产权保护法律制度的集成创新；三是利用交易平台，构建多层次的知识产权质押融资体系，完善知识产权贸易规则；四是促进知识产权创造、运用和管理服务综合效能，构建大保护工作格局。

关键词： 海南自贸港　知识产权保护　法律制度

一、海南自由贸易港知识产权保护法律制度研究的意义

（一）创新和知识产权保护是推动科技进步，促进产业升级和实现可持续发展的重要驱动力

知识产权是世界经济和科技发展到一定水平的产物，对人类社会的发展带来巨大的推动作用，从农耕时期到工业革命时期再到信息化数字化时代，科技发展改善着人类生活方式的同时推动着技术时代的跨越，而科技创新发展所形成的知识产品的高赋加值和竞争优势又对经济贸易关系产生了深刻的影响。

知识产权制度早在20世纪末期就已成为经济统筹发展中的重要方面和环节。1994年签署的《与贸易有关的知识产权协议》（以下简称TRIPS协议）全面规定了与贸易有关的知识产权保护内容，不仅对世界知识产权的保护发展起着不可替代的作用，也对世界贸易有着重大影响。我国加入WTO后，多次修订知识产权相关法律制度，以不断适应经济发展的新情况。我国新颁布的《中华人民共和国民法典》（以下简称《民法典》）在民事权利章节中规定知识产权的相关权利，在总则和分编中明确了权利的类型和民事责任。由于科技发展速度快，《民法典》未将知识产权予以独立成编，而是继续通过著作权法、商标法、专利法等专门立法予以规定，知识产权涉及的集成电路布图设计、计算机软件、植物新品种等也仍通过专门法规予以规定，从而对新技术的立法回应留有空间。这也从另一方面反映了知识产权与科技经济发展的密切关系。《中华人民共和国海南自由贸易港法》（以下简称《海南自由贸易港法》）将党中央关

于海南自由贸易港建设的决策部署法律化、制度化，尽管涉及经济制度、社会治理、环境保护等多个领域，但主要聚集贸易投资自由化便利化。《海南自由贸易港法》第三章"投资自由便利"第二十三条和第二十四条规定了知识产权的保护和建立公平竞争的营商环境，也体现了知识产权和贸易投资的巨大关系。知识产权不仅和货物贸易紧密相关，和数字贸易、金融、税收以及边境措施都有巨大的关系。联合国、国际货币基金组织、世界银行、经济合作与发展组织、欧盟2009年联合发布了新的国民经济统计国际标准，其中最突出的变化就是知识产权及研发投入的资本化，且基础研究经费逐年增长。中国2021年国民经济和社会发展统计公报显示，2021年我国全年研究与试验发展（R&D）经费支出27864亿元，比上年增长14.2%，与国内生产总值之比为2.44%，其中基础研究经费1696亿元。连续5年呈增长态势。2021年全国商标、专利质押融资总额达3098亿元，同比增长42%，惠及企业1.5万家。知识产权使用费进出口总额3783亿元，其中出口760.2亿元，同比增长27.1%；出口增速超进口增速10.5个百分点。共签订涉及知识产权技术合同21.9万项，成交额突破1.4万亿元。发行知识产权资产证券化产品42只，发行规模95亿元[①]。

  知识产权保护工作关系国家治理体系和治理能力现代化，关系高质量发展，关系人民生活幸福，关系国家对外开放大局，关系国家安全[②]。中国已经加入了《区域全面经济伙伴关系协定》（以下简称RCEP），申请加入《全面与进步跨太平洋伙伴关系协定》（以下简称CPTPP）、《数字经济伙伴关系协定》（以下简称DEPA）。在申请加入更高标准的经贸协定过程中，需要对标高标准国际经贸规则中相关知识产权法律法规，建立与自贸港建设相适应的知识产权保护标准，融入国际经济大循环，在海南自由贸易港先行先试。因此，有必要对自贸港知识产权保护的法律制度进行深入对比和研究，以法律制度建设形成稳固的法治预期和法治环境，并通过产业、商业、贸易、投资等关联性，综合运用各种手段整合知识产权资源，促进和完成相关技术创新的重点突破，推动知识产权贸易投资等经济价值的实现。

---

① 数据来源：国家新闻办公室2022年1月发布的2021年知识产权相关工作统计数据．
② 全面加强知识产权保护工作，激发创新活力推动构建新发展格局［J/OL］（2021-1-31）．求是，http: //www.qstheory.cn/dukan/qs/2021-01/31/c_1127044345.htm.

(二)开展自贸港知识产权保护法律制度研究具有重要历史和现实意义

1. 开展自贸港知识产权保护法律制度的研究是贯彻落实习近平总书记关于海南工作的系列重要讲话和中央文件精神的重要体现

产权制度是社会主义市场经济的基石[①]。保护产权是坚持和完善社会主义基本经济制度的必然要求,也是推进我国国家治理体系和治理能力的内在需要。知识产权是产权制度的重要组成部分,建立完善产权保护制度最重要的内容就是加强对知识产权的保护。中共中央、国务院高度重视和支持海南全面深化改革开放,要求海南自贸港要以创新为主要支撑,发展符合自己特色的新产业,加快产业转型升级,不断深入推进经济体制改革,进一步增强海南经济的创新力和综合竞争力[②]。海南省委省政府重视和推进种业、高新技术产业和数字经济发展,推进打造国家热带农业科学中心,建设国家南繁育种基地等重点工作与中央文件精神一脉相承。海南自贸港四大主导产业和三大未来产业发展进程中均涉及知识产权保护问题。开展自贸港知识产权保护法律制度的研究,不仅是我国自觉对标高水平国际经贸规则的体现,更是我国推动创新驱动型经济高质量发展、构建贸易投资自由化便利化的高水平开放型经济体制的必然要求。

2. 研究自贸港知识产权保护法律制度是落实《海南自由贸易港建设总体方案》的基本要求

《海南自由贸易港建设总体方案》(以下简称《总体方案》)一方面作出了一系列创新制度安排,在吸收借鉴国际经验的基础上提出了贸易自由便利、投资自由便利、跨境资金流动自由便利、数字安全有序流动等11个方面、共39条具体政策,采取了比国内其他自贸区更为自由和便利的政策措施,加快推进海南自由贸易港建设,打造新时代改革开放新高地。另一方面坚持高质量发展必须坚持把准产业发展方向的原则。《总体方案》制定的实现数据安全有序流动、服务贸易投资自由便利等政策内容都与知识产权保护密切相关。如何在自贸港建设中融入国际经济大循环,需要对自贸港知识产权保护法律制度进行深入比较

---

① 张晓晶."十四五"时期我国经济社会发展的战略重点[J].经济学动态,2020(5):15-27.

② 中共中央 国务院关于支持海南全面深化改革开放的指导意见[EB/OL](2018-4-14). http://www.gov.cn/zhengce/2018-04/14/content_5282456.htm.

和研究，以健全和完善知识产权保护制度，建立公平竞争的国际市场规则。

3. 开展自贸港知识产权保护法律制度的研究是落实《海南自由贸易港法》的自身需要

《海南自由贸易港法》是《总体方案》的法制化，它从立法层面明确了自由贸易港建设的决策部署，是自由贸易港建设法治先行的主要体现。《海南自由贸易港法》的实施，将党中央关于建设海南自由贸易港的决策部署转化为法律规范，为海南自由贸易港建设开展制度集成创新、协调推进各项改革提供了立法引领和法律保障。该法关于加强知识产权保护和建立公平竞争营商环境的规定，也体现了知识产权保护与贸易投资相互融合、相互促进的关系。知识产权保护法律制度是海南自由贸易港投资贸易自由化便利化配套法律制度不可缺少的重要部分。《海南自由贸易港法》颁布实施后，如何在法律的框架下研究制定相应的配套法规制度已提上日程，开展知识产权保护法律制度研究是贯彻实施自贸港法的内在需要。根据自贸港建设需要研究制定配套知识产权保护法律制度，将《海南自由贸易港法》确定的要求和内容转化为可以落地实施的具体制度机制。

2022年4月，习近平总书记再次亲临海南考察，强调加快建设具有世界影响力的中国特色自由贸易港，让海南成为新时代中国改革开放的示范。海南省委第八次党代会牢记总书记嘱托，谋划"一本三基四梁八柱"战略目标。海南自由贸易港现代产业发展战略框架的确定，为进一步完善知识产权相关制度的顶层设计、建立健全知识产权保护协同机制、构建多层次知识产权融资制度体系，促进知识产权交易加大成果转化力度等相关法律制度建设提供了坚实基础。

二、典型自由贸易港知识产权保护法律制度考察与主要经济伙伴关系协定的启示

金融活动国际化、贸易投资自由化便利化及完善的法治保障是自由贸易港高质量发展的重要支撑，通过建立和完善符合国际自由港发展需求的知识产权保护体系和机制是健全的法治保障的核心要义。加快建设具有世界影响力的中国特色自由贸易港，需要从中国实际出发走出自己的特色，同时也要借鉴其他

成熟自由贸易港的有益经验,打造深度融入全球经济经贸体系的前沿地带。中国香港、新加坡、迪拜三大自由贸易港在知识产权法治化程度、全球营商环境及综合竞争力等方面的排名多次位居前列,原因除了实施自由便利灵活的投资、贸易、税收等政策外,还在于其完善的知识产权法律制度设计和高效的执行。中国香港自贸港建立严格的立法体系和执法机制;新加坡自贸港参与国际规则的制度设计以保持核心竞争力;迪拜自贸港通过充分利用多元经济转型驱动,实现知识产权的价值作用,使得30多个自贸区相得益彰[1]。RCEP、CPTPP及DEPA形成了目前亚太地区规模最大、水平最高、最重要的经贸规则体系。其中知识产权部分的相关规定,对海南自由贸易港的知识产权保护工作提出了更高要求。分析中国香港、新加坡、迪拜自贸港知识产权保护法律制度,对标RCEP、CPTPP及DEPA等经贸规则,对进一步优化和完善海南自贸港知识产权保护法律制度体系,助力海南自贸港蓬勃发展具有积极意义。

(一)中国香港自由贸易港知识产权保护法律制度观察

1. 严格的知识产权立法制度

香港特别行政区有关知识产权保护的配套法律制度十分完善,包括《版权条例》《商标条例》《专利条例》《商品说明条例》等,对知识产权保护十分严格。例如,《版权条例》对知识产权侵权行为是否构成侵权,认定的基础前提系知识产权侵权行为本身,而非考虑该侵权行为是否进入市场实施[2]。根据上述规定,行为人一旦实施了知识产权侵权行为,就可以认定其侵犯知识产权,而无须考虑其侵权行为是否进入市场实施。《版权条例》实施后,香港特区多次引入与保护知识产权相关的法规,明确规定了在传播等服务业务中使用侵害知识产权的盗版软件用于商业目的,不管盗版等侵权行为的后果严重程度,只要行为人实施了侵犯知识产权的行为,就可以构成犯罪[3]。正是因为采取了严格的

---

[1] 胡方.国际典型自由贸易港的建设与发展经验梳理——以香港、新加坡、迪拜为例[J].人民论坛·学术前沿,2019(22):30-37.
[2] 李明.我国知识产权质押融资发展的困境与对策研究[J].产业与科技论坛,2022,21(4):12-13.
[3] 乔国良,欧阳秋,徐慧.知识产权质押融资国内外实践与对策建议[J].金融纵横,2021(6):96-100.

知识产权保护立法标准，香港特区盗版率全世界最低。2013年修订的《商品说明条例》全面执行，其主要亮点一是严厉打击虚假商品说明、误导性遗漏、饵诱式广告宣传、威吓性的营业行为、先诱后转销售行为及不当地接受付款等六大不良经营行为；二是扩大货品商品说明的定义，指出商品说明是以任何方式就任何货品或货品任何部分作出直接或间接的显示；三是扩大该条例的适用范围，禁止消费服务交易中作虚假商品说明。该条例的修订给广大游客消费维权增添利器，该条例实施一年后，不良营商行为的生存空间大大收窄。

2. 高效的知识产权执法体系

海关人员是香港特区主要的知识产权执法主体，执法对象包括境内货物贸易调查与侦查和进出口岸货物[①]。香港特区海关知识产权保护制度有三大特点：透明公正的优良执法环境、务求实效的专家人才队伍和多维度的联合执法手段。香港特区一直把保护知识产权放在海关工作计划的重要位置，海关每年都与国际刑警组织、世界知识产权组织、内地海关开展多次专题培训，并承办高级别研讨论坛会议。海关还成立专门的知识产权行政执法队伍，进一步严格落实各项执法行动，携手打击各种盗版假冒活动[②]。正是因为香港特区海关的执法权力和执法力量都得到充分保障，使得知识产权法律制度得到了高效执行。

3. 可供借鉴的成熟经验

一是在立法方面。在商标权保护领域实施更加开放和自由的贸易政策，对标高水平经贸规则，制定和更新知识产权保护制度，多渠道、全方位构建适合海南自由贸易港实际情况的知识产权保护制度。

二是执法方面的经验。香港特区知识产权署和海关等部门主动履行职责，严格执法，不断寻求更高效的管理方式，以充分发挥其在知识产权管理中的作用。从香港特区的执法实践看，海关的严格监管和执法是自贸港知识产权得以高标准保护的重要保障。同时，香港海关拥有务求实效的专家人才队伍和透明公正的执法环境是其高效执法的重要支撑。强化海南自贸港知识产权执法保护，香港海关高效的执法合作机制值得借鉴。第一，完善行政执法体系，建立

---

① 白净.从香港《版权条例》修订看版权刑法保护[J].国际新闻界，2010（10）：33-39.

② 马永飞.香港海关知识产权保护及对内地海关的启示[J].对外经贸实务，2013（9）：21-24.

信息通报机制；第二，通过建立专业的知识产权执法队伍保障执法能力[①]；第三，进一步研究落实《知识产权强国建设纲要（2021—2035年）》提出的"健全司法保护体制和行政保护体系以及营造开放、积极、有活力的知识产权人才发展环境"目标和规划。

海南自由贸易港实现"一线放开、二线管住"，特别需要加强海关监管的设计和执法。海南自由贸易港的范围包括海南岛全岛，范围大。在自贸港内，货物不仅仅是仓储，还可能会生产、流通以及消耗，加强海关对于关乎企业经营管理方面执法经验的完善十分必要。如增加海关在货物服务贸易中的知识产权执法方面经验，探索一元监管模式[②]。加强海关与其他综合执法机构或者市场监督管理局等具有较为丰富执法经验的行政机关联动，相互协作，相互提供信息及相关线索。这种互相配合、有分工又有合作的监管模式，有助于不断提升执法效率并保证执法质量[③]。

（二）新加坡自由贸易港知识产权保护法律制度观察

1. 健全的知识产权保护立法体系

新加坡作为国际四大金融中心，世界知名的自由贸易港，十分重视知识产权的保护和激励。世界银行对经济体营商环境评估，新加坡一直位列第三，在于新加坡对知识产权规范的高效管理，以及在知识产权保护方面形成的健全的法律体系。在新加坡国内，版权、商标、专利、外观设计、地理产品标志以及植物品种权等知识产权都受到法律严格保护。新加坡分别制定了单项法规对这些知识产权进行保护，以立法的形式对知识产权相关的注册登记程序、要求、保护及触犯法规的处罚等进行规定。新加坡在知识产权保护立法的基础上，还制定了《知识产权法》《2019年知识产权（争议解决）法》和《2018年知识产

---

① 李建忠，杨运涛.论中国自由贸易试验区知识产权保护制度的完善——以上海自贸试验区为例［J］.浙江理工大学学报，2019（6）：691-698.
② 许春明，朱令.中国（上海）自由贸易试验区知识产权保护研究［J］.科技与法律，2014（5）：754-777.
③ 王雅芬，韦俞村.中国自由贸易试验区知识产权执法特殊性研究［J］.法治研究，2020（2）：44-57.

权（边境执法）法》，以完善和保护知识产权的监管及法律体系。①

2. 高度重视推动国际知识产权规则重塑

新加坡一直是经济全球化、贸易投资自由化的受益者和推动者，积极致力于利用多双边机制推动经贸合作，注重加强国际规则重塑，增强国际规则话语权。特别在知识产权领域，坚持积极与国际接轨，加强区域合作，力助企业打入国际市场②。新加坡是包括《巴黎公约》及"世界知识产权组织"在内的众多与知识产权有关的公约和国际组织的成员，而且还是RCEP、CPTPP、DEPA等经贸协定的发起国之一。亚太经济合作组织的总部就位于新加坡。其也是最早与欧盟签署自贸协定并生效的东盟国家。

3. 多元的司法保护制度

新加坡处理知识产权纠纷的主要途径有调解机构的调解、国际仲裁院的仲裁和法院的诉讼。随着知识产权申请量的不断增长，新加坡开始对其知识产权纠纷解决的法律进行调整，为企业提供更加多元化的解决知识产权纠纷问题的替代性方案。新加坡制定《调解法》，还签署了《新加坡调解公约》，建立国际商事调解机制，开启全球跨境商事纠纷调解大门。2010年，世界知识产权组织仲裁与调解中心在新加坡设立办事处③。新加坡政府还通过资金支持等方式积极营造鼓励创新、方便智力成果产业化的研发、政策和商业环境，共同激发知识产权的最大潜能④。2016年4月1日，新加坡知识产权局（IPOS）推出一项新的调解促进计划，鼓励当事人在新加坡选择调解机构来解决纠纷，无论调解案件的结果如何，对于选择调解案件的当事人给予5500新元的资助。新加坡专利审查员拥有一定的调查和审判权力，当专利权人被侵权时，既可以向专利局审查员请求处理，也可向专利法院提起诉讼。

4. 可供借鉴的成熟经验

观察并分析借鉴新加坡健全的知识产权保护立法体系以及严格的执法和多

---

① 唐继微，蔡旭平，马庭瑞，彭茂锋.新加坡知识产权监管体系研究［J］.标准科学，2021（8）：23-27.
② 肖冰，许可，刘海波.自由贸易港知识产权金融创新发展——基于新加坡的经验与启示［J］.海南大学学报（人文社会科学版），2020（6）：42-49.
③ 商务部国际司负责同志解读RCEP（三）［J］.国际商报，2020-11-18（2）.
④ 商务部国际司负责同志解读RCEP（一）［J］.国际商报，2020-11-16（3）.

元的司法保护制度，探索海南自贸港保护知识产权更多的有效途径。

第一，加强对知识产权前沿领域的研究。在现行法律和《总体方案》的总框架下，完善海南特色产业的知识产权保护规定和细则，借鉴《公司法》《证券法》等法律法规，针对海南自由贸易港知识产权金融相关问题设立特殊的法律规定或进行单独立法，在海南自由贸易港进行知识产权金融立法的先行先试，解决知识产权证券化相关的法律难点，完善海南自由贸易港知识产权法律制度，争取制度创新和中央政策供给和立法授权①。帮助企业利用知识产权以创新为驱动力，参与全球经济竞争。

第二，增强国际规则话语权。积极参与国际合作与竞争，加大参与国际规则制定和对接力度。海南自由贸易港建设中可以借鉴新加坡的经验，用好中国已加入的多双边机制推动国际知识产权规则重塑，提升规则水平和适用性；用好国际交流合作平台（如博鳌亚洲论坛），在全球知识产权规则制定上有更多中国声音。

第三，知识产权纠纷调解中的政府资金支持。建立海南自由贸易港知识产权纠纷早期中立预判或评估制度，为纠纷各方便捷解决纠纷提供指引。海南自由贸易港可以通过资金支持等手段，培育和营造有利于促进智力成果产业化的政策和科研环境。可以借鉴新加坡知识产权局的调解促进计划，政府部门将知识产权纠纷调解工作相关经费纳入财政预算统筹考虑，政府通过资金支持加大政府购买服务力度，政府资金适用于调解员的费用、调解组织的日常办公及管理费用等。

（三）迪拜自由贸易港知识产权保护法律制度观察

1. 与时俱进的知识产权保护法律制度

迪拜是贸易航运、金融和科技中心。在发展过程中，迪拜积极发展交通运输、旅游、房地产等第三产业，实现经济的多元化发展。旅游业是迪拜实施经济转型、实现多元化发展战略的先导产业。伴随旅游业的兴盛，迪拜又快速发展会展业。在其多元化经济转型的发展过程中，迪拜也逐步构建了多元化知识产权保护法律体系。作为阿联酋成员之一，迪拜适用联邦知识产权法，如1992年制定并经2000年和2002年修订的《商标法》；2002年制定的《版权法》；2002年制定的《专利法》以及在此基础上于2006年修订的《工业产权法》。

---

① 曹晓路.海南自由贸易港金融创新的法律规制[J]. 海南大学学报, 2020（3）: 38–44.

2019年11月，阿联酋颁布了迪拜国际金融中心《知识产权法》。该地区将以建立世界领先的创意和创新区项目为目标。《知识产权法》既同时规范适用阿联酋联邦法律，也根据知识产权国际公约做出调整性规定并不断适应知识产权保护新发展。如创设知识产权专员，负责法律管理和非司法执行；迪拜国际金融中心法院对该区域内知识产权争议和纠纷专属管辖等，以确保该中心地区知识产权的执法工作，为该中心区域的创造和创新打造安全的环境。

2. 可供借鉴的成熟经验

建设海南自由贸易港可借鉴迪拜多元化发展经济的经验，重点发展现代主导产业的同时延伸发展多元化经济。例如，旅游业本身的特性决定其对会展业、文化产业等具有显著的联动效应。可以利用海南自贸港优越的地理位置优势，深入发掘旅游业的延伸产业，并提升知识产权赋能，推动高质量发展。一是打造优质的旅游商品和服务品牌，扩大免税购物品种，保护驰名商标商品，形成独特的海南吸引力；二是加强中国国际消费品博览会知识产权保护。办好每年的消博会，是推进海南自由贸易港贸易发展的重要抓手，既体现中国继续坚定扩大开放、加强国际合作的决心，也可以通过消博会寻找合作商机，加大海南自贸港投资参与度，实现企业的跨越发展。将展会知识产权保护作为会展的重要内容之一，不断加大保护力度，以消博会为契机营造保护知识产权的大国形象；三是利用好海南国际知识产权交易中心（交易所）的平台，推进知识产权交易，在知识产权跨境贸易投融资证券化上，促进科技创新以及商业模式的创新和发展；四是利用海南岛国际电影节，加强和推动对电影等作品的创作和版权产业发展繁荣；五是加大知识产权司法和行政执法的力度，创造严格保护创新和激励创新的良好环境。

（四）关于RCEP、CPTPP、DEPA知识产权部分概述

1. RCEP知识产权部分

RCEP于2022年1月1日对我国正式生效①。RCEP作为由东盟主导的区域多边贸易协定，在全球十五个国家签署和生效，是亚太地区规模最大、最重要的自由贸易协定，对于促进国际合作、重振世界经济有重要的推进作用。RCEP

---

① 商务部国际司负责同志解读RCEP（一）[J]. 国际商报，2020-11-16（3）.

中的知识产权章节共14节、83个条款，是RCEP中篇幅最长的章节①。RCEP知识产权章节的内容全面、灵活，吸纳整合了自由贸易协定的保护规则，部分内容在TRIPS协议确定的基础上有所增减，部分章节受TPP、CPTPP的影响，更加均衡了个人利益和公众利益。在尊重各成员国不同的知识产权发展需求的基础上，兼顾不同国家的经济发展水平和国家利益，在规则上充分尊重各成员国的主体差异，具有很好的包容性和平衡性，在减少知识产权壁垒的同时，推动各成员国共同发展②。

2. CPTPP知识产权部分

2018年3月，11个亚太地区成员国代表在智利首都圣地亚哥举行亚太地区首个大型经济一体化协议CPTPP协议的签字仪式。CPTPP脱胎于跨太平洋伙伴关系协定（TPP），保留了TPP中约2/3的原始文本内容，内容有所减少，加入门槛有所降低，但始终坚持高质量、高标准、全面且进步的新型国际经贸协定标准，不排除未来以CPTPP为核心取代WTO重塑世界经贸秩序的可能③。CPTPP知识产权规则总体上代表了目前知识产权国际规则的最高标准和最新方向，强化了传统知识产权保护，扩大知识产权保护内容，提高知识产权保护标准，细化知识产权保护规则，规定严格的执法程序和法律责任等。2021年9月16日，我国正式申请加入CPTPP。目前，我国正在进行知识产权各部门法及司法解释的制定和完善，逐渐减少知识产权法律领域与CPTPP要求的差异。

3. DEPA知识产权部分

2020年6月12日，新加坡、新西兰和智利三国完成DEPA的签署，反映了国际社会对数字经济领域发展趋势的重大关注。跨境数据流动逐步成为推动新型经济全球化的主要特征，世界数据跨境流动价值不可小视④。所以数字领域国

---

① 商务部国际司负责同志解读RCEP（三）[J]. 国际商报，2020-11-18（2）.
② 陆黎梅，吴东庆. RCEP知识产权规则述评及对中国的启示[J]. 湖北广播电视大学学报，2021，4（41）：48-54.
③ 樊莹. CPTPP的特点、影响及中国的应对之策[J]. 当代世界，2018（9）：8-12.
④ 2009年至2018年，全球数据跨境流动对全球经济增长贡献度高达10.1%。预计2025年数据跨境流动对全球GDP增长的价值贡献有望突破11万亿美元。数据来源：中国国际经济交流中心"一带一路"课题组."数字丝绸之路"重在规则建设[OL]（2021-8-19）. https://www.xuexi.cn/lgpage/detail/index.html?id=10504711543620559014&item_id=10504711543620559014.

与国之间规则安排的重要性就愈加凸显。DEPA作为全球第一个专门针对数字贸易治理的制度安排,旨在就数字贸易治理问题建立新的合作方式,提高数字贸易领域之间的互操作性,推动世界数据跨境流动,促进全球数字贸易领域的合作和发展①。2021年11月1日,我国正式申请加入DEPA。DEPA16个模块中,商业和贸易便利化、新兴趋势和技术、创新与数字经济的相关内容与知识产权相关,由此产生的数据跨境流动、数字本地化存储、数字安全、反垄断等一系列问题,需要相关的规则和标准来协调。

三、海南自由贸易港知识产权保护法律制度发展现状及面临的挑战

(一)当前海南自由贸易港知识产权保护制度集成发展情况

1. 制定《海南自由贸易港知识产权保护条例》

《海南自由贸易港知识产权保护条例》自2022年1月1日起施行。条例制定是提升海南自贸港知识产权保护法治水平的重要举措。条例在《总体方案》和《海南自由贸易港法》的规定框架下,将实践作法上升到专门地方性法规,从法律制度方面为海南自由贸易港知识产权保护提供更加全面完整的保障和支撑,使其进一步系统化、规范化,推动知识产权保护工作在法治化轨道行稳致远,也是海南自贸港知识产权制度集成创新的重要体现。

同时,条例运用《海南自由贸易港法》赋予的立法授权,借鉴境外成熟知识产权制度安排,对标国际高水平知识产权保护规则,推动相关规则在海南先行先试,提高知识产权保护水平。着眼于未来产业发展需要做出前瞻性规定,比如突出海南特色产业,规定扩大植物新品种权保护范围和保护环节,加强对实质性派生品种的保护,激励育种创新,提升植物新品种保护水平。依托海南自由贸易港知识产权法院,建立与自贸港知识产权保护相适应的案件管辖协调机制,加强对植物新品种、核心技术等知识产权司法保护。

---

① 赵龙跃,高红伟.中国与全球数字贸易治理:基于加入DEPA的机遇与挑战[J].太平洋学报,2022(2):13-25.

2. 制定《海南自由贸易港公平竞争条例》

《海南自由贸易港公平竞争条例》自2022年1月1日起施行。条例结合海南自贸港实际，对如何强化竞争政策基础性地位作出了具体化的规定，致力于约束和规范行政权力，避免干预市场活动，明确以竞争政策为基础协调产业政策，以及平等对待各类市场主体、放宽市场准入门槛等。条例还专章设立公平竞争审查制度，对接国际通行经贸规则，明确规定在制定竞争政策等方面加强国际合作；借鉴CPTPP规则和香港地区经验；参考香港立法关于告诫的做法；对标CPTPP中关于私人诉权和消费者保护要求等。

3. 设立海南自由贸易港知识产权法院，打造解决国际知识产权争端的"优选地"

全国人大常委会2020年12月26日决定设立海南自由贸易港知识产权法院[①]。设立海南自由贸易港知识产权法院是深入贯彻习近平法治思想、推进全面依法治国的重要举措，对激励产业科技创新，优化营商环境，促进公平竞争，保障和建设中国特色自由贸易港高水平开放型经济新体制有着十分重要的意义。

海南自贸港知识产权法院以高效优质服务自贸港建设大局为目标，主动靠前服务，相继在11个重点园区设立司法保护联系点，发挥"就近服务、定期咨询、专场培训、诉调对接、强化保护"的职能定位，积极主动为南繁育种、医疗新科技、数字创意等重点企业，全球动植物种质资源引进基地、深海航天等重大功能平台建设提供更加精准优质的司法服务和保障。特别是围绕种业等特色产业发展，设立三亚崖洲湾科技城知识产权特区审判庭；与最高人民法院民三庭共同设立"人民法院知识产权司法保护种质资源研究（海南）基地"。在科研院所指导下，共建玉米、水稻田间实践基地。加强地理标志司法保护的研究。积极参与知识产权领域的协同合作，深入推进国际知识产权诉讼优选地建设。

4. 创新设立一体化知识产权保护机制

对标国际最高标准经贸规则，加快推进三亚崖州湾科技城知识产权保护特

---

① 海南自由贸易港知识产权法院正式办公[OL].（2021-1-1）.http://legal.people.com.cn/n1/2021/0101/c42510-31986416.html.

区建设。知识产权特区聚焦"南繁种业""深海科技"等领域知识产权保护和运用制度集成创新,全力打造全国种业知识产权保护示范区和全国知识产权综合保护先行示范区。

该特区推行版权、商标、专利、地理标志、植物新品种"五合一"综合管理体制,构建融合行政管理、综合执法和司法职能的知识产权一站式服务管理机制。整合行政执法、行政裁决、仲裁调解、司法审判、社会监督等资源,推进一体化知识产权保护机制;实现特区内知识产权业务"单一窗口"集中受理,深入推进知识产权受理业务服务、行政管理政务服务和网络信息服务"一网通办",建立一站式综合服务体系①。

5. 成立海南知识产权交易中心,促进知识产权成果的转化效率

海南省积极落实《总体方案》战略部署,已于2022年2月将海南知识产权交易中心升级建成海南国际知识产权交易所,加快推动知识产权转让运用等制度创新,促进知识产权成果的转化效率。一是市场体系建设的制度创新,已建成包含国际国内的知识产权生态体系,各类市场参与者不断完善和健全;二是产品和交易机制的制度创新,不断探索、创新,促进知识产权商品化、信用化,进而金融化、证券化;三是配套政策的制度创新,将配套外汇、财税、知识产权、金融证券等多方面的政策支持与措施;四是治理和组织架构的制度创新,探索以混合所有制的组织架构进行建设,逐步吸纳国内外各类股东和参与者,充分发挥平台重要功能。

(二)建设具有世界影响力的自由贸易港知识产权保护法律制度面临的挑战

1. 知识产权保护制度的顶层设计还需要进一步加强

作为中国深化改革开放的新窗口,海南自由贸易港势必要在知识产权经济贸易、综合服务管理及保护水平上接受国际社会新一轮检视。除《总体方案》和《海南自由贸易港法》的基本制度设计外,知识产权保护目前适用的还是国家统一制定的相关法律规范及制度。而从海南自由贸易港高标准经贸规则的角

---

① 李建忠,杨运涛.论中国自由贸易试验区知识产权保护制度的完善——以上海自贸试验区为例[J].浙江理工大学学报,2019(6):691-698.

度，要发挥知识产权创新推动作用，实现知识产权经济价值以更好促进知识产权国际经贸发展的广度和深度，则还需要研究与自贸港相关的国际和地区经贸协定，加强自贸港知识产权保护法律制度的顶层设计，用好《海南自由贸易港法》授予自由贸易港相关法规制度的制定权，创新立法工作机制，研究制定更加完善的配套知识产权保护法律制度，面对新技术、新业态、新产业、新模式所带来的新挑战，强化全局观念，加强顶层设计，不断提升知识产权创造、运用、保护、管理、服务整体效能。

2. 现行知识产权保护机制与高水平经贸规则的差距还需要逐步缩小

CPTPP覆盖范围广、开放标准高，其高水平经贸规则主要体现在货物服务贸易领域，而货物服务贸易是海南自贸港发展和对外开放的重点领域。因此，对标CPTPP开展压力测试实际要求海南在知识产权交易及保护等方面以更开放的姿态、更国际化、自由化、便利化的要求推进自贸港建设。虽然我们积极运用《海南自由贸易港法》赋予海南的更大改革自主权和立法权，主动适应国际经贸规则重构新趋势，借鉴其他先进制度安排，制定了《海南自由贸易港知识产权保护条例》，但与成熟自贸港和高水平知识产权规则还有一定差距，还有很多具体问题亟待进一步解决。例如，CPTPP将气味作为可注册商标的类型，我国商标法目前并未规定气味可作为商标申请注册。在驰名商标的保护方面，我国的商标制度虽然和CPTPP一样不以注册为要件，但现行法还没有实现对未注册驰名商标的跨类保护。需要逐步完善知识产权保护机制，进一步推动国际先进知识产权保护法律制度和高水平经贸规则的本土化转化进程，为海南自由贸易港新型产业经济发展提供优良的知识产权保护环境。数字贸易和数字经济发展产生的数据跨境流动、数字本地化存储、数字安全、反垄断等一系列问题，需要研究制定系列保护标准和规则。

3. 知识产权一体化保护衔接机制还有待进一步完善

海南自由贸易港已探索设立知识产权一体化保护监管模式机制。特别是在三亚崖州湾知识产权保护特区，探索建立专利、商标、版权、地理标志、植物新品种"五合一"知识产权综合保护监管机制。从实践看，在推进一体化保护机制运行过程中的知识产权行政执法与司法衔接机制还不够健全，推进建立行政司法联动及大保护格局的工作机制运行还不完全顺畅。需要进一步完善行政执法与司法衔接机制，严惩知识产权违法行为，遏制犯罪行为的实施，协同保护关键领域和核心技术的知识产权创新发展。

四、完善海南自由贸易港知识产权保护法律制度路径探索

综合分析中国香港、新加坡、迪拜等典型自由贸易港知识产权法律制度，可以总结出很多值得我们借鉴的成熟经验。

（一）对标高水平经贸规则，加快国际知识产权保护法律制度的本土化转化

海南自由贸易港在开放过程中要坚持走中国特色社会主义道路，对标国际经贸规则，在知识产权投资贸易、金融和数据跨境流动等方面吸收借鉴成熟自由贸易港的成功经验，打造出与国际高水平自由贸易港相比肩的开放高地。

1. 全面对接RCEP知识产权相关规则

RCEP秉持的共赢理念，与我国对外开放、合作共赢的发展目标相互兼容，将提升我国多元、深入和全面对外开放，也将为中国企业拓展对外贸易投资合作的领域和增强综合国际竞争力提供全新的发展机遇。RCEP签署后，其知识产权规则成为目前我国所签署经贸协定中的最高水平规则。推进海南自由港建设中应抓住RCEP带来的发展机遇。一是推进RCEP与"一带一路"知识产权合作更深层次的衔接。"一带一路"与RCEP的参与成员以及主导路线虽然不同，但在信息分享、平台搭建等方面可以发展深度的融合。应充分利用自由贸易港的政策优势，结合"一带一路"在知识产权建设方面的成功经验，更深层次地开展与知识产权有关的对外贸易。依托区块链、大数据技术，搭建RCEP数字化交易平台，发展数字贸易。二是进一步强化知识产权治理能力建设。依据目前我国已经签署生效的双边或多边涉及知识产权的协议条约，在《海南自由贸易港法》框架基础上，尽快制定相关知识产权配套法规及制度措施，以衔接或融合不同协定的高标准内容。在知识产权的执法上，提高不同区域间执法的透明度和合作水平，快速有效地制止知识产权的侵权行为，减少或尽量避免因跨区域创新投资和知识流动导致的摩擦。三是积极争取国家支持，力求减少跨区域知识产权贸易带来的不必要阻碍；同时积极在贸易过程中应对发达国家

贸易保护的挤压，不断助力提升产业的科技自主研发和产业创新能力，同时寻求合作的空间，增强在国际知识产权保护方面的话语权①。

2. 加快CPTPP知识产权规则对接力度

CPTPP知识产权规则对海南自由贸易港更具挑战性。建议：一是对接CPTPP规则加强对驰名商标的保护，提高对非注册驰名商标的跨类保护水平。CPTPP条款对可以获得跨类保护的驰名商标明确了不以注册为前提，这对于国际经贸往来特别是跨境电子商务活动中相关各方权利义务的规范具有重要意义。海南自由贸易港知识产权保护条例虽然借鉴CPTPP相关驰名商标保护的条款，加强了对域外未注册驰名商标的保护力度，但是实践中如何认定未注册商标是否驰名，如何认定是否属于不相类似的商品或者服务，需要具体的操作标准和规范。二是积极研究实施商标和地理标志的保护制度，加强对自由贸易港热带高效产业及特色农产品的知识产权保护力度。商标法允许将地理标志注册为证明商标或集体商标来实施保护。这种通过商标制度保护地理标志的立法和实践与CPTPP的规定一致。加入CPTPP，须关注CPTPP关于正当程序的要求，仔细研究具体的应对方案。例如，CPTPP规定，成员国接受地理标志保护的申请或请求时不应要求其他成员国代表其国民介入，这意味着我国目前要求地理标志申请注册时由相应地方政府部门提出初审意见、批准或证明、建议等文件的规定及做法不符合CPTPP的规定，因此无论是《中华人民共和国商标法》配套规范还是专门立法，均须考虑另行制定适用于CPTPP成员国申请人的特殊规则②。

3. 探索研究DEPA知识产权规则的适用

发挥海南自由贸易港在扩大对外开放中的先行先试作用，在数据安全有序流动的基础上，探索建立先导性的国家级数字自由贸易港，并实施有效的跨境数据安全监管体系，强化与DEPA等国际规则的对接，推进数据保护能力充分性的认证制度，探索数据流动标准国际化战略和技术路线③。特别是从数字

---

① 马一德，黄运康. RCEP知识产权规则的多维度解读及中国应对［J］. 广西社会科学，2022（4）：69-76.
② 管育鹰. CPTPP知识产权条款及我国法律制度的应对［J］. 法学杂志，2022（2）：95-108.
③ 白净. 从香港《版权条例》修订看版权刑法保护［J］. 国际新闻界，2010（10）：33-39.

产品的知识产权保护方面来看，尽快提出数字贸易立场，建立国内的数字贸易规则。

一是要为完善数字经济的立法体系提供实践条件。DEPA要求各国应制定消费者保护相关的法律法规，并建立兼容互通的法律制度。可在海南自由贸易港先行探索建立数据要素的市场化规则时，制定数字知识产权保护等关键规则，构建适宜国内数字经济合规发展又兼容互通DEPA的创新法律体系。二是要优化创新环境。DEPA要求各国应在公平竞争的环境下促进创新和竞争。可依据《海南自由贸易港公平竞争条例》，促进数字经济健康发展的同时，积极研究加强反垄断监管以及对数字产品知识产权的保护，促进数字经济市场在公平竞争的环境下创新与竞争。三是要大力发展数字贸易，创建数字自由贸易港，通过加强数据知识产权保护推动企业创新。数字经济时代，技术专利成为经济全球化背景下企业发展和竞争的制高点。如在数字金融发展中，基于技术的创新和应用时刻发生[①]。随着海南自贸港建设贸易政策和税收政策进一步自由化和便利化，越来越多国际企业进驻海南，必然会对海南数字经济提出新的挑战和要求，需要及早谋划和应对，构建响应及时、保护合理的新兴领域和特定领域知识产权规则体系。[②]

（二）建立与"建设具有世界影响力的中国特色自由贸易港"相适应的知识产权保护制度集成体系

1. 制定海南自由贸易港地理标志专门保护规范

RCEP中允许"地理标志可通过商标制度或专门制度"加以保护，"只要符合TRIPS协定所有要求"。在实体规则方面，规定了地理标志可注册为证明商标和集体商标，根据国际协定对地理标志进行保护；在程序规则方面，规定了保护地理标志的国内行政程序以及异议和注销等程序。

---

① 柏亮.数字金融：科技赋能与创新监管[M].中译出版社，2021：165."截至2020年底，全球数字金融专利申请数量累计达到1.98万件，其中我国专利申请数量达到1.31万件，占比达到66%。从技术分布看，每年新增的数字金融专利主要聚焦于AI和区块链两项技术。行业应用场景主要在银行领域，AI技术的应用范围，依然在区块链、大数据、云计算、物联网技术之上。"

② 中共中央、国务院印发《知识产权强国建设纲要（2021—2035）》

不同地区和国家地理标志保护的方式不同，或通过专门制度，或采取商标法下的集体商标和证明商标，或纳入公平竞争法律范畴，或注重政府对商业行为管理的方式。主要区别在于保护范围和保护条件的不同，其中专门制度以及集体商标或证明商标制度在创设权利方面具有共同点。我国采用了专门制度、集体商标和证明商标以及反不正当竞争法三种保护方式对地理标志进行保护。在专门制度保护方式中，包含地理标志产品保护制度和农产品地理标志制度，这两种专门制度从不同角度对地理标志给予两种不同的保护侧重，但在保护效果上并未对消费者的选择形成不同的影响。此外，两种制度在保护范围、授权程序方面的行政职能有一定重叠，在监督管理方面对侵权救济途径较为有限。以商标法专门法律保护地理标志的体系下，如何界定普通商标与证明商标、集体商标的权利界限。如何界定侵权判定和正当使用的标准还需要进一步明确定。《民法典》第一百二十三条第二款明确规定知识产权客体第（四）项为"地理标志"，与作品、发明等、商标、商业秘密、集成电路布图设计、植物新品种以及其他客体并列，突显地理标志作为知识产权民事权利的重要性。RCEP也将地理标志作为知识产权一章中的专门一节予以规定。因此，在现行法律的框架下，海南自由贸易港宜建立专门的法律规范，建立与国际规则接轨的地理标志法律保护制度，充分发挥行业协会管理职能，促进海南热带高效农业以及具有海南地理特色标志的农产品国际贸易不断发展。

2. 探索推进实质性派生品种商业化实施，为研究制定实质性派生品种实施办法做好压力测试

TRIPS和RCEP要求缔约方"可以"加入《国际植物新品种保护联盟》（UPOV）1991年文本。CPTPP与《美墨加三国协议》（USMCA）均要求缔约方应当加入UPOV1991年文本。在新《种子法》《海南自由贸易港知识产权保护条例》《海南自由贸易港植物新品种保护管理办法》建立了实质性派生品种制度后，我国植物新品种保护制度与UPOV1991年文本的差距主要体现在品种权的保护范围、品种权保护期限和农民自繁自用这几个方面。新《种子法》授权国务院制定实质性派生品种制度的实施步骤和办法，植物新品种的保护正处于历史发展的新阶段。应利用好海南自由贸易港法规制定权，在对标国际最高水平经贸规则方面有所创新，并积极配合国务院有关部门，探索在法规中使植物新品种权的授权机制、保护期限、保护环节和范围与国际接轨，先行先试。实质性派生品种可以申请并得到品种权的保护，但商业化的实施，需要获得原始权利人的许可。该制度价值更在于在保护原始品种权人权利的同时，鼓励突破性品种选育或者种质资源的原始创新，建立起原始权利人与实质派生品种权人之间的权益联结。在商业化的实施过程中，实质性派生品种权的确认和侵权判断才更有实际意义。海南自由贸易港立法、行政和行业协会以及相关司法机关可以从不同角度，以种子实验室、MNP分析检测技术的应用为依托，参照国际种子联盟关于不同品种遗传相似系数等的判断方法，完善水稻、玉米等主要大田作物不同品种距离阈值以适时确定证明责任；研究实质性派生品种的许可费率，根据品种类型对费率提出建议，以推进实质性派生品种商业化实施。

3. 进一步研究和完善未注册驰名商标跨类保护制度

CPTPP协定明确不以商标是否注册作为驰名商标的认定前提，首次提出对未注册驰名商标予以跨类保护。CPTPP协定是代表着新一代贸易协定最高标准的国际贸易协定，目前是中国加入CPTPP的"窗口期"，高水平、严要求的知识产权保护体系是加入CPTPP的必要准入门槛之一。CPTPP协定提高了对于未注册驰名商标的保护力度，对其进行跨类保护成为一大亮点，具有较大突破性和一定的前瞻性，也符合海南自贸港加大知识产权保护的原则。2022年1月1日施行的《海南自由贸易港知识产权保护条例》第二十九条规定："就不相同或者不相类似商品或服务使用的未注册商标是复制、摹仿或者翻译他人未在国内注册的驰名商标，误导公众，致使该驰名商标持有人的利益可能受到损害的，在海南自由贸易港内禁止使用"[①]，该规定明确对未注册驰名商标跨类保护的救济途径和结果仅限于停止侵害和使用，没有明确规定可以根据《商标法》的相关规定适用赔偿损失等民事责任。现行《商标法》下对于未注册驰名商标的保护，已有司法实践在个案中确定赔偿损失的救济方式。因此，在CPTPP新规则下要完善对未注册驰名商标的保护，应加强未注册驰名商标侵权民事救济，对未注册驰名商标提供反淡化保护。

第一，建议构建未注册驰名商标侵权民事救济体系。采取与注册商标同等

---

① 胡方.国际典型自由贸易港的建设与发展经验梳理——以香港、新加坡、迪拜为例[J].人民论坛·学术前沿，2019（22）：30-37.

权利的保护内容对未注册驰名商标进行保护，制定侵害未注册驰名商标损害赔偿相关规则，加大对未注册驰名商标侵权行为的惩治力度。尤其是完善侵害未注册驰名商标损害赔偿救济，充分考虑驰名商标的市场价值、商标权人经济损失以及侵权人的侵权行为的获益等因素确定损害赔偿责任；对故意侵犯未注册驰名商标权的行为适用惩罚性赔偿，加大对侵犯未注册驰名商标行为的惩罚力度①，构建更加严密、更高强度的法律保护体系。

第二，建议对未注册驰名商标适用"反淡化保护"规则。基于跨类保护的理论基础——"淡化理论"，源自在非同类竞争性产品上使用他人独特的臆造商标的行为。因为这种行为必然会破坏商标与其标识的商品或者服务的紧密联系，最终造成商标声誉的损失，以及商品经济价值的降低。目前的司法实践中已经对商标淡化行为予以规范。对未注册驰名商标的保护问题，也要着重考量其显著性、驰名程度以及被指控侵犯商标权行为造成的损害等因素，在此基础上给予跨类保护②。

4. 细化自由贸易港涉平行进口、贴牌加工商标保护规则

我国《商标法》中没有对商标平行进口的合法性予以明确规定，但在行政管理及司法实践中对个案的商标平行进口情况予以不同的处理。随着国内贸易种类多样化和对外贸易的频繁，平行进口中所涉及的商标保护问题愈发凸显多样性和复杂性。仅仅关注商标平行进口的合法性已经不能适应自贸港经济发展及贸易自由便利化发展的需要，要把着眼点放在如何将涉及平行进口的商标司法保护制度更加完善化、具体化、国际化。平行进口问题与自由贸易港的经济政策有紧密的联系，因此在特定时间段及特定的区域应有特定的政策规则。《海南自由贸易港知识产权保护条例》已设立海南自贸港内平行进口、贴牌加工的注册商标商品保护规则，需要对平行进口商品商标使用的认定标准、商标侵权判定原则、商标合理必要使用原则、商标平行进口不正当竞争的认定等实施过程中的具体问题给予规定。在制定平行进口的商标司法保护相关规则时，可借鉴域外相同领域相对成熟的司法实践。例如，区分合法和非法的重新包

---

① 王莲峰，曾涛. 国际视角下我国注册驰名商标保护制度的完善［J］.知识产权，2021（3）：54-68.

② 杨洁.CPTPP新规则下我国对未注册驰名商标保护的路径选择［J］.吉林工商学院报，2021（6）：99-104.

装、在商标平行进口中严格明示和默示同意的界限、对重新包装的平行进口商品明确标识规则①。

随着海南自由贸易港加工出口优惠政策落地，海南新型加工贸易加速崛起。贴牌加工贸易中产生的知识产权侵权纠纷已成为一个不容忽视的问题，需要妥善处理。《海南自由贸易港知识产权保护条例》允许境外注册商标商品在海南自由贸易港内加工并直接出口，但因此容易导致商品来源混淆或者误导公众的除外。在实践操作中，认定涉外贴牌加工是否构成商标侵权，需要对涉外贴牌加工是否构成"商标使用"和"市场混淆"的地域性问题进行规定和明确。

（三）构建多层次知识产权质押融资制度体系，完善和健全知识产权贸易规则

知识产权质押融资是指知识产权所有人将其合法拥有的知识产权出质，直接或者间接从金融机构取得资金，并按照约定期限偿还资金本息的一种融资方式。可供质押的标的物，既可以是权利人合法拥有的专利权、商标权、著作权等各类知识产权中的财产权，也可以仅是专利权、商标权②。据我国2021年国民经济和社会发展统计公报显示，2021年全国专利、商标质押融资总额达3098亿元，同比增长42%，惠及企业1.5万家。知识产权质押融资制度体系的建设，涉及知识产权经济价值的有效运用，同时也为完善和健全知识产权贸易规则创造良好的环境和条件。

1. 健全知识产权评估、质押融资机制

充分运用好海南自由贸易港知识产权交易中心的平台，制定知识产权评估体系，完善知识产权价值评估机制和标准③。一是要提高知识产权评估机构的服务效率和质量，借助规范化的行业标准和评估方法，为科技型中小企业在知识

---

① 马旭霞. 平行进口中商标"混淆可能性"制定：欧盟的经验及对中国的启示［J］. 政法论坛，2019（3）：172-182.

② 参见《海南省知识产权质押融资管理办法》。其中第二条规定，本办法所称的知识产权，仅限于专利和商标两类.

③ 乔国良，欧阳秋，徐慧. 知识产权质押融资国内外实践与政策建议［J］. 金融纵横，2021（6）：96-100.

产权质押过程中提供专业、安全化的服务；二是助力国家出台相关政策鼓励、扶持引导评估机构的长期发展，不断加大对评估人员的专业素养培训，不断提升知识产权评估机构的专业水平，为知识产权的商品化改造提供保证；三是建立独立的无形资产评估机构。知识产权评估机构要全面掌握质押融资企业的信息，建立公共信息服务平台，制定完善的资信评估制度，实现对科技型中小企业知识产权融资的专业化评估。构建适合科技型企业的评估指标体系，包含政策、市场、经济和法律等宏观环境因素，以此实现对科技型中小企业知识产权融资的精准评估[①]。

2. 构建多元化的质押融资模式

借助商业机构、中介担保机构、中小型科技企业、听证会等团队的力量，制定全面的知识产权融资制度。针对现有知识产权质押融资容易出现的问题，创建适合科技型中小企业高效、准确的知识产权质押融资业务模式。对包括质押融资、权利人转换等在内的多项流程进行规范化管理，最终确保企业贷款合法化和及时性；构建由多层次（国家、省、市、社区）的商业机构和担保机构构成的质押贷款的市场，科技服务中介在市场中充当中介机构，激发银行的贷款积极性，形成多元化的质押模式。

3. 加大力度改善质押融资政策环境

发挥社会公共管理者及服务者作用，加大力度改善质押融资政策环境，为从事知识产权质押融资业务的科技型企业提供多方面的帮助。协调银行、中介、企业三方在融资过程中的关系，不断调动三方主体的积极性，引导与帮助企业实现知识产权质押标准化。放宽对科技型中小企业在知识产权质押融资方面的限制，不断降低税收，从根本上改善企业融资环境，减轻科技型中小企业的贷款压力。加强知识产权监管和掌控，从根源上防范和控制风险，及早评估风险，最大化地维护企业与金融机构的利益。

4. 构建质押融资网络平台

依托不断更新的知识产权大数据库，建立知识产权质押融资管理网络平台，面向银行、企业、中介三方发布规章政策。对平台内的共享信息形成质押

---

① 李明. 我国知识产权质押融资发展的困境与对策研究[J]. 产业与科技论坛，2022（4）：12-13.

报备，参与知识产权评估与质押融资业务的相关主体可以获得信息，从而使知识产权质押融资市场更加公开化和透明化。在现有中小企业信用平台基础上，搭建适合中小企业科技创新发展的综合信用体系，知识产权等无形资产必须借助该征信体系来完成物权转移的登记。

5. 完善知识产权融资担保机制

知识产权融资有很大的不确定性，与知识产权不同的权利类型和权利的稳定性相关。可以借鉴新加坡的知识产权融资方案，通过政府与银行共同承担部分债务风险，帮助企业使用知识产权获得银行贷款。完善知识产权融资担保机制。一是要不断扩大知识产权质押融资规模，不断加强政银企对接合作，进一步提高知识产权质押融资的普及度和惠益面，为企业融资探索新的路径，为科技型中小企业创新发展营造良好发展环境。二是要引入知识产权质押融资第三方担保机构，专门负责向商业银行提供担保，分担贷款违约风险，鼓励中小企业和银行根据市场规则进行信贷活动。三是要设立知识产权质押融资风险补偿资金，建立风险分担和补偿机制，引导和扶持科技型中小企业通过知识产权质押融资获得发展资金。

（四）健全知识产权协同保护体制，构建大保护工作格局

推进人工智能、大数据、区块链、生物医药等新业态新领域知识产权保护，推动形成权界清晰、分工合理、责权一致、运转高效的知识产权保护体制机制，构建大保护工作格局。制定知识产权行政执法与刑事司法衔接相关规则，打造严格联动的知识产权保护环境。建立不同区域和跨部门之间的协同执法以及共享案件信息制度，搭建知识产权行政执法与刑事司法衔接渠道，深化跨区域协作，深化跨部门合作。健全日常执法与专项执法相结合的机制，达到知识产权长效、全面保护的良好效果。依托三亚崖州湾知识产权保护特区，建立知识产权综合服务枢纽港，构筑集知识产权审查、确权和维权相联动的知识产权服务保护体系，为海南自由贸易港特色产业提供知识产权"一站式"服务保护。加强与知识产权国际组织的交流与合作，探索建立适应自由贸易港需求的知识产权纠纷多元化解机制，面对开放的国际市场，助力知识产权国际经贸活动高标准高质量蓬勃开展。

参考文献：

[1] 胡方.国际典型自由贸易港的建设与发展经验梳理——以香港、新加坡、迪拜为例[J].人民论坛·学术前沿，2019（22）.

[2] 张晶，高维远.论香港地区版权保护制度的特色及其启示[J].出版发行研究.2018（4）.

[3] 张晓晶."十四五"时期我国经济社会发展的战略重点[J].经济学动态，2020（5）.

[4] 郑国辉.上海自贸区知识产权的行政监管体制[J].上海政法学院学报（法治论丛），2016（4）.

[5] 白净.从香港《版权条例》修订看版权刑法保护[J].国际新闻界，2010（10）.

[6] 杨建锋，张磊.中国自由贸易试验区知识产权制度创新[M].上海：格致出版社，2016（8）.

[7] 马永飞.香港海关知识产权保护及对内地海关的启示[J].对外经贸实务，2013（9）.

[8] 李建忠，杨运涛.论中国自由贸易试验区知识产权保护制度的完善——以上海自贸试验区为例[J].浙江理工大学学报，2019（6）.

[9] 许春明，朱令.中国（上海）自由贸易试验区知识产权保护研究[J].科技与法律，2014（5）.

[10] 王雅芬，韦俞村.中国自由贸易试验区知识产权执法特殊性研究[J].法治研究，2020（2）.

[11] 唐继微，蔡旭平，马庭瑞，彭茂锋.新加坡知识产权监管体系研究[J].标准科学，2021（8）.

[12] 郭澄澄.新加坡从全球自由贸易港转型为全球创新中心的启示[J].华东科技，2017（4）.

[13] 肖冰，许可，刘海波.自由贸易港知识产权金融创新发展——基于新加坡的经验与启示[J].海南大学学报人文社会科学版，2020（6）.

[14] 李春梅.浅谈新加坡知识产权生态保护体系[J].中国发明与专利，2012（12）.

[15] 张雯雯.新加坡：多管齐下保护知识产权[J].检察日报，2006（7）.

[16] 蒋琼,高兰英.新加坡知识产权保护制度研究与启示[J].全球视野,2011(4).

[17] 曹晓路.海南自由贸易港金融创新的法律规制[J].海南大学学报,2020(3).

[18] 三亚崖州湾科技城加快推进知识产权特区建设[OL].(2022-4-25). https://www.hainan.gov.cn/hainan/sxian/202204/298de3ea064b4f9e97cf29e86182d19c.shtml.

[19] 马一德,黄运康.RCEP知识产权规则的多维度解读及中国应对[J].广西社会科学,2022(4).

[20] 管育鹰.CPTPP知识产权条款及我国法律制度的应对[J].法学杂志,2022(2).

[21] 郁建兴,马淑琴,任婉婉,沈鸿,商辉,诸竹君.中国高水平参与DEPA的关键领域与路径选择[J].浙江工商大学学报,2022(1).

[22] 乔国良,欧阳秋,徐慧.知识产权质押融资支持科技企业发展的国际经验与启示[J].海南金融期刊,2021.

[23] 李明.我国知识产权质押融资发展的困境与对策研究[J].产业与科技论坛,2022,21(4).

[24] 王莲峰,曾涛.国际视角下我国未注册驰名商标保护制度的完善[J].知识产权,2021(3).

[25] 杨洁.CPTPP新规则下我国对未注册驰名商标保护的路径选择[J].吉林工商学院报,2021,37(3).

[26] 马旭霞.平行进口中商标"混淆可能性"的判定:欧盟的经验及对中国的启示[J].政法论坛,2019,37(2).

第九章 海南自由贸易港涉外商事纠纷解决机制研究

童光政 王 琦*

摘要： 随着《海南自由贸易港建设总体方案》《海南自由贸易港法》等规范的出台，海南自由贸易港在涉外商事纠纷解决机制建设方面已经取得了有效成就。但对标新加坡、中国香港和迪拜等地，海南的机制建设仍有差距之处。以 RCEP 和 CPTPP 为规则导向而言，海南的涉外商事解纷机制仍然缺乏配套制度和整体规划。当前，应该充分创新发挥调解、仲裁和诉讼制度的效用功能，并借助政府力量将三种解纷资源进行串联。另外还应积极落实运用"三位一体"解纷模式、专家委员会、政府高层级斡旋和智能化信息化解纷等手段和渠道。在"封关前打好制度基础，封关后找好建设目标"的清晰蓝图之下，有条不紊地开展海南自由贸易港涉外商事纠纷解决机制建设。

关键词： 海南自由贸易港 涉外商事纠纷 纠纷解决 机制创新

---

* 童光政，海南省人大常委会教科文卫副主任，教授，主要研究方向为立法学、民法学、法律史学；王琦，海南大学法学院院长、教授，主要研究方向为民事诉讼法学、多元化纠纷解决机制。

一、海南自由贸易港涉外商事纠纷解决机制研究的意义

(一)加速推进海南自由贸易港涉外法治工作的必然要求

1. 确保推动涉外商事纠纷解决机制的改革创新

从"改革"到"全面深化改革"是理论和实践双重互动演进的结果,体现了中国共产党的巨大政治智慧[①]。习近平总书记"4·13"重要讲话,宣布党中央决定在海南全岛建设中国特色自由贸易港。随后发布《中共中央 国务院关于支持海南全面深化改革开放的指导意见》,强调支持海南自由贸易港建立国际经济贸易仲裁机构和国际争端调解机构等多元纠纷解决机构作为保障措施。涉外商事纠纷解决机制是海南自由贸易港建设中的一项具有重大意义的系统工程,是高水平中国特色自由贸易港法治建设中极为关键的一步。

首先,从时代发展层面看,海南办经济特区以来,肩负起中央赋予的历史使命,把一个边陲海岛发展成为我国改革开放的最前端。建设中国特色自由贸易港,打造海南具有国际竞争力的开放型现代化经济体系,彰显了中国共产党与时代共同进步的先进性本色。改革开放是中国共产党实现中华民族伟大复兴的关键一招[②],也是决定海南命运的关键一招。建立海南自由贸易港涉外商事纠纷解决机制是新时代海南全面深化改革开放所需。海南全面深化改革开放以参与更高层次国际合作和竞争为导向,发挥市场在资源配置中的决定性作用,需要改革推动海南矛盾纠纷化解制度的自我完善和发展,建立与海南自由贸易港相匹配的涉外商事纠纷解决机制,能够让海南全面深化改革开放的功能和作用不断扩大与升级,促使开放内涵和要素进一步丰富和深化。

其次,从全面深化改革实践层面看,海南自由贸易港涉外商事纠纷解决机制作为全面推进海南改革开放进程中构建开放型现代化经济体系的重要组成部分。必然要求"走出去"和"引进来"共同发展,那么纠纷解决在治理架构中就需要嵌入提前设置的法定救济机制。建立海南自由贸易港涉外商事纠纷解

---

① 张旭东."改革"内涵的演进:从"改革"到"全面深化改革"[J]. 党的文献,2016(1):93-98.

② 罗红杰,平章起.论关于改革开放五个重大论断的叙事逻辑[J]. 经济学家,2020(4):16-23.

决机制就是实行更加积极主动的对外开放的配套举措，能够为海南全方位经贸合作新格局提供公平正义的法治环境，推动形成全面开放新格局，致力于建设稳定、公平、透明、可预期的营商环境，使得海南全面深化改革深度融入全球经济体系过程中，实现强调硬件竞争转向营商环境软环境竞争。开展海南自由贸易港涉外商事纠纷解决机制研究，建立海南自由贸易港涉外商事纠纷解决机制，是贯彻落实中央关于支持海南全面深化改革开放的指导意见的重要体现，对于推动海南自由贸易港形成全面开放新格局具有重要意义。

2. 为"一带一路"国际商事争端解决机制提供具体方案

海南自由贸易港建设是"一带一路"倡议的重要支点和关键节点，其独特的区位优势和地缘优势使其成为海上交往的最前沿。如果说"一带一路"倡议是我国深化改革开放的战略升级，构建人类命运共同体的坚实平台，那么，引领我国新时代对外开放的重要开放门户就是建设海南自由贸易港战略定位的全新标定。2018年国家出台《关于建立"一带一路"国际商事争端解决机制和机构的意见》。海南自由贸易港建设要服务和融入国家重大战略的实施，履行好党中央赋予海南的重大责任和历史使命，形成以"一带一路"发展为纲，以自由贸易港建设为目，两者相生相伴、相辅相成，起到担当建设21世纪海上丝绸之路的战略支点作用。我国作为"一带一路"倡议的首创者和引领者，加强党对共建"一带一路"工作的领导，主动站在党和国家大局上谋划推动共建"一带一路"工作[①]。

海南利用战略区位优势，加强同"一带一路"沿线国家和地区开展多层次、多领域的贸易投资合作[②]，致力于建构主导型涉外商事纠纷解决机制，根据共商、共建、共享的原则和理念，妥善解决商事纠纷，为"一带一路"建设营造法治化营商环境。海南自由贸易港涉外商事纠纷解决机制的建立，既能够妥善解决海南自由贸易港贸易投资自由化便利化产生的商事纠纷，也能够服务和保障"一带一路"国际商事争端解决机制的建设需要，为当事人提供高效和更多选择性的法律服务。同时，"一带一路"国际商事争端解决机制是我国倡导

---

① 习近平.坚持对话协商共建共享合作共赢交流互鉴 推动共建"一带一路"走深走实造福人民［N］.人民日报，2018-08-28（1）.
② 习近平.在庆祝海南建省办经济特区30周年大会上的讲话［N］.人民日报，2018-04-14（2）.

发起建立，不谋求争端解决机制的占据主导权①，而是着眼于国际合作，展示中国法治包容和开放的态度，寻求建立一个能够让"一带一路"沿线国家和地区普遍接受的法治化纠纷解决机构和解决方法。总体来看，海南自由贸易港涉外商事纠纷解决机制是建立在我国主导的法治化架构中，其实充分运用了国内司法制度优势，通过自由贸易港建设平台在国际事务的法治化进程中彰显中国观念和立场。正如学者指出："国际法治的中国表达与法治中国的世界表达是中国法治主动向国际法治施加影响的两个相互交叉方面。②"探索和建立海南自由贸易港涉外商事纠纷解决机制，一方面能够弥补"一带一路"解纷的缺陷和不足，为"一带一路"项目建设锦上添花；另一方面能够在逆全球化浪潮中以主动塑造者和建构者的姿态，积极参与国际法治秩序和法治规则的制定，在每一件涉外商事纠纷案件上阐述中国自身的国际法治理念和实践。

（二）促进海南自由贸易港法治化营商环境的有效供给

2020年6月1日，中共中央、国务院印发《海南自由贸易港建设总体方案》（以下简称《总体方案》），要求建立以商事纠纷解决机制为重要组成部分的自由贸易港法治体系，营造国际一流的自由贸易港法治环境。

海南自由贸易港涉外商事纠纷解决机制与《总体方案》具有价值目标上的一致性。法治环境是良好营商环境不可或缺的必要条件，而法治环境在很大程度上决定了海南整体营商环境的优劣评价。海南自由贸易港涉外商事纠纷解决机制致力于妥善解决海南自由贸易港建设过程中涉及投资贸易等有关活动所产生的涉外商事纠纷，在保证公正前提下追求纠纷解决的效率性和多样性，给当事人以自主选择的空间，这不仅是从硬件营商环境的制度配套来培育和建立软件营商环境，而且还恰恰是法治化营商环境建设所提倡的导向。可以看出，海南是以"体制和机制性因素和条件"为落脚点，所体现的目标价值追求完全契合海南自由贸易港涉外商事纠纷解决机制。

海南自由贸易港涉外商事纠纷解决机制为《总体方案》优化自由贸易港营

---

① 袁发强."一带一路"背景下国际民商事争议解决机制之建构［J］.求是学刊，2018（5）：82-90.

② 何志鹏.国际法治的中国表达［J］.中国社会科学，2015（10）：159-168.

商环境建设提供法治化国际化保障机制。法治，是优化营商环境的制度基础，是量化营商指标的理论基础，应当高度关注纠纷解决机制对营商环境的优化功能。《总体方案》基于海南特殊模式的背景下，遵循优化营商环境的客观规律和发展趋势，从顶层设计多层次、立体化建立涉外商事纠纷解决机制，以市场主体需求为导向，以市场主体所处的微观法治环境为载体，畅通市场主体化解涉外商事纠纷的渠道，保障市场主体在自由贸易港的合法权益以及维护自由贸易港良好的市场秩序。制度完善，尤其是法律制度规范的完善，反映出法治规则供给成为新的竞争样态。故此，涉外商事纠纷解决机制的建立，是落实《总体方案》基本要求的具体体现，能够在一定程度上避免自由贸易港法治化营商环境建设在"最后一公里"出现障碍，不能使市场主体对自由贸易港营商环境体验感提升的努力"功亏一篑"[1]。最终，通过以保障市场主体合法权利和高效化解涉外商事纠纷为导向，以自由贸易港市场主体的获得感和满意度来评价自由贸易港建设的实际成效，增强市场主体投资贸易的信心，发挥海南塑造营商环境的示范作用。

（三）实现国家治理与全球治理协调推进的客观需要

我国在国家治理与全球治理的共融互动中始终将法律规范的制定和实施作为一个关键的方面[2]。2021年6月10日全国人大常委会通过《海南自由贸易港法》，从国家层面单独就一个地区立法，是新时代中国特色社会主义构建开放型经济新体制的重大举措和全面深化改革开放的新标杆。海南建设自由贸易港必然带来涉外商事纠纷的复杂性和多样性，意味着环境的改变和市场的需求，需要涉外商事纠纷解决机制的完善，实现国家治理与全球治理的协调推进。

1. 纠纷多元化治理逐渐完善的自身需要

海南在建设自由贸易港所要求的经济自由度、市场开放度、营商便利度及司法保障度等方面都比国内其他自由贸易区有着更高的水平和标准，其必然带

---

[1] 常健.国家治理现代化与法治化营商环境建设［J］.上海交通大学学报（哲学社会科学版），2021（6）：22-30.
[2] 何志鹏.国家治理与全球治理的共融互动——中国国际法实践70年回顾与展望［J］.法商研究，2019（5）：171-181.

来涉外商事纠纷的复杂性和多样性，这就意味着环境的改变和市场的需求，倒逼海南自由贸易港涉外商事纠纷解决机制的完善，实现国家治理与全球治理的协调推进。

诉讼制度是影响大国综合竞争力的重要因素之一。国家外向型的宏观经济建设与开放性市场的构建离不开涉外诉讼的支持和配合[①]。海南建设高水平自由贸易港，必然要求在审判制度上建立与之相匹配的诉讼制度，这也是向世界展示法治理念和法治规则的重要窗口，妥善解决好涉外商事纠纷需要提升法律制度和审判机制的发展，提升国际司法竞争力和涉外争议解决的效率。故海南应抓住机会并着力对涉外商事诉讼制度的完善和改革创新的布局，形成涉外民事管辖权开放性，在全球范围内保护当事人合法权益提供司法服务便利，在执行领域适用推定互惠原则开展司法合作。我国以建设海南自由贸易港为契机推动国际商事审判专业化，增强国际规则和国际事务的话语权，实现国家治理与全球治理协调推进，带动我国民事诉讼制度的发展。

仲裁在国际商事纠纷解决机制中占据举足轻重的地位。诉讼法律规范的滞后性与审限的长周期，导致司法解决涉外商事纠纷的效率低和诉讼成本高。同时，当事人基于商事往来和未来合作的考量，更不愿意诉诸司法进行激烈的对抗。相比，仲裁更侧重于尊重当事人的合意，在国际上已经演变成解决商事纠纷的首选方式，越来越受到商业纠纷当事人的青睐。在自由贸易港建设进程中，法院本就疲于"案多人少"的现实压力，其更无法应对贸易投资自由化便利化以及各类生产要素跨境流动所引发的涉外商事纠纷的大规模增长，而仲裁的自愿性、专业性、便利性、无地域性、可执行性及一裁终局性等特征，更契合化解涉外商事纠纷的需求，实现诉讼案件的分流。

调解制度具有独特的文化优势，常作为替代性争端解决方式。第一，有利于维系纠纷当事人未来商业伙伴关系。调解所达成的结果具有可接受性，比较于诉讼或仲裁的零和博弈，调解能够提高双方更高的满意度。换言之，调解并不是追求孰是孰非以战胜对手达到解决纠纷的目的，更多时候是对自身权益的让步，避免损害双方的未来商业伙伴关系，倾向于解纷过程中实现双赢的局

---

① 涂广建.构建外向型的国际民事诉讼程序体系[J].武汉大学学报（哲学社会科学版），2016（5）：93-97.

面。第二，调解高效便捷、成本低廉。调解并不需要审理查明案件的事实真伪，只要双方当事人达成一致意见，因此灵活性和低成本符合部分当事人的诉求。第三，最大程度实现当事人的意思自治，当事人可以控制纠纷解决程序，营造一种契约精神而非充斥竞争对抗性。海南自由贸易港建设过程中，涉外商事纠纷中的调解具有自主性、自愿性、经济性、灵活性、非对抗性、保密性等特征[1]，当事人倾向于在效益最大化的内心驱动下选择更为灵活的纠纷解决方式。

2. 涉外商事纠纷治理发展的时代需要

1986年12月2日我国批准加入《承认及执行外国仲裁裁决公约》（以下简称《纽约公约》），主要解决国际商事仲裁的承认和执行问题。我国积极履行国际法义务，积极参与国际治理，有学者基于仲裁案例的文本梳理和亲历者的调查数据显示，我国对在外国仲裁裁决的实际执行率和执行标的到位率都明显偏高[2]。首先，国际商事仲裁裁决的承认与执行保护了当事人的合法权益，各成员国相互承认和执行赋予了裁决的强制执行力。其次，各成员国司法的相互承认和执行，是仲裁当事人权益的兑现，提高了仲裁作为解决涉外商事纠纷的公信力，强化当事人对仲裁权益保障的预期。最后，各成员国司法的相互承认和执行，促进海南自由贸易港涉外商事纠纷仲裁的公正性和程序合法性。因此，涉外商事纠纷仲裁裁决最终形成《纽约公约》相关缔约国的承认和执行的国际环境，对海南自由贸易港涉外商事纠纷机制中仲裁事业起到重要的促进作用。

2019年7月2日通过了《承认与执行外国民商事判决公约》（以下简称《海牙判决公约》），中国及其他各国代表签署了最终的公约文本。其规定了承认与执行外国民商事判决的基本原则、规则与程序，使得原本具有主权性质和地域特征的民商事诉讼判决在公约加持下得以全球流通形成统一规范。而互惠原则往往成为国家利益博弈的工具来拒绝承认外国判决效力，这无疑会影响海南自由贸易港的国际经贸合作。《海牙判决公约》获得多数国家批准生效后，当事人对于涉外商事纠纷的判决更具有结果的预期性和确定性。海南自由贸易港建

---

[1] 王琦.海南全面深化改革进程中的国际商事纠纷调解机制研究[J].海南大学学报（人文社会科学版），2019（3）：116-123.

[2] 肖蓓.《纽约公约》背景下我国对外国仲裁裁决承认及执行的实证研究[J].现代法学，2016（3）：181-193.

立涉外商事纠纷解决机制,能够积极回应全面深化改革开放对司法判决国际性和统一性的现实需要,增加当事人对海南法治的信任,推动海南自由贸易港法治建设成相互尊重、公平正义、合作共赢的新型国际范本。

2020年9月12日《联合国关于调解所产生的国际和解协议公约》(以下简称《新加坡调解公约》)正式生效,但我国目前还未批准加入而暂时未对我国生效。《新加坡调解公约》即将开启跨境商事纠纷解决新时代,赋予国际调解协议可跨国执行又一个里程碑意义。海南积极参与国际治理,建立与其相适应的涉外商事纠纷解决机制,该公约的签署有利于海南自由贸易港对标国际规则发展商事调解市场和壮大商事调解机构。该公约对海南自由贸易港的建设乃至我国的发展带来机遇的同时也带来了挑战,当前我国仍缺少统一的商事调解立法,调解机构和调解队伍参与国际商事调解市场竞争还存在明显差距等问题,这将显著地影响我国的立法和司法实践。调解在理论上可以作为独立于诉讼、仲裁之外的第三种解纷方式[①]。正值此时,海南研究建立涉外商事纠纷解决机制,既符合自由贸易港市场需求,又能推动我国商事调解制度现代化、国际化和法治化改革。

二、涉外商事纠纷解决机制的国际经验和国际背景解读

(一)典型高影响力机构的经验解读

1. 新加坡的国际商事解纷机制——以《新加坡国际仲裁中心仲裁规则》为例

新加坡国际仲裁中心(SIAC)成立于1990年,目前是仅次于国际商会仲裁院、伦敦国际仲裁院的受青睐仲裁机构,也是新加坡唯一的仲裁机构。其最初主要处理建筑工程、船运、银行和保险类纠纷。自成立以来,SIAC受到来自世界多地,特别是众多包括中国在内的亚洲地区用户的欢迎。近年来,SIAC无论在受案数量、金额,还是在国际仲裁界的影响力方面,都节节攀升。可以说,SIAC现今已成为主要的亚洲国际仲裁机构。据调查,在国际商事仲裁

---

① Neil Andrews, The Three Paths of Justice: Court Proceedings, Arbitration, and Mediation in England, Springer Netherlands, 2018, p.1.

中，新加坡是最经常被选为仲裁地的亚洲城市；在所有亚洲国家中，指定新加坡仲裁员的频率最高，选择新加坡法律作为准据法的合同也最多①。而这样的国际地位，与《新加坡国际仲裁中心仲裁规则》（SIAC规则）的完善程度密不可分。

SIAC规则推行双轨制，当事人既可选择适用新加坡《仲裁法》，也可由新加坡《国际仲裁法》调整，主要取决于当事人协议。受伦敦仲裁影响，SIAC与国际商会仲裁院等全面管理型仲裁机构不同，收费相对固定且数额较低，实际费用由仲裁员和当事人私下协商。裁决也由仲裁员个人名义作出，SIAC主要通过"主簿官"制度来加强对仲裁的服务管理。经过三十余年的发展变革，SIAC规则在国际上都有相当的声誉和认可程度，也一直被后来者所仿效。在海南自贸港的本地实践中，海南国际仲裁院的仲裁规则对SIAC规则就有多处借鉴和参考。甚至在临时仲裁、合并仲裁等仲裁改革项目上也对SIAC规则有相当程度的参照。

具体到SIAC规则可供海南自贸港仲裁制度借鉴的有益创新，主要有两个方面：

首先，是关于案外人加入仲裁的相关制度。在涉及多方参与的国际仲裁案件中，极易遇到需要在仲裁中追加案外人情形。现行SIAC规则第七条就涉及到了案件主体加入问题。可以将仲裁的主体扩展到"非签署方"，这是SIAC规则高效和全面的体现。根据SIAC规则，"追加人"是指在现有仲裁中增加一个或多个当事人作为申请人或被申请人。可应仲裁原当事人之一的请求进行合并，也可由寻求加入相关仲裁的非当事人提出请求。与其他国际仲裁机构的仲裁规则相比，它还为在SIAC仲裁的当事人提供了更多选择来加入现有仲裁的其他当事人。在此阶段，新加坡国际仲裁中心也有权决定是否同意该申请加入。仲裁开始后，仲裁庭对任何合并请求作出裁决同意或不同意。在仲裁庭组成之前未能加入仲裁程序的一方可以在仲裁组庭后再次向仲裁庭提出申请。即使仲裁在前一阶段作出不准许的决定，可能是基于当时合并似乎不合适，或者

---

① Teo E A L, Aibinu A A. Legal framework for alternative dispute resolution: Examination of the Singapore national legal system for arbitration [J]. Journal of Professional Issues in Engineering Education and Practice, 2007, 133（2）: 148-157.

是因为证据信息不足以做出决定性的决定。需要注意的是，仲裁需根据双方在国际仲裁基础协议中约定适用的法律原则（而非 SIAC 规则）确定被加入方是适用具有约束力的有效仲裁协议。同时，规则第七条明确允许在仲裁庭组庭之前或之后都可以申请合并。在指定任何仲裁员之前，如果申请加入的一方表面上受仲裁协议约束或原仲裁当事人都同意加入，则可以同时加入仲裁。可以说，这项制度是尊重仲裁当事人意愿、提升仲裁效率的优秀制度，值得自贸港在建立和完善仲裁规则时进行借鉴学习，特别是对于涉及多方当事人的国际民商事仲裁，案外人加入制度不仅是效率提升的关键，也是仲裁结果能够得到当事人认可的关键。

其次，是紧急仲裁和快速程序。众所周知的是，SIAC 是紧急仲裁的先驱之一。在 SIAC 规则下的紧急仲裁的规定已包含在 2010 年和 2013 年的 SIAC 规则中①。截至 2021 年底，SIAC 已管理 100 起此类案件，远远超过大多数其他机构的数量。紧急仲裁程序缩短了仲裁的总体时间。在流程开始时，必须在申请紧急临时救济和支付管理费和押金后的一天（而不是以前的一个工作日）内任命紧急仲裁员。仲裁员的命令或裁决应在紧急仲裁员任命后 14 天内作出②。紧急仲裁员不仅有权下令或裁决他（或她）认为必要的任何临时救济，而且现在还具有在任何听证会、电话会议之前下达初步命令的明确权力或当事人的书面意见。程序允许紧急仲裁员发布在极端紧急情况下或当事方有可能耗散资产或以其他方式阻碍向紧急仲裁员寻求临时救济的目的时，这也就是所谓的暂缓令。

至于快速程序，其目的是让更多案件提交至此程序，适用加急程序的金额门槛已从 500 万新元提高至 600 万新元。SIAC 现行规则第五条进一步规定，当适用快速程序时，即使仲裁协议规定不止一名仲裁员，案件也应提交独任仲裁员。虽然 2013 版的规则规定仲裁庭必须举行听证会，但 2020 新规则第五条规定，由仲裁庭与各方协商决定是否应裁决争议仅基于书面证据。很明显，SIAC 规则的发展愈发偏向于注重效率。

---

① Chowdhury R. Utilizing the Institutional Arbitration and Community Mediation Model of Singapore, South Korea, Malaysia and Philippines for Bangladesh［J］. South Korea, Malaysia and Philippines for Bangladesh（February 5, 2022），2022.
② CHAN D, TAN P, POON N. The law and theory of international commercial arbitration in Singapore［J］. 2022.

由 SIAC 规则的经验可得出以下结论：其一，是要大胆强化立法保障，通过国家授权或制定海南自贸港法规、经济特区法规等方式率先在海南立法推行新兴的、适合中国和海南的仲裁制度；完善仲裁员选任制度，适度放宽临时仲裁员选任准入门槛；构建第三方监督机制，强化行业商会、特定仲裁机构和法院对仲裁的约束，当仲裁员损害当事人合法权益时，当事人可约定撤销仲裁员，也可向法院申请撤销。其二，海南自贸港在构建涉外民商事仲裁规则时，应该强化对规则灵活性和当事人自决性之兼容的探究和考察，无须求得每个层面都事无巨细，而应该重视原则性的规则设定和文本释义，做到纲举目张。

2. 迪拜的国际商事解纷机制——以《迪拜—伦敦国际仲裁规则》（DIFC-LCIA）为例

2021年9月14日，迪拜酋长颁布了第34号法令，正式宣布撤销迪拜国际金融中心仲裁院和阿联酋海事仲裁中心。这一法令的颁布也意味着迪拜实质上撤销了迪拜—伦敦国际仲裁中心、终止了与伦敦仲裁中心的联合运营。这一终止代表着迪拜的仲裁事业终于走向了独立和自主，也代表着迪拜对于伦敦仲裁的规则学习和效仿阶段的结束。虽然迪拜—伦敦体系在实质上已经崩解，但其所遗留的仲裁规则和仲裁体系对于自贸港而言仍有其先进性，值得学习和借鉴。

2004年，阿联酋在迪拜建立了迪拜国际金融中心（DIFC），并指望以此让迪拜成为继伦敦、纽约、东京、香港等金融名城之后的新全球金融中心。出于这一目的，阿联酋在迪拜城内设立了一套全新而独立的司法机构，与阿联酋其他地域的司法系统分隔，并出台了更贴近国际标准的仲裁法，旨在以此吸引国际金融机构的入驻。迪拜国际金融中心下设迪拜国际金融中心法院（DIFC-Courts）、迪拜国际仲裁中心（IDIAC）、迪拜—伦敦国际仲裁院（DIFC-LCIA）以及阿联酋海事仲裁中心（EMAC），这些机构旨在为国际商事纠纷提供"三位一体"的全面解纷服务，迪拜"三位一体"的国际商事纠纷解纷系统并非是简单地将现有的解纷渠道排列组合，而是将调解、仲裁等具体解纷手段和方式有机地结合融入到 DIFC-LCIA 协议当中。DIFC-LCIA 承担国际商事仲裁及调解双重职能，同时拥有仲裁、调解两套互相独立又相互合作的解纷体系。该仲裁院让迪拜成为了中东地区内国际商事仲裁和调解的核心枢纽和"巨无霸单位"。在该机制下，DIFC-LCIA 提供的涉外商事解纷服务呈现"案件集合——适情分流——互相流转"的结构①，这样的结构十分类似于海南自贸港所提倡建构的"一站式"解纷服务。DIFC-LCIA 的"一站式"服务，其主要亮点就在于包括诉讼、仲裁、调解等解纷手段和程序之间的配合与衔接，比如：当迪拜国际金融中心法院遇到当事人提起诉讼时，法院会优先鼓励当事人使用 ADR（Alternative dispute resolution，代替性纠纷解决方式）来解决争议，当调解未能成功时，当事人依旧可以选用其他 ADR 或是直接诉讼的方式来解决纠纷。而根据 DIFC-LCIA 的调解规则，当事人在调解不成之后，还可以将纠纷提交给国际金融中心纠纷管理处的下属仲裁机构进行解决。总而言之，迪拜"三位一体"的解纷机制在制度层面实现了全贯穿、全联通的全面化解纷保障。对选择通过 DIFC-LCIA 进行解纷的国际商事当事人而言，仲裁裁决有《纽约公约》作为执行保障，相较于法院判决在世界主要贸易国家或地区更易于被承认与执行。

DIFC-LCIA 的另一大值得关注的亮点是其提供了在国际机构中都极为罕见的"仲裁员质疑数据库"。对于所有仲裁机构而言，仲裁员的公正性都是正当程序要求的核心因素，也是仲裁作为替代性纠纷解决机制和私人化的司法程序的双重身份所衍生出的代表性问题之一。然而，国际商事仲裁中的仲裁员质疑程序透明度仍然较低，多数国际仲裁机构甚至不必向当事人提供其决定理由，而只有极少数如 LCIA 的领先国际仲裁机构，将其质疑决定经过保密处理向外界公布。在 LCIA 数据库所涵盖的近 8 年中，LCIA 的总受案量超过 1600 件，而只有不到 2% 的案件出现了对仲裁员的质疑，其中得到支持的案例更是只占总案量的 0.4% 左右②。虽然目前适用频次不高，但这一制度仍然体现了国际商事仲裁的一种全面透明化和全程可控化的未来趋势，值得参考。

3. 中国香港的国际商事解纷机制——以《香港仲裁中心仲裁规则》（HKIAC）为例

香港位于中国东南端，其地域位置使得其与东亚各主要商业中心之间的交

---

① Bryan Dayton and Seri Takahashi, "Arbitration Developments in the United Arab Emirates", Asian Dispute Review 20, 2018, p.31.

② LCIA Releases Challenge Decisions Online［OL］（2018-2-12）［2022-4-14］.https：//www.lcia.org/News/lcia-releases-challenge-decisions-online.aspx.

通便利；香港的法律体系继承自英国，受到浓重的海洋法系影响，且因为特殊的区位原因，香港的许多法律从业者，包括律师、仲裁员甚至是法官都有双语背景。自香港回归以来，已有来自英国、澳大利亚等国的20余名国际知名的大法官任职。香港整个司法解纷体系的国际化特征和高质量仲裁使得在香港作出的仲裁裁决在国际范围内都极易被其他国家和地区认可并执行，因此HKIAC也在东亚乃至世界范围内享有盛誉，是诸多国内外当事人在发生国际商事纠纷时的首选之地。

香港国际仲裁中心（Hong Kong International Arbitration Center）成立于1985年，其目的是协助有纠纷的当事人通过仲裁或其他方式解决争议。它由香港主要的商业及专业人士组成，是亚洲解决争议的中心。香港现行的《仲裁规则》在2011年生效，其以《联合国国际贸易委员会国际商事仲裁示范法》为基础，基本统一了本地仲裁与国际仲裁的法律框架。在国际仲裁案件方面，香港国际仲裁中心2018年9月正式发布了2018新版仲裁规则，新规则已经在2018年11月1日生效。新规则采取"轻触管理"框架，专注国际仲裁案件中争议的实质问题，对旧版仲裁规则进行诸多方面的实质修订，包括在线文件送达、使用技术辅助、多份合同仲裁、平行程序、早期决定程序、第三方资助、使用替代性争议解决、紧急仲裁程序、裁决期限等[①]。

1997年香港正式回归，但其在法律制度方面并未进行根本性变更，仍然沿用了原有的承袭自英国的普通法体系，其法治传统也因此没有断绝。在继承传统的基础上，香港于2006年修订了新《仲裁条例》，此条例也是亚洲首个基于《联合国国际贸易法委员会国际商事仲裁示范法》所修订的仲裁规则，在此之后，香港又在2013年和2015年再次对其进行修订和完善。香港国际仲裁中心的《仲裁规则》是我国诸多仲裁规则中最靠近英美法系的仲裁解纷规则。仲裁中心雇佣了500多名仲裁员，来自数十个国家和地区；秘书处国际化程度高，可用11种语言管理案件[②]。中心还允许当事人选择按小时（每小时6500港元封顶）或以标的额大小支付费用，可以说香港国际仲裁中心真正地将涉外商事解

---

① 张利民. 论国内法院对国际投资仲裁的司法审查制度［J］. 海关与经贸研究，2017（4）：89-90.

② 香港国际仲裁中心，http: //www.hkiac.org/zh-hans/arbitration/why-choose-hkiac.

纷事业做到了"物美价廉",由此可见,促使香港的解纷路径成功的最为关键的因素在于机构设置和人员配置的"双规国际化",以及在东亚区际范围内对英美法系解纷规则的补全。

(二)典型国际协约的启发分析

1.《区域全面经济伙伴关系协定》(RCEP)

RCEP是由东盟国家主导发起的区域性国家级经济合作关系协定,旨在消除国际贸易壁垒,创造并完善自由的投资与贸易市场,实现全面的经贸合作,特别是推动服务贸易高质量发展。习近平总书记强调,中国将坚定不移地维护真正的多边主义,支持多边贸易体制包容性发展,支持发展中成员合法权益。RCEP整合了东盟与中国、日本、韩国、澳大利亚、新西兰多个"10+1"自贸协定,体现出高质量和包容性的统一①。加入RCEP,是我国在习近平法治思想的指引之下,为提升整体国家治理能力和治理水平,强化国际合作与国际商贸往来,同步推进国际法治轨道的必然举措和关键步骤。RCEP作为区际性的、高质量的、商业互惠的投资贸易协定,可以实现地区间各国商贸交流在更高层级和更高水平基础上的发展,能够将整个东盟乃至整个亚太地区的经济体促成一定程度上的合作,在经济层面整体性地提升地区的国际竞争能力,加快将各缔约国及其周边辐射地区从疫情的影响中拉出来,推动全球整体经济复苏。作为一份全方位的商贸合作协定书,RCEP的20个章节涵盖了包括服务贸易、货物贸易以及投资等方面,其目的在于降低成员方之间的市场准入条件,打通区际间的商贸交易渠道。当然,RCEP的规则除了会使贸易更为高效和便利之外,还会使得投资更为自由和开放。具体而言,RCEP的相关章节中包含了公平公正待遇、征收、外汇转移、损失补偿等投资保护条款,以及争端预防和外商投诉的协调解决等投资便利化条款②。

RCEP第十章第四条第三款规定,最惠国待遇"不包含其他现存或未来国

---

① 陈秀莲. 中国与东盟国家服务贸易互补性的研究[J]. 财贸经济,2011(6):75-80.

② 宋志勇,朱思翘. 后疫情时代RCEP签署对东亚区域经济合作的影响及对策研究[J]. 国际贸易,2021(5):71-89.

际协定项下的任何国际争端解决程序或机制"。尽管RCEP在其投资章节目前尚未就ISDS条款作出规定，但这并不意味着在东道国违反RCEP的投资章节时，投资者无法得到任何救济。在RCEP争端解决机制下，各缔约国亦有权从他们签署的其他国际投资协议中挑选争端解决的场所，但前提是在RCEP和其他国际投资协议项下，该争议所涉权利义务实质上是一样的。RCEP主要的争端解决机制实际在很大程度上借鉴了WTO通过成立争端解决专家小组对争端进行审理和裁定的机制。首先，两者都规定了磋商，专家小组程序和执行程序。其次，RCEP和WTO实际都允许争端各方在任何时候同意自愿采取争端解决的替代方式，如斡旋、调解或调停。上海在适应和利用RCEP规则方面的做法非常适合海南自贸港进行借鉴，例如其充分依托国家海外知识产权纠纷应对指导中心上海分中心及浦东分中心，构建海外知识产权纠纷信息收集与发布机制，分类指导海外知识产权纠纷案件。又比如，鼓励设立市场化运作的知识产权维权互助基金，为相关企业开展海外知识产权维权援助提供必要的资金支持。加快推进中国（上海）知识产权保护中心建设，在全市范围内面向新材料、节能环保等重点产业开展快速协同保护工作。另外，上海还推进成立了国际贸易知识产权海外维权基地，开展覆盖RCEP主要成员国的海外知识产权风险防范和维权援助服务，提升本市企业在成员国市场的知识产权维权能力。总之，要提升与RCEP国家在知识产权运用转化、技术创新与支持、人才培养、仲裁调解、可持续发展等方面的国际合作水平。

  RCEP在多个方面缩短了时间。比如，根据DSU第四条之规定，在磋商阶段，被请求方应在收到请求之日起10天内对该请求作出答复，而根据RCEP第十九章第六条之规定，被请求方在收到磋商请求之日后7天内就应作出答复。其次，成立专家组的权利完全赋予了成员国。DSU第六条规定："如起诉方提出请求，则专家组应最迟在此项请求首次作为一项议题列入DSB议程的会议之后的DSB会议上设立，除非在此次会上DSB经协商一致决定不设立专家组。"而RCEP第十九章第十一条则规定，当设立专家组的请求被提出时，专家组就应当依照第十九章第十一条设立。再次，专家组报告的通过更加便利。DSU第十六规定："在专家组报告散发各成员之日起60天内，该报告应在DSB会议上通过，除非一争端方正式通知DSB其上诉决定，或DSB经协商一致决定不通过该报告。"而在RCEP的争端解决机制下，专家组的报告无须等待60日由各缔约国组成的特定机构一致同意即可通过。最后，与WTO相比最大的不同是，在RCEP争端解决机制下，不再设立上诉机构。RCEP第十九章第十五条规定："专家组的裁定和决定应当是终局的，并且对争端各方具有约束力。"不过，根据RCEP第十九章第十六条第一款的规定，如果争端各方对专家组的最终报告存在异议，则可以重新召集专家组（在RCEP项下称之为"执行审查专家组"）解决争端①。

RCEP的争端解决机制实际上排除了投资者与国家间投资争端解决机制的适用，对专家组的裁定适用一裁终局，在实施过程中更加强调国家间的友好协商与自愿调解，争议的解决方式更是由缔约方之间驱动，这就要求作为缔约国的我国尽快出台涉外商事调解专项法规和部门指导意见，以许政府能在涉外商事解纷当中发挥更为显著的作用。

2.《全面与进步跨太平洋伙伴关系协定》（CPTPP）

全面与进步跨太平洋伙伴关系协定（Comprehensive and Progressive Agreement for Trans-Pacific Partnership，简称CPTPP），是亚太国家组成的自由贸易区，是美国退出跨太平洋伙伴关系协定（TPP）后该协定的新名字。CPTPP对促进亚太区域的商品、服务及技术、人才、资金、数据等要素自由流动和经济共同发展具有重要意义。尤为重要的是，CPTPP开放标准高、覆盖范围广、边境后议题多，充分体现了"自由、公平、包容"的开放原则。

CPTPP对涉外商事纠纷的规定主要体现在其"投资仲裁"的诸条款，比如条款9.18，对提交仲裁申请的条件、双方的权利和义务有严格的规定，这些条款设计的初衷是为了明确仲裁双方的权利义务、仲裁适用法律和仲裁员的基本素质有更加明确的规定和要求。对仲裁适用法律规定的中止，会导致一些投资争端需要国家法院运用国内法进行解决，这与美国在双边投资条约和自由贸易协定中的长期目标背道而驰，对投资仲裁的效率和公平有负面影响，也是美国最终退出CPTPP的重要原因之一。②

目前，CPTPP管辖争端与我国现行法律存在着较大冲突，亟待立法方面的

---

① 陈亮，毛顺宇，胡文涛. 国际经贸新形势下我国外贸高质量发展的挑战及对策[J]. 国际贸易，2021（7）：10-18.

② 李墨丝. CPTPP+数字贸易规则、影响及对策[J]. 国际经贸探索，2020，36（12）：20-32.

修缮解决。CPTPP第28章限定的争端解决机制的适用范围规定极易与我国诉讼法、国际法中的专属管辖、属地管辖、属人管辖等规定内容产生冲突及法条解释论层面的争议[①]。另外，在争端解决环节中CPTPP做出的其他创新性规定可能会导致司法救济系统的紊乱，造成司法资源的严重浪费[②]。为了应对中国加入CPTPP所带来的机遇和挑战，海南自贸港应该尽速配套出台包括海外保险、海外租赁、海外基础救济等在内的系列法规、司法解释，实现投资法律制度的集成化架构。出台海南专属的《CPTPP与国内法律法规适用衔接指南》，将有关CPTPP与国内法律法规的矛盾、冲突以及不协调的制度、途径等予以统一适用。要构建CPTPP框架下新一代兼容性投资者—国家争端解决（ISDS）机制。建立ISDS机制项下的滥诉过滤机制。建立可选择的ISDS上诉机制。适当引入友好协商和行政复议等前置程序。

另外值得注意的是，CPTPP的争端解决机制优势是无法完全替代WTO争端解决机制的原有框架和主导模式的。我国依旧需要在WTO的主框架之下，对双边、多边条约以及新旧条约等对应组之间的关系和效力做出创新性的统一规定。从结构上看，CPTPP与TPP一脉相承，整体上以建构高质量、高标准的新型国际经贸规则为目标。CPTPP序言第1条明确，除了几条程序规定外，原TPP文本的其他条款经必要修改后均纳入CPTPP正式文本；序言第2条指出，正式文本中的一些特定条款暂缓实施，并在序言的附件中详细列举了暂缓实施的条款，包括原TPP争议较大的22项知识产权方面内容中的18项。尽管近些年随着《民法典》、知识产权各部门法的制定、完善及司法解释的频频出台，在知识产权领域我国法律与CPTPP要求之间的差异已逐渐缩小，但推动建立区域性的经贸合作平台规则仍然任重道远，国内法规与国际规则还存在着不小的可调整空间。因此，在加入CPTPP的谈判过程中，我们有必要全面考察CPTPP知识产权条款，包括暂缓实施的内容，探析其与我国法律和政策的制定、执行可能存在的差异及时提出调和应对之策[③]。

---

① 张宇.CPTPP的成效、前景与中国的对策[J].国际贸易，2020（05）：52-60.
② 张慧智，汪君瑶."双循环"新发展格局下中国加入CPTPP的政治经济思考[J].东北亚论坛，2021，30（3）：46-59+127.
③ 赵昀顿，彭德雷.全球数字经贸规则的最新发展与比较：基于对《数字经济伙伴关系协定》的考察[J].亚太经济，2020（4）：58-69+149.

三、海南自由贸易港涉外商事纠纷解决机制的成效与差距

(一) 海南自由贸易港涉外商事纠纷解决机制的探索成效

1. 多元化解纠纷条例的公布实施

多元化纠纷解决体系是中国特色社会主义法治体系的组成部分，一套完备的多元化纠纷解决机制是衡量一个区域治理体系和治理能力现代化的重要标志。随着海南自由贸易港的加速建设，大量域外市场主体和资本涌入，由各种利益交织引发的涉外商事纠纷日益增多。为完善海南多元化解纠纷的体制机制，修正过度倚重诉讼而产生的法院系统"案多人少"，仲裁、调解等非诉化解纠纷功能的不充分发挥，部门职责不清、程序衔接不畅等问题。2020年6月16日颁布《海南省多元化解纠纷条例》，这是社会建设从"管理"转向"治理"的根本原因所在，也是法治社会建设的现实背景和基本主题[1]。

海南自由贸易港建设要想实现社会治理的有效性，必须仰赖法治的积极建设和法治功能的充分释放。该条例既不属于单纯的"程序法"，也不属于严格意义上的"实体法"，而是一种具有程序与实体的综合性法律属性。因此，该条例衔接了诉与非诉的内容，涵盖了公力救济和私力救济交错融合的领域，是准入性与授权性规范相结合的法律形式[2]。作为多元化解纠纷机制的指引和保障，为海南自由贸易港涉外商事纠纷解决机制的发展搭建起基本框架，为涉外商事纠纷解决机制供给"底层代码"。制度机制是社会资源整合的基本路径，各层次内部互动而形成各自规则，社会纠纷的解决就是在各规则交互作用中组成有序的化解机制，但是规则的交互作用会导致无序、重叠或者漏洞。法治透过价值确立原则，经由原则形成制度，进而拓展具体规范，再运用适用与解释来调整社会生活，以确保其内在的自洽性[3]。该条例积极回应自由贸易港建设的环境变化和现实需求，将司法实践中的改革创新上升为地方性法规，为涉外商事纠纷解决机制的规范建构提供最基本的理念、宗旨、原则以及制度框架。该

---

[1][3] 江必新，王红霞.社会治理的法治依赖及法治的回应[J].法制与社会发展，2014 (4): 28-39.

[2] 范愉，李浩.纠纷解决——理论、制度与技能[M].北京：清华大学出版社，2010: 127.

条例第35条是落实《总体方案》和《海南自由贸易港法》关于建立国际商事纠纷多元化解机制基础性构建的要求，使得在机制运行过程中出现纠纷能够迅速反馈和及时处置。条例的实施为完善自由贸易港法治体系创造了良好开端，将大大提升自由贸易港市场主体对法治化营商环境的共识感，通过法治稳定自由贸易港市场主体间互动预期，实质是在铺就一种底线性的规则和共识。

2. 人民法院提供司法服务和保障

为贯彻党中央决策部署和习近平总书记的重要指示，最高人民法院于2021年1月15日发布《最高人民法院关于人民法院为海南自由贸易港建设提供司法服务和保障的意见》（以下简称《意见》），旨在以大局意识精准定位司法服务保障海南自由贸易港营造国际一流法治环境。

法治是最好的营商环境，法治程序化为自由贸易港建设的核心竞争力，法治程度的高低就决定了营商环境的优劣[①]。《意见》要求完善自由贸易港审判组织体系，建设海南涉外民商事法庭和海南国际商事纠纷解决中心，以推动涉外民商事审判机制创新。机构是司法服务保障的组织保证，该中心是注重市场主体的具体需求，回应涉外商事纠纷解决的新要求和新期待。在司法服务保障机制审判方面，支持海南法院积极推进司法体制和综合配套改革。一是探索创新协议管辖制度，无论是否有实际联系点也应支持当事人协议选择海南审判机构，扩大海南解决涉外商事纠纷的国际认知度和影响力；二是推动国际商事纠纷案件集中审判机制，组建涉外专业化审判团队以丰富海南自由贸易港涉外商事纠纷解决队伍的人才储备，推进信息化智慧建设以使科技创新成果同涉外诉讼服务深度融合。

3. 海南涉外民商事法庭挂牌设立

海南坚持审判体制机制创新，于2019年9月设立涉外民商事法庭，这是全国第一个设立的省级跨区域集中管辖涉外民商事案件的专门法庭。其还成立了专家委员会，将涉外民商事审判业务相关领域的知名专家学者纳入审判智库。

海南涉外民商事法庭的设立，极大程度减少海外投资者在海南投资兴业的障碍，以往出现涉外纠纷大多会选择中国香港或者新加坡等机构解决，这无形

---

① 杜以星.自贸区司法服务保障创新供给及不足之填补[J].法律适用，2019（17）：71-80.

中增加了解纷成本。涉外商事纠纷解决机制需要配套程序法的国际化①。海南涉外民商事法庭的雏形基本形成，但仍不断探索推出全国首个"立审执一体化"的机制运行模式，从立案到执行全程由涉外法庭负责，既解决了传统立案庭、审判庭和执行庭衔接不畅、认识不一和移送低效的问题，也契合了涉外商事案件需要熟悉国际经贸规则、涉外审判经验和语言优势的审判队伍的要求。海南涉外民商事法庭的集中管辖机制和"立审执一体化"模式，能够最大程度实现涉外专业性商事类型化案件的分流以及与自由贸易港各种经济业态和经营实体相关联的涉外商事纠纷审理的专业性、集中性。同时，审判体制机制创新还包括"一带一路"国际商事争端解决机制所建立的国际商事法庭，《意见》指出国际商事法庭将在海南自由贸易港设立联络点，参与协调指导建设具有专业化、国际化和融合化的海南国际商事纠纷解决中心。法院组织的体制机制创新为服务和保障自由贸易港建设，提供了优质高效的涉外商事纠纷解决服务。

4. 海南国际仲裁院完成机构改制

海南致力于提高仲裁公信力的具体措施，全面支持海南仲裁事业健康发展。2018年7月29日，海南国际仲裁院挂牌成立，定位为社会公益性法定机构，以非营利法人独立运行，与海南建设高水平自由贸易港的现实需求相匹配。仲裁制度竞争促使仲裁机构走向公益性和非营利性②。海南国际仲裁院由海南仲裁委员会改制而来，是海南迈向仲裁国际化的第一步。要完善仲裁制度和提高仲裁公信力，更实质的内容还要实现仲裁机构改制。海南国际仲裁院通过实行理事会为主导的法人治理结构，实现决策、执行和监督有效制衡的管理模式，以保障仲裁院运作和仲裁庭办案的独立性。理事会成员中境外人士4人，占总人数的三分之一，充分体现仲裁院的国际性和中立性。海南国际仲裁院还在洋浦国家经济开发区设立海事仲裁中心，专门受理各类海事海商仲裁案件以服务海南自由贸易港海洋经济特色产业，促进海南海上经济贸易和航运业的繁荣兴旺以及海洋资源开发利用。海南国际仲裁院立足自由贸易港建设的大环境，对标国际主流仲裁机构的仲裁规则，修改和制定了仲裁规则（2020版）以实现仲

---

① 薛源，程雁群.以国际商事法庭为核心的我国"一站式"国际商事纠纷解决机制建设[J].政法论丛，2020（1）：149-160.

② 姜丽丽.论我国仲裁机构的法律属性及其改革方向[J].比较法研究，2019（3）：142-156.

专业性，充分扩大当事人意思自治范围、完善合并仲裁和追加当事人的规则和增设仲裁员权力清单等新亮点，反映了国际主流仲裁机构仲裁规则的最新发展趋势，顺应和契合海南自由贸易港建设的新变化和新要求。海南国际仲裁院积极拓展国际仲裁市场，发挥仲裁解决涉外商事纠纷主渠道的作用，逐步把海南自由贸易港打造成国际仲裁的"优选地"。

5. 海南国际商事调解机构初具规模

海南自由贸易港建设过程中，已逐步形成"专业机构主导+地方政府支持+主管机关指导"的国际商事调解格局。从2019至2021年期间，海南抓住发展新机遇，先后挂牌成立了中国国际贸易促进委员会（中国国际商会）海南调解中心、海南国际仲裁院国际商事调解中心、海口国际商事调解中心和三亚国际商事调解中心的国际商事调解机构。

海南建设自由贸易港需要多元化国际商事纠纷解决机制作支撑，充分激活商事调解在商事解纷中的作用[①]。调解具有灵活性与兼容性的固有属性，其独特的优势能够满足海南自由贸易港涉外投资、贸易等领域的法律服务需求。如海南国际仲裁院国际商事调解中心依托境外仲裁员优势组成调解员队伍国际化，并主动引入《新加坡调解公约》相关先进内容，在调解规则上与公约相衔接；海口国际商事调解中心与多家法院多元解纷合作实现一站式诉调对接；三亚国际商事调解中心完成调解规则、收费标准和调解员管理办法等基础性建设。海南国际商事调解机构初具规模，聚焦市场主体为当事人提供多元化解涉外商事纠纷的渠道，弥补了海南建设自由贸易港调解工作机制不健全的短板，逐步建立健全涉外国际商事调解制度，营造自由贸易港市场化、法治化、国际化的营商环境，推动我国商事调解制度现代化、国际化和法治化改革。

（二）海南自由贸易港涉外商事纠纷解决机制存在的主要差距

1. 规范配套不够完善

首先，在调解方面。海南省司法厅和高级人民法院积极推进调解机构和商事调解中心的建设，取得了制度创新显著成果。国际商事调解机构的设立实现

---

① 王琦.海南全面深化改革进程中的国际商事纠纷调解机制研究[J].海南大学学报（人文社会科学版），2019（3）：116-123.

了海南自由贸易港零的突破。但是，在2025年全岛港封关运作的紧迫感和责任感的压力下，海南自由贸易港的多家商事调解中心仍处于建设初期，各项调解制度机制还不尽完备，且涉外商事纠纷调解市场也不够活跃。当前，海南的几家商事调解中心中能够在网上公布和查找获取的调解规则的只有中国国际贸易促进委员会（中国国际商会）海南调解中心和海南国际仲裁院国际商事调解中心，分散性的调解规则不利于打造国际商事调解品牌，亟须统筹多方力量出台《海南自由贸易港国际商事调解规则》的规范性文件，包括目的、适用范围、调解原则、调解机制、选聘调解员、调解程序、调解效力等条款，将其打造成商事调解示范规则。行业制度规范本身不能够完成自给自足的闭环体系，势必要求与之相匹配的外部机制予以有效填补。正如制度经济学指出，法律本质是一种不完备的契约[1]，海南建设自由贸易港缺乏国际商事调解规则的示范性规范，需要通过制度规范多重博弈场景而产生的普适性优势，转化为行之有效的行业性行为指引规范。

其次，在仲裁方面。国际仲裁作为现代商业文明的标志，已经成为知名自由贸易港的基础标配。海南积极推进仲裁事业的发展，作为海南目前规模最大的仲裁机构——海南国际仲裁院已经完成各项改制措施。但总体而言，仲裁的解纷优势并没有在涉外商事纠纷实践中发挥出来，也没有成为当事人解决纠纷的首选方式，而且在国际仲裁市场上所表现的仲裁公信力仍然不足。相比经济特区的《深圳国际仲裁院条例》以及自由贸易试验区的《中国（上海）自由贸易试验区仲裁规则》，海南在建设自由贸易港的独特优势和背景下，仍然欠缺一部《海南自由贸易港仲裁条例》，以专门服务于自由贸易港民商事纠纷，为仲裁解纷的顶层规则设计提供保障。

最后，在司法方面。最高人民法院积极推动法院系统服务和保障海南自由贸易港建设的国家战略决策，从涉外商事法庭的审判组织建设，再到诉讼与仲裁、调解相衔接等综合配套改革做了很大努力。但是透过现象看本质，仲裁与司法的天然关系让平衡仲裁终局性与司法监督审查成为现实中的难题，司法介

---

[1] Katharina Pistor, Chenggang Xu, Incomplete Law: A Conceptual and Analytical Framework and its application to the Evolution of Financial Market Regulation. Columbia Law School the Center for Law and Economic Studies Working Paper No.204, pp.1-79.

入涉外商事仲裁的范围和程度仍需进一步探讨，使仲裁既能摆脱司法的束缚又能得到司法的合理保障，发挥仲裁解纷的效能。仲裁机构在"去行政化"方面作出了积极探索，但改革之路仍任重道远①。同时，在对仲裁的司法审查标准上，法院对国内仲裁和涉外仲裁实行内外有别的"双轨制"②，这极大压制海南自由贸易港仲裁事业的国际化发展。另一方面，我国已经正式签署《新加坡调解公约》，海南作为对外开放的最前沿，今后涉外商事调解协议执行机制建设将成为一次全新的挑战，而我国当前对于调解协议和调解书存在两种不同法律文件，如何有效衔接《新加坡调解公约》需要司法确认以实现执行机制革新。

2. 国际竞争显现差距

随着我国对外开放持续扩大，"一带一路"建设即将迎来10周年，2021年9月我国申请加入CPTPP，以及2022年1月RCEP正式生效。海南积极融入国家对外开放战略，使开放效应与海南自由贸易港高质量发展效应之间产生叠加联动，这在一定程度又促进海南要提高涉外商事纠纷解决机制的应对能力。

首先，海南涉外商事调解机制发展动力不足。第一，我国已经正式签署《新加坡调解公约》，海南作为对外开放的最前沿，当前既没有专门的商事调解立法，也没有形成有竞争力的商事调解机构和专业性强的调解队伍，故海南需发挥好深耕商事调解试验田的功能，建立起具有中国特色的国际商事调解制度。第二，海南需要变革当前商事调解以司法权为主导的局面，调解结案率并不高，只有设立市场化运作的国际商事调解组织，充分整合社会法律资源形成专业化、市场化和国际化的国际商事调解模式，才能匹配自由贸易港贸易投资自由化便利化的要求。第三，当前海南商事调解机构的产生与发展缺乏统一的标准化体系。例如，SIMC的现代化进程实现从本地调解到国际化调解的转变，在立法、机构设置及专业人士设置国际化标准③。

其次，海南涉外商事纠纷仲裁的公信力不足。第一，仲裁机构内部治理结

---

① 谭启平.论我国仲裁机构的法律地位及其改革之路[J].东方法学，2021（5）：150-164.

② 袁野，袁冰如.我国仲裁制度的司法监督机制探讨[J].学术界，2017（8）：239-245.

③ 黄一文，王婕.新加坡商事调解制度的发展及其启示[J].商事仲裁与调解，2020（3）：88-113.

构不完善，表现在内部监督制度的不健全，管理权与裁决权未能有机结合，仲裁裁决的核阅制度还未能有效协调好案件管理和内部监督的关系，以及信息披露制度和回避制度仍需进一步规范。第二，仲裁特色弱化与国际竞争力不强。一方面在仲裁规则正形成与全国其他仲裁机构的仲裁程序趋同化现象，另一方面仲裁改革日渐落入仲裁诉讼化倾向的桎梏中，与国际主流仲裁机构ICC、LCIA、SCC、SIAC相比，在受案总量、案件类型、案件来源等方面存在较大距离，国际竞争力不强。

最后，海南涉外商事纠纷解决机制的司法服务保障有待提高。第一，未设立海南自由贸易港国际商事法院，难以保障海南自由贸易港诉讼服务质量。当前专门法院与一般法院混合管辖，且法院级别定位较低。海南第一、第二涉外民商事法庭受理的案件未完全体现海南自由贸易港的"国际性"，以及海南第一、第二涉外民商事法庭本身为中级法院的内设机构，难以服务保障海南自由贸易港旅游业、现代服务业、高新技术产业"三大现代产业"发展。第二，海南涉外商事法庭还未形成国际影响力的解纷平台。国际商事法庭先后在伦敦、新加坡、迪拜以及中国出现，成为仲裁以外的新选择，一定程度上是对仲裁制度缺陷的回应。但当前属于国家驱动型[①]的海南涉外商事法庭要真正形成经验丰富、通晓国际法和培养体系完善的涉外法官人才队伍，还有一定的距离。第三，司法保障仲裁、调解的力度有待加强。海南自由贸易港与RCEP、CPTPP高水平经贸规则的叠加效应，在发挥自身争端解决机制创新性优势的同时，鼓励采用仲裁、调解等替代性争议解决方式。但当前，可提供执行（救济）的商事争议范围不明晰和商事调解协议执行与既有法律机制未有效衔接等问题，有待科学合理的涉外商事纠纷调解机制契合性落地解决。海南自由贸易港鼓励境外仲裁机构在海南开展仲裁业务，但对于选择境外仲裁机构仲裁协议效力的司法审查没有统一的规范路径[②]，同时海南仲裁地法院还未形成针对协助临时仲裁中仲裁庭组成的具体措施。

---

① 何其生课题组.当代国际商事法院的发展——兼与中国国际商事法庭比较［J］.经贸法律评论，2019（2）：60-80.

② 秦男.论选择境外仲裁机构仲裁协议效力的司法审查路径［J］.法律适用，2021（10）：126-135.

3. 境外承认与执行遇阻

首先,关于涉外商事调解的执行情况。海南建设自由贸易港涉外因素必然增多,调解的跨国执行成为调解机制发展的主要障碍,但我国已签署《新加坡调解公约》,对商事调解的跨国执行的司法困惑提供了一种全新的执行方式。但国内调解制度如何对接国际公约,批准生效仍需要充分的理论研究和制度准备。一方面,在未批准生效的过渡时期,海南涉外商事调解如何获得境外的执行是不得不面对的问题。涉外调解书并不具有执行力,没有约束力和可执行性的调解文书如白纸般苍白无力。国际商事调解跨境执行并不像国内法关于管辖权的人民法院经过司法确认赋予调解协议强制执行力,调解的执行模式在国际上主要存在按普通合同、等同于判决或公证文书和转化为仲裁合意裁决。但不论采取何种模式,国际上并未形成统一有效的执行机制,国际商事调解境外执行实践差异大、阻力也大。另一方面,我国调解制度本质均属于公权力深度介入的政策主导型调解[①]。当前海南涉外商事调解市场仍不发达,商事调解规则和职业标准不完备,商事调解的公信力有待培育。基于现有条件,涉外商事调解驶上国际轨道还有一定距离,不利于国际商事调解的跨国执行。因此,《新加坡调解公约》以赋予国际调解协议直接可执行性为目标[②],海南建设自由贸易港有独特的优势和环境进行压力测试,旨在完善国际商事调解制度的法律制度,以创造良好的条件批准生效。

其次,关于涉外商事仲裁裁决的执行情况。一方面,仲裁的规则和市场仍以西方发达国家为中心。仲裁机制发源于西方国家,并有着长期的经贸实践和法律文化的积淀,而在此环境上所形成的国际仲裁文化和仲裁规则更倾向服务西方商事仲裁裁决。诸如ICC、SCC等世界著名仲裁机构对国际商事仲裁具有绝对的话语权。那么,在海南自由贸易港投资贸易等所产生的涉外商事纠纷,当事人更多地在仲裁协议中优先约定选择域外著名仲裁机构解决纠纷,会影响海南涉外商事仲裁环境的良性发展且不利于涉外仲裁裁决在域外的承认与执行。另一方面,仲裁裁决质量有待提高。《纽约公约》在国际商事仲裁领域

---

① 廖永安.中国调解的理念创新与机制重塑[M].北京:中国人民大学出版社,2019:336.

② 孙南翔.《新加坡调解公约》在中国的批准与实施[J].法学研究,2021(2):156–173.

发挥举足轻重的作用①。深圳特区国际仲裁机构的仲裁裁决在香港得到执行，打开了我国内地仲裁裁决按照《纽约公约》在境外获得执行的第一案②。仲裁裁决在境外未予承认和执行的主要问题是对仲裁协议效力的事实认定和适用规则存在不足导致认定不当、仲裁通知程序不适当、仲裁庭组成或仲裁程序不当。由此可见，海南仲裁机构未获得境外承认和执行也主要受仲裁裁决本身质量的影响，以仲裁解决涉外商事纠纷的公信力还有待提升。

最后，关于涉外商事诉讼判决的承认与执行情况。我国当前仍处于国际司法协助覆盖面不全的状态。同时，被誉为国际司法制度规则的改变者的《海牙判决公约》③也尚未生效。我国关于民事司法协助的规定在《民事诉讼法》第283条，根据国际条约或者按照互惠原则请求司法协助。同时，我们应承认，现阶段法官存在对涉外商事管辖权适格的裁量的模糊性，司法体系存在地方保护主义有损正当程序原则，公共秩序原则极富灵活难以把握等问题，影响到涉外商事判决在国际上的承认与执行。而且，从比较法的视角看，对互惠原则的适用及解释明显呈现出宽松化的趋势④，海南建设自由贸易港，在没有条约或互惠关系的情况下，对于涉外商事纠纷判决的承认与执行造成的障碍，目前仍然缺乏充分、明确、可操作性的应对规范，不利于国际良性司法协调和合作。

综上所述，海南建设自由贸易港法治化营商环境在持续改善，在涉外商事纠纷解决机制的探索中建立起仲裁、调解和诉讼的多元化解机制，在"一站式"涉外商事纠纷逐步形成"能调则调、适仲则仲、当判则判"的良好效果。然而，国际商事调解规则的示范性规范缺失、仲裁的公信力不足、国际司法协助执行覆盖不够全面，司法协助本身以及司法监督保障调解与仲裁的程度不够，这些仍然掣肘中国特色海南自由贸易港建设的短板亟待补齐。

---

① 王英民.《纽约公约》五十年述评［J］.法学杂志，2009（3）：130-132.
② 罗镇东，刘晓春，李雄风.中国内地仲裁裁决境外执行首案回顾——写在《纽约公约》60周年之际［N］.法制日报，2018-9-11（8）.
③ 徐国建.2019年《海牙判决公约》判决承认和执行机制概述［J］.中国应用法学，2020（4）：65-77.
④ 黄志慧.我国判决承认与执行中互惠原则实施的困境与出路［J］.政法论坛，2018（6）：63-76.

四、海南自由贸易港涉外商事纠纷解决机制的未来进路

（一）重点解纷路径创新研究

1. 调解制度方面

海南自贸港的涉外商事纠纷调解制度的设立目标就在于要构建一套先进的、国际化的涉外商事纠纷调解规则和规范，并以此作为吸引国际商事主体选择海南进行解纷的重要吸力。为了与通行的国际法规和国际条约进行衔接，为了与通行的国际规则实现同轨，海南自贸港有必要构建商事调解规则。因此，海南自贸港商事调解规则应从以下几个方面构建。

第一，海南自贸港商事调解应该根据现今我国已经参与缔结的国际公约来对相关的调解环节和调解内容进行重构。比如，应重定"商事争议"相关的概念。在涉外案件当中，双方当事人对于调解效力认定不一致的，应该由调解中心对调解协议的有效性和国际性作出权威判定。另外，不应当当然地认为商事调解协议中的调解地法律规定就是默认的协议审查依据，在国际商事调解实践中，调解协议的履行地和执行地法律作为调解协议效力审查依据的情况也相当多见。海南自贸港商事调解规则宜参考《新加坡调解公约》的规定，以营业地认定"国际性"，以与国际通行规则相接轨。

第二，应将意思自治原则和保密原则确立为自贸港商事调解的基本原则。商事调解不需要严格遵守实体法和程序法的规定，商事调解以意思自治为价值本位，在商事调解中可最大程度实现意思自治[1]。在商事调解中，纠纷当事人有权处分自身的权利义务，可以对调解结果作出预判，进而可作出补救措施[2]。意思自治贯穿商事调解始终，应将意思自治确立为商事调解的基本原则。商事调解的保密性会对参与调解的各方当事人的信任构建产生影响，进而影响商事调

---

[1] 陈洁. 我国国际和解协议准予救济制度的构建——以《新加坡调解公约》的签署为契机 [J]. 东南大学学报（哲学社会科学版），2020（2）：92-101.

[2] 王淑敏，何悦涵. 海南自贸试验区国际商事调解机制：理论分析与制度构建 [J]. 海南大学学报（人文社会科学版），2018（5）：26-35.

解成功率，保密性是商事调解的价值基石①。另外，保密性也是商事调解当中的重要原则。各方参与人对获悉的与商事调解相关的信息均应保密。保密性要求对调解程序和调解信息进行保密②，且保密方法和保密原则的坚守应该贯彻于调解的全过程。

第三，海南自贸港商事调解规则应对调解员的选定和指定以及调解员行为准则等内容进行细化规定。海南自贸港商事调解规则在规定"调解员的选定和指定"的内容时，既要考虑到如何选定和指定一名调解员的调解规则也要考虑到如何选定和指定多名调解员的调解规则以及重大疑难案件时应如何选定和指定调解员等调解规则。另外，还应参考新加坡国际调解中心的做法，设立客户对于调解员和调解机构的反馈机制与评价机制，充分做好将解纷产业市场化的准备。

第四，海南自贸港商事调解规则应对调解协议效力作出认定，强化调解结案的执行率和当事人对调解结案方式的认可率。受国内商事调解观念的影响，国内的商事调解规则基本上都缺乏对商事调解协议效力的认定。在商事调解规则中规定商事调解协议的效力，有助于提高纠纷当事人的预期。海南自贸港商事调解规则应突破国内商事调解观念，对商事调解协议的效力作出规定。我国法律规定调解协议须经司法确认程序后才具备强制执行力，《新加坡调解公约》项下的国际调解协议可直接获得强制执行力。在此种现状下，海南自贸港商事调解规则首先要明确是否对国内商事调解协议也实行直接执行机制。

2. 在仲裁制度方面

海南自贸港应该着力于重点完善和落实《关于完善仲裁制度提高仲裁公信力的若干意见》。加紧与已经加入的国际公约（如RCEP和CPTPP）进行规则对接，修改不适宜、缺应对的仲裁规则；积极地承认和执行符合国际协定的外国仲裁裁决，同时探索建立正负面清单制度；提升本土仲裁队伍的专业性，大力开放并做强仲裁市场，加紧与已经加入的国际公约（如RCEP和CPTPP）同轨，修改岛内不适宜的地方性法规；积极地承认和执行符合国际协定的外国仲裁裁决；开放仲裁市场，通过政策帮扶等手段大力地鼓励国际仲裁机构入驻和执

---

① 朱若菡.中国国际商事调仲程序保密风险的规制方法［J］.法律方法，2020（2）：353-366.

② 唐琼琼.《新加坡调解公约》背景下我国商事调解制度的完善［J］.上海大学学报（社会科版），2019（4）：116-129.

务；通过与国内外高校合作等方式，招揽和培养涉外仲裁人才，持续地促进仲裁队伍的专业化和职业化；建设集聚化解纷平台，推出自贸港国际商事纠纷解决中心。

首先，应该着重实现对当事人自由意志和自主权利的全面尊重，以全面对标对齐国际通行的仲裁规则。我国现行的《仲裁法》在仲裁规则方面对于诉讼规则的模仿痕迹严重，不利于仲裁的灵活和便捷属性的发挥，因此，要彻底将仲裁的协议性与法定性进行平衡。具体而言，一是在仲裁协议的效力方面要放宽对实质要件的限制，只需要判定当事人双方是否有交付仲裁庭解决争议的合意即可。二是在仲裁程序上，允许当事人对于仲裁规则进行自由选择，更要允许当事人对仲裁庭的组成方式、庭审形式（线上线下）、仲裁庭使用的语言或开庭地点和时间等要素。总而言之就是要赋予当事人可赋予范围内充分的自由选择能力。

其次，以更优良的仲裁裁决的承认执行制度来保证仲裁的公正、效率和执行效果。裁决承认和裁决执行的保障决定了海南自贸港仲裁机制发展的上限和发展的质量。法院对于国内裁决、涉外裁决和国外裁决要进一步明确其区别，并明确其不同的对待方式和审查流程。最终做到确保有效的裁决，不管是国内的、涉外的还是国外的都能得到承认和执行。在审查方式上做到"内外有别"，但在审查标准和审核成果上做到"内外同一"。

最后，要打通仲裁各环节的隔阂，强化各部各方的协调与合作。国际海事仲裁中心不是一个独立的系统，想要将其建设成为一个国际化的全面解纷体系，需要全领域、各方面的持续同向发力。具体而言，第一，要加大对人才的引进力度和培养成本，利用好海南自贸港的人员跨境进出便利和税收、补贴等各种优惠政策，专注引进和培养一大批同时擅长涉外法律、语言、对外贸易等学科知识的优秀仲裁复合人才。第二，是积极参与国内外的各种仲裁团体、仲裁研究相关的交流活动，比如参与国际海事仲裁员大会、国际商事仲裁大会等重要会议，参与亚太区域仲裁组织、大中华论坛等区域组织会议。第三，是利用国内外一切机会，将海南自贸港的仲裁优势进行对外宣传，提升海南仲裁的国际影响力。

3. 在诉讼制度方面

要重点依据《最高人民法院国际商事法庭程序规则》和《最高人民法院

关于人民法院为海南自由贸易港建设提供司法服务和保障的意见》（以下简称《意见》）进行涉外商事诉讼的流程优化与机构保障。一是优化司法资源配置模式，推动建立突破地域限制的体系完备、布局合理、协同高效的海南自由贸易港审判组织体系。二是深入推进公益诉讼。既要尊重司法规律，严守职能边界，又要积极回应群众诉求，避免公益诉讼中对私权利的不当挤压，对内与民行、公诉、侦监等部门建立协作，对外则强化与行政机关、审判机关的协调，健全公益诉讼调查取证、法律适用、案件管理等长效机制，特别需要重视的是要推进环境公益诉讼的发展，稳固海南的法治化生态保护局面。推动海南法院审判体系和审判能力现代化建设。三是创新涉外民商事审判机制，积极推动国际商事法庭的建设，推动知识产权法院、互联网法院以及专门海事法院的国际化建设，特别要重视的是知识产权法院和法庭的探索建设，强化对知识产权的法治保护、促进对知识产权市场秩序的全面维持，探索选任港澳台居民担任人民陪审员，引入外籍和港澳台调解员参与纠纷化解，为中外当事人提供优质高效的多元解纷服务，做到"中外不异"。四是支持海南法院积极推进司法体制改革，积极参与海南自由贸易港法治体系建设，营造市场化法治化国际化营商环境。四是要加大海南自由贸易港的司法国际宣传力度，讲好中国特色自由贸易港法治故事，传播中国法治声音，提升中国司法的国际影响力和公信力。五是建立健全与高水平自由贸易港相适应的国际司法人才培养机制，建设政治过硬、业务精良、具有国际视野的专业化审判队伍。六是推动国际司法协助便利高效，在海南省高级人民法院试点依据国际公约直接向外国中央机关提出司法协助请求，积极探索在互惠基础上相互承认和执行外国法院民商事判决的途径和方式，严格依照国际公约承认和执行外国仲裁裁决。七是推动国际司法交流。支持筹办博鳌论坛国际司法论坛，加强与国际成熟的自由贸易港审判机构的交流合作，推动国际法官交流中心海南基地成为国际司法交流的重要工作平台。八是推动建立"海南自贸港法院"，为涉外民商事诉讼、国际知识产权纠纷、海洋公益诉讼等岛内特色案件建成专门管辖平台。九是完善国际商事法庭的基础设施建设，培养专精涉外商事的司法服务队伍，提升司法保障能力。十是创新程序制度，引入专家陪审员以应对不同涉外商事诉讼类型新需求；升级诉讼服务，提升涉外商事诉讼的解决效率，以优化涉外商事诉讼来助推优化自贸港金融便利；联动调解仲裁，打造三位一体解纷平台。

4. 在公证制度方面

公证制度也是促进、预防自贸港民商事纠纷的重要切口。海南自贸港要打造现代化和国际化的公证系统，就要解决港内公证系统现存的诸如公证费用过高、公证流程不规范，以及部分收费项目存在的重复收费的问题。同时，也应该强化岛内公证制度的国际性与多元性，推动国际公证业务的广泛开展、促进国际公证平台的有序进驻，让公证机关和公证制度更趋于市场化的可选服务和国际化的通行模式。

首先，应对照《海南自由贸易港建设总体方案》中有关知识产权、港口贸易、船舶运输、现代服务业等内容，紧扣公证机构和公证队伍的职业特点，探索推动公证行业主动为金融行业发展提供综合服务，为南繁种业、深海科技和航天科技等特色领域和重要知识产权的各环节提供保护服务，支持船舶运输政策实施和助力市场主体贸易投资自由便利等，实现公证法律服务与海南自贸港建设各领域的深度融合，满足海南自贸港建设发展国际化、多层次、宽领域的公证法律服务需求。

其次，充分发挥公证制度国际通用的优势，助力世界各地市场主体、各国公民来琼投资置业，开展生产经营及其他商务活动；发挥纠纷预防作用，积极推进国际化公证基础建设，培养多语种公证队伍、建立健全自贸港的国际公证中心，公平地维护国内外当事人合法权益。畅通服务渠道，在受理、审批、出证等环节提供延伸服务、延时服务、代办服务，增加"最多跑一次"公证事项；调整执业区域，除极少数公证事项外实行"全省通办"。加速信息化融入，创新"互联网+"公证服务，实现全省范围线上自助办证，推动合作制公证机构在电子证书应用、在线电子证据保全保管、海外远程视频公证服务等方面能力提档升级。

最后，贯彻落实《中共海南省委关于坚持以党建引领海南自由贸易港建设的意见》精神，注重发挥党建引领作用，推动开展公证机构党建规范化建设，建立党组织全面参与业务发展、队伍建设、分配考核等重大事项决策的工作机制，实现党的组织和党的工作全覆盖。同时，注重将队伍教育整顿和公证行业突出问题专项治理活动成果转化为行业建设工作长效机制，专门针对公证行业存在的突出问题，强化行业执业监督，全面提升行业公信力，推动行业健康发展。

5. 优化多种解纷制度的并行关系

打造海南特色的多元化解纷制度，关键在于围绕中央的自贸港开发战略和《海南自由贸易港法》的核心精神。要从全局出发，强化自贸港整体解纷机制的同步升级，具体而言：应促进解纷主体多元化、联动化和解纷途径的多样化。自贸港政府应自上而下地增扩多元化解纷主体，拓宽多元化解纷路径、开辟多元化解纷场所。以立法手段，规定各级人民政府及有关部门、人民法院、人民检察院、人民团体、企业事业单位、基层群众性自治组织和其他社会组织，应当按照各自职责，建立健全社会稳定风险防范、纠纷排查调处机制，并明确以上化解纠纷主体在化解纠纷工作中的职责。规定对跨区域、跨部门、跨行业、涉及人数众多、社会影响较大的纠纷，化解纠纷单位和组织应当加强联动配合。允许当事人自愿地选择和解、调解、行政裁决、行政复议、仲裁、诉讼等多种途径化解纠纷，提供线上线下两种方式办理化解纠纷事务。积极回应海南自贸港的境内外商事主体的司法关切和需求，实现诉调对接的便捷性、高效性、专业化、国际化的重要举措，对于推进自贸港民商事矛盾纠纷多元化解的工作，强化推进多种解纷渠道的并行发展和共同升级。严格按照《意见》的要求，举全港之力全力做好境内外民商事主体的对接、服务和保障工作，形成化解民商事纠纷合力，为海南自贸港建设提供有力的司法服务和保障。总而言之，完善自贸港的法律制度建设，最核心和最关键之处就在于要通过联系仲裁中的各个环节支点，全面打通以往在审判、仲裁、调解三种不同程序之间的隔阂和障碍，寻找三者之间的最大公约数所在，充分发挥三种程序的不同优势，使纠纷能根据自身实际情况在三种程序之间进行选择与转换，进而打造起审判、仲裁与调解三种纠纷解决方式相互协调、相互配合、无缝转化、衔接流畅、形成合力的运行机制，打造独特的自贸港解纷体系。

（二）配套解纷制度研究

1. 成立国际商事纠纷专家委员会制度

国际商事纠纷专家委员会制度为进一步提高人民法院国际商事审判专业化水平，为建设诉讼与调解、仲裁有机衔接的国际商事纠纷多元化解决机制提供支持与保障。要加快建设国际商事纠纷专家委员会制度，依托国际商事纠纷解决中心，尽快设立《专家委员会管理办法》和《专家委员会行为准则》，为专家委员会的解纷流程和解纷手段提供一套行之有效的权威规范。与此同时，也要建立健全专家委员会的工作机制和意见反馈机制，让专家委员会的专业意见能够有效地对相关单位和人员进行传达，也要让专家委员会成为提升自贸港解纷效率和解纷质量的有力保障。在实行专家委员会制度时，自贸港还可以同时配套试行"监管沙盒"制，尝试将自贸港内涉外商事解纷作为试验新制度和新人员的田地。不仅要将专家委员会作为一种常态化的、高效化的纠纷解决渠道，更要让专家委员会不断地、持续地输出对于整个规则体系的意见反馈，让其成为整个自贸港涉外商事解纷体系更新迭代的重要意见来源和驱动引擎，这一人与机构的有机联动将在自贸港国际商事解纷体系的发展中发挥独特作用。

2. 借用行政力量整合建设调解、仲裁和诉讼三位一体的"一站式"纠纷解决机制

扩张国际商事调解组织的主体和调解范围。整合和强化三大解纷手段的转化与配合，积极发挥国际商事调解、仲裁机构的解纷作用，允许境外商事调解机构依照国家有关规定参与商事调解和商事仲裁，在港内主体参与国际诉讼时提供支持和帮助。甚至可以借鉴电商直播的形式，以省市政府或海南国际仲裁院牵头，打造能让当事人进行自助服务的"一站式"国际商事解纷平台。让当事人可以在平台上对仲裁机构与仲裁员甚至律师和咨询专家进行自由选择，将仲裁可以由当事人决定的具体环节和具体事项全都作为平台"待售"事项挂上，由当事人自行选择搭配，以此降低整体仲裁成本并提升仲裁效率。无论采用何种方法，总之，海南自贸港应探索形成由自贸港特色主导的矛盾纠纷多元化解集成制度创新案例，助力自贸港形成良好的营商环境。

3. 对国际重大商事纠纷开展更高行政层级的斡旋、调解或调停的机制

充分发挥政府的主观能动性，为国际商事纠纷的解决提供更为全面的政府服务，开展尝试以政府的权威和信用为背书的国际商事纠纷斡旋和调解。虽然政府的加入会使得纠纷的解决更为复杂且层级多变，但对于某些标的重大、涉案广泛的国际商事纠纷而言，政府的参与斡旋反而更能保证解纷手段的公平与公正。当政府参与纠纷解决时，也就意味着此次国际商事纠纷的严重程度已经涉及广泛的国家或社会利益，抑或是政府希望出面解决争端从而保证余下国际商事合作的常规化开展。当仲裁、调解等手段都无法充分发挥解纷效用时，政府出面以其行政权力作为保证来化解纠纷其实也是一种相当有竞争力的备选解纷手段。因此，虽然这种解纷方式不常见也不常用，但自贸港在建设和发展解纷制度时也应该将政府参与国际商事解纷的斡旋机制作为一种应急机制进行常态化的建设，保证解纷体系的完整和无虞。

4. 推进信息化智慧争议解决机制建设，促进解纷平台之间的互联互通

通过线上共通、信息共享等手段，积极充分地衔接联动"诉、仲、调"三单位，联合中央部委，尽快出台《海南自贸港涉外智慧化解纷发展规划》。在"一体化"的国际商事解纷体系之下，建立顺畅的常态化的沟通联络机制，强化诉讼与非诉讼等多种解纷方式的互动、联动、协调和保障，强化源头化解矛盾、预防矛盾，达到诉源治理的目的。以技术融汇各解纷路径的沟通渠道，进一步创新更加有效的对接方式，推动国际商事多元化纠纷解决机制的完善与发展。如加强制度设计，加快推动设立海南自由贸易港国际商事纠纷解决中心，充分利用海南在线多元解纷ODR平台，推动智慧法庭建设，并加强交流互鉴，增进与域外国际商事法庭、国际商事仲裁机构和调解机构的往来对话。

（三）路径实现过程的基本规划

1. 封关前应完成的国际商事解纷法规规划

在封关前，要对标《国际商事调解示范法》《新加坡调解公约》等国际规则，制定出台《海南自贸港国际商事调解规则》，为封关后的全面对接国际商事解纷机制作好机制准备；在近年的立法规划之中，将临时仲裁、专家委员会、监管沙盒、政府斡旋等先进的国际商事纠纷解决制度纳入《海南省多元化解纠纷条例》之中；尽快组织制定出台《海南自由贸易港仲裁条例》，统一自贸港仲裁机构的基本秩序规制，正式将"三位一体""一站式解纷"等新模式、新形态作为制度建设指向写入条例当中，为开创国际商事解纷的"海南模式"做好铺垫。总而言之，在封关之前，要完成三点基础制度建设：第一，建立进境货物和人员的贸易管制、外汇管理、生态环保和公共卫生甚至国家安全风险的基本管控办法。第二，构建覆盖"境外——口岸——境内"全链条的风险防控体系。第三，初步构建港内域外口岸之间信息互换、监管互认和执法互助，可以以较近的港澳台地区口岸作为制度指向的初级目标。

2. 封关后持续指向的国际商事解纷体系的全局指标

封关后，海南省将逐渐成为中国三十四个省级单位中又一拥有特殊地位的法域，也终将拥有独属于海南的、更为与国际接轨的地方性法规体系。因此，自贸港的涉外商事解纷制度不应以一地一港的地方制度建设为最终目的指向，而是应该以跻身国际经贸规则的制定者身份为建设目标，推出具有深刻国际影响力的《海南自贸港商事仲裁规则》或《海南自贸港商事调解规则》，并以其为法治工具进行全局化治理，在海南自贸港国际化的解纷体系建设中以推广中国规则、宣传中国理念和铺就中国道路为根本建设方向。如果将涉外商事解纷体系置于海南自贸港封关之后的大背景下，从目标上而言：应锁定国际商事解纷体系建设的重心，即以全面应对开放环境下的国际经贸压力为体制建设的核心目标，进一步完善和创新《海南自由贸易港法》，将其打造为推出我国对外开放新阶段、以海南自贸港为窗口提升我国区际发声力量和国际规则制定话语权的有力工具。从手段上而言：应更加积极地贴合我国已经参与缔结的国际协约进行配套立法，尽快出台《国际解纷规则参照适用办法》，积极参照国际先进解纷体系和解纷规则进行规制的模仿与对接。从实现路径而言：应以构建国际商事争端解决的优选地为建设展望，对标我国香港、新加坡等地进行国际商事解纷中心的格局建设，在十年内追赶成为亚洲国际商事解纷的一流体系。最终以将海南自贸港融入国际商事纠纷解决体系的大格局为全局指标。

第十章 海南自由贸易港营商环境法规制度研究

郑 勇 许 博 梅振中 常 健 蒋文玉*

摘要：在建设高水平的中国特色海南自由贸易港、推动形成更高层次改革开放新格局、建立开放型经济新体制背景下，一流营商环境建设是推进海南自由贸易港实现更高水平开放的应有之义，而法规制度的完善则是海南自由贸易港营商环境优化的根基与制度保障。梳理世界成熟自由贸易港和先进经贸规则中营商环境的新标准，总结法治健全、高度开放、授权充分等有关营商环境优化的先进经验，为海南自由贸易港营商环境法规制度建设提供基本参照。近年来，海南自由贸易港加快推进营商环境领域的地方立法与各类规则完善，建立健全营商环境工作机制，营商环境建设取得了一定成效。但仍有营商环境建设能力有待优化、立法的集成性有待提升、法规的配套性不足、营商环境建设重大项目相对较少等问题。需要进一步明确营商环境领域法治化的正确方向，注重立法的创新性、集成性和操作性；推进营商环境领域重点立法；依法推进"放管服"

---

* 郑勇，省司法厅党委委员、副厅长；许博，省委深改办（自贸港工委办）改革和制度创新处处长；梅振中，省委依法治省办秘书处处长；常健，海南大学法学院教授，博士生导师，海南大学中国特色自由贸易港研究院研究员，主要研究方向为经济法学、自由贸易港法学、营商环境法治化；蒋文玉，宪法与行政法学博士，研究方向：法治政府建设、法治化营商环境。

改革和执法监管改革；探索开展营商环境评价工作；健全营商环境建设保障机制，为提升海南自由贸易港营商环境的"软实力"建设作出具体的制度安排。

关键词： 海南自由贸易港　营商环境　营商环境法治化　制度集成创新

良好的营商环境是自由贸易港的特征之一。党的二十大报告明确指出："完善产权保护、市场准入、公平竞争、社会信用等市场经济基础制度，优化营商环境""合理缩减外资准入负面清单，依法保护外商投资权益，营造市场化、法治化、国际化一流营商环境。"海南省第八次党代会提出了"一本三基四梁八柱"的战略框架，并将营商环境作为重要的支柱之一。海南自由贸易港要对标国际、结合实际，持续通过加强地方立法、建立健全评价标准、完善工作机制、建设重点项目等方式，努力打造国际一流的法治化、国际化、便利化的营商环境。

一、营商环境是海南自由贸易港建设的重要基石

优质的营商环境是一个地区或国家核心竞争力、市场活力、经济软实力和社会创造力的重要体现。"一个制度的好坏，老百姓是否最终接受，说到底是这个制度的'制度执行能力'所决定的"[①]。为了推进营商环境建设，2019年10月国务院颁布了《优化营商环境条例》，各地相继出台营商环境领域的地方立法，通过立法形式推动营商环境建设成为实现国家治理现代化的重要手段。在自由贸易港建设过程中，健全的营商环境法规制度体系是确保各方充分享有权利和各项举措顺利落地的必要保障，是实现一流营商环境的制度基础。当前，海南自由贸易港营商环境建设在顶层设计上已有明确指引，标志着优化营商环

---

① 杨光斌."国家治理体系和治理能力现代化"的世界政治意义[J]. 政治学研究，2014（2）：3-6.

境已作为一项重要制度纳入海南自由贸易港建设的宏伟蓝图。随后，海南应结合中央要求、制度发展历程和其他地区立法经验，进一步完善营商环境法规制度体系，使营商环境成为海南自由贸易港建设的靓丽名片和压舱之石。

（一）中央对海南自由贸易港营商环境建设的要求

营商环境是市场经济条件下各种经济社会活动的周围状况和条件的总称，具体包括政务、市场、国际、法治、企业发展和社会环境等方面，已经成为衡量一个地区市场竞争力和发展软实力的重要标志。2018年4月13日，习近平总书记在庆祝海南建省办经济特区30周年大会上发表重要讲话，支持海南全岛建设自由贸易试验区，支持海南逐步探索、稳步推进中国特色自由贸易港建设，分步骤、分阶段建立自由贸易港政策和制度体系。同时强调，加快形成法治化、国际化、便利化的营商环境和公平统一高效的市场环境。随后，中共中央、国务院发布《中共中央 国务院关于支持海南全面深化改革开放的指导意见》（以下简称中央12号文件），强调了海南自由贸易港建设中招商引资与营商环境的关系，指出营商环境是海南自由贸易港招商引资的生命线，对于海南自由贸易港营商环境的优化，仅仅讲审批加快、减税和零租金是不够的，要打造软环境高地，更应该致力于建设法治化、国际化、便利化以及公平、高效、透明和可预期的营商环境。海南作为我国全面深化改革开放的前沿，如何通过营商环境的优化促进海南自由贸易港的建设，进而为中国整体营商环境的改善作出积极探索，具有重大的理论意义和实践意义。

2020年6月1日，中共中央、国务院发布《海南自由贸易港建设总体方案》，明确要求打造法治化、国际化、便利化营商环境，到2025年"营商环境总体达到国内一流水平"，到2035年"营商环境更加优化"。《海南自由贸易港建设总体方案》不仅进一步强调了对海南自由贸易港营商环境优化的法治化、国际化和便利化的目标，而且提出了分步走的实施战略。2021年6月10日，全国人大常委会表决通过《海南自由贸易港法》，《海南自由贸易港法》提出了一系列更具前瞻性和可操作性的营商环境建设具体要求，包括与营商环境优化密切相关的贸易自由化、便利化，以及投资自由化、便利化的相关措施等。《海南自由贸易港建设总体方案》《海南自由贸易港法》的相关规定，为海南自由贸易港营商环境建设打下了坚实的制度性基础，让海南营商环境建设迈出了从总体设想到实践推进的关键一步，具有里程碑式的重要意义。

2022年4月10日至13日，习近平总书记在海南考察，强调要营造良好市场环境和法治环境。沈晓明书记在中国共产党海南省第八次代表大会上的报告中15次提到"法治"，6次提到"营商环境"。省第八次党代会对营商环境、法治环境建设提出明确的要求，并纳入"一本三基四梁八柱"的战略框架。中央和海南对营商环境建设的一系列具体要求和规定，不仅充分说明了海南自由贸易港营商环境建设的充分必要性，也为下一步开展营商环境建设指明了方向。

（二）我国优化营商环境立法的发展

改革开放后，我国开始加大立法工作力度，陆续出台《商标法》（1982年）、《专利法》（1984年）等法律法规。2002年，世界银行开始进行营商环境评估工作，每年发布《营商环境报告》，对各国、各地区的营商环境进行排名，并在2008年世界银行报告中首次提到了中国。我国更加重视有关营商环境的建设工作，并在2013年党的十八届三中全会通过的《中共中央关于全面深化改革若干重大问题的决定》中明确提出"建立法治化营商环境"。习近平总书记在中央全面依法治国委员会第二次会议上指出，法治是最好的营商环境。习近平总书记在中央财经领导小组召开第十六次会议上再次强调，要改善投资和市场环境，加快对外开放步伐，降低市场运行成本，营造稳定公平透明、可预期的营商环境。辽宁、河北等地区先后出台有关营商环境方面的地方立法，积极探索营商环境建设。

为了提升营商环境法治化水平，国务院于2019年10月出台《优化营商环境条例》，是我国在营商环境领域的一项创举、一项开创性工作，全面吹响营商环境法治化建设的号角。一方面将优化营商环境工作系统化、规范化，增强了权威性、实效性和法律约束力；另一方面，吸纳世界银行的评价标准，融入了中国改革的时代要求和地方特色，并将在中国证明行之有效的改革举措和制度规则通过法律形式固定下来，运用法律形式完成了优化营商环境的制度设计与方向指引。

此后，全国人大常委会陆续修改了《建筑法》《消防法》等法律。国务院修改《广播电视管理条例》《民用航空器国籍登记条例》等行政法规。最高人民法院陆续发布有关破产、中小投资者保护等多个司法解释。国务院办公厅印发《关于在制定行政法规规章行政规范性文件过程中充分听取企业和行业协会商会意见的通知》、国家发改委印发《关于建立健全招标投标领域优化营商环境长效机制的通知》等有关营商环境工作的规范性文件。国家发改委从2020年起，开始发布中国营商环境报告。可以说，我国已经搭建形成了营商环境领域的法规制度体系。

从国家层面营商环境建设情况来看，全国人大常委会、国务院、最高人民法院以及国家发改委等有关部门均高度重视营商环境，均制定修改了相关的法律制度文件，体现了党中央、国务院加强营商环境建设的决心；从法律层级来看，既出台了基干性的法规——《优化营商环境条例》，相应修改完善《广播电视管理条例》等法规，还出台了很多营商环境领域的规范性文件，并发布中国营商环境年度报告。各个层级的制度文件均发挥了相应的作用，形成了强大的工作合力；从调整范围来看，既有《优化营商环境条例》、中国营商环境年度报告等总体要求，也有招投标、电力等领域的具体规定，并且还在持续推进、不断深入。这些法规制度既为海南自贸港营商环境提供了依据、明确了要求，同时也指明了方向、提供了启示，自贸港营商环境建设要更加注重制度集成，要多层级推进，要不断扩大营商环境建设的范围。

（三）各地优化营商环境地方立法的趋势

《优化营商环境条例》第七条第三款规定，国家鼓励和支持各地区、各部门结合实际情况，在法治框架内积极探索原创性、差异化的优化营商环境具体措施。在《优化营商环境条例》出台之后，各地掀起了营商环境地方立法的热潮。截至2022年6月，广东、上海等省市已经制定优化营商环境的省级地方性法规，新疆、湖北等地区制定了省级政府规章，厦门、汕头、深圳则依托特区立法权制定了经济特区法规，还有湛江、济南等也制定了相应的地方性法规。为了深入贯彻中央关于推动成渝地区双城经济圈建设战略部署，引领、规范和促进四川、重庆两地的营商环境的持续改善，四川与重庆开展的第一个协同立法项目就是优化营商环境条例，并于2020年分别由四川、重庆的人大常委会审议通过。

为了细化落实国务院《优化营商环境条例》和营商环境地方立法的相关规定，各地还相继出台了很多营商环境领域的法规规章。如深圳先后制定了《深圳经济特区优化营商环境条例》《深圳经济特区个人破产条例》，修订了《深圳经济特区商事登记若干规定》《深圳经济特区知识产权保护条例》《深圳经济特区注册会计师条例》《深圳经济特区建设工程施工招标投标条例》等。在相互竞争与学习的过程中，各地还积极推广先进措施和主动复制实践经验[①]，创造出"零跑动""一业一证""一证准营""高频事项秒办""一帽牵头""一标核准""一单告知""一表申请""拿地即开工""包容审慎监管"等经验。深圳市甚至运用特区立法权在《深圳经济特区优化营商环境条例》中做出"灵活用工"等突破上位法的规定。

从各地营商环境建设情况来看，全国各地均非常重视制度创新，不断改革现有的体制，优化工作机制，提高行政效能，激发市场活力。一方面，通过立法的形式进行创新，比如四川、重庆；另一方面，先在实践中探索，再通过立法巩固推广创新成果。特别是作为经济特区的深圳市，善于运用经济特区立法权，通过对法律、行政法规的相关规定进行变通，创新工作机制，提高工作效率，非常值得海南学习。

二、世界成熟自由贸易港和先进经贸规则营商环境建设的特点与经验

自贸港的历史已逾百年，时间证明了它对促进各国经济乃至世界经济发展的不可取代的重要作用。目前，全球各地共建立了130多个自贸港区和具有类似内涵及功能的2000多个经济自由区[②]，不同的自贸港积累了大量可供借鉴的

---

① 主成分分析是一种分析并简化数据集的技术，通过正交变换将一组数量较多的且可能存在相关性的变量转换为一组线性不相关的较少的综合变量，从而用少数的象征性综合变量代替原始变量以解决指标相关性带来的重复赋权问题。在降维的同时保留原始数据大部分信息，达到简化数据结构、客观确定变量权重的目的，避免出现主观随意性，同时也克服了传统方法中主成分过分偏重于方差或数量级较大指标的缺陷。

② 陈林，周立宏.从自由贸易试验区到自由贸易港——自由贸易试验区营商环境升级路径研究[J].浙江社会科学，2020（7）：12-20+156.

经验。中国特色自由贸易港建设不能照搬国外自贸港模式，但通过国际自由贸易港比较研究，总结其他自由贸易港的成熟经验，可以为海南自由贸易港建设提供参考样板，为海南自由贸易港探索提供方向性指引。同样，世界先进经贸规则展示了当前全球范围内最高水平的营商环境建设方向，体现了各缔约方能够提供的最大程度的贸易便利。对世界先进经贸规则的对比借鉴，是促进海南自由贸易港不断优化营商环境、推动贸易便利化改革的强有力措施之一。

（一）一流的营商环境是成熟自贸港的重要特征之一

自由贸易试验区改革就是要营造营商环境，自由贸易试验区的终极目标就是建立一个与国际接轨的投资贸易规则框架，建立一个与国际接轨的营商环境[①]。而自由贸易港是在自由贸易试验区的基础上进一步升级，是当今世界最高水平的开放形态，代表着更高的贸易效率和更低的制度成本。因此，良好的营商环境在自由贸易港建设过程中具有更加突出的战略定位。要加快推进高质量高标准的自由贸易港建设，必须打造与之相适应的、自由便利程度更高的营商环境。同时，一流的营商环境又会反作用于自由贸易港建设，提升自由贸易港在国际社会中的知名度[②]。纵观世界范围内成熟的自由贸易港，无一不是在营商环境优化方面取得了显著成绩。

1. 法治健全

打造一流的营商环境离不开法治建设。"法治"不仅是自由贸易港经济发展的制度基石，还是营商环境持续优化的关键所在。法治化的营商环境一方面要有完备的制度，建立起透明、可执行的规则，另一方面要有高效的监管程序。

（1）新加坡注重国家统筹协调与园区自主管理的双重作用，法律实施呈现出集中、权威、高效的特点。1965年，新加坡制定颁布《自由贸易区法》，对自贸区建设及管理运营作出全面制度安排，主要包括自由贸易区的战略定位、功能作用、管理体制、优惠政策、监管措施等内容。在此基础上，新加坡于

[①] 黄涛.广东：增设"市场主体满意度"评价指标 首次为21个地级以上市的营商环境打分[N].中华工商时报，2022-1-14（1）.

[②] 张三保，康璧成，张志学.中国省份营商环境评价：指标体系与量化分析[J].经济管理，2020（4）：5-19.

1969年制定《自由贸易区条例》，作为《自由贸易区法》的实施细则，对区内市场主体的日常经营行为进行管理。除此之外，新加坡对涉自由贸易区事务不再另行立法，而是通过适用一系列成熟的商事法律规范，为市场主体提供全方位、无盲区、高位阶的法治保障。这种立法模式能够有效维持法律体系的稳定和法律适用的统一，避免了自由贸易区规则因过于烦琐或碎片化而可能引发的规则冲突，赢得了投资者的信任。在此基础上，新加坡不断完善由立法机构、政府部门和法律服务机构组成的法律生态系统，亦为打造国际商事争议解决中心创造了有利条件。其二，新加坡在知识产权保护、人才引进、工资福利待遇、移民、电子商务等与自由贸易相关的领域拥有完善的配套法规体系；有健全、公正的司法审判体系以及援助企业解决纠纷的有效渠道。同时具有世界上最好的知识产权保护法律制度，主要法律有《专利法案》《商标法案》《注册商标设计法》和《版权法》，为企业提供强有力的知识产权保护。

（2）香港注重经济立法，通过经济立法为香港地区的对外经贸发展提供了稳定有效的法治保障。在香港地区成文法典中，经济立法几乎占到一半比重，构成了较为完善的自由贸易港市场竞争规则体系[①]。例如《香港法例》第三十二章《公司条例》、第三百一十章《商业登记条例》对由本港对外进行投资和贸易进行了规定；《香港法例》第六十章《进出口条例》、第一百零九章《应课税品条例》对相关货物进出口贸易以及对特别商品的增值税进行了规定；《香港法例》第一百五十五章《银行业条例》、第五百七十一章《证券条例》等对本港金融服务业监管内容进行了规定；《香港法例》第六十六章《外汇基金条例》、第四百五十一章《杠杆式外汇买卖条例》对外汇自由进行了规定；其他有关自由贸易港的劳工保护、知识产权保护、通航自由等一系列高效便利政策均通过立法得以固化，例如，涉及劳资纠纷的法规有《雇佣条例》《劳动关系条例》，涉及知识产权问题的法规有《版权规则》《商标条例》《外观设计条例》等，严密的法律制度使得港内的任何经济行为均可做到有法可依，任何市场活动均会受到法律的监督和保护[②]。

[①] 许晓冬，刘金晶.我国省域营商环境评价指标体系构建与优化路径研究［J］.价格理论与实践，2020（11）：173-176.

[②] 张三保，康璧成，张志学.中国省份营商环境评价：指标体系与量化分析［J］.经济管理，2020（4）：5-19.

（3）迪拜注重对标国际，在法治体系建设过程中尤其注意立法的引领作用。先后通过两项联邦法令为迪拜建立自由贸易区提供上位法的支持和保障，通过三项地方立法确立金融自由贸易区具体的法律框架和司法体系。又根据30个自由贸易区的发展定位，实行分类分区、一港一策，分别赋予不同的法律政策。将涉及金融、税收等国家层面的立法事项通过授权立法的方式授予地方，同时通过设立迪拜国际金融中心法院、引入伦敦国际仲裁院等方式建立多元化的国际商事争端解决机制，为迪拜自由贸易区的可持续发展打牢了法治根基。此外，迪拜在法治体系建设过程中同样注重本地立法、司法与国际通行规则的对接。例如，通过2004年9号迪拜法、12号迪拜法及其修正案，构建了迪拜国际金融中心的法律体系和司法体系，同时规定了对英美法规则的适用。迪拜国际金融法院200多名法官中，大部分是外国国籍。

2. 高度开放

（1）为了推动"一国两制"下的香港繁荣发展，全国人大通过制定《香港特别行政区基本法》，赋予香港高度自治的权利，包括在经贸、金融、航运、通讯、旅游文化等方面制定符合香港实际的发展政策，并允许其以"中国香港"名义参加国际合作，以及与国家组织发展合作关系，签订和履行有关国际协议等。香港的高度开放在市场经济中主要体现为极其宽松的经营限制和高效的行政审批。如依据香港现行法律法规，港内市场几乎不存在绝对禁止从事的行业领域，对外资股比没有进行绝对的限制，港内、港外投资者均可实现百分百的公司控股。在众多行业中，博彩业受到政府管制最为严格，依据《赌博条例草案》和《博彩条例》在港内可进行的博彩活动仅包括由马会举办的赛马、"六合彩"与足彩，以及香港特区政府娱乐事务管理处批准的特定博彩活动。又如在企业的开办与选址方面共进行过5次重大改革，取消公司印章要求、取消资本税、引入电子在线服务等，是各领域中改革最多的一个。目前，根据香港法例规定，任何团体或个人（不一定是香港人），均可在符合相关条件及程序下，登记注册成立公司或购买空壳香港有限公司，取得商业登记后，便可在港开展业务。注册手续也很简单，仅需两个步骤（注册申请、签订职工保险和强积金[①]），

[①] 李志军, 张世国, 李逸飞. 中国城市营商环境评价及有关建议[J]. 江苏社会科学, 2019（2）: 30-42.

耗时两日及2000港元便可完成。

（2）新加坡自由贸易港奉行自由主义的经济政策，实行贸易、价格和金融货币方面的自由政策，并获得充分授权。新加坡政府签署50个避免双重课税协定、30项投资保证协议，使在新加坡进行跨国业务的总公司税负大大降低。此外，还通过各种计划鼓励投资，比如全球贸易商计划、企业研究奖励计划、国际总部或区域总部计划、并购计划等，给予企业投资不同程度的税收优惠。新加坡在行政审批事项上也保持开放态度。在市场主体准入方面，为企业开办提供三个便利注册程序：只需登录新加坡会计与企业管制局的商业文件系统，便能在线完成公司及海外分支机构的注册登记。在项目审批方面，成立负责审批的经济发展局，一项外国投资项目从申请到批准设厂，只需要10—20天。业务办理方面，由于贸易网连接了海关、税务等35个政府部门，与进口、出口贸易有关的全部手续均可通过网络进行处理，实现了"一站式"的单一窗口服务。便民服务方面，得益于发达的信息网络系统，可为市民提供医疗、商务、法律法规等200项以上的电子政务服务。市场监管方面，搭建了跨部门服务平台，为政府全面掌握企业信息，做好"简政"后的"严管"提供了重要信息基础。

（3）迪拜作为阿联酋的地区之一，一直以来都作为比较有特色的低税地区而著名。由于它自身的经济结构，迪拜的税收具有税种少，征税范围窄，但是个别行业征税税率特别高的特点。2017年之前，迪拜只有关税、企业所得税、社会保障税、销售税、市政税五种税收，其中销售税只对酒类进行征收，企业所得税只对外资银行和石油企业征收，市政税只针对物业租金和酒店娱乐征收，社会保障税只针对有阿联酋公民身份的迪拜居民（只占总人口中比例不到15%）征收。2017年三季度开始对饮料和烟草等行业增设了消费税，2018年开始全面征收增值税，并且阿联酋财政部门于2017年12月表示在将来可能考虑实施更多新的税收政策。尽管如此，迪拜的税收仍然处于较低的水平，例如2018年开征的增值税税率为5%，目前仍属于全球最低标准。此外，在迪拜自贸港内，对外资实施国民待遇，不设股比限制。除石油开采、国家安全、环保等个别行业外，其他领域企业注册均可在24小时内办理完成；迪拜国际金融中心与其他国家之间货币自由兑换，中心内金融机构可与境外自由开展业务，资本与利润可自由汇出，不受任何限制。这些都是迪拜自贸港高度开放的标志。

3. 授权充分

香港自由贸易港、迪拜自由贸易港与新加坡自由贸易港均获得了上位法律的充分授权。依据《香港特别行政区基本法》第二条、第十七条等，对香港的立法制度作出特别安排，明确规定全国人大常委会授予香港立法权，只要不与基本法相抵触，香港立法机关可以自行制定相关的法律。迪拜摒弃大陆法系、埃及法的传统，借鉴属于英美法系、判例法的自由贸易港相关法律制度，甚至直接适用部分英美法律和国际规则。通过阿拉伯联合酋长国宪法修正案，确立建立自由贸易区的宪法依据；2004年8号联邦法及35号联邦法令，作出了建立国际金融自由贸易区的决定。新加坡政府组建淡马锡公司，专门经营和管理原国家投入到包括新加坡开发银行在内的36家国联企业的资本，并充分授权其按照商业法则经营，赋予其强大的抗干扰能力。

（二）中国香港、新加坡、迪拜营商环境法治化的相同之处

中国香港、新加坡、迪拜三地在自由贸易港建设过程中各有侧重，形成了具有自身特色的核心竞争力。对比三地的法规政策和行政管理体系，不难发现它们具有一定的共通之处：在通关程序设置上，均积极借鉴国际先进规则，并将其援引为本国（地区）自由贸易港（区）通关便利化制度的法治保障。如新加坡援引《建立和实施东盟单一窗口的协定》作为其"单一窗口制"的法治保障；香港加入《伊斯坦布尔公约》（又称《货物暂准进口公约》）并援引其作为颁布暂准进口凭证的依据等。对标国际先进规则的意义在于：有助于减少企业在营商过程中面临的制度对接障碍，降低符合成本（compliance cost）[①]；在监管措施上，施行"负面清单式监管"，即以法律、法规、条例等清单方式载明禁止入港货物及经申报后入港货物，除此之外任何货物皆可入港。此举极大地降低了港内外商事主体在营商过程中的不确定性，进而减少了相应的制度性交易成本；在准入方面，尽可能降低准入门槛及注册限制。如香港无需验资，对注册资本额度不设限制；在投资流程方面，推行极简注册流程制，并进一步明确企业获得证照的时限。如新加坡与迪拜皆保证投资者在24小时内获得相应证

---

① 张三保，康璧成，张志学. 中国省份营商环境评价：指标体系与量化分析［J］. 经济管理，2020（4）：5–19.

照；在投资者保护方面，构建事前立法及事后争端解决机制的投资者保护体系。以成文的商事法案、法例、条例组成完备的法治体系为投资者在知识产权、商事活动方面提供健全、完善的法治保障。如香港颁布的《公司条例》及新加坡颁布的《商标法案》等，在事后建立多元化商事争端解决机制，以解决企业间的商事争端，如迪拜成立国际金融中心法院等。在税收方面，一是施行零关税制。零关税是各自由贸易港（区）的标配，其既降低了境外货物通关的制度性交易成本，也是"境内关外"特点的具体表现；二是低税率。低税率主要体现在增值税、个人所得税、企业所得税的减免上，如迪拜减免个人所得税、增值税、企业所得税（除外资银行、石油石化公司外）；三是简税制。简税的功能在于进一步吸引市场要素流入，各自由贸易港（区）秉持简税制，尽可能减少企业制度性交易成本。

（三）中国香港、新加坡、迪拜营商环境法治化的不同

1. 香港立法修法频率高

香港的条例和附属立法有1000多件，组成非常严密的法律架构。在金融方面出台了外汇等条例，税收方面出台了应课税品条例等，劳工和人才保障方面出台了雇佣条例等，在知识产权方面出台了版权条例等，海事海商方面出台了提单及相类装运单证条例等。随着经济社会的发展和国际环境的变化，香港的经济法规修改比较频繁，不断地进行补充完善。

2. 新加坡注重立法先行

在自贸区建设之初，注重立法先行，于1966年通过自由贸易区法令（1966年第30号法案），作为实施自贸区港的法源，并先后建立了裕廊、樟宜等8个自贸区。在自贸区港建设发展过程中，还对自贸区法案作了9次修改，并陆续出台了《公司法》《竞争法》《货物销售法》《专利法》《劳工就业法》等法律法规，用法律确保政策的稳定性和连续性。

3. 迪拜效法英美法系国家

迪拜是一个非常传统的伊斯兰国家，奉行以《古兰经》为基础的伊斯兰法，属于大陆法系，宗教法与目前世界通行的世俗法差异较大。为了摆脱对石油经济的依赖，实现可持续发展，迪拜积极求变，划出相应区域，建立了杰贝

阿里、棕榈岛、物流城等30个自贸区，通过争取阿联酋联邦法授权和制定修改迪拜酋长国相关法律，设立迪拜国际金融中心（DIFC），赋予其与自贸港建设相适应的立法权、执法权、司法权，并效法英美法系国家，推行与阿联酋其他地区几乎完全不同的判例法、成文法。

（四）世界先进经贸规则中建设营商环境的做法

如今世界范围内贸易保护主义、单边主义抬头，全球经济仍未从新冠肺炎疫情的影响中恢复，中美贸易摩擦不断，公平公正、互惠互利的国际贸易秩序岌岌可危，经济全球化正经历历史性的冲击。在这一背景下，美国、欧盟、日本等发达经济体以及一些主要新兴经济体先后展开了对国际经贸规则制定主导权的新一轮争夺，其中区域贸易协定成为国际经贸规则竞争的重要阵地。以CPTPP、RCEP、DEPA为代表的区域合作经济已成为世界各国深化投资贸易自由化，引领"新型经济全球化"发展的驱动要素[①]，高标准国际经贸规则反映了全球化和深度一体化的需求，主要体现为以边界内措施为主的"制度型"开放，营商环境建设本质上是通过对各项经贸规则的不断优化以提高交易效率，降低交易成本。通过对高标准国际经贸规则的经验总结和分析，为海南自由贸易港打造国际一流营商环境提供助力，进而为更高水平改革开放提供制度支撑。

1. CPTPP

CPTPP涵盖内容广泛，缔约成员众多，是国际先进经贸规则的代表。CPTPP在服务贸易、数字贸易、投资领域基本取消各种限制性规定，取消干预市场经济的超额补贴；同时在国有企业、竞争政策、知识产权保护、劳工标准、环境保护、技术性贸易壁垒、政府采购、监管一致性、透明度和反腐败等国内规制方面提出更符合市场经济发展、优化营商环境的高标准要求。可以说，CPTPP整个协定都是为国际、国内营商环境建设而打造。

具言之，在服务贸易规则上，CPTPP对服务贸易领域在市场准入、国民待遇、政策透明度等方面做出了严格规定，主要体现在：服务贸易采用负面清

---

① 吕雁琴，陈静，邱康权.中国营商环境指标体系的构建与评价研究［J］.价格理论与实践，2021（4）：99-103.

单模式；通过设置棘轮机制保证各缔约方的开放度"只进不退"；赋予跨境服务提供者市场准入自由，允许缔约方企业在满足监管标准前提下自由进入市场和自主决定经营方式；取消对服务提供者进入的数量、配额、形式等限制；取消对外资企业股比、高管和董事会成员国籍等限制；取消在学历和职业资格互认、自然人流动、资金自由流动方面的限制；同时对各缔约方的国内批准程序、争端解决机制等提出更高要求。如金融领域规定，"一缔约方的监管机构应在120天内对另一缔约方的一金融机构的投资者、一金融机构或一跨境金融服务提供者提出的与提供金融服务相关的完整申请作出行政决定"，"每一缔约方应允许所有与跨境服务提供相关的转移和支付自由进出其领土且无迟延"，并按照"现行市场汇率进行"等。

在电子商务规则上，CPTPP致力于消除发展电子商务的障碍，其规则与WTO及我国参与的FTA相比更加全面、标准更高，内容涵盖数字品贸易零关税和非歧视待遇，要求数据跨境自由流动、取消本地化储存限制①，严格要求源代码保护、个人隐私保护、在线消费者权益保护，消除在电子认证和电子签名、无纸贸易、接入和使用互联网开展电子商务方面的障碍。如明确"任何缔约方给予在另一缔约方领土内创造、生产、出版、定约、代理或首次商业化提供的数字产品待遇，或给予作者、表演者、生产者、开发者或所有者为另一缔约方人的数字产品待遇，不得低于给予其他同类数字产品的待遇"。"不得将要求转移或获得另一方的人所拥有的软件源代码作为在其领土内进口、分销、销售或使用该软件或含有该软件的产品的条件"等。

在货物贸易规则上，一是CPTPP货物贸易开放的首要表现为零关税。这一措施将有效降低各国贸易成本，反映了以中间品贸易为主体的全球价值链贸易的趋势和内在要求。十余个缔约国货物贸易最终实施零关税的税目平均达99%，高于RCEP90%的水平；第一年零关税的税目平均超过86%。各国非零关税产品主要集中在农业，工业基本实现零关税，且实施零关税的过渡期普遍小于其他自贸协定。二是更开放的市场准入。取消对再制造货物的关税和限制性措施，不得对再制造货物的进口采取任何禁止或限制措施，不得对

---

① 范舒雯，尹文渊，单哲宇.高标准推动和优化我国营商环境——基于世界银行新版BEE评价体系［J］.中国外资，2022（13）：49-51.

修理改制后再入境的货物征收任何关税,从而进一步降低了货物贸易成本。三是要求更高的原产地规则。CPTPP规定原产地区域价值成分为40%—55%,高于RCEP(40%)的标准。纺织服装"从纱认定"要求从纱线原料采购到加工制造必须满足原产地规则才能享受关税优惠。四是对通关速度提出更高要求。

在投资规则上,CPTPP不仅包括传统自贸协定投资规则的全部领域,还在投资者——国家争端解决等新议题上有大幅进展。一是覆盖领域广。投资范围不仅包括传统的企业、股权、建设项目,还包括金融资产、特许权、租赁、抵押、知识产权等。二是自由化程度高。CPTPP采用投资与跨境服务贸易一张负面清单形式。"禁止业绩要求"条款由传统领域推广至服务、技术等新领域,强调东道国不得对外资施加或强制执行相关要求,也不得强制要求外资作出相关承诺保证。三是对投资者保护程度高。投资者——国家争端解决机制(ISDS)赋予投资者单项启动、直接对东道国提起仲裁的权利,是保护投资者利益的有力武器。CPTPP引入投资者——国家争端解决程序,推行争端解决程序标准化。投资者实施东道国起诉后仍可申请国际投资仲裁,且仲裁机构和规则有多元选择,这对东道国司法权威构成重大挑战。

在知识产权规则上,一是通过扩大保护客体范围、延长保护期限提高保护门槛。将声音、气味注册商标纳入保护范围,将驰名商标保护范围由同类扩大到跨类且认定不以注册为要件,将著作权保护期限延长至70年,将TRIPS协议未规定的"域名""国名"纳入保护范围。对专利新颖性的宽限期进行专门规定并延长保护期限。二是通过更严格的法律和更大力度执法,提高知识产权保护水平。如要求各缔约方在海关监管的货物启动边境措施范围,包括进口、准备出口、过境货物且被怀疑属假冒商标或盗版货物。更加重视数字环境下的商标、版权、著作权的保护和侵权执法。如在复制权保护方面,对成员国新增了网络或电子版权的保护义务,扩大了版权人的权利范围;在著作权保护方面,要求对以营利为目的故意侵权行为适用刑事程序,并增加了商业秘密刑事保护的规定。三是为权利人提供更充分的救济,如为权利人发现侵权、收集证据提供便利等。

在竞争政策规则上,CPTPP强调竞争中立和非歧视待遇。在竞争政策、国有企业和指定垄断两个部分,分别从竞争立法和确保执法公正、透明度及国有企业、非商业援助、产业损害等方面做出规定，特别要求保证国有企业遵循竞争中立原则，防止其商业行为扭曲市场。一是强调缔约方进行竞争立法并确保执法程序公正。需确保国内竞争法及相关政策适用于其领土内的所有商业活动，从制度上保证公平的市场竞争行为；同时还要求严格执法，禁止欺诈性商业活动，保障私人诉权。二是强调竞争政策制定和执行中遵循透明度原则。要求及时向公众或缔约方公布竞争法律法规和政策措施，执法要符合公正程序，各方要利用通知、通告、磋商和信息交流方式开展合作。三是明确国有企业和指定垄断的商业行为限制。如遵循"非歧视待遇""禁止提供非商业援助"原则，各类企业从事商业活动在使用资源和监管待遇方面保持一致，国有企业必须根据商业考量进行采购和销售，保证不歧视他国企业、产品和服务，主管机关不滥用监管权力向国企提供各类优惠待遇。

在补贴规则上，一是扩展补贴认定范围。CPTPP将"公共机构"认定由政府扩大至国有企业和国有商业银行，将接受补贴主体由国有企业扩大到其海外分支机构，"公共机构"向下游企业提供货物或服务、向其他企业提供贷款或参股的行为都视为补贴。"公共机构"非商业援助规则实现全方位覆盖且认定过程简化，从而扩大了补贴在国有企业的适用范围。二是提高国有企业补贴透明度要求。如提高国有企业信息披露要求，包括内部重要信息和非商业援助的详细信息等，只要其他成员国提出书面请求就需提供有关信息，且豁免透明度要求难度较高。三是提高补贴损害认定要求。在判断"不利影响"与"损害"时，WTO《补贴与反补贴措施》会涉及同类产品、同一市场、份额变化、价格降低等量化分析，而CPTPP补贴只做出定性规定，较前者要求更高。

在劳工规则上，CPTPP首次将最低工资、工作时间及职业安全与健康可接受的工作条件纳入基本劳工权利范畴，将其区分为核心标准与非核心标准，并首次提出将其转化为各缔约方国内法的要求。其次，限制强迫或强制劳动生产的货物进口。要求缔约方采取相关举措限制进口强迫或强制劳动生产的货物。协议并没有限定强迫劳动生产的商品来源国范围，这意味着不但督促缔约方消除国内强迫劳动现象，还将对非缔约方的外贸活动造成直接影响。再次，允许将劳工纠纷诉诸争端解决机制并通过强制性手段解决。规定违反协议义务将实施赔偿、中止福利待遇、货币评估等制裁措施以保证协议的强制约束力。此外，还规定特殊贸易区域适用不减损规则①。协定考虑海关特殊监管区应具有更高开放水平和更优营商环境，以"不得减损"原则规定覆盖全部基本劳工权利。

2. RCEP

RCEP共有20章，包括关税减让、原产地规则、技术壁垒、海关措施、检验检疫、贸易救济、投资、服务贸易、知识产权、政府采购、竞争政策、电子商务、经济技术合作和争端解决共14个内容。概括来说，RCEP在营商环境建设的相关规范方面可分为以下四个领域：

一是货物贸易的自由化与便利化。RCEP旨在打造高水平的货物贸易体系，着重关注原产地规则与贸易便利化措施。与"东盟+1"自贸协定相比，RCEP缔约方的企业可任意选择区域价值成分或税则归类改变两个标准作为原产地规则②，显著提升了国际贸易过程中的便捷程度和可操作性。此外，在海关程序与贸易便利化方面采取了更加统一透明的规则，如规定各类信息必须在互联网上及时公布以便相关主体知晓、设置咨询点、明确货物过关全流程等，大大降低了货物贸易的制度成本。

二是服务贸易的渐进式开放。根据服务贸易的特性，RCEP在市场准入、最惠国待遇和商务人员流动方面针对不同行业作出不同规定。首先，大幅提高缔约方国内政策的透明度，稳定国外经营者的经营预期，降低政策的不确定性；其次，将金融、电信等重要服务业纳入开放范围，提高各缔约方在相关领域监管的统一性；再次，对行业进入壁垒进行规范，尽可能降低外资进入服务业的行政壁垒；最后，对服务业从业人员的流动规则进行改进，尤其是在国内停留和审批手续方面。

三是投资营商环境的实质性改善。投资营商环境一直以来都是RCEP各缔约方争论的焦点问题。针对这一问题，RCEP规定要从实质上改善投资营商环境，给予国外投资者以最惠国待遇，保护其核心资产，提高投资自由度和投资便利性，并赔偿其由于冲突和争端等导致的财产损失，保障其财产转移自由，

---

① 王志荣.新公共管理视角下的税务营商环境优化——从世界银行评价指标体系谈起[J].税务研究，2018（9）：124–128.

② 李朝.中国营商环境评估的实践偏差及其矫正[J].中国行政管理，2020（10）：106–114.

使各缔约方的投资营商环境获得实质性改善。与此同时，RCEP还给各缔约方保留了对极敏感领域以及重要公共福利目标进行监管的权力，并允许缔约方为维护其基本安全利益采取行动。

四是贸易新议题的规范。RECP主要在电子商务、知识产权、政府采购、竞争政策、经济技术合作及中小企业等贸易新议题上进行了规范。首先，在电子商务方面尽可能减少缔约方对数字贸易的限制，同时注重保护消费者的隐私安全；其次，在政府采购和知识产权方面加强政府间的合作，统一知识产权保护和执行规则，提高透明度和合作水平，支持跨区域的创新投资和知识流动；再次，在经济技术合作方面注重缔约方的能力建设和技术援助；最后，在竞争政策和中小企业方面切实保障中小企业获得公平的商业机会，提高其经营能力。

3. DEPA

DEPA是全球第一个专门为数字经济而签订的协定，旨在统一缔约方的数字贸易技术标准和监管的差异以促进端到端的数字贸易。DEPA在很大程度上借鉴了CPTPP的数字贸易条款，其框架与"美式模板"也较为接近[①]。DEPA中与营商环境建设有关的较为特色的规定集中于数字贸易领域：在电子支付方面，DEPA第2.7条"电子支付"规定了六项原则，以促进实现电子支付技术和监管层面上的互通。在技术层面上，DEPA提倡缔约方应努力考虑相关支付系统的国际公认支付标准，以增强支付系统的直接交互。并且DEPA提倡缔约方促进应用程序接口的使用，以提高电子支付生态系统的统一性。在监管层面上，DEPA提倡各缔约方应努力考虑相关支付系统的国际公认支付标准，以增强支付系统之间的交互性。在无纸贸易方面，DEPA第2.2条"无纸贸易"规定缔约方共同构建互联互通的单一窗口和数据系统，以便利与数字贸易相关的电子信息安全高效传输。单一窗口指允许从事贸易交易的人以电子方式通过单一接入点提交数据和文件以满足所有进口、出口和转口监管要求的设施。互联单一窗口将提高国际贸易供应链中各参与方数字信息系统间的联动程度，优化通关业务流程，促进贸易便利性。但单一窗口跨境联合操作难度大，实现单一窗口互联互通存在困难。为实现单一窗口相互联结，DEPA重申了WTO《贸易便

---

① 张释文，程健. 我国自由贸易港建设的思考[J]. 中国流通经济，2018（2）：91-97.

利化协定》第10条，鼓励缔约方发展单一窗口系统，并进一步规定了单一窗口的原则性标准，即"无缝、可信、高可用性和安全互联"。DEPA吸取了WTO《贸易便利化协定》中关于数字系统国际标准使用的规定，提倡缔约方采用与国际标准接轨的数据标准，以促进区域间单一窗口互联互通。并且DEPA建议各缔约方开展关于企业数据交换系统的合作活动，以提高企业对贸易管理文件电子版本和电子记录的接受程度。实际上，部分缔约方已在实现数据系统互联互通的关键环节开展联合项目[①]。在电子发票方面，DEPA第2.5条"电子发票"提倡缔约方使用电子发票系统，并开展系统间合作，以促进电子发票国际标准的产生和使用。DEPA鼓励各缔约方为支持电子发票的基础设施建设而合作，创建和维护通用的电子发票标准和统一数字化的商业格局。对企业而言，采用通用电子发票框架可以使企业与海外合作伙伴无缝交易，节约发票处理时间、提高付款效率，并且无须生成和跟踪实物发票，从而节省大量成本，将电子发票的优势进一步扩大数字贸易的规模效益。另外，DEPA电子发票能力建设合作中包含了提升中小企业电子发票能力的部分。对企业而言，在电子发票改革中将得到政府的支持，以构建与DEPA一致的电子发票网络。例如，新加坡政府拟为中小企业提供发票数字化管理解决方案和专项预算申请，以帮助企业进行电子发票改革。

从国际认知来看，海南自由贸易港建设成功的一个重要标志是形成高度开放的效能制度和规则。海南自由贸易港建设对标世界最高水平的开放形态，其内核是对高度开放的效能做出制度性安排，实现制度型开放、法治型开放和规则型开放。"三型开"是全世界认可的稳定的、可预期的、透明的开放。这能够打消国际上对中国特色自由贸易港是否能建成高水平开放所存在的不合理疑虑。在规则上的具体做法是：首先，对海南所要实行的RCEP、CPTPP以及其他高水平国际经贸规则，制定、确立和完善相应的法规、条规、政策、条例；其次，对与海南所需实行的RCEP、CPTPP规则不一致的现行国内法规、条规、政策、条例，进行调整、修订和完善。海南自贸港营商环境建设目前处

---

① 常修泽.2020年代开放倒逼下中国改革之路怎么走[J].群言，2020（1）：15-18；常修泽.以高端开放倒逼"五环式"改革：中国（上海）自由贸易试验区之我见[J].中国经济导刊，2013（30）：4-6.

于关键阶段，面对 RCEP、CPTPP、DEPA 等高水平国际经贸规则，必须在坚持开放水平最高原则、发挥海南优势原则、遵循发展规律原则的基础上，从"区域""产业""制度"三个维度和视角搭建营商环境建设的战略框架，以推进海南自贸港营商环境法规制度的系统性思维和体系性部署。

三、海南自贸港营商环境建设的现状与不足

为落实党中央、国务院关于优化营商环境的决策部署，打造法治化、国际化、便利化和公平、透明、可预期的营商环境，海南省先后制定了《海南自由贸易港优化营商环境条例》等地方性法规，出台《海南自由贸易港进一步优化营商环境行动方案（2022—2025年）》等规范性文件，为推进营商环境建设进行了有益的探索。

（一）加快推进营商环境领域地方立法

2020年以来，海南自贸港营商环境领域立法工作明显提速。及早启动、加快推进优化营商环境条例的立法工作，于国务院行政法规颁布一年后出台，并同时出台公平竞争、社会信用、征收征用等相关法规。同时，通过组建营商环境工作专班、探索"零跑动"改革等方式，积极推动建立健全营商环境工作体制机制，为行政相对人提供更多的便利。

1. 出台营商环境领域的基干性法规

2021年9月29日，海南省六届人大常委会第三十次会议审议通过《海南自由贸易港优化营商环境条例》，共39条，自2021年11月1日起施行。《海南自由贸易港优化营商环境条例》作为营商环境领域的基干性法规，对标国际高水平营商环境规则和国内先进经验，以打造法治化、国际化、便利化的营商环境为目标，坚持市场主体需求导向，聚焦我省营商环境建设中的堵点问题，从优化市场环境、政务环境、法治环境等方面作出规范。

（1）建立和实施海南自由贸易港营商环境评价指标体系，从顶层设计上强化了与相关国际通行规则的对接。一是对标国际国内营商环境评价指标体系，规定省人民政府编制海南自由贸易港营商环境评价指标体系并组织实施。二是

规定以贸易投资自由化便利化为重点，在标准对接、信息共享、人员交流和执法协同等方面加强营商环境国际交流。三是明确制定有关贸易、投资等相关管理活动的法规、规章、行政规范性文件，评估是否符合我国参加的国际协议，加强与国际通行规则对接融合。

（2）聚焦贸易投资自由化便利化，打造国际化、便利化的市场环境。一是突出海南自由贸易港贸易自由化便利化特色，要求政府及有关部门逐步减少企业资质、配额、数量、许可等贸易管理措施。二是规定推进服务贸易创新发展，落实海南自由贸易港跨境服务贸易负面清单管理制度，对在海南自由贸易港注册登记且仅在海南自由贸易港从事商业特许经营活动的特许人不进行商业特许经营备案。三是为推动通关便利化，规定高标准建设国际贸易"单一窗口"和口岸基础设施，逐步推进简并港口收费项目，降低港口收费标准；推进海南自由贸易港与其他国家和地区的动植物疫情信息共享，探索认可海南自由贸易港与其他国家和地区间动植物检疫措施的等效性。

（3）建立政府依法履约机制，加强诚信政府建设。一是要求政府及有关部门与市场主体签订合同协议时，应当坚持依法依规、务实审慎原则并考虑财政支付能力，不得违法承诺优惠条件。二是规定政府及有关部门应当履行向市场主体依法作出的政策承诺、依法签订的合同以及司法机关作出的生效裁决，不得擅自变更政策承诺或者合同，不得以政府换届、相关责任人调整等为由不履行；国家机关、事业单位不得违约拖欠市场主体的账款，不得在合同未作约定的情况下以等待竣工验收批复、决算审计等为由，拒绝或者迟延支付市场主体账款。三是明确政府及有关部门不履行承诺的赔偿和补偿责任，并强化问责机制，要求县级以上人民政府建立政务失信责任追究制度，并对政府部门及工作人员的违法行为规定了法律责任。

（4）强化政府主动服务市场主体意识，营造高效便民的政务环境。一是规定政府及有关部门应当建立有事必应、无事不扰的经营便利政策制度，建立健全服务市场主体和投资项目服务推进机制，强化跟踪服务。二是推进便利化政务服务，明确以市场主体办事"零跑动"为目标，推进政务服务事项网上办、掌上办、就近办、全省通办、跨省通办等，实行一枚印章管审批、一件事一次办、证照联办等便利化审批方式。三是推进标准化、智能化政务服务，实现全省政务服务事项无差别受理、同标准办理，推动全省各政务信息系统整合对接，推行电子证照运用。

（5）规范执法行为，营造公正透明的法治环境。一是规定行政执法机关应当按照有关规定落实行政执法公示等制度，细化量化行政处罚等行政执法自由裁量权标准，统一执法标准和尺度。二是规定行政执法机关和司法机关应当坚持依法保护、平等保护、全面保护的原则，公正高效办理涉及市场主体的各类案件，依法处置扰乱市场主体生产经营活动秩序或者侵害生产经营者人身安全、财产安全等违法行为。三是规定行政执法机关和司法机关依法慎重实施查封、扣押、冻结等强制措施；依法需要采取上述强制措施的，不得超标、超范围查封、扣押、冻结涉案财物，并应当采取措施减轻对市场主体正常生产经营的影响。

2. 出台社会信用条例、公平竞争条例等营商环境领域的法规

2021年度，海南省人大及常委会除颁布《海南自由贸易港优化营商环境条例》之外，还制定了《海南自由贸易港社会信用条例》《海南自由贸易港公平竞争条例》《海南自由贸易港征收征用条例》《海南自由贸易港商事主体注销条例》《海南自由贸易港知识产权保护条例》《海南自由贸易港科技开放创新若干规定》等营商环境领域的配套法规，形成了较为完整的自由贸易港优化营商环境法规架构。一是自由贸易港优化营商环境法规架构将为海南进一步建立健全公平竞争、完善市场准入与退出、规范政府与市场关系、促进高水平开放各项制度机制奠定坚实的法治基础，也充分彰显海南促进和保护营商环境，打造开放型经济新体制的坚定决心。二是优化营商环境政策是发达经济体普遍采用的经济政策，是国际经贸规则中的重要内容，WTO、RCEP、CPTPP相关规则中均对营商环境有明确要求，自由贸易港优化营商环境法规架构对标国际先进经贸规则，这也是海南营商环境国际化的现实需要。三是自由贸易港优化营商环境法规架构致力于建立统一开放、竞争有序的市场体系，助推国内大循环和国内国际双循环的畅通，推进全国统一大市场的建设。

（二）建立健全营商环境工作机制

营商环境的工作机制，即营商环境相关的工作程序、实体性规则的有机联系和有效运转。就营商环境工作机制来说，应当包括与营商环境优化相关的程序性规定、实体性规定，以及保证这些规定能够有效运转的相应的工作模式和外在环境等有机联系的统一整体。针对当前海南自由贸易港营商环境建设的现状，有必要针对行政体制、制度创新和信息化建设三方面的薄弱环节，多管齐下，深化改革，实现营商环境工作机制的全面优化。

1. 以营商环境专班为核心的行政体制机制建设

营商环境建设非一日之功。针对在营商环境方面的不足，海南以行政体制机制建设为抓手，成立跨部门、跨层级营商环境工作专班，把打一场营商环境"大会战"作为政府开展营商环境建设的重头戏，持续推进各领域的营商环境改革。

（1）强化工作统筹，着力完善"高位推动、上下协同"的工作推进新机制。工作统筹是整合内部工作资源，使其工作能力得到有效发挥的前提和基础。为建立高位推动、上下协同的工作机制，营商环境工作专班陆续从全省选调100多名干部集中办公，实行清单管理、挂图作战。同时，各市县也成立相应专班，形成上下协同的生动局面。专班坚持"以推动高位实现高位推动"，每月向省委书面汇报、每季度专题汇报，每两个月召开专班例会，对重点工作和改革事项过堂会商、研究部署，解决跨部门、跨层级、跨领域的突出问题。专班还建立了督查评价、通报曝光、责任追究等机制，形成工作闭环。

（2）强化顶层设计，着力构建"统分有序、远近结合"的制度政策新体系。良好的顶层设计，能够起到有效的高屋建瓴的作用，进而对具体工作的推进产生必要的导向功能，有效促进相关工作质效的提高。针对营商环境顶层设计系统性不强的问题，在摸清家底、对标先进的基础上，分类、分阶段研究提出了优化营商环境的目标任务和实现路径。制定海南自由贸易港营商环境重要量化指标赶超国内一流实施方案、进一步提升营商环境行动方案（2022—2025年）等文件，分领域提出从"跟跑""并跑"到"领跑"的追赶目标，推动出台了政务服务"零跑动"改革、工程审批制度改革等一系列专项改革方案，开展准入即准营等8大领跑行动，持续打造营商环境政策体系。

（3）强化表层修复，着力建立"多方联动、点面结合"的问题解决新机制。工作中不同利益主体之间良好而充分的信息沟通及以此为基础的有效协调机制[①]，是有效整合相关工作资源、避免不必要的相互矛盾和冲突，保证行政决

---

① 谢红星.法治化营商环境的证成、评价与进路——从理论逻辑到制度展开[J].学习与实践，2019（11）：36-46.

策和行为的正确性和高效性，进而实现工作目标的关键。为了构建一个便捷、高效的政企沟通渠道，切实解决企业遇到的各类营商环境问题，海南在各级政府网站、公众号、海易办、微信小程序等上线"营商环境问题受理平台"受理企业问题，专门召开"海南自贸港请您来投诉"新闻发布会，构建问题受理、分类转办督办、专班直接核查、省领导领办、反馈的闭环机制推动问题解决，妥善处置了一大批企业反映的突出问题，包括规划调整导致土地无法开发、奖补政策不兑现、政府欠款不还等长期得不到解决的历史遗留问题。

2. 以制度创新为亮点的营商环境改造

海南积极探索以制度创新实践优化营商环境，持续推动将自由贸易港建设"五个自由便利""一个安全有序"以及"零关税、低税率、简税制"的特殊政策体系落地转化为制度性体系。按照"首创性、已实施、效果好、可复制"的原则，截至2022年10月底先后发布14批128项在全国具有引领性、富有海南特色经验的改革和制度创新成果，海南营商环境更加公平、透明、可预期。

（1）推动行政审批事项改革促进政府职能转变。行政审批效率的高低，也在很大程度上影响着相关市场主体进行市场活动的成本，推动行政审批事项的改革，实现行政审批的精简化和便利化，对营商环境的优化有着非常重要的影响[1]。如海南创新推出省域"多规合一"改革，整合了12个厅局、68套空间数据，梳理解决了各类规划中矛盾、重叠图斑72.1万块，图斑矛盾面积1587平方公里，建成全省统一的"多规合一"信息综合管理平台，最大限度简化行政审批机制，带动相关监管制度、审批制度的创新，实现了全省建设规划"一张蓝图"管到底，为自由贸易港建设奠定了基础、夯实了保障。

（2）推动贸易投资更加自由便利。贸易投资实质上的自由化和程序上的便利化，能够极大地减轻外来市场主体对本地投资的额外成本，是现代自由贸易港吸引外来市场主体的基础性优势[2]，也是"自由"的应有之义。如为了有效推动贸易投资的自由化和便利化，海南创设国际投资"单一窗口"，将投资咨询、

---

[1] 孟宪斌.融合工具理性与价值理性：对地方政府绩效管理运行逻辑的反思[J].中国矿业大学学报（社会科学版），2020（4）：77-88.
[2] 蒋大兴,杜一华.公司设立及迁移中的隐性规制——消除营商环境改善中的实践痛点[J].山西大学学报（哲学社会科学版），2021（4）：145-152.

注册公司、项目验收、企业员工个人事项办理等涉及投资相关的业务审批系统整合到一个窗口,为投资者提供一站式、套餐式投资服务,整合了13个审批部门20个政务系统,外资企业申报材料减少55%,审批时限缩减70%,外资企业开办当场办结,办理外汇登记、银行开户等全流程业务最快2天内即可办理完毕,有效促进了我省引进外资工作。

(3)推动人员进出更加自由便利。市场主体的投资和贸易活动,均需要特定的人员具体实施。人员进出的便利化,是投资和贸易便利化必需的配套措施。推动人员进出更加自由便利,是海南自由贸易港近年来制度创新的重要内容①。如实施外国人工作、居留许可联审联检一体化,对在琼外国人申请工作许可、居留证件实现了"一次提交、一网联审、一窗办理",审批流程由原来的6个步骤优化为2个,填报信息和提交材料分别精简25.5%和18.2%。

(4)推动运输来往更加自由便利。资源要素的自由流动是经济高效运行的必要条件,而运输来往的自由便利则是实现资源要素自由流动的基础。自由贸易港市场主体的投资和贸易活动,不仅伴随着相应的人员流动,也需要各种形式的物资保障,从而使相应的运输来往的自由便利成为营商环境优化工作追求的重要目标。如实施国际船舶登记"一事通办"制度创新,将船舶从建造到投入运行所需要办理与船舶登记相关的海事政务事项整合为"一件事",审批环节由4个压缩到1个,减少材料30余项,办理时间由52个工作日减少到7个工作日。

(5)推动社会治理水平显著提升。营商环境的优化是社会治理能力提升的重要标志。营商环境的优化离不开良好的社会环境,而整体社会治理水平的提升,则是实现良好社会环境的关键保证。海南建立全天候进出岛人流、物流、资金流监管系统,以"码上办事"实现海南自由贸易港"一码通行",全方位提供政务、医疗、商业、消费、金融等高效便捷服务,整合提供1337个省级政务服务事项、358个公共服务事项掌上办理,真正实现一"码"畅行海南自由贸易港。

3. 以信息化建设为重点的营商环境提升

营商环境的提升,信息化建设是基础支撑。为了充分利用信息化建设促进

---

① 罗培新.世界银行营商环境评估方法:以"开办企业"指标为视角[J].东方法学,2018(6):12-19.

营商环境的优化，海南着力打造"海易办""海政通""海易兑"等"海系列"信息化平台，通过政府数字化转型推动政府职能转变、部门协同、流程再造，提升行政服务效能。

（1）推动实现政务服务"一网通办"。营商环境的改善，不仅在于各种充分考虑企业利益的法律规定和制度的存在，还在于具体实现这些制度过程中企业实际需求的满足程度和成本的高低[①]。而要充分满足企业实际需求并降低相关需求实现成本，进而优化营商环境的前提是实现政府与作为市场主体的企业之间的高效率信息交流，从而在充分了解企业的实际情况和利益诉求的基础上，提升政务服务的效率和针对性，以及与之相对应的企业对政府工作的接受程度和满意程度。推动实现政务服务"一网通办"，是海南自由贸易港近年来为企业提供高效率优质服务的主要信息化措施之一。打造"海易办"政务服务平台和品牌，将其作为面向企业群众服务的总入口，电脑端全部省级自建政务服务系统、移动端整合接入"海易办"，政务服务、公共服务实现一网通办。该案例获评"2021数字政府卓越成就奖"和数字政府"二十佳"案例。

（2）启动建设政府办公"一网协同"的"海政通"平台。政府内部管理具有溢出性，提高政府内部管理的效率，也是优化营商环境的重要内容，而启动建设政府办公"一网协同"的"海政通"平台，则是海南自由贸易港提升内部行政管理效率的主要信息化措施。"海政通"平台作为党政机关办公平台总入口，搭建省、市县、乡镇和村四级协同体系，集成线上督查督办、应急指挥和汇聚经济运行、民生保障等多项政务办公功能，可提供决策、执行、监督、评价等多项数字化应用，逐步成为党政领导干部离不开的信息管家。

（3）优化完善"一网监管"平台。分工合理明确，是实现高效行政管理，避免多头管理和管理漏洞导致的管理无效率的前提和基础[②]，也是海南自由贸易港营商环境优化工作机制的重要内容之一。而充分利用信息化建设的成果，通过优化完善"一网监管"平台的方式，能够较为理想地实现明确分工前提下不同行政部门之间高效率协作。将"互联网+监管"系统打造成行政监管和执法

---

① 陈世良.构建我国经济转型期市场监管新体制的思考[J].领导科学，2008（8）：48-49.
② 王钦敏.统筹协调 共建共享 推进数字政府信息化系统建设[J].中国行政管理，2020（11）：6-7.

总入口，推动"清单之外无监管"，完成监管事项目录清单和实施清单标准化梳理，并实现与省市市场监管"双随机、一公开"系统对接，完成监管事项目录清单和执法人员清单接入、抽查计划和检查结果自动同步。

（4）持续推动行业数字化转型。不同市场主体间良好的协调配合机制的存在，是良好营商环境的必然要求。尤其是对于同行业的市场主体来说，通过信息化建设实现彼此间良好的协调配合，更是现代营商环境优化的必然选择[①]。"多规合一"信息综合管理平台在全国率先实现空间规划"编、审、调、用、督"全周期覆盖，推动跨领域国土空间协同治理。"海易兑"系统不断完善"政策超市"服务功能，实现政策的集中发布、在线申报。智慧金融综合服务平台上线试运行，有效缓解融资难、融资贵问题。"互联网＋医保"平台实现参保信息"码"上查询、医保缴费"码"上办理、就医看病"码"上结算。

（三）海南自贸港营商环境建设的不足

从海南自贸港营商环境建设的实际情况来看，有些单位和个人开展营商环境工作的主动性不强，工作方法限于传统的发文件、开会议等，还习惯于从部门的角度出发开展营商环境领域的相关立法工作，在与其他部门的协同、法规规章的落地实施等方面还存在不足。

1. 营商环境建设能力有待进一步提高

世界银行营商环境评估的核心价值在于通过法律规则及其实施机制的完善降低市场主体的制度性交易成本；世界银行营商环境评估的每一项指标体系都会有一篇经典文献作为理论支撑，并由此构建评估体系的方法论[②]。正确理解和准确适用营商环境的价值观与各项指标的方法论，营商环境建设才能有望取得较为理想的效果。在营商环境建设中，尤其是优化营商环境的相关法规制度制定过程中，许多部门领导因循守旧紧抱权力不放松，过于强调部门利益和行业

---

① 罗培新.世界银行营商环境评估方法：以"开办企业"指标为视角［J］.东方法学，2018（6）：12-19.

② 孟宪斌.融合工具理性与价值理性：对地方政府绩效管理运行逻辑的反思［J］.中国矿业大学学报（社会科学版），2020（4）：77-88.

利益，往往是制度优化的"拦路虎"。每一项改革推进的背后都要经历无数次的协调博弈，制度变革的成本巨大。政府营商环境优化绩效评估反馈的持续改进的高水平绩效信息，却没有带来与之相应的公众对地方政府满意度和信任感的普遍提升①。甚至有人说"营商环境是个筐，什么都可以往里装"，将企业合规经营、政府财政增长作为营商环境的内容。之所以存在上述问题与观念，最根本的原因为对营商环境的价值观与各项指标的方法论存在误读，一知半解，不求甚解。实际上，世界银行《营商环境报告》确立的"营商环境"各项指标，是指评价世界主要国家和地区除基础设施、产业结构、生态环境和技术发展程度等硬环境之外，企业"做生意"从开办、经营到退出的"软环境"的总称②。所以，营商环境建设不仅仅是"外源性改革"——制度的变革与完善③，更需要"内源性动力"——营商环境建设能力的优化④。例如，"一窗通办"窗口人员的工作能力、对政策制度的汇总准备、服务理念等不足都会成为良好制度有效落地的瓶颈。而基层的执法条件、设备和人员不足，专业化水平欠缺，也会直接制约执法的效果，影响营商环境的建设效果。所以，优化营商环境建设要更加注重政府机构及其工作人员服务市场主体能力的建设和观念的转变，善于换位思考，真正以市场主体的满意为标准推进改革。

---

① 谢红星.法治化营商环境的证成、评价与进路——从理论逻辑到制度展开[J].学习与实践，2019（11）：36-46.

② 为各类市场主体投资兴业提供制度保障——司法部、发展改革委负责人就《优化营商环境条例》有关问题答记者问[OL]（2019-10-24）.http：//www.gov.cn/zhengce/2019-10/24/content_5444574.htm.

③ 常修泽.2020年代开放倒逼下中国改革之路怎么走[J].群言，2020（1）：15；常修泽.以高端开放倒逼"五环式"改革：中国（上海）自由贸易试验区之我见[J].中国经济导刊，2013（30）：4-6.

④ 例如，根据科技部《国家众创空间备案暂行规定》，申请国家众创空间条件之一是"拥有不低于500平米的服务场地"。在山东，这一场地标准被"严格"执行，地方官员认为创新创业"还是线下为主、线上为辅"。在浙江，基于"市场主体需求导向"规则执行要"灵活得多"，对互联网企业的"服务场地"的理解，不仅包括办公场地，而且包括其在线服务辐射的公共空间，不仅包括集中的场地，也包括分散的点位。而基于各地方政府对营商环境价值和法律规则的不同理解，"凤岐茶社"在山东连市级众创空间都评不上，在浙江则被认定为国家级众创空间。四位省领导先后批示"凤岐模式"在山东落地推广仍阻碍重重[N].济南日报，2019-3-28（3）.

2. 营商环境立法的集成性有待提升

《海南自由贸易港优化营商环境条例》作为营商环境领域的基干性法规，里面很多规定相对笼统，还需要通过具体的法规规章来加以落实。存在对制度集成创新的态度不够端正的问题，对制度集成创新存在一定的应付心态，集成不足，创新失色，有的部门和市县放着现成的经验范本不愿"抄作业"，盯着获奖加分，过于追求首创、原创，耗费较多行政成本；有的部门和市县只关注制度集成创新的前期阶段，对后期执行落实却重视不够。一是制度和政策的"家底"存在"虚化"现象。比如，在目前常用的"已出台的273项政策和制度"统计口径中，经深入剖析后发现，其中包括中央12号文件、《总体方案》、中央有关部委出台的适用于全国的文件，还包括法律规章等规范性文件，省内出台的多个"十四五"规划、甚至还有同一个税收优惠政策的若干配套文件，相互交织，大小嵌套，数量统计存在"虚胖"，这实际上也吊高了大家从政策和制度中受益的胃口。二是制度集成创新存在"偏科"现象。经初步梳理，123个创新案例中，优化营商环境"放管服"改革方面的案例占比超过50%，其他领域的制度集成创新占比较少，部门和省级重点园区占比较大，市县占比较少。社管平台受理信息化、智能化、智慧化等创新案例，距离真正形成实战能力尚有差距。三是协同机制存在"空转"。比如在信息共享领域，受管理体制、部门利益、信息安全、设施建设等因素影响，部门之间信息系统"烟囱林立"，数据系统共建共享困难。对此，在市场准入方面，针对部分行业和领域存在的违规设置或者提高市场准入门槛等行为，要通过立法来深入推行市场准入承诺即入制、"准入即准营"等举措，落实市场准入负面清单制度，进一步放宽市场准入。在"放管服"改革方面，要持续通过运用自贸港法规、经济特区法规制定权，进一步精简审批、放权市场。对我省已经探索实施的"一枚印章管审批""国际投资贸易单一窗口"等创新举措，要通过地方立法进行巩固并加大推广力度。

3. 营商环境法规的配套性不足

《海南自由贸易港优化营商环境条例》对标世界银行营商环境评估标准等国际高水平营商环境规则，充分借鉴国内外先进经验，以打造法治化、国际化、便利化的营商环境为目标，从优化法治环境、政策环境、市场环境、政务环境、社会环境等5大方面对海南营商环境作出总体规范，但还需要出台相关的配套细化落地文件。要建立健全政府权力清单制度，实行最简权力清单，并做到"清单之外无权力"；须全面推行极简审批投资制度，进一步简化投资程序，提高投资便利度；须继续推进"拿地即开工""水电气联办""电子证照""差异化监管""包容审慎监管"等创新举措，提高行政管理效能；须持续加强政府诚信建设，严格履行向企业承诺的各个事项，并对不履行承诺等失信行为进行责任追究；需建立亲清政商关系，加强政府相关部门和社会各界的协同配合，打造共建共治共享的营商环境格局，营造"人人是营商环境"的浓厚氛围。

4. 营商环境建设重大项目相对较少

与新加坡、中国香港、迪拜等发达自贸港相比，海南国际贸易"单一窗口"和口岸基础设施的建设管理不够科学合理，海南自贸港港口物流配套、航运服务效率、科技应用水平等方面的短板导致企业通关时间长、物流成本较高，需要进一步优化；惠企政策兑现服务平台的使用频率不高，对历史遗留问题，特别是在自然资源领域还需要加快处置力度；行政执法信息化平台尚未建成，行政执法的水平还有待提高，执法不作为、乱作为的现象仍偶有发生；司法案件的办理水平还有待提高，合同执行的效率还有待提升；各类各部门的信息平台之间存在壁垒，还需要进一步打破，实现互联互通等。

四、海南自由贸易港营商环境建设的具体路径

营商环境从一个舶来品，通过实践探索、制度创新与法律规则固化，已经成为目前最重要的推进政府与市场关系重塑、推动政府职能转变、实现国家治理现代化的重要抓手与核心支点。要进一步明确营商环境领域工作的方向，推进重要立法项目的起草审查工作，加大简政放权力度，提高政务服务效能，构建科学合理的营商环境评价指标体系，形成工作闭环。

（一）明确营商环境领域立法的正确方向

营商环境建设，完善制度是核心。对海南自由贸易港营商环境建设来说，首先要加强地方立法工作。要总结立法工作经验，转变工作理念，加强立法创

新,推进制度集成,不断提高法规规章的针对性和可操作性。

1. 注重创新性

要转变立法理念,努力打破条条框框和部门权责限制,更加注重从参与自由贸易港建设的相关主体实际需求、管理相对人建议、人民群众关注反映的突出问题中获取立法创新需求。全面落实《区域全面经济伙伴关系协定》(RECP),对标《全面与进步跨太平洋伙伴关系协定》(CPTPP)、《数字经济伙伴关系协定》(DEPA)等国际经贸规则,并在充分研究的基础上进行本土化改造,形成独具特色的海南创新做法。要坚守意识形态底线,要进行有条件的甄别,特别是要结合海南实际,进行本土化改造,降低立法风险。加快调整地方法律法规与行政规定,使其符合RCEP、CPTPP、DEPA的规则、原则与精神。加强对国际高标准经贸规则的学习培训,对接协定具体标准和规范,落实协定的标准、监管、竞争协同与一致化,清查协定所禁止采取的政策措施,例如农业出口补贴、货物进口许可数量限制、服务贸易量化限制措施、限制市场竞争活动的政府法规、强制要求使用本国计算设施作为开展电子商务业务的前置条件(即禁止数据本土化要求)等。完善地方司法保障和权益保护制度,国际商事仲裁制度、解决经贸摩擦与冲突的协商机制与争端解决机制等。

2. 注重集成性

要强化系统思维,对立法工作进行总体谋划,同步谋划、同步研究、宣传贯彻、配套制度等工作,争取在某些领域和行业形成体系性的制度框架和执行机制。在起草阶段,要了解掌握实际情况,搞清楚存在的问题,提出解决方案;在审查审议阶段,要进一步研究把关,提高草案条文的针对性,并为下一步工作预留空间;在法规规章出台后,要做好解读、宣传工作,并继续起草相关文件,完善相关配套政策,进一步细化工作措施,提高立法的可执行性。紧紧围绕企业设立、开业、许可等核心问题,简化与优化海南自贸港外资管理模式,建立与完善国际投资"单一窗口"制度,着力解决"准入不准营"的问题。

3. 注重操作性

立法属于重大决策事项,要严格履行公众参与、专家论证、风险评估等程序。在征求意见阶段,要通过信息化手段不断拓宽渠道,广泛征求公众意见;要邀请法律以及相关领域的专家,对法规规章的具体内容进行论证,提高立法的前瞻性；要加强立法评估工作，对出台的法规规章的每一个条文进行认真研究论证，防范法律风险；要结合海南实际，对立法规定的营商环境工作进行量化、清单化，推进自贸港营商环境领域的重大项目建设，并加强考核工作。同时，要加强对市县和企业的指导，推动立法执行、项目落地，尽快构筑法规规章的应用场景。

（二）推进营商环境领域重点立法

海南自由贸易港建设并无现成的经验可供借鉴。在营商环境建设方面，一定要结合海南的实际情况，特别是在市政公用服务接入、雇佣劳工、中小企业与民营经济等方面的薄弱环境，持续加大立法工作力度，提高立法工作质效，制定出台相关法规规章，不断提高营商环境建设的法治化水平。

1. 制定海南自由贸易港供用电规定

电力是现代工商业活动必不可少的基础资源，电力供应的充足和顺畅是良好营商环境构成的必备要件和关键性指标。获得电力也是世界银行营商环境（BEE）的公用事业连接（Utility Connections）指标中的重要方面。海南目前在电力领域的地方立法仅有《海南省电力建设与保护条例》，侧重于电力建设、供电设施保护等方面，缺乏电力服务等方面的规定。因此，有必要进一步落实《中华人民共和国电力供应与使用条例》，参考国内外做法，结合自贸港建设实际，尽快制定出台海南自由贸易港供用电规定，进一步优化用电营商环境，提高用电的便利性，平等保护各方依法获得用电的权利，推动经济高质量发展，服务和保障民生，助推自贸港建设。

一是规定政府及相关部门的责任，包括电力行政管理部门的牵头抓总，发展改革、建设管理、市场监督管理等部门的具体职责等。

二是明确推动电力产业绿色发展，有序推进碳达峰碳中和，加强对核电生产经营活动的监督管理。

三是严格落实公平竞争政策，平等对待内外资企业、大中小企业，落实与企业签订的供电合作协议或者条款等。

四是明确供（配）电企业的权利义务，包括保障安全稳定供电、合理收费、服务公开以及配合政府部门进行供用电安全管理等，加强对供电合同的管理和审查。

五是明确用户的权利义务，要区分重要电力用户和一般用电户，进一步细化明确安全节约用电、维护用电秩序、依法缴费、用电设施设备配备等规定。

六是精简电力建设项目相关行政审批，对电力工程相关行政审批实行备案制、告知承诺制，简化审批材料，加大并联审批力度等。

七是处理好线树矛盾问题，推动电力工程项目建设单位加强与林权人的协商，采取先进技术设备避免线树矛盾，采取改种新树种等措施。

八是鼓励研发使用新型供用电设施设备，运用最新科技成果和自贸港政策，加强对新型供用电设施设备的研发和使用，将供电设施纳入综合管理的使用范围，使用新型供用电设备接电充电等。

九是进一步明确产权，对产权分界点做出明确规定，科学合理划分供（配）电企业和建筑产权人、管理使用人、用户之间的权利义务，明确供电、受电设施的产权归属以及管理责任等。

十是优化办电服务，包括公开用电办理程序，压缩办理时限，推广使用电子签章、电子证照，对用电户进行分类指导等。

十一是规范电费收缴，明确要求供（配）电企业公开收费项目、标准和依据，提供网络等多种缴费方式等。

十二是强化对供（配）电企业的管理，包括加强供用电行业自律，设定相关行政处罚等。

十三是将获得电力纳入营商环境的考核范围。

2. 制定海南自由贸易港就业促进规定

良好的就业水平不仅是人民收入的基础性保障，还能够为营商环境的优化提供稳定的消费市场和社会环境。当前，海南在整体就业方面还存在不充分、质量不高等问题，仅有地方就业立法——《海南省实施〈中华人民共和国就业促进法〉办法》（2009年出台），也已经实行了十几年，很多内容已经不适应当前的形势。随着自贸港建设的不断推进，海南有必要进一步推动经济发展与就业相协调，特别是在外国人就业、新业态就业等方面，还需要进一步进行规范和引导。因此，有必要对《海南省实施〈中华人民共和国就业促进法〉办法》进行修订并上升为自贸港法规。

一是坚持就业优先，把就业放在经济社会发展的重要位置，实施积极的就业政策，在产业、财税、金融、社会保障等方面提供政策支持，稳定和扩大就业容量，提高就业质量。

二是明确规定平等就业的原则，依法保护劳动者不因民族、种族、性别、宗教信仰、户籍、身份等不同而受到歧视或者不合理的限制，要保护残疾人等弱势群体的就业权利，特别是建设自贸港后，要充分吸引、依法保护外国人来琼就业。

三是明确各级政府的统筹协调职责，人力资源和社会保障部门的直接责任，乡镇、街道的就业失业登记和统计、就业培训等有关责任。

四是政府相关部门要为劳动者就业创业提供服务，推进就业领域的政务服务便利化，推进户籍、用人、档案、护照等方面改革，优化审批流程，精简审批环节和材料，降低就业的制度性交易成本。

五是要通过加大就业培训力度、强化职业技能登记认定以及加强就业信息推介、个性化职业介绍、职业指导等方式提高劳动者的就业能力。

六是要鼓励自主创业、自谋职业、灵活就业，通过提供补贴补助、设立基金、税收优惠、金融支持等方式，为劳动者创业提供良好的环境。

七是明确鼓励和吸引外国人来琼就业，通过加强资质资格认证、加快工作签证审批效率、提供长期工作签证等方式，提供高质量涉外就业服务，提高外国人来琼就业的便利度。

八是通过大力发展旅游业、现代服务业、高新技术产业和热带特色高效农业等产业，将就业作为项目安排的重要因素，在用地等方面给予支持，开发更多的就业岗位，推动解决就业结构性矛盾。

九是大力发展新业态新模式，鼓励互联网平台经济、渔业产业联合体等新型经营主体，创造更多就业岗位，吸引更多的劳动者就业。

十是将就业作为招商引资的重要内容，对来琼企业在招工宣传、进入就业服务机构等方面提供服务，为在琼外企或者分支机构等积极推荐懂外语、有涉外工作经验的人才。

十一是制定就业领域的规划计划，加强就业调查、监测预警和风险评估等工作，推广就业保险，防范化解规模性失业风险。

3. 制定促进民营经济发展若干规定

实现经济社会高质量发展目标，民营经济具有巨大的发展潜力。中央12号文件明确指出，海南自由贸易港建设必须"支持民营企业发展，鼓励更多市场主体和社会主体投身创新创业"。但由于制度不健全、执行标准不统一等原因，海南民营企业发展与我国先进地区相比在营商环境领域仍面临融资难、要素保障难、成本较高、权益保障不力等问题，必须要通过出台促进民营经济发展方面的地方立法，增强促进民营企业发展改革措施的规范性和约束力，引导民营企业健康发展。

一是明确坚持公平竞争，对各类市场主体一视同仁。遵循市场规律，处理好政府与市场的关系，强化竞争政策的基础性地位。支持改革创新，鼓励和引导民营企业提升技术创新能力和核心竞争力。

二是明确深化行政审批制度改革、进一步放开民营企业市场准入、实施公平统一的市场监管制度、强化公平竞争审查制度刚性约束、破除招投标隐性壁垒、推进营商环境持续优化等。

三是明确进一步减轻企业税费负担、健全银行业金融机构服务民营企业体系、完善民营企业直接融资支持制度、健全民营企业融资增信支持体系、引导降低综合融资成本、大力发展供应链金融、推动应对新冠肺炎疫情相关政策落地落实等。

四是明确依法平等合理保护各类市场主体产权、加强对民营企业司法保护作为总体要求，重点突出对知识产权的保护，综合运用各种手段，加强司法、行政保护和行业自律；完善代理、运营、鉴定、维权援助等服务体系；加大知识产权侵权行为的惩戒力度，在法定自由裁量权范围内从重从严处罚；加强保护新业态的知识产权；建立海外知识产权纠纷预警防范和协调解决机制；健全执法司法对民营企业的平等保护机制等。

五是明确鼓励民营经济组织加大研发投入力度，建立研发经费投入后补偿机制，对于符合条件的民营经济组织给予研发补贴和奖励。

六是明确通过完善人才培养、引进、评价、激励以及服务等方面政策，为人才提供职称评审、住房等便利，进一步吸引人才、留住人才。

七是明确建立健全涉企政策跟踪落实制度，通过加大督查考核以及跟踪问责力度推动各项政策措施落实到位。同时规定加强政府诚信建设，保障政府守信履约，保护民营企业合法权益。

八是明确民营经济发展主管部门以及各职能部门职责，提供涉企咨询服务，畅通诉求反映渠道，依法解决民营企业反映的问题。同时充分发挥工商联合会、协会商会、新闻媒体作用，形成促进民营企业发展整体合力。

4. 制定反不正当竞争条例等法规规章

要进一步贯彻实施《海南自由贸易港法》，用好用足海南自由贸易港法规、经济特区法规、地方性法规和政府规章制定权，出台反不正当竞争条例、补贴条例、海洋服务发展若干规定等配套性的法规规章，推动贸易投资自由便利；出台劳动保障监察若干规定、职业健康保护条例等法规规章，不断提高社会治理的法治化水平；出台数字经济促进条例、邮轮产业促进若干规定、鼓励类企业实质性运营规定等法规规章，促进产业转型升级，不断提高营商环境建设水平。

（三）依法推进"放管服"改革

自由贸易港建设不是简单的事项，而是一项复杂的系统性工程，专业性很强、复杂性很高、难度系数很大，需要各项政策的科学制定以及贯彻实施，这就需要各个部门和人员在建设自由贸易港的进程中一定要遵循发展规律。各个领域的建设要重视规律性、专业性和科学性。"放管服"改革对于海南自由贸易港营商环境的法治化和便利化有着非常关键的现实意义，有必要在集中推进重点领域存在问题解决的同时，全面依法推进"放管服"改革，创新营商环境优化相关的政府体制。

1. 运用自贸港立法权和经济特区立法权取消、下放、优化行政审批

通过地方立法的方式，依法取消一批行政审批，进一步优化审批流程，并将省级行政审批权下放市县、乡镇，将极简审批推广到更多的园区。在立法的同时，还需要将相应的取消、下放和优化行政审批项目以清单的方式向社会公告，接受社会监督。各市县各部门要认真做好取消、下放和调整的行政审批项目等事项的落实和承接工作。对取消的行政审批事项，要采取有效措施，落实监管责任。对下放管理层级的行政审批事项，要认真做好承接工作，及时制定和公开行政审批流程图，进一步优化审批流程，提高审批效率。同时，省政府各部门要加强对基层指导和培训,确保承接落实到位。

2. 制定《关于实行市场准入承诺即入制取消部分行政许可等事项的决定》

为了全面实行市场准入承诺即入制,最大限度提高市场主体自主权,完善与投资规则相适应的过程监管制度,海南正在积极推进市场准入承诺即入制方面的地方立法。目前,《海南自由贸易港关于实行市场准入承诺即入制取消部分行政许可等事项的决定(草案)》已经进入了征求意见阶段。该草案对标中国香港、新加坡等国际知名自由贸易港企业注册与市场监管先进做法,重构商事登记、涉企经营、投资项目等涉企许可事项办理流程,最大限度减少行政机关的干预、审核或审批,最大限度提高市场主体自主权,实现市场主体"自由生、自由死、自主营"。

一是规定承诺即入的概念、程序,明确对于符合法定条件的领域,原则上取消许可和审批。

二是明确政府相关部门的职责,进一步厘清备案受理机构与监管机关职能范围。

三是明确建立承诺即入制事项清单并实行动态管理,同时要求相关部门分批列出实行市场准入承诺即入制或者取消的行政许可事项清单。

四是规定强制性标准的相关内容,同时明确除涉及国家安全、社会稳定、生态保护红线、重大公共利益等国家实行准入管理的领域外,在具有强制性标准的领域,实行"标准制+承诺制"管理,原则上取消许可和审批。

五是建立健全备案制度,市场主体承诺符合相关要求并提交相关材料完成备案,即可开展投资经营活动。

六是强化事中事后监管、设定相关法律责任等。

3. 提高政务服务效能

政务服务是营商环境建设的一个重要方面。要进一步简政放权、优化服务,加强政务服务的规范化建设,重塑行政审批流程,缩短审批时间,不断提高政务服务的整体效能。

一是加强行政服务程序的标准化,实现权力清单标准化、政务服务标准化、执法标准化。

二是开展政务服务"零跑动"改革领跑行动。

三是开展工程建设项目审批制度改革领跑行动。

四是开展国土空间智慧治理改革领跑行动。

五是完善线上线下"一窗兑现"窗口，全覆盖宣传政府惠企与补贴政策。

六是建立政企沟通协商制度，建立企业家参与涉企政策制定机制，完善行政规范性文件审查制度。

七是健全守信联合奖励、失信联合惩戒制度，建立公共信用信息修复制度，开展"信用+免审"改革领跑行动等。

八是健全包容审慎监管制度，建立市场主体轻微违法违规经营行为免罚清单。

（四）推进执法监管改革

1. 制定综合行政执法条例

加快综合行政执法条例的起草进度，研究出台协作管理规定等制度规范，科学设定综合行政执法机构的职能范围，编制综合行政执法事项清单，进一步明确综合执法部门与相关职能部门之间的监管执法职责边界。

加强执法培训。定期开展集中培训、专项培训，组织庭审观摩、旁听案件审理，不断提高行政执法人员的证据意识、业务能力。

规范重点领域执法行为。加强对行政诉讼案件数量较为集中、败诉率较高的生态环境、自然资源规划、住房和城乡建设、市场监管、旅游文化市场、交通运输等领域的行政执法行为进行指导监督，加强执法能力建设，推动人财物向执法一线倾斜，稳步提升基层行政执法力量和执法人员能力素质。

2. 提高执法监管效率

创新执法方式。创新运用大数据监管、非现场执法等监管手段，有效防止选择性执法、重复执法、执法扰民。严格落实行政裁量权基准制度，细化、量化行政裁量标准。

全面落实行政执法公示、执法全过程记录、重大执法决定法制审核"三项制度"。实行执法事项清单管理制度，建立健全行政处罚、行政强制等执法事项清单并进行动态调整，主动向社会公开。严格落实行政裁量权基准制度，细化、量化行政裁量标准。全面推行轻微违法行为依法免予处罚清单。建立完善行政执法案例指导制度。创新运用大数据监管、非现场执法等监管手段，有效防止选择性执法、重复执法、执法扰民。完善行政执法人员持证上岗和资格管理制度，规范执法辅助人员管理。

（五）探索开展营商环境评价工作

对海南自由贸易港营商环境的具体情况进行比较清晰的了解，在此基础上找出营商环境存在的主要问题和弱点，并以此为据采取必要的完善性措施，均离不开科学的评价指标体系的建立[①]。要实现这一目标，除了借鉴国际和国内通用的营商环境评价指标体系外，还有必要充分关注海南自由贸易港在营商环境优化方面的实际需要，将其融入评价指标体系之中，实现评价指标与自身特色的充分融合。因此，为了充分反映海南自由贸易港营商环境的具体状况，相关评价指标的构成应当分成三部分。

1. 国际营商环境评价指标

世界银行营商环境的评价指标体系是当前国际上最为权威的营商环境评价指标体系[②]。对于需要重点发展国际贸易，吸收国际投资，以建立具有世界影响力的自由贸易港为目标的海南来说，世界银行营商环境评价指标体系不仅是海南自由贸易港优化营商环境可供借鉴的工具，更是海南自由贸易港营商环境向世界成熟自贸港看齐、与国际接轨的必然选择。随着世界经济的不断发展，为了能够更加客观真实地反映一国营商环境的优化水平，世界银行于2021年9月宣布停用《全球营商环境报告》（Doing Business Report）。2022年2月，世行对外发布新版营商环境评价指标的项目说明，并暂定为Business Enabling Environment（以下简称BEE）。BEE设立的宗旨是推动世界经济发展，为各国政府、世界银行以及包括民营企业在内的市民社会的其他相关机构提供政策交流的平台，同时以报告和精细的数据为经济研究和政策咨询提供信息[③]。BEE初步设定了企业准入、获取经营场所、市政公用服务接入、劳动力、金融服务、国际贸易、税收、争端解决、市场竞争、办理破产等十项指标，以及贯穿于上

---

① 李朝.中国营商环境评估的实践偏差及其矫正［J］.中国行政管理，2020（10）：106-114.

② 2020年新加坡与新西兰合作开发国际连接系统，交换内容包括新加坡与新西兰动物产品的电子证书。

③ 王瑛，李舒婷，张劭鹏.《数字经济伙伴关系协定（DEPA）》的特点、影响及应对策略［J］.广西财经学院学报，2022（2）：33.

述指标内容全过程的两项独立指标。在每项一级指标下,都从监管框架、公共服务框架、整体效率三个方面设置了二级指标。相较于原先Doing Business评价体系,BEE体系具有以下优势:

一是评价体系更加完善。BEE在设置各项指标时更具有系统性。BEE将不仅从单个企业开展业务的便利性的角度,而且从整个私营经济发展的角度来评估商业环境。而Doing Business则侧重对影响中小型企业个体的商业环境的基准评估,在考察内容上的重要程度不够全面。

二是指标设置更加合理。一方面是在涵盖主题上有所优化,取消设置观察指标,将原观察指标劳动力市场监管、政府采购纳入十项主题范畴内进行评估;引入市政公用服务接入,在原指标获得电力的基础上增加了用水、互联网连接的评估内容;同时删除立项不够充分的指标,即保护中小投资者。另一方面,在明细指标设置上更加科学规范,不仅有监管方面的内容,更突出关注公共服务的提供,因为公共服务对市场运作起着非常重要的作用。

三是数据收集突出均衡。BEE不仅会收集法定信息,还会收集反映实际执行情况的信息。为增强数据信息的准确性和客观性,BEE使用两种佐证方法来验证通过专家咨询方式收集到的数据,一是通过阅读法律法规、核查公共网站上的相关内容开展的案例研究;二是各国有关行政部门发布的官方数据。Doing Business则主要采用专家咨询的方式收集数据,扩展使用案例研究增强数据的可比性,但是一些指标的取值仅涵盖法律信息,一些指标仅关注事实信息,未能达到平衡的状态。

四是覆盖范围更加广泛。BEE的调查对象预计将扩展至更大范围的城市和企业样本,尽可能平衡经济体间数据可比性和特定经济体的数据代表性;Doing Business在城市的选择上主要以191个经济体的第一商业城市,以及11个经济体中的第二大商业城市作为样本城市进行评估,选取的城市样本不够充分。

2. 国内营商环境评价指标

国家级的营商环境测评指标的设计需要考虑到整个国家的普适性。在国家评价指标的形成过程中,国家发展改革委参考了世行评价指标,在世行指标的基础上增加了6个中国特色指标:获得用水用气、招标投标、政务服务、知识产权保护和运用、市场监管、包容普惠创新,组成了国家级营商环境测评体系的18个一级指标。2020年,国家发展改革委正式发布《中国营商环境报告

2020》。中国营商环境评价指标体系虽然大部分与世界银行营商环境评价指标体系相同，但存在差异部分却在很大程度上反映了中国在营商环境评价方面与世界上其他国家的差异，更加符合中国自身的国情，对解决中国特殊的营商环境问题也具有更强的针对性。

中国营商环境评价的18项指标基本覆盖了 BEE 设置的十项主题，而且对劳动力、政府采购、市政公用服务水电气等内容的评估早于 BEE。基于我国数字经济发展速度快、体量大，数字技术应用广泛等特点，我国对营商环境的评估也综合考量了数字技术的应用情况，如"互联网+政务服务"、电子采购平台建设水平等。同时，与 BEE 所倡导的理念相同，我国营商环境评价工作的总体思路是以示范城市带动其他城市发展，以优促评，将形成的可复制可推广经验应用在全国营商环境改善上，并非以评分排位为首要目的。但是，相较于 BEE，我国营商环境评价体系设计的系统性不够强，对制度建设和执行层面的评估有待进一步加强。而且，我国现行评价指标仍保持与 Doing Business 考察内容相似的特点，侧重于关注营商环境便利度水平，以增强便利度提高效率的方式提升企业满意度和经济效益，在提升营商环境建设内涵方面评估不足。海南自由贸易港作为中国的重要组成部分，充分借鉴中国营商环境评价指标体系，相较于世界银行的相关指标体系，能够更好地解决自身所具有的独属于中国的营商环境优化面临的问题①。因此，海南自由贸易港的中国属性决定了中国营商环境评价指标体系也必然成为海南自由贸易港评价指标构成的主要组成部分之一。

3. 海南自由贸易港营商环境评价指标

海南自由贸易港作为当前中国改革开放的前沿，与其他地方营商环境优化面临的问题相比，有着自身独有的特征。这些独有特征的存在，决定了对海南自由贸易港的营商环境优化情况进行评价，必然需要与其他地区不同的相应的特色评价指标②。这些特色评价指标应当充分反映海南自由贸易港营商环境优化

---

① 王雅莉，王妍. RCEP对中国经济高质量发展的双重影响及对策分析［J］. 理论探讨，2021（2）：88.

② 所谓"不减损"原则是指，CPTPP各缔约国不能通过弱化或减少本国劳工法提供的保护，用以鼓励贸易或投资。不减损原则适用于4项核心劳工标准。在此基础上，对特殊贸易或海关区域的要求更严格，即将非核心劳工标准（即工作条件）也纳入不减损原则的规定之下．

面临的重大的特殊问题。

目前学术界对于我国城市营商环境评价指标体系的具体构成已有较为广泛的研究。李志军等从全国层面对我国地级市的营商环境进行评价分析，即基于政府效率、人力资源、金融服务、公共服务、市场环境、创新环境六个维度构建涵括6个一级指标、17个二级指标的营商环境评价体系，对4个直辖市、5个计划单列市、27个省会城市以及其他254个地级市的营商环境进行了评价①。张三保等基于"国际可比、对标世行、中国特色"的原则，构建了我国省域营商环境评价指标体系，并对省域营商环境进行了评价分析。该营商环境评价指标体系包括市场、政务、法律政策、人文4个一级指标，融资、创新、竞争公平、资源获取、市场中介、政府关怀、政府廉洁、政府效率、政策透明、司法公正、对外开放、社会信用12个二级指标②。许晓冬和刘金晶以市场化、便利化、法治化、国际化4个维度为一级指标，并选择26个二级指标构建评价体系，对辽宁、山东、江苏三省营商环境建设情况进行了综合评价③。这些研究成果对发展我国特色营商环境评价指标体系起到一定的指导作用，但均未能实现以具体地区具体情况为基准构建具有地方特色的评价指标体系。应当认识到，我国企业发展面临的复杂经济、市场及制度环境，存在明显的地域差异④。因此，以省为单位构建地区性的营商环境指标体系，对于分析各地营商环境问题、制定优化政策，进而提升地区发展水平，具有重要的现实意义。

在实践中，以广东省为例，2022年广东省营商环境评价指标体系包含十九个一级指标以及七十五个二级指标。在一级指标中，"市场主体满意度"是广东省营商环境评价指标体系区别于国家营商环境评价指标体系的特色所在，这一指标的评判标准是市场主体实际感受。"市场主体满意度"指标主要

---

① CPTPP电子商务专章规定，不得将要求涵盖的人使用该缔约方领土内的计算设施或将设施置于其领土之内作为在其领土内从事经营的条件．

② 刘云亮，卢晋．RCEP视域下中国特色自贸港国际化建设的法治路径[J]．广西社会学，2022（7）：75．

③ 吕雁琴，陈静，邱康权．中国营商环境指标体系的构建与评价研究[J]．价格理论与实践，2021（4）：99-103．

④ 张三保，康璧成，张志学．中国省份营商环境评价：指标体系与量化分析[J]．经济管理，2020（4）：5-19．

考察市场主体对本地营商环境建设的满意度，并通过使用广东省工商业联合会2021年的全省民营企业评营商环境调查数据对要素环境、法治环境、政务环境、市场环境和创新环境等5个二级指标进行考察①。海南自贸港营商环境评价亦将"满意度"作为重要指标，通过市场主体对营商环境的客观评价和满意程度集中反映海南自贸港营商环境建设的难点、痛点和着力点。自2018年起，海南省政府每年都会发布《海南省优化营商环境行动计划》，其中包含了对全省及各市县营商环境的评估工作。而评估工作所采用的评价指标体系几乎完全来自世界银行营商环境的评估指标（Doing Business），无法反映地方特色。结合前文所述，海南自由贸易港应当制定并推行具有海南范式的评价指标体系。以法治化、国际化、便利化作为主要准则，大力推动制度创新，营造一流营商环境是党中央及地方政府推动建设自贸港及开放型经济体制的重要内容。因此，海南自由贸易港应当在坚持全面深化改革开放，建设更高水平开放型经济新体制的前提下构建海南自由贸易港营商环境评价指标体系。

具体而言，这一体系应当包含五个方面的内容：一是以制度集成创新为抓手，营造法治化、国际化、便利化的营商环境；二是深化行政管理改革，大力建设"服务型"政府；三是以贸易投资自由化便利化为目标，发展服务贸易；四是完善配套金融工具，建立种类齐全、高度开放的金融市场；五是加强产权保护，鼓励高等院校、科研机构等各类主体以海南为依托，开展科技研究，将创新能力转化为竞争力产品。鉴于此，有学者提出将自由贸易港营商环境指标体系概括为四个不同制度领域层面的一级指标：基础设施与基本营商环境、对外贸易与投资制度、金融服务效率以及政府效率②。并利用主成分分析法（PCA）测算指标权重③，形成以下营商环境指标体系：

---

① 李志军，张世国，李逸飞等.中国城市营商环境评价及有关建议[J].江苏社会科学，2019（2）：30-42.
② 范宏云，孙光永.香港建设自由贸易港的经验[J].特区实践与理论，2008（3）：56-59.
③ 朱文鑫.加快打造与自由贸易港建设相适应的营商环境[J].中国党政干部论坛，2020（8）：74.

表14

一级指标	二级指标（基础指标）	权重	指标属性
基础设施与基本营商环境（0.3484）	整体基础设施	0.0746	正指标
	运输基础设施（公路、铁路、航空、港口）	0.0743	正指标
	通讯和电力	0.0778	正指标
	基本营商环境	0.0629	正指标
	产权保护	0.0587	正指标
对外贸投制度（0.1877）	市场准入与开放度	0.0356	正指标
	FDI规则对企业投资影响	0.0098	正指标
	外资所有权限制	0.0147	正指标
	贸易壁垒（非关税壁垒）	0.0364	逆指标
	关税税率	0.0372	正指标
	跨境贸易效率	0.0540	正指标
金融服务效率（0.2950）	金融服务可供性	0.0559	正指标
	金融服务便捷性	0.0591	正指标
	资本市场的融资能力	0.0501	正指标
	风险投资的可获得性	0.0570	正指标
	银行的稳健性	0.0239	正指标
	证券交易所监管力度	0.0490	正指标
政府效率（0.1689）	政府政策透明度	0.0447	正指标
	解决纠纷的法律框架效率	0.0450	正指标
	非常规支付与贿赂	0.0640	正指标
	企业的政府监管负担	0.0153	正指标

这一体系在权重计算上采用了客观赋权法，避免了人为因素对客观结果的过度影响，具有科学性。在指标设置上考虑到自贸港建设的特色问题，符合海南实际情况。这些重大特殊问题与国际国内的营商环境评价指标集中的主要问题一起，构成了营商环境优化过程中海南自由贸易港必须集中关注的重点领域。

（六）健全营商环境建设保障机制

近年来，海南自贸港推进营商环境建设取得明显成效，与其他地区的差距日益缩小，但仍存在各市县营商环境建设不平衡、政府部门之间数据共享难，涉企优惠政策和产业促进政策未能针对市场主体进行主动精准推送、"玻璃门、旋转门、弹簧门"等各种隐性壁垒并未完全消除、责任追究难等问题，导致营商环境建设在"最后一公里"发生梗阻，使市场主体对营商环境体验感提升的努力"功亏一篑"。"制度细节"和"制度末梢"是优化营商环境政策最终与市场主体需求有效对接的关键性节点，也应该是营商环境建设的重要着力点。"一个制度的好坏，老百姓是否最终接受，说到底是这个制度的'制度执行能力'所决定的"[1]。所以，营商环境强调的不仅仅是法律规则的完善，还要致力于法律实施效能的提升。制度完善与能力（效能）提升理应构成营商环境的两翼，缺一不可。一方面，要进一步细化营商环境工作举措。从制度成效和实施绩效角度列明和细化各项举措的具体指标和督导规则，从而形成更多原创性、特色化的改革成果。如全面推行《海南自由贸易港进一步提升营商环境行动方案》等制度文件，对标国际先进经贸规则，强化对营商环境建设中的"制度细节"和"制度末梢"的梳理，围绕最低市场准入、最简权力清单、最优审批服务、最有效监管"四最"目标，从政务服务、市场、贸易投资、法治、人文生态环境和要素保障等多方面，提出了营商环境各领域全链条的目标、实施路径和具体举措。另一方面，加强对危害营商环境行为的约束。要深入实施符合海南自由贸易港建设实际的我省营商环境评价指标、营商环境工作考核办法、营商环境负面案例通报问责规则等规范性文件，明确评价的具体规则和考核的基本内容，对于"新官不理旧账"和"地方政府政务失信"等市场主体反映强烈的问题应该严肃纪律，建立营商环境典型案例通报制度；对不作为、乱作为和涉嫌违法乱纪的问题线索，按有关规定移交有关机关处理，依据法律规定严肃追责，真正形成营商环境建设责任规则的"硬约束"。如实施《海南省营商环境问题核查处理办法（试行）》等制度文件，明确

---

[1] 焦永利，毛新雅.国际自贸区战略与自贸试验区探索实践[M].北京：人民出版社，2018.

营商环境问题范围，明确问题核查办理时限要求；对营商环境问题实行台账管理、限期办结、全程跟踪、对账销号、定期分析制度，可直接核查相关重点事项。

加快形成全国上下共同参与海南自由贸易港建设的生动局面。一方面，要加快布局有助于增强自由贸易港承接先行先试任务能力的重大项目、重大平台、重大工程，积极引导涉外央企在海南布局面向全球、对接高标准的前瞻性项目，加快制度集成创新，推动更多成果尽早收获。另一方面，以提升海南承接试点政策的基础能力为导向，全面提升各地区对海南自由贸易港"为国家试制度"的战略认识，通过人才支援、"飞地"投资、共建园区等方式，探索形成共同应对风险压力测试、共同享受制度型开放红利的省际互利合作新格局。与此同时，要更加注重海南与各地平台之间加快协同开放优势的构筑，避免出现争做"政策洼地"的恶性竞争。

"法治是最好的营商环境"。海南要锚定"一本三基四梁八柱"战略框架，充分认识营商环境建设对于海南自由贸易港的价值，积极通过推进法律规则的完善、政府职能转变、思维逻辑的变革、市场活力的提升和竞争能力的增强，进一步打造法治化、国际化、便利化的营商环境，为建设具有国际影响力的自由贸易港提供强有力的保障。

后 记

《〈海南自由贸易港法〉框架下贸易投资领域配套法律制度研究》是2021年海南省马克思主义理论研究和建设工程专项课题重点项目（以下简称"马工程"），由海南省社会科学院组建海南省有关专家、学者和政府工作人员联合攻关完成。这是海南省社会科学院成立9年来第一次在省"马工程"项目中立项重点课题，也是海南省社会科学院朝着全省地方新型智库建设迈出的坚实一步。

目前，学界从国家层面对自贸区投资法律研究进行了很多有益的探讨，但对于围绕海南自贸港贸易投资领域配套法律制度研究目前尚属空白。《〈海南自由贸易港法〉框架下贸易投资领域配套法律制度研究》课题以创新的视角和方法对此开展研究，具有很强学术价值和应用价值。对标高质量高标准推进海南自贸港法治建设的实际需要，《〈海南自由贸易港法〉框架下贸易投资领域配套法律制度研究》共设10个专题，重点分析自贸港货物监管制度、税收制度、投资制度、人力资源管理和金融制度等，为国家形成更具普遍适用意义的自贸港法制体系提供决策依据，为海南省政府各部门相关制度出台提供决策支持，也为海南立法机关开展相关工作提供前期的研究和积累。在服务决策方面，提出了前瞻性的制度供给建议；在理论创新方面，为探索"中国特色"自贸港建设，提出了大胆尝试的中国特色方案。

参加本课题研究的人员共30多人，分别来自海南省委深改办（自贸港工委办）、省人大常委会机关法制部门、省司法厅、省社科院、海南大学、中改院、海南自贸港知识产权法院、海南政法职业学院等单位。研究团队中既有社科专家学者，又有政府机构的实际工作者，是一个务实与理论、实操和推理完美结合的团队，他们对研究内容有独特见解，劲往一处使，有一颗坚持到底的决心，联合攻关解决问题，在一次又一次的研讨中迸发出了思想的火花。

  本课题在研究、编写、出版过程中，得到了各级领导和有关人士的热情关心和支持帮助。省人大胡光辉副主任担任课题组组长，亲自谋划和推动课题的研究、书稿的审阅定稿等工作；省社科联党组书记、主席，省社科院院长王惠平，省人大法工委副主任邓云秀每次研讨会都参加，对课题的书稿修改、把关，认真审读和评议，提出了很多很好的建议；海南省社科院熊安静副院长在课题的申报和前期准备、课题推进联络协调和各章节课题研究的框架思路指导方面都作了很多具体的工作。本课题研究凝结着专家学者们的智慧和汗水，感谢各章节负责人王翚、郭文芹、朱绵茂、王岚岚、王崇敏、杨双、王惠平、夏君丽、王琦、郑勇等同志的辛勤付出。省社科院科研管理处邓章扬处长、邱坤凤同志不厌其烦做好具体统筹联络。正是在大家的共同努力下，《〈海南自由贸易港法〉框架下贸易投资领域配套法律制度研究》才得以如期完成，在此，一并表示衷心的感谢。

海南省马克思主义理论研究和建设工程专项课题组
2022年12月